Bretagne

Klaus Simon

Fotos von Manfred Linke

DUMONT RICHTIG REISEN

Inhalt

Bretagne – Land und Leute

Unterwegs in der Bretagne

Von der Hauptstadt Rennes an die Nordküste

Frankreichs wilder Westen

Kontraste auf dem Weg nach Süden

An der Südküste

Von der Loire ins Landesinnere

Serviceteil

Verzeichnis der Karten und Pläne

Bretagne – Land und Leute

Finis Terrae – Frankreichs ›wilder Westen‹

»Der Wind trägt Wellenfetzen eine halbe Meile weit [...] [...] immer wieder begegnete man weißen Schaumflocken, die mit einer unglaublichen Geschwindigkeit über das Land flogen, ... und anzeigen, daß man wirklich auf dem Weg zur großen Schlacht ist.« Marcel Proust war begeistert: So, wie der Schriftsteller in seinem als autobiographisch geltenden Roman »Jean Santeuil« die entfesselte Gewalt des Atlantiks feiert, möchte jeder Bretagne-Urlauber es wenigstens einmal auch erleben. Vorausgesetzt, die Sonne scheint bald wieder. Bei einer Reise in Frankreichs ›wilden Westen‹ gehört der Sturm auf gischtumschäumtem Fels ebenso in den Katalog der Erwartungen wie die trägen Wonnen eines Strandtags. Die Chancen, beides zu erleben, stehen gut. Ebensogut wie die, selbst in der Hauptsaison ein einsames Stück Küste zu finden. Oder die zum *plateau de fruits de mer* aufgetürmten Muscheln, Austern und Krebse zu erschwinglichen Preisen angeboten zu bekommen. Und überhaupt die Tage ungezwungen im blau-weiß geringelten Pullover zu verbummeln. Wer in die Bretagne reist, darf darauf vertrauen, daß die Phrase von den ›schönsten Wochen des Jahres‹ Wirklichkeit wird.

Apropos Ringelpullover: Das bretonische Kleidungsstück par excellence läßt vergessen, daß die Bretonen der Küste sehr lange den Rücken zugewandt haben. Selbst auf einigen Inseln zog man es vor, Schafe zu züchten und Kartoffeln anzubauen statt auf Fischfang zu gehen. Daher der durch und durch bäuerliche Charakter dieser Landschaft. An der Nordküste des Departements Finistère setzte man vor der Erfindung der Sommerfrische die Füße höchstens bei Ebbe ins Wasser, um Tang zu ernten. Ausnahmen wurden nur gemacht, wenn es um die Plünderung eines gestrandeten Wracks ging. Tief im kontinentalen Osten, wo die Bretagne zahmes Bauernland ist, wirkt der Ringelpulli geradezu unpassend. Desgleichen gilt für die kargen Hügellandschaften im Westen und die urzeitlichen Wälder der Mitte. Nicht in Armor, dem Land am Meer, sondern in Argoat, dem Land der Wälder, sind die keltischen Mythen angesiedelt. Zwar segelt auch König Artus am Ende seiner Tage übers Meer, doch das Böse bekämpft er zeitlebens im finsteren Wald. Dessen Stämme sind schon lange für den Bau von Schiffen abgeholzt, was nichts daran ändert, daß es auf der Fahrt nach Finis Terrae über weite Strecken durch ein Land geht, in dem jede Geschichte mit einem »Es war einmal ...« zu beginnen scheint. Wie komponiert wirkt die Parklandschaft mit Nußbaumhecken, Granitgemäuern und Kühen, ganz so, wie Maria von Frankreich es bereits im 12. Jh. festhielt: Die Bretagne ist Poesie.

Und stets Veränderung, ließe sich hinzufügen. Man braucht sich am Ziel nur an irgendeinen Strand zu legen. Schaut eine Zeitlang aufs Meer und macht dann die Augen zu. Für eine halbe Stunde, eine ganze oder auch zwei. Öffnet die Augen wieder, und alles ist anders. Ein unterseeisches Tableau breitet sich aus, wo eben noch tiefes Blau und helles Türkis allenfalls eine Ahnung von Felsen und Sandbänken unter Wasser gaben. Granitblöcke lagern wie Walrösser im seichten Gewässer. Aus dem schmalen Streifen Strand hat sich bei zurückweichender Flut eine Sandwüste geweitet. Kleine Felsinseln sind zu einem Massiv zusammengerückt. Wo Mulden das Wasser halten, leuchten neongrüne Algenfelder. Mag sein, daß keine Zeit zu langen Betrachtungen bleibt. Noch schneller als Ebbe und Flut wechselt das Wetter – außer Ringelpulli und Sonnenöl gehören Windjacke und Regenschirm ins Gepäck.

Getrost zuhause lassen kann man dafür die Klischees einer Region fernab vom Schuß. Vorbei sind die Zeiten, da zehn Stunden über schlechte Straßen und nicht-elektrifizierte Eisenbahnlinien Paris und Frankreichs ›wilden Westen‹ trennten. Die Bretagne ist die französische Region, die sich in den letzten 30 Jahren am stärksten verändert hat. Die als erzkonservativ verschriene Halbinsel entpuppt sich heute als zukunftsorientierte Region. Neue Industrien, die Lage an einigen der meistbefahrenen Seerouten der Welt sowie die Umstellung der Landwirtschaft nach holländischem Modell fordern ihren Tribut. Umweltschäden aber werden hier, wo sich der Mensch wie sonst nur selten mit der alles bestimmenden Natur verbunden fühlt, als Identitätsbedrohung verstanden. Wo sonst im Land haben Ökologen so starken Rückhalt in Stadtverwaltungen und Regionalregierung? Schnell schießen die Bilder barrikadenbauender Fischer durch den Kopf. Noch immer dauert der Veränderungsprozeß an. Wem dabei wie den Fischern das Wasser bis zum Hals steht, der wehrt sich lautstark. Wo sonst im Land aber finden die rassistischen Parolen der französischen Rechtsradikalen trotzdem so geringen Widerhall? Dabei macht die Umwälzung vor keinem noch so entlegenen Winkel halt. Der Bäcker eines kleinen Hafenstädtchens der Côte des Abers verdient heute mehr Geld damit, sein elterliches Haus in der Hochsaison zu vermieten als die Backstube im Jahr an Gewinn abwirft. In der Bretagne hat man den Geschmack der Besucher erkannt. Keltische Denkmäler sind zahlungspflichtig abgeriegelt, hypermoderne Thalassotherapie-Zentren verheißen Well- und Fitneß, hochtechnologisierte Museen lassen die Wellen künstlicher Gezeiten hinter Panzerglas schwappen – und ökologische Butter verkauft sich gut.

Weiterhin aber bestimmen die Urgewalten von Wind und Meer das Lebensgefühl in Finis Terrae, dem Ende der Welt. Still wird es in Frankreichs ›wildem Westen‹, wenn der sommerliche Strandzirkus seine Zelte nach zweimonatigem Gastspiel abbricht. Um so lauter donnert der Atlantik vor kleinem Publikum.

In feuchte Salzluft gepackt kommt die urmenschliche Erfahrung daher, daß nichts bleibt, wie es ist. Über dem Kopf fliehen die Wolken, um im nächsten Augenblick so bleischwer und duster zu verharren, daß man meint, der hinabstürzende Himmel zermalme gleich alles Leben auf der Erde. Die Bretonen wissen sich seit der Zeit, als ihre keltischen Vorfahren »aus dem Dunkel kamen«, nicht nur gegen das Wechselspiel von Wind und Wetter zu behaupten. Eine gehörige Portion Eigensinn machte sie gegen die kulturelle Vereinnahmung durch römische Heere und Pariser Technokraten firm. Der Glaube, sei's an die Artussage oder an einen der 7777 für jedes Zipperlein zuständigen Heiligen, half. Heute wissen sich die Bretonen mehr denn je selbst zu helfen: Um den Ringelpulli muß man sich deshalb vor der Abreise nicht kümmern. Es gibt ihn an jeder Ecke und in hervorragender Qualität, Marke Armor Lux und selbstverständlich *fabriqué en Bretagne.*

Landeskunde im Schnelldurchgang

Granitfelsen bei Trégastel

Vier Departements bilden seit der in den 60er Jahren eingeleiteten französischen Regionalreform die **27 208 km² große Verwaltungsregion Bretagne.** Hauptstadt ist Rennes. Im Zuge der regionalen Neugliederung entstand die Region Pays de la Loire mit der Hauptstadt Nantes, die damit ebenso wie das Departement Loire-Atlantique von der Bretagne abgespalten wurde. Über die Politik des Departements entscheidet ein auf sechs Jahre gewählter Conseil Général. In der Region liegt die Entscheidungsgewalt bei den gewählten Mitgliedern des Conseil Régional.

Die Departements und ihre »Hauptstädte«

Côtes d'Armor (538 423 Einw., St Brieuc), Ille-et-Vilaine (798 715 Einw., Rennes), Finistère (838 662 Einw., Brest), Morbihan (619 754 Einw., Vannes). Region Pays de la Loire: Departement Loire-Atlantique (1 051 000 Einw., Nantes).

Staatsform

Frankreich ist eine Präsidialdemokratie, deren Staatsoberhaupt in allgemeiner Wahl auf sieben Jahre gewählt wird. Die Exekutive liegt in Händen des Präsidenten und wiegt schwerer als die Legislative, die das Parlament repräsentiert. Das Parlament setzt sich aus der Nationalversammlung (490 Abgeordnete auf fünf Jahre in Direktwahl) und dem Senat (306 Senatoren, von Abgeordneten, Regional- und Stadträten auf neun Jahre gewählt) zusammen. Zum reichhaltigen präsidialen Machtinstrumentarium zählen das Ernennen und Entlassen des Premierministers, die Parlamentsauflösung sowie einige *pouvoirs exceptionnels* laut Notstandsartikel 16, der bei »schwerwiegender Bedrohung« in Kraft tritt. Die größten Parteien sind die der bürgerlichen Mitte, RPR und UDF, sowie die sozialistische PS.

Hauptstadt ist Paris (11 Mio. Einw.). Frankreich hat insgesamt 57,5 Mio. Einwohner und ist mit 551 695 km² das größte Land der EU. Die Bretagne ist Frankreichs sechstgrößte Region mit einer Bevölkerungsdichte von 104 Menschen pro km².

Geographie
Die Bretagne mißt 1200 km Küste, die sich bei Abmessung jeder kleinen Bucht verdoppeln. Die Halbinsel zwischen Ärmelkanal im Norden und offenem Atlantik im Südwesten hat eine Längsausdehnung von 250 und eine Breite von bis zu 150 km. Am Ärmelkanal macht der Gezeitenunterschied zwischen Ebbe und Flut bis zu 14 m aus, am Atlantik immerhin noch bis zu 6 m. Der höchste Punkt der Bretagne liegt mit 384 m in den Monts d'Arrée, einer Hügelkette zwischen Brest im Westen und Lamballe im Osten, mit der nur die Montagnes Noires weiter südlich zwischen Locronan und Malestroit konkurrieren können. Das hügelige Inland durchzieht eine Reihe von Flüssen – die Rance im Nordosten, im Südwesten Aulne, Blavet, Odet und Aven, im Süden Vilaine und Loire, – deren zum Teil fjordartige Unterläufe bis weit ins Hinterland unter dem Diktat der Gezeiten stehen. Ein harter Steinsockel bildet den Untergrund der Bretagne. Man findet Schiefer, der traditionell als Dachbedeckung beliebt ist. Der Symbolstein der Bretagne aber bleibt Granit. Seine vorherrschende Farbe ist Grau, seltener Beige, doch färbt er Abschnitte der Nordküste auch in Rosa.

Wirtschaft
Frankreichs ertragreichste Region für Gemüse exportiert weltweit Artischocken, Blumenkohl, Salat, Zwiebeln, Möhren und Kartoffeln. 87 % aller im Land geernteten Artischocken, 28 % aller grünen Bohnen stammen von der Halbinsel. Seit den 80er Jahren schlägt die Ausfuhr von Geflügel alle Rekorde: 75 Mio. Hähnchen und 12 Mio. Puten werden jährlich schlachtreif gefüttert. Fast ebenso erfolgreich sind Rinder- und Schweinemast. Dennoch entfallen nur 14 % der Arbeitsplätze auf die Landwirtschaft. Schlecht bestellt ist es um die Fischerei, deren wichtigste Häfen Lorient, Concarneau und St-Malo sind, aufgrund von Billigimporten und Überfischung; die Zucht von Meeresfrüchten fängt die Probleme des Fischfangs zum Teil ab. Unter den Industrien sind Nahrungsmittelverarbeitung, Autobau (Citroën-Werke in Rennes), Telekommunikation (20 000 Arbeitsplätze), Elektronik, Schiffsbau und Kosmetik die wichtigsten Arbeitgeber; 20 % aller Arbeitnehmer sind in der Industrie beschäftigt. Den Löwenanteil macht mit 60 % der Tertiärsektor (Dienstleistung) aus, allem voran Tourismus – die Bretagne ist die am zweithäufigsten besuchte Region Frankreichs. Bretonische Frauen haben den Arbeitsmarkt erobert. 41 % der weiblichen Bevölkerung sind berufstätig.

Bevölkerung
Landflucht läßt die innere Bretagne veröden, während sich an der Küste und in den Städten immer mehr Menschen drängen. Auswanderung und wirtschaftliche Misere ließen bis zum Zweiten Weltkrieg die Einwohnerzahlen sinken. Der Trend geht heute in die umgekehrte Richtung. Im Departement Côtes d'Armor stieg die Bevölkerung von 1968–90 um 6,3 %, im Departement Ille-et-Vilaine sogar um 22,3 %. Insgesamt machen die Bretonen (ca. 4 Mio.) 5 % der Franzosen aus. Im europäischen Vergleich kommen nur noch in Irland mehr Kinder pro Kopf auf die Welt. 35 Städte haben mehr als 10 000 Einwohner. 67 % aller Bretonen leben in der Stadt.

Landschaft und Natur

Geographie

Am Anfang war ein Gebirge. Geologen haben es das Armorikanische Gebirge genannt, doch der Begriff führt den Laien in die Irre. Der sieht zwar viele Hügel, von denen sich einige wie der Ménez-Hom (330 m) oder der Tuchenn Gador (384 m) sogar Berg nennen und schaut von bis zu 100 m aufragenden Klippen in die tiefe See, allein, ein Gebirge kann er nicht ausmachen. Wie auch? Die Bretagne ist die französische Region mit dem zahmsten Relief. Die durchschnittliche Höhe liegt bei ungefähr 100 m. Sogar das Pariser Becken bringt es auf das Doppelte. Man muß weit zurückgreifen, um die Geologen zu verstehen. Vor 300–350 Mio. Jahren hoben sich dort, wo zuvor nur Wasser war, gewaltige Gebirgsketten empor. Bis zu 4000 m stiegen die Gipfel an. Dann sank das Armorikanische Gebirge wieder ab. Den Rest besorgten die Fluten der letzten ausklingenden Eiszeit. Der Golf von Morbihan lief voll. Donnernde Wassermassen zernagten die Küsten. Erosion schliff die tiefen Furchen des Gebirges bis auf einen Bodensatz ab. Vor 200 Mio. Jahren kam dieser Prozeß in Gang, vor 60 Mio. Jahren maß der feste Granitsockel der Bretagne gerade noch Höhen von 1200 m. Heute sind es knapp 400 m. Neben Granit formen Gneis und Sandstein die Höhen, während in den großen Mulden Schiefer gefunden wird. Zwei Hügelkämme, die Monts d'Arrée und die Montagnes Noires, durchziehen die Bretagne in Ost-West-Ausdehnung. Ihre geringen Höhen erwecken bisweilen alpine Gefühle, so zerklüftet und gefältelt sind Täler und Hügel. Aber, Aven und Ria (tiefe, fjordartige Trogtäler) sowie das Felschaos an den Steilküsten gaukeln schwindelnde Höhen vor, angesichts derer man willig das Wort der Geologen vom Armorikanischen Gebirge akzeptiert.

Geläufig ist ebenfalls der Begriff Armorikanische Halbinsel, der auf die fast insulare Lage der Bretagne zwischen Ärmelkanal im Norden und offenem Atlantik im Südwesten abzielt. Wie ein urzeitliches Ungetüm streckt Armorika sein gezacktes Drachenhaupt nach Amerika aus. Der züngelnde Drache speiht an die 800 Inseln aus. Fast alle sind unbewohnt. 11 000 bretonische Insulaner verteilen sich auf gerade mal ein Dutzend größerer Eilande. Ungezählt sind Felsen und Riffe, die aus dem Wasser ragen. Der Übergang von Land und Wasser ist buchstäblich fließend. Bei Ebbe erweitert sich die amphibische Landschaft ins Unermeßliche. Tang und Algen, die für Nahrungsmittel- und pharmazeutische Industrie immer mehr an Bedeutung gewinnen, liegen frei.

Das Meer bleibt auch auf dem Festland allgegenwärtig. Fast 2500 km Küste mißt die westlichste Region Frankreichs. Armor, das Land am Meeer, ist das touristische Kapital der Bretagne. Lange Sandstrände, kleine Buchten und dramatische Felsvorsprünge bieten Logenplätze beim Schauspiel der Gezeiten. Archaisch karge Abschnitte, wie z. B. im Bigouden-Land wechseln mit endlosen Dünenlandschaften wie an der Bucht von Audierne und lieblichen Gefilden wie an der Küste der Cornouaille. Über die Flußläufe wirken die Gezeiten bis tief ins Hinterland. Der Wechsel von Ebbe und Flut bringt Rekorde beim Wasser-

Höhepunkte einer Bretagne-Reise

- **Rennes,** Hauptstadt mit zwei Gesichtern, eins bretonisch, eins französisch (s. S. 48)
- **Dol-de-Bretagne** und **Mont St-Michel,** zwei religiöse Zentren an der Ostgrenze der Bretagne (s. S. 59)
- **St-Malo,** Korsarenstadt und Meeresfestung, **Dinard,** Seebadkokotte, und **Dinan,** Festungs- und Fackwerkstadt, das Städtedreieck an der Rance (s. S. 64)
- **Rosa Granitküste,** das farbenfrohe Steinchaos (s. S. 76)
- Die Inseln **Ouessant** und **Molène,** das UNESCO-Biosphärenreservat (s. S. 117)
- Umfriedete Pfarrhöfe des **Léon** und der **Monts d'Arrée,** Passionen in Stein zu Füßen karger Hügel (s. S. 127)
- **Pointe du Raz** und die **Bucht von Audierne,** Frankreichs wildestes Westkap mit anschließendem kilometerlangem Strand (s. S. 153)
- **Carnac** und die **Halbinsel von Quiberon,** Steinalleen und sonnenverwöhnte Strände (s. S. 186)
- **Golf von Morbihan,** Binnenmeer mit Inselwelt und Mikroklima (s. S. 195)
- **La Baule** und **La Grande Brière,** mondänster Badeort und ausgedehnte Sumpflandschaft (s. S. 221)

stand mit sich, die nur an japanischen Küsten übertroffen werden. Zweimal täglich hebt und senkt sich das Meer im Norden in der Bucht des Mont St-Michel bis zu 14 m, im Süden in der Bucht von Bourgneuf bis zu 7 m, im Bigouden-Land immerhin noch um 5,5 m.

Klima

Das Klima ist, wie könnte es anders sein, ozeanisch. Der Golfstrom garantiert milde, feuchte Winter. Im Januar betragen die durchschnittlichen Temperaturen 6–8 °C. Im Norden sind die Winter am mildesten, weil scharfe Nordostwinde von den Gezeiten des Ärmelkanals abgemildert werden. Tropisch anmutende Paradiese wie die Ile de Bréhat und die Artischockenfelder im Léon zeugen vom meteorologischen Glücksfall. Im Sommer ist der Süden besser dran. Bis in den Morbihan macht sich die Erwärmung des Golfs der Gascogne bemerkbar. An die 2200 jährliche Sonnenstunden und hochsommerliche Durchschnittstemperaturen von 18 °C (Nordküste 16 °C) sind das Ergebnis. Am sonnenverwöhntesten sind die Inseln der Südküste und die Loire-Mündung.

Der über das Meer heranwehende Westwind sorgt nicht nur für gemäßigte Winter, sondern auch für viel Regen. Die meisten Niederschläge gehen an den Höhenzügen der inneren Bretagne nieder. Hier liegen auch die mittleren Jahrestemperaturen am niedrigsten. Im Osten greift schon kontinentales Klima. Winterliche Bodenfröste sind hier keine Seltenheit. Der Wind bringt es ebenfalls mit sich, daß auf Regen schnell wieder Sonne folgt. Und umgekehrt. Dreht der Wind zum Sturm auf, müssen Küstenstraßen gesperrt werden. Kochend läuft der Atlantik vor allem in Herbst und Frühjahr Amok gegen die Küste, ein Naturschauspiel, das seinesgleichen sucht. Salzhaltige Gischt verbrennt alles kei-

Landschaft bei Dol-de-Bretagne

mende Grün längs der Wasserkante. Verheerende Orkane wie zuletzt 1989 werfen nicht nur Fischerboote auf die Kais und schaufeln Sand auf die Uferpromenaden, sondern entwurzeln auch die Wälder der inneren Bretagne.

Flora und Fauna

Argoat, das Land nahe dem Walde, hieß die innere Bretagne bei den Kelten. Von der einst flächendeckenden Forêt de Brocéliande blieben nur Reste wie die Forêt de Huelgoat oder die Forêt de Paimpont über. Der Holzbedarf der Schiffsbauer und die Urbarmachung hat den einst dichten Eichen- und Buchenwald ausgedünnt. Zu nur 5 % ist die Bretagne mit Wald bedeckt, was französischen Tiefststand bedeutet. Dank mannshoher Hecken, Farn und Brombeergestrüpp wirkt das Bauernland jedoch üppig grün, in der Cornouaille dank der vielen Edelkastanien sogar wie eine englische Parklandschaft. *Bocage* heißt die baumreiche Landschaftsform ohne Wälder. Seit dem Mittelalter wurden Felder mit Erdwällen abgegrenzt. Anschließend pflanzte man Bäume und Hecken auf die Wälle – der *Bocage* wuchs heran. Am kargsten und abweisendsten wirken Teile der Monts d'Arrée. Nackt ragen von Wind und Wetter rundgescheuerte Sandstein- und spitzkantige Schieferblöcke aus Moos, Heide, Ginster und Farn hervor. In den Höhenzügen der Bretagne entspringen die meisten Wasserläufe, von denen keiner sehr lang ist. Bis zur Mündung ins Meer wandeln sie sich vom Bach in Flüsse mit weiten Mündungstälern und Schlickflächen.

Seit 1968 nagt der Biber wieder an den Bäumen der Monts d'Arrée. Ein Viertel aller französischen Otter taucht in der Bretagne unter. Der Lachs schwimmt in 20 Flüssen gegen den Strom. Robben ziehen auf den Archipelen von Molène und Sept-Iles erfolgreich Nachwuchs heran – die Liste, mit der die regionale Naturschutzbehörde renommieren kann, ist ebenso bunt wie das Landschaftsbild. Im Wald ist der Dachs nach Ausrottung des Wolfs König. Aal und Forelle tummeln sich in den Gewässern, deren Ufer Heimat für Eisvogel und Gebirgsstelze sind. An den Mündungen stelzen Grau- und Purpurreiher durch Schlick und Sand. Auf der Suche nach Garnelen und Fischen in Queller und Schlickgras machen ihnen Brachvogel und Rotschenkel Konkurrenz. Über dem Heide- und Ginsterland der Kaps und der innerbretonischen Höhenzüge sind Turmfalke und Wiesenweihe die natürlichen Feinde von Kaninchen und Mäusen, während das Wiesel es auf die Gelege von Schwarzkehlchen, Grünling und Bluthänfling abgesehen hat. Die Hecken des *Bocage* sind Lebensraum für Schleiereule, Steinkauz, etliche Singvögel, Steinmarder sowie Hase und Igel. Nackte Klippen, die im Frühjahr Strandnelken mit einem rosavioletten Teppich säumen, locken Möwen aller Art, Tordalk, Kormoran, Trottellumme und den riesigen Eissturmvogel an. Nicht nur auf den Inseln des UNESCO-geschützten Biosphärenreservats Ouessant und Molène kommen seltene Austernfischer, Papageitaucher, Sturmschwalbe, Rosenseeschwalbe und Schwarzschnabelsturmtaucher vor. Großer Tümmler und Robbe sind hier seltene, aber immer häufiger vorkommende Gäste. Die Düne lebt dank Uferschwalbe, Seeregenpfeifer im Strandhafer sowie Ralle, Ente und Kröte in den Dünenmooren.

Bliebe noch auf den Weiden die schwarzbunte bretonische Kuh der Rasse Pie-Noire sowie Lämmer auf den

Salzwiesen, die ebenso wie die Wildtiere in die Landschaft der Bretagne gehören.

Verwirrend ist die Vielfalt von Fischen und Schalentieren, die auch Nichttaucher zu Gesicht bekommen. Seeteufel, Seezunge, Rochen, Meeraal, Sardine, Pollack, Katzenhai und Merlan sieht man auf dem Fischmarkt. Herz-, Venus- und Miesmuscheln werden ebenso wie Austern gezogen, Jakobsmuscheln stammen hingegen von hoher See. Hummer, Languste, Taschenkrebs oder Meeresspinne kann man in den Lebendbecken *(vivier)* einiger Fischergenossenschaften anschauen.

Die Bretonen

Keltische Übersiedler von den britischen Inseln brachten den christlichen Glauben in die Bretagne und gründeten die ersten Pfarreien, doch erst 700 Jahre später ging das bretonische Christentum vollständig in den päpstlich-römischen Katholizismus über. Der Glaube behauptet sich im französischen Westen dafür um so stärker. Während der Revolution fanden Priester, die nicht auf die neuen Herren schwören mochten, Unterschlupf bei den Bretonen. Was Gott zusammengefügt hat, soll der Mensch nicht lösen, gilt hier mehr denn anderswo. Die Scheidungsrate in der Bretagne stellt das Schlußlicht unter allen französischen Regionen.

Die Anzahl konfessioneller Schulen dürfte ebenso rekordverdächtig sein wie die bretonischer Heiliger, von denen weder Gott noch die Welt gehört haben dürften. In abenteuerlichen Viten, heißen sie nun Cadoc, Iltud oder Winnoch, leben keltische Sagen und Mythen weiter. Die Kelten besiedelten die Halbinsel gleich zweimal, zuletzt und durchgreifend nach dem Zerfall des Römischen Reichs. Sie brachten die keltische Sprache mit, doch Menhire und Dolmen haben von ihnen nur den Namen. Und selbst den haben französische Archäologen erst im 18. Jh. verwandt.

Wenn auch jungsteinzeitliche Bauern- und Hirtenstämme Menhire und Dolmen errichtet haben, deren monumentale Hinterlassenschaften werden von den Kelten unserer Tage vereinnahmt. Gleichzeitig besinnen sich Kelten aus Wales, Irland und der Bretagne der gemeinsamen Kultur. Einen Irish Pub oder eine Taverne irlandaise findet man in der tiefsten bretonischen Provinz. Zu vergrößern scheinen sich dagegen die Gegensätze zwischen den Bewohnern von Armor und Argoat. Während die innere Bretagne im Zeichen der Landflucht in einen Dornröschenschlaf verfällt, werden die Küstenstädte dank TGV-Verbindung zu Wochenendzielen für Pariser. Die bringen neue Moden und Sitten mit und packen althergebrachte Vorurteile gleich dazu.

Als das genaue Gegenteil des kultivierten Parisers müssen die Bretonen bis heute herhalten. Mal in der Variante fröhlicher Raufbolde mit dem Herz auf dem rechten Fleck (Asterix & Obelix), mal in der Variante des gleichfalls gutmütig-trotteligen Dummchens vom Lande (s. S. 34). Alle Jahre wieder genießen Hunderttausende Hauptstädter die Mischung aus vermeintlich heiler Rückständigkeit und Badeleben. Zuletzt kultivierte Benoîte Groult mit dem Bestseller

»Salz auf unserer Haut« den gegenseitigen Reiz von Pariser Intellektualismus und bretonischer Urwüchsigkeit.

Manche Bretonen treibt soviel Klischeelastigkeit zur Verzweiflung. Daß die bretonischen Departements nationale Spitzenreiter im Alkoholkonsum sind, erklärt es nicht. »Bretonen trinken soviel, wie es regnet«, behauptet das Sprichwort. Die landesweit erhobene Statistik über Todesfälle infolge von Leberzirrhosen, durch Alkoholkonsum bedingte Psychosen und Alkoholismus belegt die vollmundige Volksweisheit mit exakten Zahlen. Spitzenreiter ist der Morbihan mit 42,3 Todesfällen auf 100 000 Einwohner. Die Côtes d'Armor rangieren auf Platz 5, das Finistère steht mit 30,5 Fällen immer noch an 13. Stelle. Ein Gläschen, um sich gegen die steife Brise aufzuwärmen, ein zweites, um sich firm für das Ende der Welt zu machen? Soziologen, Psychologen und Kulturhistoriker halten einen Katalog von Antworten bereit, um das Phänomen zu erklären. Alkohol gehört wie in ganz Frankreich auch in der Bretagne zu den Dingen des täglichen Lebens, angefangen vom *petit coup* an der Bar über das Glas, das man dem Besuch anbietet, bis zum Wein beim Essen. Städte wie Brest und Lorient rufen alle Jahre wieder eine »trockene« Woche aus, während derer Plakate für den Verzicht auf Alkohol werben und Informationsbusse des Gesundheitsamts unterwegs sind. Auf den städtischen Reklametafeln stehen die Zahlen der Verkehrsopfer, die Betrunkene am Steuer auf dem Gewissen haben. Indessen sind die Bars zum Brechen voll. Frankreichs Promillegrenze liegt mittlerweile bei 0,5 ‰. Die Strafen für Alkoholsünder am Steuer sind drakonisch, doch die Region ist groß, die vielen Landsträßchen nicht zu kontrollieren, und Gastfreundschaft zählt viel.

Fischer bei Cancale

Gastfreundschaft genießen ebenfalls Abertausende zivilisationsmüder Engländer, Niederländer, Belgier und Deutscher, die sich ihren Traum vom Häuschen auf dem bretonischen Lande verwirklicht haben. Wo junge Einheimische auf Arbeitssuche in die Stadt streben, rücken betuchte Westeuropäer nach. Ganze Dörfer sind fest in fremder Hand. Der Vorteil liegt darin, daß Gemäuer, die ansonsten in sich zusammensinken würden, gerettet werden, und daß ortsansässige Gewerbe und Handel an den Wahl-Bretonen verdienen. Nur kurz, denn für die meiste Zeit des Jahres bleiben die Fensterläden geschlossen.

Geschichte

Viel Hauen und Stechen bestimmt wie in anderen Teilen der Welt auch die Geschichte der Bretagne. Oft waren es Territorialfürsten, die sich untereinander bekämpften. Von den großen europäischen Auseinandersetzungen war die Bretagne in der Regel zu weit entfernt. Erst mit den beiden Weltkriegen dieses Jahrhunderts änderte sich dies. Am großen Wendepunkt der bretonischen Geschichte aber steht eine Frau und zweifache Königsgattin, »la petite Brette« – die Herzogin Anna von Bretagne.

100 000 Menschen sollen in der Jungsteinzeit, dem Höhepunkt der **Megalithkultur** (4000–2000 v. Chr.), das Gebiet der heutigen Bretagne besiedelt haben. Über die sich von Jägern und Sammlern zu seßhaften Bauern entwikkelnden Menschen weiß man trotz des enormen Nachlasses an kolossalen Steindenkmälern wenig. Ihre Kultstätten dienten Begräbnis- und Fruchtbarkeitsriten sowie astrologischen Berechnungen und dem Sonnenkult. Handelswege reichten bis zur iberischen Halbinsel und nach Skandinavien. Als die Kelten um 600 v. Chr. vordrangen, war die Blüte der Megalithkultur schon vorüber.

Rätselhaft wie die jungsteinzeitlichen Kulturen ist auch die Herkunft der **Kelten.** »Aus dem Dunkel« sollen die Stämme aufgetaucht sein. Sie jedenfalls nannten die Halbinsel das Land am Meer, Armorika. Die Kelten waren sich untereinander nicht grün. Im Süden (Nantes) herrschten die Namneten, im Südwesten (Vannes) die Veneter, um Rennes die Redonen, an der Nordküste (St-Brieuc, Dinan) die Coriosoliten. Gemeinsam ist ihnen eine Naturreligion, die Quellen und Wälder als Heiligtümer verehrt und deren Priester Druiden beiderlei Geschlechts waren. Um 120 v. Chr. war die Vorherrschaft der Veneter über die Bruderstämme besiegelt. Dies währte aber nur kurz.

56 v. Chr. schlug Julius Cäsar die Veneter am Golf von Morbihan. 500 Jahre blieb die Bretagne unter römischer Kontrolle, ohne daß die Kelten Gewohnheiten und Glauben ganz aufgaben. Ein erstes Straßennetz überzog die **römische Provinz**. An den Schnittstellen erblühten Städte. Ab dem 3. Jh. n. Chr. zermürbten Germaneneinfälle allmählich die Macht der Römer über Gallien. Angelsächsische Stämme verdrängten gleichzeitig die Kelten der britischen Inseln; um 480 n. Chr. wichen diese über den Ärmelkanal an die bretonischen Küsten aus. Diesmal kamen sie als Christen, die den neuen Glauben der Bretagne aufzwangen. An die ersten Pfarreien der Bretagne erinnern Ortsnamen, die auf -plou, -lan oder -tre enden.

799 entsannen sich die **Franken** der schon einmal zu Ende der Römerzeit

von ihnen besetzten Halbinsel: Karl der Große eroberte die Bretagne. 831 übertrug Karls Sohn Ludwig der Fromme den Königstitel auf den Keltenfürst Nominoë. Der zeigte sich wenig dankbar und zog 845 gegen den Frankenkönig Karl den Kahlen ins Feld. Die Franken wurden bei Redon vernichtend geschlagen. Karl der Kahle mußte klein beigeben und die Selbständigkeit des bretonischen Königreichs anerkennen. Zum religiösen Zentrum des jungen Reichs stieg Dol auf. Nominoë konnte sich sein Territorium zudem bis nach Nantes ausbreiten. Nach Nominoës Tod bestieg sein Sohn Erispoë den Thron. Auch er wehrte Karl den Kahlen erfolgreich ab, fiel jedoch bald darauf einem Mordanschlag seines Cousins Salomon zum Opfer, der ihm auf dem Thron folgte.

Während der siebzehnjährigen Herrschaft wurde die Bretagne um die normannische Cotentin-Halbinsel und die Grafschaft Craon im Anjou erweitert. 875 wurde Salomon selbst ermordet. Kurz darauf fielen die **Normannen** in die Bretagne ein. Zweimal gelang es den bretonischen Königen, sie abzuwehren, 888 und 939. Mit der königlichen Macht aber war es vorbei. Als aber Alain Barbe-Torte starb, brachen Kämpfe unter den rivalisierenden bretonischen Adelshäusern aus, und die königliche Macht zerfiel.

Die Zwickmühle der bretonischen Herzöge zwischen neidvollen Widersachern im Land und machthungrigem französischem König vor der Tür machte sich das **englische Königsgeschlecht** der Plantagenêt zunutze. Um den Franzosen die Stirn zu bieten, leistete Herzog Conan IV. dem englischen König einen Treueeid. Nach Conans Abdankung 1166 übernahm Heinrich II. von England die Macht. Erst als der Kapetinger Peter von Dreux 1213 durch Heirat mit Conans Tochter Alix Herzog der Bretagne wurde, gelang es dank seiner französischen Hausmacht die Engländer abzuschütteln. Die Bretagne erlebte unter dem Schutz der erstarkten herzoglichen Macht ein Jahrhundert relativen Friedens und wirtschaftlichen Aufschwungs.

1341 war es damit vorbei. Herzog Johannes III. starb ohne Nachfolger, was einen über 20 Jahre währenden **Erbfolgekrieg** entfachte. Dahinter steckte ein englisch-französischer Interessenkonflikt, der sich an den beiden Kontrahenten kristallisierte. Johannes' Halbbruder Johannes von Montfort war ein Parteigänger der Engländer, Johanna von Penthièvre stand durch die Heirat mit Karl von Blois auf seiten der Franzosen. Johannes von Montfort erhielt 1364 schließlich die Herzogswürde, nachdem er Karl von Blois in Auray besiegt hatte. Im Jahr darauf untermauerte der Vertrag von Guérande die ausgefochtenen Machtverhältnisse. Montfort herrschte 1365–99 als Johannes IV. Seine Beinamen »der Eroberer« und »An Alarc'h« (bretonisch Schwan) verweisen auf die glückliche Regentschaft, zu der das Stillhalten von Karl V. von Frankreich beitrug. Johannes hatte ihn freilich zuvor als Oberherrn anerkennen müssen.

Sein Sohn Johannes V. leitete ein **Goldenes Zeitalter** ein, das bis in die zweite Hälfte des 15. Jh. anhielt. Krönungsort war Rennes, Hauptresidenz die herzogliche Burg in Nantes, wo 1460 eine Universität gegründet wurde. Die Flotte zählte zu den stärksten Europas, die Städte erblühten. Das ganze Land wurde straff organisiert. Eine eigene Armee, Münzprägung und Gesandtenaustausch bis zum päpstlichen Hof untermauerten die Souveränität. Im Léon begannen reiche Tuchhändler untereinander mit Spenden für die umfriedeten

Kirchhöfe zu wetteifern. Auf die schnellen Regierungswechsel der Herzöge Franz I., Peter II. und Arthur III. folgte 1458 Franz II. auf dem Thron. Schon schielte der französische König Ludwig XI. nach dem reichen Herzogtum. Als der bretonische Schatzmeister Peter von Landais starb, kam ein von Ludwig XI. inszeniertes Komplott bretonischer Adelshäuser gegen den Herzog in Gang. Im Krieg gegen Frankreich erlitt die zerstrittene bretonische Armee 1488 bei St-Aubin-du-Cormier eine vernichtende Niederlage. Faktisch endet damit die Souveränität der Bretagne.

Eine bretonisch-französische Heiratsunion sollte die militärisch erzwungenen neuen Machtverhältnisse rechtlich hieb- und stichfest machen. Herzogin Anna herrschte seit ihrem zwölften Lebensjahr über die Bretagne. Unter dem Diktat Karls VIII. von Frankreich wurde eine Ehe mit Maximilian von Habsburg annuliert. »La petite Brette« mußte 1491 Karl VIII. von Frankreich ehelichen. Nach dem Tod des Gatten 1498 kehrte sie als französische Königin in die Bretagne zurück. Ein Jahr später sah Anna sich gezwungen, erneut vor den Traualtar zu treten: Rennes war vom bis an die Zähne bewaffneten französischen Heer belagert. Wieder war der Auferlegte der französische König, diesmal Ludwig XII. Laut Ehevertrag blieb die Souveränität des Herzogtums unangetastet. Nach Annas Tod 1514 ging die Herzogswürde auf ihre Tochter Claude über. Wieder trachtete Frankreich danach, die Bretagne durch einen Ehering an die Kette zu legen. Claude heiratete Franz von Angoulême, den zukünftigen Franz I. von Frankreich. 1515 übertrug sie ihm die Herzogswürde. Bei Claudes Tod zehn Jahre später erlosch das Herzogshaus. Franz schaltete und waltete bis 1532 über die Bretagne. Noch im selben Jahr unterzeichneten die Generalstände der Bretagne in Vannes die **Vereinigungsurkunde der Bretagne mit Frankreich**. Im Gegenzug sicherte die französische Krone der neuen Provinz steuerliche, rechtliche und militärische Privilegien zu.

Daß die Zusagen nicht das Papier wert waren, auf dem sie standen, sollte sich später zeigen. Zunächst fuhr die Bretagne ganz gut mit dem französischen Regime und umgekehrt. 1534 nahm der aus St-Malo stammende Seefahrer Jacques Cartier Kanada für die französische Krone in Besitz. Rennes überflügelte die alte Herzogsstadt Nantes, als es 1561 zum Sitz des Parlaments der Bretagne aufstieg. Tod und Verwüstung brachte jedoch bald die **erbarmungslose Hugenotten-Hatz** des sich als katholischer Scharfmacher probierenden Königs. Erst 1598 war damit Schluß. Im Edikt von Nantes sicherte Heinrich IV. allen Untertanen Glaubensfreiheit zu. Die französische Krone hielt so die Hugenotten im Land, die dem Handel maßgeblich Auftrieb gaben. Überhaupt stand wirtschaftlich alles zum Besten. Staatsminister Colbert gab 1664 mit der Gründung der **Ostindischen Kompagnie** in Lorient einen entscheidenden Anstoß zum Aufschwung des Überseehandels. Die Bretonen sind jedoch nicht käuflich. Schon 1675 breitete sich in der ganzen Bretagne die Révolte du Papier timbré mit blutigen Aufständen aus. Colbert hatte der Bretagne eine Steuer auf Tabak und Zinngeschirr auferlegt und warf damit die 1532 zugesicherten Privilegien über den Haufen. Der Herzog von Chaulnes, Gouverneur der Bretagne, schlug die Revolte eisern nieder. Das Parlament verließ darauf Rennes und ging ins Exil nach Vannes. 1685 wurde das Edikt von Nantes wieder aufgehoben. Viele protestantische Tuchhändler wanderten aus, was für die Region einen enormen wirtschaftlichen Aderlaß bedeutete. Man wußte sich indes zu helfen. 1711 eroberte der aus St-Malo stammende Korsar Duguay-Trouin Rio de Janeiro. Das Freibeutertum im Namen seiner Majestät des Königs machte St-Malo reich. Der Hafen wurde zum wichtigsten im ganzen Land.

Gleichzeitig stieg Nantes zur Drehscheibe des **Dreieckhandels mit Sklaven** auf. Die aus Afrika verschifften Sklaven wurden in der bretonischen Stadt an Plantagenbesitzer von den Antillen und aus Nordamerika verkauft, auf deren Besitzungen sie Nantaiser Reeder weiterverschifften. 1789 teilte die Bretagne in zwei Lager. Bei Ausbruch der **Französischen Revolution** stellte sich Rennes' Bourgeoisie in Erinnerung erlittener Schmach gegen Adel und König. Nichts dergleichen in Nantes, wo die Reeder gut mit der Krone gefahren waren. Die Pariser Revolutionsregierung hetzte den berüchtigten Jacques Carrier an die Loire. Was die Guillotine in Nantes nicht schaffte, besorgte der Schreckenskommissar mit der *mariage républicain:* Je zwei aneinandergebundene Opfer wurden in der Loire ertränkt. Vor allem im Süden beruhigte der Terror die Lage nicht. Von 1790–1804 setzten **Chouans-Aufstände** das Land in Aufruhr. Diese royalistischen Gegner der Revolution aber haben ihre Hauptbasis in der Vendée, von wo aus sie bis Savenay nördlich der Loire vordringen. Weitere Zentren der Königstreuen sind Fougères, Vitré, Lamballe und Dinan. Ein blutiger Guerillakrieg gegen die Machthaber in Paris entbrannte. Schließlich ging der Chouans-Anführer Georges Cadoual den Behörden bei einem Entführungsplan gegen Napoleon in die Fänge und wurde 1804 hingerichtet.

Robert Surcouf (1773-1827)

Wie ganz Frankreich wurde die Bretagne in Departements aufgeteilt. Die von Napoleon verhängte Kontinentalsperre sollte Englands Handel ruinieren, traf aber ebenfalls die Wirtschaft in den bretonischen Häfen. Die Provinz kam tiefgeschwächt aus Revolution und Kaisertum hervor. Nicht zu schwach allerdings, um 1832 ein letztes royalistisches Komplott gegen Bürgerkönig Louis-Philippe zu wagen. Die Sehnsucht der Legitimisten nach den Zeiten des Ancien Régime erlitt kläglich Schiffbruch, als ihre Anführerin, die Herzogin von Berry, dingfest gemacht werden konnte. Weiterhin erholte sich die Bretagne nur zäh von den Zerstörungen der Revolutionsjahre. Ökonomisch geriet die Provinz ins Hintertreffen, trotz der Eröffnung des Kanals Nantes-Brest 1840 und des Baus von Eisenbahnlinien. 1847 wurde der Sklavenhandel, eine der Einkommensquellen von Nantes, definitiv abgeschafft. Neue wirtschaftliche Quellen

Bunker an der Pointe de la Torche

sprudelten nicht, da die Industrialisierung an der Bretagne fast komplett vorbeiging. Nicht so der Tourismus. Mit den Engländern fing in Dinard alles an. Es folgten die Künstler. Zwischen 1880 und 1890 versammelte sich in Pont-Aven eine Malerkolonie, deren prominentester Vertreter Gauguin war. Die Sommerfrische erhielt bald einen empfindlichen Dämpfer. Wie in ganz Europa gingen 1914 in der Bretagne die Lichter aus. Im **Ersten Weltkrieg** fielen 190 000 Bretonen, ein vergleichsweise hoher Blutzoll, woran die Sprachprobleme zwischen bretonischen Eingezogenen und frankophonen Offizieren ihren Anteil hatten.

Die Konsequenz blieb nicht aus. In den Jahren zwischen den beiden Weltkriegen formierten sich die **bretonischen Autonomisten.** Ihr Sprachrohr war die Zeitung »Breiz Atao«. Die Parti Nationaliste Breton führte 1931 erste Anschläge durch. Auch der **Zweite Weltkrieg** setzte eine gewaltige Zäsur. Als Général de Gaulle am 18. Juni 1940 seinen berühmten Radioappell in London über den Äther schickte, brachen 150 Fischer von der Ile de Sein als erste Franzosen nach England auf. In ihrem Rücken besetzten deutsche Truppen die Bretagne. Teile der bretonischen Nationalisten kooperierten mit den Besatzern. Auf der anderen Seite bildeten sich Widerstandsgruppen. Trotz der Landung der Alliierten 1944 hielten die Deutschen einige Punkte in erbitterter Gegenwehr bis zum Kriegsende, so etwa Belle-Ile und den Kessel von Lorient. Bei der Befreiung wurden St-Malo, Brest, Lorient und St-Nazaire von alliierten Bombern völlig zerstört. Auch in Nantes und vielen anderen Orten waren die Schäden durch Flugbomben und Artilleriebeschuß beträchtlich.

Ein Generalplan (CELIB) zur Beseitigung der Rückständigkeit leitete 1951 die Wende in der seit über 100 Jahren währenden wirtschaftlichen Apathie ein. Die 60er Jahre standen im Zeichen eines wirtschaftlichen Neubeginns, dessen Insignien so spektakuläre Projekte wie das Gezeitenkraftwerk an der Rance-Mündung, der Bau eines Citroën-Werks in Rennes oder die Eröffnung einer Thompson-CSF-Niederlassung in Brest waren. Als Sensation feierte man 1962 die erste Fernsehübertragung von den USA nach Frankreich via Satellit in Pleumeur-Bodou. Auch auf dem Land brachen alte Strukturen auf. Die Gemüsebauern der Nordküste entmachteten im »Artischockenkrieg« Anfang der 60er Jahre die marktbeherrschenden Zwischenhändler und gründeten eine bis heute tonangebende Genossenschaft. Von 1964–72 erfolgte im Zuge der **regionalen Neugliederung** Frankreichs die Schaffung der Region Pays de la Loire mit der Hauptstadt Nantes. Der alte Sitz der bretonischen Herzöge wurde damit ebenso wie das Departement Loire-Atlantique von der Bretagne abgetrennt.

1965 erfuhr das Bretonische durch die Zulassung im Abitur bei den Sprachprüfungen eine Aufwertung. Die Zeichen aus Paris kamen zu spät. Ein Jahr später führte die Front de Libération de la Bretagne erste Anschläge durch. Bis Mitte der 70er Jahre hielten die gewalttätigen Aktionen der Separatisten an. Parallel zur industriellen Ansiedlung wurde der Parc Naturel Régional d'Armorique geschaffen. Er umfaßt 110 000 ha des Departements Finistère und schließt die Inseln Ouessant und Molène ein. Kurz darauf folgte die Gründung des Parc Naturel Régional de la Brière. In den 70er Jahren war die Zeit für ein ökologisches Umdenken reif. Nach mehreren Tankerunglücken und anschließender Ölpest – 1978 havariert die »Amoco Cadiz« an der Côte des Abers und verseucht durch eine Ölpest weite Küstenabschnitte – gewannen die Ökologen an Terrain. Gleichzeitig begünstigte der Protest der Bretonen gegen die Mißachtung der Küstengewässer das Wiedererstarken der regionalen Identität.

1977 gründete ein privater Trägerverein die bretonische Schule Diwan. Der Unterricht ist zweisprachig. Die Bretagne schickte ihre Kultur erstmals nach außen. Pierre-Jakez Hélias gelang mit seinem Roman »Le Cheval d'Orgeuil« der erste aus dem Bretonischen ins Französische übersetzte Bestseller. Folkloregruppen wie Tri Yann und Interpreten wie Alain Stivell füllten nicht nur in der Bretagne die Säle. Schließlich wurde 1981 der Plan für ein auf der Pointe du Raz geplantes Atomkraftwerk verworfen. Der Widerstand der Bevölkerung hatte ein bis dahin unbekanntes Ausmaß erreicht. Bis zu 100 000 demonstrierten gegen Pariser Willkür. 1987 folgte die Stillegung des 1966 in Betrieb genommenen Atomkraftwerks Brennilis. An die Spitze des unter der Regierung Mauroy neu geschaffenen Meeresministeriums zog ein Bretone.

Immer dramatischer dünnt Landflucht die Bevölkerung der inneren Bretagne aus. Die seit 1981 regierenden Sozialisten entwarfen Konzepte zur Revitalisierung des Inlands. Der Weg nach Paris wird mit dem TGV deutlich kürzer. Fast alle großen Städte liegen dank Hochgeschwindigkeitszug in 2–4 Stunden Distanz zur Hauptstadt. Die veränderte, in wirtschaftlicher Hinsicht heute dynamischste Region Frankreichs bekommt Identitätsprobleme. Das Departement Côtes du Nord reagierte, indem es sich seit 1988 Côtes d'Armor nennt – eine Reverenz an keltische Wurzeln und touristische Werbestrategien. Selbst an den letzten Helden der Bretagne gehen Marktveränderungen und Internationalisierung nicht spurlos vorbei. 1993 machten bretonische Fischer durch massive Unruhen auf ihre durch Billigimporte, Überfischung und EG-Quoten verursachte Misere aufmerksam. Ein Jahr später geht in Rennes das barocke Parlamentsgebäude der Bretagne bei einer Demonstration unzufriedener Fischer in Flammen auf.

Zeittafel

3300–3100 v. Chr.	Mit dem Cairn de Barnenez entstehen Megalithanlagen.
um 2200 v. Chr.	Höhepunkt der Megalithkultur. Dolmen, Menhire, Hügel- und Steinkistengräber in der gesamten Bretagne.
5. Jh. v. Chr.	Keltische Stämme besiedeln die Bretagne, die sie das Land am Meer (Armorika) nennen.
um 120 v. Chr.	Vorherrschaft der Veneter.
56 v. Chr.	Sieg der Römer übert die Veneter. 500 Jahre bleibt die Bretagne unter römischer Kontrolle.
480 n. Chr.	Kelteneinfall von den britischen Inseln; Christianisierung.
799	Karl der Große erobert die Bretagne.
831	Karls Sohn Ludwig der Fromme überträgt den Königstitel auf Nominoë.
845	Nominoë verteidigt das junge Königreich gegen den Frankenkönig Karl den Kahlen.
857–874	Nominoës Sohn Erispoë fällt einem Mordanschlag seines Cousins Salomon zum Opfer. Unter Salomon wird die Bretagne um die Cotentin-Halbinsel und die Grafschaft Craon im Anjou erweitert.
875–ca. 950	Die Normannen fallen in die Bretagne ein. Kämpfe unter den rivalisierenden bretonischen Adelshäusern. Die königliche Macht zerfällt.
1148–1203	Das englische Königsgeschlecht der Plantagenêt versucht, die Bretagne einzunehmen.
1212–1341	Unter der Vorherrschaft der Herzöge von Dreux endet die Anarchie. Die Bretagne erlebt ein Jahrhundert relativen Friedens und wirtschaftlichen Aufschwungs.
1341	Mit dem Tod des Herzogs Johannes III. entfacht sich ein über 20 Jahre währender Erbfolgekrieg.
1364/65	Johannes von Montfort erhält die Herzogswürde, nachdem er Karl von Blois in Auray besiegt hat. Im Jahr darauf besiegelt der Vertrag von Guérande den Sieg.
1399–1442	Unter Johannes V. erlangt die Herzogswürde königliche Weihen. Krönungsort ist Rennes, Hauptresidenz Nantes. Die Flotte zählt zu den stärksten Europas, die Städte erblühen.
1442–1488	Der französische König Ludwig XI. schielt nach dem bretonischen Herzogtum. Als der bretonische Schatzmeister Peter von Landais stirbt, kommt es zum Krieg gegen Frankreich. Die bretonische Armee wird vernichtend geschlagen.
1488–1514	Unter dem Diktat der Machtverhältnisse heiratet Herzogin Anna Karl VIII. von Frankreich. Nach dessen Tode sieht sie sich gezwungen Ludwig XII. zu ehelichen.
1514	Herzogin Anna stirbt. Ihre Tochter Claude heiratet den zukünftigen Franz I. von Frankreich. 1515 überträgt ihm Claude

	die Herzogswürde. Bei ihrem Tod erlischt das Herzogshaus.
1532	Die Generalstände der Bretagne unterzeichnen in Vannes die Vereinigungsurkunde der Bretagne mit Frankreich. Im Gegenzug sichert die französische Krone Privilegien zu.
1598	Im Edikt von Nantes sichert Heinrich IV. Glaubensfreiheit zu.
1664	Staatsminister Colbert gründet in Lorient die Ostindische Kompagnie.
1675	Eine Revolte gegen die Besteuerung von Tabak und Zinngeschirr bricht aus. Sie wird eisern niedergeschlagen.
1. Hälfte 18. Jh.	Nantes wird Drehscheibe des Sklavenhandels.
1789	Französische Revolution. Aufteilung in Departements.
1790–1804	Die Chouans-Aufstände setzen das Land in Aufruhr. Die royalistischen Gegner der Revolution dringen von der Vendée bis Savenay nördlich der Loire vor.
1810	Die napoleonische Kontinentalsperre lähmt den Seehandel.
1828	Jules Verne kommt als Sproß einer Reederfamilie in Nantes auf die Welt.
1. Hälfte 19. Jh.	Ökonomisch gerät die Provinz ins Hintertreffen, trotz der Eröffnung des Kanals Nantes-Brest und des Baus von Eisenbahnlinien.
1880-90	In Pont-Aven entsteht eine Malerkolonie, deren prominentester Vertreter Paul Gauguin ist.
1914–18	Im Ersten Weltkrieg fallen 190 000 Bretonen.
1919–39	Die bretonischen Autonomisten formieren sich. Zu ersten Anschlägen kommt es 1932.
1940–45	Deutsche Besetzung. Bei der Befreiung werden St-Malo, Brest, Lorient und St-Nazaire fast völlig zerstört.
1951	Ein Generalplan (CELIB) zur Beseitigung der wirtschaftlichen Rückständigkeit tritt in Kraft.
60er Jahre	Der wirtschaftliche Neubeginn mit Projekten wie dem Gezeitenkraftwerk an der Rance-Mündung.
1964–72	Regionale Neugliederung Frankreichs. Die Region Pays de la Loire mit der Hauptstadt Nantes entsteht.
1966	Erste Anschläge der Front de Libération de la Bretagne. Bis Mitte der 70er Jahre halten die gewalttätigen Aktionen an.
70er Jahre	1978 havariert die »Amoco Cadiz« und die Ökologen gewinnen an Terrain.
1976–81	Der Plan für ein auf der Pointe du Raz geplantes Atomkraftwerk scheitert.
80er Jahre	Landflucht dünnt die innere Bretagne aus. Die seit 1981 regierenden Sozialisten entwerfen Konzepte zur Revitalisierung des Inlands. Der TGV rückt die Bretagne auf 2–4 Stunden Distanz zu Paris.
1987	Das Atomkraftwerk Brennilis wird stillgelegt.
1994	In Rennes geht das Parlament der Bretagne bei einer Demonstration unzufriedener Fischer in Flammen auf.

Die Megalithkultur

Sie stehen allein auf weiter Flur oder in endlosen Reihen, und dies seit knapp 6000 Jahren: Wer die etwa **5000 Menhire** (hochragende Einzelstücke) und **1000 Dolmen** (zu Ganggräbern übereinander geschichtete Steine) errichtet hat, bleibt ebenso rätselhaft wie ihre Bedeutung. In Carnac erreichte der Kult mit exakt 2935 Menhiren seinen Höhepunkt. Das frühgeschichtliche Titanenwerk hütet wahrscheinlich ein ausgeklügeltes System zur Berechnung von Sonnenauf- und -untergängen zu bestimmten Daten im Jahreszyklus. Viel mehr haben Prähistoriker und Archäologen den Steinblöcken in jahrzehntelanger Forschung noch nicht entreißen können. Rätselhaft bleibt auch die Bedeutung von Schlangen, konzentrischen Ringen und Krummstäben, die in den Stein geritzt sind. Eingravierte Dolche und Beile sind dagegen als solche eindeutig zu erkennen. Neben Menhiren und Dolmen sind der **Tumulus** (Fürstenhügel) und die **Allée couverte** (tunnelförmiges Steinkistengrab) schwergewichtige Zeugen aus grauer Vorzeit.

Die gesamte Bretagne ist mit prähistorischen Monumenten geradezu gesegnet. Im Osten gilt La Roche aux Fées bei Essé als schönster Dolmen der Bretagne – die Deckplatten sind bis zu 40 t schwer. Unweit der Rance liegt bei Tressé die Allée couverte du Mesnil, ein 10 m langes Sammelgrab, malerisch im Wald. Ebenfalls an der Rance ruht bei St-Simon-sur-Rance der Menhir de la Tiembayle, ein umgestürzter, 7 m hoher Stein mit Gravuren. Dol-de-Bretagne ist Prähistorikern wegen des 9 m und 125 t schweren Menhir du Champ-Dolent ein Begriff. Der Menhir du Corong in Glomel mißt immerhin noch 8,5 m. In Trébeurden wurde der Menhir de St-Uzec durch Gravuren und ein herausgemeißeltes Kreuz im Mittelalter christianisiert. In den kargen Monts d'Arrée bildet der Dolmen de Ty-Ar-Boudiged bei Brennilis ein Ganggrab in V-Form. Der Menhir de Kerloas bei Plouharzel gilt mit 10 m als größter aufrechter Menhir. Seine 150 t Gewicht sind jedoch nichts gegen die Steinmassen des Cairn de Barnenez bei Plouezoc'h: Für das gigantische Hügelgrab mit elf Kammern wurden 14 000 t Stein aufgeschichtet.

Carnac schlägt mit gleich vier Menhirreihen in klassischer Ostausrichtung alle Rekorde. Hinzu kommt der Tumulus St-Michel. Am Golf von Morbihan sind ein Dolmen und mehrere Rundgräber bei Le Bono, der Grand Menhir von Locmariaquer, mit 350 t schwerster aller Menhire, sowie die Table des Marchands, ein gigantischer Dolmen mit zerborstener Deckplatte, Vorboten für den über und über gravierten Tumulus auf der Ile Gavrinis: Den langen Gang mit reich verzierten Säulensteinen schützt eine 20 km² große Steinplatte vor Verwitterung und Zerstörung.

Kelten und Römer

Ungleich rarer sind Zeugnisse von Kelten und Römern. Zu weitab lag die ferne Provinz, als daß mit Großbauten Territorialmacht hätte demonstriert werden müssen. An die zweite keltische Einwanderungswelle ab 450 n. Chr., diesmal von den britischen Inseln, erinnern vor allem die sieben Hauptheiligen der Bre-

Die Bretagne ist übersät mit prähistorischen Monumenten (hier bei Lannion)

tagne, die als **keltische Missionare** das Land christianisierten. Einige Städte tragen ihren Namen, St-Pol, St-Brieuc, St-Malo etwa. Wichtiger als Steine ist der keltische Mythen- und Legendenschatz, allem voran die **Artussage** (s. S. 236). An materiellen Zeugnissen bleiben keltische Münzen, Keramik und bronzene Handglöckchen mit kunstvollen Griffen, z. B. in Form eines Fischkopfs. Mit ihnen wurden in St-Pol-de-Léon im 6. Jh. n. Chr. die Gläubigen zum Gebet gerufen. Aus derselben Zeit stammen archaisch schlichte Granitkreuze und Stelen, die man an Dorfkirchen oder mitten auf dem Land findet. Unter römischen Relikten heben sich ein Teil der Nantaiser Stadtmauer und Fundamente der Burg zu Brest hervor, doch bleibt es bei mageren Funden.

Romanische Bretagne

Mit der Kirche St-Philbert-de-Grand-Lieu (8.– 11. Jh.) südlich von Nantes ist der Übergang zu den romanischen Bauwerken der Bretagne getan. Auf den ersten Blick hat die Romanik keine eigene bretonische Färbung, wenn auch einige Bauwerke weit über die Region herausragen. Als 1862 in Quimperlé der Turm von Ste-Croix zusammenbrach, zerschlug er einen der beiden romanischen Rundbauten der Bretagne. Das Vorbild für die später wiederaufgebaute zentrale Rotunde lieferte die Heiliggrabkirche zu Jerusalem. Wie die meisten romanischen Bauwerke der Bretagne stammt Ste-Croix aus dem späten 11. Jh., einer Zeit, als die Romanik in der Provence oder dem Loire-Tal längst ihre schönsten Blüten getrieben hatte. Mit der gleichen Langsamkeit, mit der sich auf der Halbinsel ein Netz von Städten und Feudalherren sponn, durchdrang die romanische Architektur den äußersten Westen. In Redon vernichtete ein Feuer die Benediktiner-Kirche St-Sauveur, verschonte jedoch den mit seinen abgerundeten Ecken und farbenfrohem Wechseln von Granit und Sandstein einzigartigen Vierungsturm.

Auffällig verteilen sich die meisten romanischen Bauwerke im Osten der Bretagne und längs der Loire. Der Einfluß des nahen Anjou und Poitou macht sich hier bemerkbar, so etwa bei der ehemaligen Benediktiner-Kirche St-Mélaine in Rennes. Im Süden der Bretagne hat St-Gildas-de-Rhuys die Kirchen von Loctudy und Fouesnant beeinflußt. Allen gemein sind die schön gearbeiteten **Kapitelle**, deren Formensprache Fauna und Flora sowie Schachbrettmuster und geometrische Figuren, aber auch Atlanten umfaßt. Aquitanische wie normannische Einflüsse sind erkennbar. Letztere wirkten auch in der Abteikirche von Daoulas nach. Archaischen und heidnischen Götterwelten verwandt sind die zwischen Steingravur und Skulptur schwankenden Kapitelle von St-Pierre-et-Paul bei Langonnet oder St-Pierre in Ploërdut. Mit Voluten und Spiralen erweisen einige Stücke keltischen Symbolen eine Reverenz.

Gotik und Renaissance

Zusammen mit der bretonischen **Festungsarchitektur** erblühte die bretonische Gotik. Festungsstädte wie Fougères und Vitré schmückten sich mit Pfarrkirchen im neuen Stil, Rennes kommt sogar auf vier gotische Gotteshäuser. Ganz im Westen beflügelt der wachsende Handel zur See den Bau einer Vielzahl von Kapellen, Kirchen und Kathedralen, allen voran das fast wie geklöppelt erscheinende Westwerk von St-Corentin in Quimper, die zauberhaften Wallfahrtskapellen um Le Faouët oder die reich dekorierte Kirche St-Ronan in der Tuchhändlerstadt Locronan. Die Burgen reicher Feudalherren werden mit feinen Keramikböden wohnlicher gestaltet, so etwa in Suscinio, wo ein mehrfarbiges Löwendekor den Boden bedeckt. Im Norden der Bretagne errichtet sich der Landadel schmucke **Manoirs** (Landhäuser), die mit Grande Salle und Treppenturm im 14. Jh. immer repräsentativer ausfallen.

In den Städten fallen phantasievolle **Holzschnitzarbeiten** ins Auge, mit denen betuchte Patrizier Bürgerstolz demonstrieren, so etwa in Morlaix, Malestroit, Dinan oder Vannes. Neben derben Szenen sind es vor allem Heiligenfiguren und ganze Bibellegenden, die Stockwerk um Stockwerk dargestellt werden.

Hölzerne Lettner wie in St-Fiacre bei Le Faouët und Zierbalken wie in den Kirchen des oberen Léon bieten mit einer Heerschar bunt bemalter Heiliger dem Schmuck der Bürgerhäuser Paroli. Im 13. Jh. war die Bretagne endgültig tief im katholischen Glauben verhaftet. Nun schossen im ganzen Land **Kirchtürme** zu Ehren der 7777 Heiligen in den Himmel. Die stolzesten, wie steinerne Blitze hochschnellende Türme sind die des nördlichen Léon. Der Kreisker (›Haus in der Mitte‹) von St-Pol-de-Léon steigt zwischen Schiff und Chor als höchster Kirchturm der Bretagne auf. Von den frühen gotischen Bauwerken ist die Abtei von Beauport bei Paimpol zur Ruine verfallen, während die nach englischem Beispiel erbaute Kathedrale von Dol nach wie vor über dem flachen Umland thront. Das schönste Beispiel englischer Gotik findet sich in Pont-Croix mit dem Südportal von Notre-Dame-de-Roscudon. Normannische Einflüsse zieren die Kathedrale von Quimper oder die Pfarrkirche von St-Pol-de-Léon nicht zuletzt, weil das Baumaterial über den Ärmelkanal aus Caen herbeigeschifft wurde.

Mit dem **Flamboyant-** und **Rayonnant-Stil** erreicht die Gotik im 15. Jh. ihren Höhepunkt. Die Hofschauseiten

Die Kathedrale von Tréguier

der Schlösser von Josselin und Nantes sind kunstvolle Beispiele der Flamboyant-Gotik, bei der Bogenspitze und Fenster in filigranen Verzierungen nach oben züngeln. Die strahlenförmige Fensterrosette des Rayonnant-Stils findet man in der Kathedrale von St-Malo. Zeitgleich entsteht eine der Bretagne eigene Bauweise: Wie ein Dreizack spießen die offenen Kirchtürme der unteren Bretagne das Firmament auf, so etwa bei der Wallfahrtskapelle Notre-Dame-de-Tronoën, deren Schiff sich tief auf den Boden duckt. Vor der Kirche steht der vermutlich älteste **Calvaire** der Bretagne. Mit der in Stein gemeißelten Leidensgeschichte Christi beginnt um 1450 die für die bretonische Kunst fruchtbarste Periode. Bis ins 17. Jh. entstehen im ganzen Land Calvaires – steinerne Zeugen, die den Weg nach Golgatha darstellen. Mit den von tiefer Religiosität durchdrungenen Glaubensmomenten, die zumeist drei Kreuze und eine bis zu 200 Figuren zählende Schar aufweisen, setzt sich die Renaissance durch. Einige der monumentalsten Calvaires sind Teil der umfriedeten Pfarrhöfe des Léon. Ihr

Fachwerkhaus in der Oberstadt von Dinan

Inventar variiert einen festgeschriebenen Katalog. Steinplatten sollen an den Zugängen Kobolde und böse Geister abhalten. Triumphtor, Beinhaus und Calvaire gruppieren sich um die Kirche, deren Innenausstattung dem Reichtum ortsansässiger Tuchhändler und Hanfbauern entsprechend üppig ausfällt. Ankou, der Sensenmann, erinnert oft schon in der Vorhalle an die Vergänglichkeit jedes Menschen. Vor allem die Schnitzarbeiten der Altäre sind Meisterwerke einer bäuerlich naiven Umsetzung der Renaissance, während das Triumphtor von Sizun oder das Beinhaus von St-Thégonnec Einflüsse eleganter italienischer Schauarchitektur verraten.

Barock

Rennes ist das Paradebeispiel einer Architektur à la française, mit der die Stadt nach dem großen Brand von 1720 in die Formsprache des Ancien Régime gebracht wurde. Nüchtern elegante Fassaden, Arkaden und Straßenverläufe im Schachbrettmuster opponieren mit dem bretonischen Fachwerk und den Gassen der stehengebliebenen Viertel. Nur manchmal demonstrierten reiche Bürger durch die Einbeziehung von Fachwerk in die französische Barock-Architektur bretonische Eigenart, so etwa mit den **Hôtels particuliers** (städtische Adelssitze) an der Place des Lices in Rennes. Vaubansche Festungsanlagen lösten wie in ganz Frankreich mittelalterliche Bollwerke ab. Le Palais auf Belle-Ile oder Port-Louis sind hervorragende Beispiele. Eine eigenständige barocke Architektur brachte St-Malo Ende des 17. Jh. mit den **Malouinières** hervor. Die Landhäuser der Reeder sind funktionale Bauten mit repräsentativem Anstrich, denen jegliche Verspieltheit fehlt. Maskarons (Schlußsteine von Fenstern und Türen mit steinernen Masken), Balustraden und schmiedeeiserne Gitter der Reederpaläste von Nantes betonen hingegen die Freude ihrer Erbauer über das große Geld: Die mit Sklavenhandel reich gewordenen *négriers* setzten auf der Ile Feydeau ein Bürgerschloß neben das andere.

Belle Epoque und Moderne

Schon vor Eintreffen der ersten Sommerfrischler wurde die Küste mit **Leuchttürmen** sicherer gemacht. Einige wenige stammen aus vorrevolutionärer Zeit, doch die gelungensten Beispiele sind Kinder des 19. Jh. mit der Maschinenästhetik eines Jules Verne. Stellvertretend seien der filigrane Pavillon auf dem minarettschlanken Phare d'Eckmühl oder der ebenfalls von einem gläsernen Pavillon gekrönte Phare de l'Ile Vierge, der höchste Leuchtturm Europas, genannt.

Hoch hinaus wollten auch die Reichen und Schönen. Dinard avancierte zur Hauptstadt der Burgenbauer mit Gelüst auf **Strandvillen.** Fachwerk und Granit verhalfen zu Lokalkolorit bei Tudor-Gotik, Loire-Renaissance und Italo-Barock. Etwas bescheidener sind die Villen an der Strandpromenade in St-Malo.

Pompös hingegen trumpfen die Hotelkästen der Jahrhundertwende in La Baule auf, allen voran das legendäre Hermitage. Die Strandarchitektur bleibt mit jedem weiteren Jahrzehnt der bewährten Mischung einheimischer Stilelemente und neuer Strömungen treu. Weniger bewährt haben sich städtische Großprojekte der Nachkriegszeit wie das gesichtslose Viertel Le Colombier in Rennes. Lorient verlieh hingegen dem zerstörten Stadtbild mit konsequenter Farbgebung und der postmodernen Maison de la Mer ein stimmiges maritimes Flair, und Brests generalstabsmäßige Überarbeitung der ersten Wiederaufbaugigantomanie läßt die Stadt neu erblühen.

Die Nase vorn hat jedoch Nantes mit der Reurbanisierung der Innenstadt: Straßenbahn und Flaneure statt Autostau, Parks und Alleen statt Industriebrachen und ungenutzter Hafenkais sprechen für Dynamik und neu gewonnene Lebensqualität.

Literatur

Eine medizinische Abhandlung ist das älteste literarische Dokument der Bretagne. Von den viele hundert Verse zählenden Heldenliedern aber blieben nur die Themen und ein paar Titel der Nachwelt erhalten.

Bretonische Epen sind zum Teil überliefert. Tristan und Isolde schrieb Gottfried von Straßburg nach einer Version des Thomas de Bretagne nieder. Die Artussage verbreitete sich weit über Europa und blieb in den Versionen des Engländers Geoffroy de Montfort (um 1135) oder des Franzosen Chrétien de Troyes (um 1165) erhalten. Bis zur Fantasy-Welle unserer 90er Jahre reichen die neuesten Varianten.

Ré Soupault übersetzte kürzlich die bretonischen Märchensammlungen des 19. Jh. Der vielleicht berühmteste Bretone, **François René de Chateaubriand**, vermittelt in den »Erinnerungen von jenseits des Grabes« ein Bild seiner Kindheit in St-Malo und Combourg am Ende des Ancien Régime. **Jules Verne,** Reederssohn aus Nantes, dachte ungern an die Kinderjahre zurück. Der jugendliche Ausreißer wurde vom eigenen Vater rechtzeitig vom Schiff geholt. Auf große Fahrt ging er fortan in abenteuerlichen Romanen.

Das zweite zentrale Thema ist die See. Der aus der Bretagne stammende Louis-Marie Julien Vinaud alias **Pierre Loti** setzte mit dem Roman »Die Islandfischer« 1886 den Fischern von Paimpol ein literarisches Denkmal, doch salonfähig wurden bretonische Schriftsteller erst im 20. Jh. Der im Ersten Weltkrieg gefallene Dichter **Jean-Pierre Calloc'h** schrieb sein zentrales Werk »Ar en Deulin« im Dialekt von Vannes.

Im Werk des in Quimper geborenen **Max Jacob** tauchen die heimatlichen Kais am Odet immer wieder auf, wenn auch die Bretagne nicht im Zentrum sei-

Bécassine – Die Unschuld vom Lande als Comic-Figur

Saumselig, bauernschlau und treu wie Gold, das alles ist Annaik Labornez. Allein, Madame la Marquise de Grand-Air dankt es dem bretonischen Hausmädchen nicht. Während Annaik, genannt Bécassine, mit schlafwandlerischem Geschick über die Tücken des Haushalts und die Marotten der gnädigen Herrschaft stolpert, zieht die Marquise auf dem Schloß zu Clocher-les-Bécasses indigniert die Augenbrauen hoch. Die Dauerposse zwischen gutmütigem Mädchen vom Lande und hochnäsiger Adliger hatte gleich bei Erscheinen der ersten Bildergeschichte 1905 Erfolg. Asterix und Obelix haben Bécassine zwar als Vertreter bretonischer Comic-Figuren überrundet, doch die Pionierin hat nach wie vor ihr eingeschworenes Publikum.

Bécasse lautet das französische Wort für Schnepfe, familiär bedeutet es ›dumme Gans‹, die Ableitung Bécassine soll Ähnliches suggerieren. Um den bürgerlichen Namen steht es nicht besser. Phonetisch klingt Labornez wie *la bornée,* ›die Beschränkte‹. Genau das ist die Heldin mit der Stupsnase und dem bretonischen Kostüm nur auf den ersten Blick. Mit gesundem Menschenverstand besteht die Landpomeranze jede Anfechtung einer vermeintlich gebildeteren Umwelt. Ihre Rüstung sind Spitzenhäubchen, Schürze und langer Rock. Bécassines Wiege war »La Semaine de Suzette«, eine züchtige Zeitschrift für höhere Töchter. Der Verleger Languerau persönlich schrieb die Geschichten, die der Zeichner Jean-Pierre Pinchon zu Papier brachte. Erst acht Jahre nach den ersten Bilderbögen durfte Bécassine größere Abenteuer mit dem Zusatz ›Fortsetzung folgt‹ bestehen.

Bis zu Pinchons Tod 1953 hatte sich die wackere Bretonin im Ersten Weltkrieg als Fliegerin durchgeschlagen, mit Tante Quillouch und Onkel Corentin eine Weltreise unternommen und sogar die Vorlage zu einem Kinofilm abgegeben. 1958 holte der Zeichner Jean Trubert die Figur wieder aus der Versenkung hervor.

Bécassine blubberte fortan mit Sprechblasen ihre von Herzen kommende Weisheit ins Heft. Und da sie für die Bretonen bis heute nicht gestorben ist, schusselt sie sich weiter durchs Leben.

nes Schaffens steht. **Henri Queffélec** hingegen verschreibt sich ganz der Heimat. Mit Erfolg, er erhielt im Jahr 1958 für seinen Roman »Ein Königreich unter dem Meer« den Preis der Académie Française. **Pierre-Jakez Hélias** avancierte in den 70er Jahren landesweit mit dem Roman »Le Cheval d'orgueil« zum Bestsellerautor, verfaßt jedoch ebenfalls Gedichte und Hörspiele.

Reiseziel Bretagne heute

Das Erwachen kam – nach über einem Jahrhundert des Niedergangs – spät und fand erst in den 50er Jahren statt. Bis dahin war die Bretagne tatsächlich jene rückständige Provinz am Ende der Welt, als die sie Pierre Loti in den »Islandfischern« oder Simone de Beauvoir in »In den besten Jahren« verklärt haben. Dann folgte auf den Wirtschaftsplan zur Beseitigung der ökonomischen Rückständigkeit der Plan Routier Breton von 1969. Er sah die beiden großen Verkehrsachsen Rennes–Brest und Nantes–Brest vor, die die Westprovinz für das restliche Land öffneten. Doch das Bild hat zwei Facetten. Während die obere Bretagne dank der Ansiedlung neuer Technologien im Aufwind ist, verharrt der tiefe Westen in einer Flaute unter den Vorzeichen Niedergang des Fischfangs und des Schiffbaus.

Abgesehen von so unübersehbaren Insignien des Fortschritts wie der Satellitenanlage in Pleumeur-Bodou sind die Zeichen der Zeit für den Urlauber relativ dezent gesteckt. Noch immer laufen die Fischer auf See aus, findet sich eine einsame Badebucht sowie Landstraßen, von denen Kilometer um Kilometer weder Haus noch Auto zu sehen sind.

Dann plötzlich gerät man auf eine vierspurige Piste oder steht im Stau. Vor allem im Süden haben einige Hafendörfer autobahngroße Zufahrtsstraßen verpaßt bekommen, die eine Ahnung vom Masseneinfall zur Hauptsaison geben. Mittlerweile wird an der Küste Alarm geschlagen. Die meisten Schlagzeilen unter den Großaufräumarbeiten in den bretonischen Naturschutzgebieten machte der Abriß eines kleinen Hotels an der Pointe du Raz (s. S. 150), das ebenso verschwinden mußte wie ein krakenhaft ausgebreiteter Boutiquenbrei, denn für die berühmte Westspitze war es 5 vor 12. Der Erdboden glich einem festgetrampelten Bolzplatz, und die Blechkarawane zur Pointe rollte Stoßstange an Stoßstange. Vergessen worden sind über den reißerischen Medienberichten 80 weniger spektakuläre Eingriffe zum Schutz von Natur und Umwelt, die 70 000 ha betreffen. Nach der Pointe du Raz, dem Tal des Oust und der Rosa Granit-Küste sind das Cap Fréhel und das Cap d'Erquy die jüngsten Beispiele für einen Kurswechsel. Die beiden Naturschutzgebiete der Côtes d'Armor sind hoffnungslos überlaufen – allein das Cap Fréhel stürmen alljährlich 1 Mio. Besucher – und entsprechend runtergekommen. Staat, Region und Departement gehen die Rückgewinnung von Fauna und Flora in einer großen gemeinsamen Aktion an. Besucher werden sich wie schon an der Pointe du Raz künftig an vorgeschriebene Wege halten müssen.

Neben den Besuchern gefährdet der massive Zuzug das Gleichgewicht an der Küste. Manche Buchten gleichen einer einzigen Ferienhaussiedlung. Die Zahl der naturbelassenen Dünen, Kaps, Inselchen und Sümpfe hat sich in den letzten 100 Jahren halbiert. Die seit 1960 am stärksten bebauten Abschnitte sind die Bucht von Lannion, die Küste des Departements Ille-et-Vilaine sowie der Golf von Morbihan. Mit wesentlich weniger Einwohnern ist die bretonische Küste laut Bodennutzungsplan stärker urbanisiert als die französische Mittelmeerküste. Von Hochhäusern und Betongebirgen freilich keine Spur. Hübsche weiße Ferienhäuschen mit blauen Fensterläden gibt es dafür zuhauf. Seit 1975 kauft das dem Umweltministerium unterstellte »Conservatoire du littoral pour la Bretagne« sensible Zonen auf, die anschließend unter Naturschutz inklusive Bauverbot gestellt werden.

Eins der größten Handicaps bei der Arbeit der Behörde sind die kleinteiligen Besitzverhältnisse. Den Rekord hält Locmariaquer, wo sich eine 27 km^2 große Parzelle auf 32 Besitzer aufteilt. Bis 58 ha Dünen bei Landéda geschützt werden konnten, mußten 280 Besitzer zum Verkauf bewogen werden. Seit 1989 untersagt ein Küstenschutzgesetz, auf den ersten 100 m am Meer zu bauen. So manche Kommune unterläuft angesichts der Probleme im Fischfang und schwindender Steuereinnahmen diese Vorgabe. Dabei ist nicht jedes Bauprojekt erfolgreich. Im neuen künstlichen Hafen von St-Quay-Portrieux bleiben viele Liegeplätze leer. Port-Crouesty, bis in die 70er Jahre ein beschauliches Fischerdorf, mutierte zur Ferienmaschine in Folklorebeton. In Val-André verschandelt der Stacheldraht des Golfplatzes auf einer Länge von 27 km die Landschaft. Ausgerechnet das Gesetz zur Dezentralisierung, von den Bretonen als Zeichen der Autonomie von Paris begrüßt, begünstigt den Raubbau. Jeder Bürgermeister darf auf ›seinem‹ Terrain genehmigen, was ihm finanzkräftige Lobby und Wählerstimmen einbringt.

Im Jachthafen von Brest

Gegen Paris, Brüssel und den Rest der Welt – Die Malaise der Fischerei

Die Bilder von Straßenschlachten in Rennes, verfaultem Fisch vor dem Parlamentseingang und Barrikaden auf den Autobahnen gingen um die Welt. Ihre Botschaft war unmißverständlich: Den bretonischen Fischern geht es schlecht. Man kämpft ums Überleben. Überfischung, EU-Quoten, Öffnung der Märkte für den Welthandel und Ausdehnung von Hoheitsgewässern graben dem Traditionsberuf das Wasser ab. Auf den ersten Blick gaukeln die Zahlen freilich etwas anderes vor. 45 % des französischen Frischfisches stammen aus bretonischen Häfen, 60 % aller Fischkonserven werden in der Bretagne zugeschweißt. Doch die Krise ist überall gegenwärtig.

Begonnen hat der Niedergang mit dem Ende des Kolonialzeitalters. Vor den Küsten der in die Unabhängigkeit entlassenen afrikanischen Staaten waren etwa die Langustenfischer aus Camaret nicht länger geduldet. Gleichzeitig rüsteten japanische und nordamerikanische Häfen ihre Fangflotten technisch so auf, daß die Bretonen kräftig ins Hintertreffen gerieten. Bis 1988 ging es den damals 6712 Fischern (geschätzte Zahl heute 5520) angesichts hoher Preise für den Fang und großzügig fließender Subventionen leidlich gut. Dann gelangte mit fallenden Luftfrachtpreisen immer mehr tiefgefrorene Billigware aus anderen Weltmeeren in die Kühlregale der Supermärkte. Die EG führte zudem Fangquoten ein, um die Bestände vor dem Ausrotten durch die zuvor finanzierten modernen Trawler zu schützen. Fischfabriken verlangten nach gleichgroßen Fischen, die überseeische Großflotten leicht liefern können. Für einige bretonische Fischer schrumpfte das Einkommen auf 2000 FF im Monat und rutschte damit unter das staatlich garantierte Mindesteinkommen.

Wie üblich ist in Krisen der Ruf nach dem Staat lautstark. Paris soll mit Finanzspritzen gegensteuern. Und Paris pariert. Mindestpreise für sieben Fischarten wurden eingeführt, den Fischern die Hälfte ihrer Sozialabgaben erlassen. Auch technisch wird mit Pariser Subventionen und EU-Geldern nachgerüstet. In Concarneau, dem wichtigsten Fischerhafen der Bretagne mit 29 von 41 Großfängern, lief im Sommer 1997 das modernste Schiff der europäischen Flotte vom Stapel. Viel Sympathie im Lande haben die Fischer 1994 durch den Brand des barocken Parlement de Bretagne in Rennes verspielt. Ein unachtsam abgeschossenes Signalfeuer löste die Katastrophe aus. Bei der anschließenden Straßenschlacht mit der Polizei wurden 80 Menschen verletzt. Wirtschaftlich ist die Bretagne von ihren Fischern unabhängig, doch die letzten bretonischen Helden sind für die regionale Identität einfach unerläßlich.

Feste und Brauchtum

Die armorikanische Halbinsel teilt sich in *pays* auf, die sich nach außen durch verschiedene Dialekte und Trachten unterscheiden. Mit den Hauben bekennen Bretoninnen am Tag einer Prozession lokale Identität. Tiefgläubig sind selbst in der Bretagne immer weniger Menschen, so daß die Pardons mehr und mehr zur Demonstration einer Zugehörigkeit werden. Schürzen und Spitzenwerk bedeuten mehr als Folklore, die zu Festtagen aus dem Schrank geholt wird. Erstaunlich hoch ist die Anzahl junger Bretonen, die im Alltag Jeans und Sweatshirt tragen, um zu feierlichen Anlässen in den Gewändern ihres *pays* Lokalfarbe zu bekennen. Die Liste der Pardons (›Vergebung‹) ist ebenso lang wie bunt. Jede Pfarrei feiert einmal im Jahr mit großer Prozession ihren Patronatsheiligen. Hinzu kommt eine Schar Heiliger von regionaler Bedeutung, deren Prozession immerhin ein ganzes *pays* auf die Beine bringt. Ganz oben in der Rangliste aber stehen die sieben Heiligen der Bretagne mit weit über ihren Kirchturm reichender Klientel, wie etwa der hl. Tugudal, zu dessen Feiertag Juristen aus ganz Frankreich nach Tréguier reisen. Nicht mehr zeitgemäß dagegen ist die Tro Breiz, die Tour de Bretagne von Kathedrale zu Kathedrale, für deren Parcours ein ganzer Monat veranschlagt war.

Als Schutzpatronin der Bretagne genießt die hl. Anna größte Verehrung. Zum Grand Pardon in Ste-Anne d'Auray reisen im Juli Abertausende an, nicht nur gläubige Bretonen allerdings. Längst haben Touristen die bunten Umzüge durch Feld, Wald und Wiesen als Urlaubsattraktion entdeckt. Fest Noz, nächtliche Feste mit keltischer Musik

Der Pardon Notre-Dame in La Clarté-Trégastel

Tanz bei einem Pardon in Roscoff

und Tanz, kamen mit dem Wiedererwachen der bretonischen Unabhängigkeitsbewegung in den 60er Jahren wieder in Mode. Damals sangen Barden erstmals wieder in keltischen Dialekten. Heute gehört das Fest Noz zum Sommerprogramm und wird gleich mehrmals pro Saison veranstaltet, einmal im Juli für die erste Urlauberwelle, einmal im August für die Nachzügler. Fest Noz erinnern unweigerlich an die Dorfbankette aus Asterix & Obelix-Heften. Es wird geschmaust, gesungen und getanzt, was das Zeug hält. Von der Trinkfestigkeit der Bretonen war bereits die Rede. Auf jedem Fest Noz wird sie unter Beweis gestellt.

Biniou (Dudelsack), Bombarde (Oboe) und keltische Harfe sind die klassischen Instrumente der Bretagne, doch mit modernen Musikern wie Alain Stivell fand auch die Elektrogitarre Eingang in die Folkloremusik. Deren Höhepunkte sind das Festival Interceltique in Lorient und das Festival de Cornouaille in Quimper, zwei Megaveranstaltungen mit stundenlanger Übertragung im Regionalfernsehen. Ganz das Gegenteil erlebt, wer Zeuge einer Hochzeit oder Beerdigung in einem Hafen wird. Bretonische Fischergesänge gehören in beiden Fällen dazu, und manchmal dreht die Braut mit wehendem Schleier an Bord eines Trawlers eine Ehrenrunde übers Meer.

Wichtigster Indikator für das Überleben bretonischer Eigenheit bleibt die Sprache. Man unterscheidet den französischen Dialekt *gallo* der oberen Bretagne vom echten Bretonisch der unteren Bretagne. Die Trennlinie verläuft etwa von St-Brieuc im Norden bis Vannes im Süden. Französisch beherrscht heute jeder Bretone. Wieviel Bretonen aber sind ihrer Sprache noch mächtig? 1991 ging Fanch Broudic, Journalist des Fernsehsenders FR 3 und Dozent an der Universität von Brest, auf Feldforschung. Das Ergebnis der im Auftrag der Departements Côtes d'Armor und Finistère durchgeführten Studie: Von 1,2 Mio. Bewohnern der Region, die älter als 15 Jahre sind, verstehen 665 000 Bretonisch, 250 000 sprechen es. Die Eckpunkte der *Bretagne bretonnante* sind Vannes, Quimper, Brest und Paimpol – das historische Kernland der Bretagne. Die Studie weist die des Bretonischen Mächtigen als eher ältere Bewohner ländlicher Regionen mit geringer Schulbildung aus. In den Côtes d'Armor ist das Bretonische am stärksten verankert, hier vor allem in Dörfern und Klein-

Eine sterbende Sprache wird belebt – Bretonisch im Abitur

Im Herbst 1993 schien für Diwan, die erste bretonisch- und französischsprachige Schule der Bretagne, das Aus vor den Klassenzimmern zu stehen. Die private Schule in Le Relecq Kerhuon hatte erhebliche Finanzprobleme. Auch mit dem freiwilligen Gehaltsverzicht von Lehrern und Vereinsangestellten war das Loch in der Kasse nicht mehr zu stopfen. Die Region und kommunale Stellen sprangen schließlich ein und beglichen die Schulden beim Finanzamt und den Banken. Schuldirektorin Pascale Chevillard schaut heute wieder zuversichtlich in die Zukunft des Trägervereins, der neben Le Relecq Kerhuon 24 weitere Schulen in der Bretagne und den Pays de la Loire mit gut 100 Lehrern und etwa 1100 Schülern unterhält.

Bevor der Unterricht beginnen konnte, mußte linguistische Pionierarbeit geleistet werden. Seit 1983 arbeitet »Kreizenn ar geriaouin«, auf gut deutsch ›Kommission in Sachen Wörter‹, an der Findung neuer bretonischer Ausdrücke. Eifrig proben die Linguisten die sprachliche Revolution gegen das Französische. Das Ziel: Nach und nach soll das bretonische Bildungssystem von frankophoner Dominanz befreit werden. Zehn Arbeitsgruppen bemühen sich unter der Leitung von Lukiann Kergoat, alle für den Schulalltag nötigen Wörter zu übertragen. Für die Fächer Literaturwissenschaft, Grammatik, Mathematik, Physik, Biologie, Sport, Geschichte, Geographie, Informatik und Kunst liegen entsprechende Lexika bereits vor – ca. 10 000 neue Wörter. »Kreizenn ar geriaouin« mußte nicht bei Null anfangen, wie Monsieur Kergoat, hauptberuflich Direktor des Département Breton et Celtique an der Universität Rennes II, betont. Der älteste bretonische Text, eine medizinische Abhandlung, stammt aus dem Jahr 780. Das Bretonische hat eine wissenschaftliche Tradition, die sich in der Neuzeit etwa durch ein 1930 erschienenes Geometriehandbuch auszeichnet. Die Kommission greift bei der Schaffung neuer Wörter für so unterschiedliche Begriffe wie Bakterie, Subarktik oder Dioxyd auf die vier gängigsten Wissenschaftssprachen zurück (Englisch, Deutsch, Französisch und Russisch). Läßt sich ein Begriff partout nicht bretonisieren, erfindet man ein völlig neues Wort. Gallische Sprachen dienen als Quelle der Inspiration. Mehr als die Hälfte der Ausdrücke in den Lexika wurde so frei erfunden.

Die erste staatlich anerkannte bretonisch-französische Mittelschule konnte dank »Kreizenn ar geriaouin« 1988 in Le Relecq-Kerhuon den Unterricht aufnehmen. Für die Eröffnung eines Gymnasiums fehlten freilich noch ein paar tausend Wörter. Erst 1997 konnte Diwan die ersten Schüler ins Abitur schicken, sechs im Fach Literatur, sechs in den naturwissenschaftlichen Fächern – 1998 werden es schon 18 sein.

städten. 24,3 % der Bewohner von Gemeinden unter 1000 Einwohnern beherrschen es, im Gegensatz zu nur 10,5 % in Gemeinden über 50 000 Einwohnern. Die Studie war die erste ihrer Art und sie bestätigt die Angst vorm Aussterben der Sprache, obwohl sich ihr 81 % aller Bretonen verbunden fühlen. Nur 8 % der 20–39jährigen aber beherrschen Bretonisch. Allein seit Mitte der 80er Jahre soll die bretonischsprachige Gemeinschaft um ein Achtel abgenommen haben. Im Finistère hat man nach Bekanntgabe der Ergebnisse umgehend Geld locker gemacht, um die Namensschilder der Kommunen zweisprachig zu gestalten. Hier behaupten immerhin 144 Bürgermeister, sich hauptsächlich auf Bretonisch mit den Gemeindemitgliedern zu verständigen. In den Côtes d'Armor sind es 107, im Morbihan ganze 24.

Bretonische Küche

1200 km Küste schlagen sich auf der an Fisch und Meeresfrüchten reichen Speisekarte nieder. Dabei wird häufig vergessen, daß die ältesten Rezepte der Bretagne hauchdünne, dunkle Buchweizenpfannkuchen *(galettes)* und noch feinere, helle Weizenpfannkuchen *(crêpes)* sind. Man kann sie mit süßer oder herzhafter Füllung, als Dessert oder in Menüfolge speisen. Auch im bretonischen Eintopf *Kig ha farz* hat Fisch nichts zu suchen. Ochsenschwanz, Rindfleisch, Schweinebauch, Wirsing, Porree, Karotten, Zwiebeln, Eier und die unentbehrliche Salzbutter gehören in den Topf. Die Zutaten künden von einer bäuerlich derben Küche, bei der nichts fehlt, was satt macht. Schweine- und Kuttelwürste wie *andouillettes* und *boudin* sowie Kutteln in Cidre *(tripes au cidre)* sind weitere Rezepte dieser bäuerlichen Küche. Desgleichen gilt für Hartwurst *(charcuterie),* die auch vom Wildschwein *(sanglier)* stammen kann. Sogar die scheinbar urdeutsche Schweinshaxe *(jarret)* ist der bretonischen Küche nicht fremd. Das reiche Ackerland im Norden des Finistère liefert dazu köstliche Artischocken sowie die gesamte Gemüsepalette.

Austern

Ganz im Süden der Bretagne erklärt sich die Vorliebe für Froschschenkel mit den weiten Sumpfgebieten der unteren Loire. Ente ist eine Spezialität der Nantaiser Küche, und natürlich gehört ein Schuß Muscadet vom stadtnahen Weinberg ins Rezept. Das beste Salzlamm grast auf den regelmäßig von den salzigen Fluten durchtränkten Wiesen zu Füßen des Mont St-Michel. Zum *agneau présalé* werden weiße Bohnen und geröstete Kartoffeln serviert.

Austern machen das Renommee der Côte d'Emeraude aus. Die meisten kom-

Meeresfrüchte im Hafen von Roscoff

men aus den Zuchten von Cancale. Man goutiert sie erntefrisch direkt am Kai mit nichts als ein bißchen Zitronensaft oder als Vorspeise mit einer Vinaigrette. Wer Austern nicht gerne roh mag, bestellt sie überbacken oder gratiniert. Auch andere Muschelsorten werden in großen Unterseefarmen gezüchtet. Eine Auswahl (roh) gehört zum opulenten *plat de fruits de mer:* Miesmuscheln *(moules)*, Venusmuscheln *(palourdes)* oder Herzmuscheln *(praires)*. Hinzu kommen bereits gekocht Seespinnen *(araignée)*, große *(tourteau)* und kleine *(étrille)* Taschenkrebse, Langusten, Garnelen, Seeschnecken *(bulots)* und Strandschnekken *(bigorneaux)*. Selbst erfahrene Panzerknacker brauchen Stunden, um alle Schalen auf der Meeresfrüchteplatte zu sprengen. Als Beilage gibt es nur Brot, Butter und ein bißchen Mayonnaise. Die Königin unter den Muscheln ist die handtellergroße Jakobsmuschel *(coquille St-Jacques)*, die traditionell überbacken in der eigenen Schale auf den Tisch kommt. Unter den Meeresfrüchten gilt der tiefblau schimmernde bretonische Hummer als exquisiteste, leider sündhaft teure Delikatesse. Man ißt ihn gern mit einer scharfen Tomaten-Wein-Sauce *(à l'armoricaine)*. Günstiger als Hummer ist Languste, die statt gekocht auch gegrillt vorgeschlagen wird.

Dank schneller Transporte und guter Kühlsysteme steht Fisch in der gesamten Bretagne auf der Speisekarte. Rochen in Kapernsauce *(raie au câpres)*, gegrillte Sardinen *(sardines grillées)*, Lachsschnitzel *(pavé de saumon)*, Dorade im Salzmantel *(daurade en croûte de gros sel)*, Wolfsbarsch mit Fenchel *(loup de mer au fenouil)* zählen zu den typischen Gerichten. Selten, aber köstlich ist getrockneter und gesalzener Kabeljau *(morue)*, der einmal das klassische Freitagsgericht war.

Wer jetzt noch kann, mache sich auf einen mächtigen Nachtisch gefaßt. Leicht sind allein Erdbeeren mit Sahnesauce aus der Gegend von Plougastel-

Cidre-Stand in Le Conquet

Daoulas. Echte Kalorienbomben sind hingegen die bretonischen Kuchen wie *far aux pruneaux* (eine Art fester Pudding mit Dörrpflaumen), *kouign amann* (Hefekuchen mit viel Butter), *gâteau breton* (mit Rumrosinen und Orangenschale, Apfelschnitzeln, viel Butter) – jeweils ofenfrisch serviert.

Cidre paßt zu fast allen Gerichten, schmeckt jedoch am besten zu Crêpes und Galettes. Es gibt den mit 4,5 % Alkohol leichten Apfelwein in den Geschmacksrichtungen *doux* (süß) und *brut* (trocken). Besonders spritzig ist der *cidre bouché,* eine dank Kohlensäure moussierende Variante, die wie Champagner mit Pfropfkorken und Draht in der bauchigen Flasche gehalten wird. Selten geworden ist der sogenannte *cidre fermier,* ein selbstgemachter Apfelwein mit je nach Bauernhof variierender Geschmacksnote. Serviert wird das bretonische Nationalgetränk im glasierten Tonbecher. Der beste Cidre kommt angeblich von den Ufern des Odet, wo Fouesnant und Beg-Meil sich den Titel als Cidre-Kapitale strittig machen.

Wein aus der Bretagne? Rechnet man das Departement Loire-Atlantique mit ein, so kann man zum Essen tatsächlich auf bretonische Tropfen zurückgreifen. Der trockene Muscadet der drei Gebiete Coteaux d'Ancenis, Coteaux de la Loire und Sèvre-et-Maine reift beiderseits der Loire rund um Nantes, während der Gros Plant weiter westlich auf dem linken Loire-Ufer fast bis Pornic an der Côte de Jade gedeiht. Die besten Muscadets führen den Zusatz *sur lie* auf dem Etikett (›auf der Hefe‹, der Muscadet wird also ohne Filtern vom Faß abgefüllt, um Charakter und Frische zu halten). Sie sind trocken und fruchtig, somit ideale Begleiter für Fisch aus Süß- und Salzwasser, während der Gros Plant – ein leichter, säuerlicher Wein der Rebsorte Folle Blanche – exzellent zu Austern und Meeresfrüchten paßt.

Der Hafen von Concarneau ▷

CC317795

Unterwegs in der Bretagne

Von der Hauptstadt Rennes an die Nordküste

Rennes – Hauptstadt fernab der Küste

1 Tag, s. Karte hintere Innenklappe

■ (s. S. 291) Quimper hat eine Kathedrale, St-Malo die Mauerwerke, Brest den Kriegshafen – unverwechselbare Symbole, mit denen die drei bretonischen Städte identifiziert werden. Und Rennes? Streng und gradlinig empfängt die gut 200 000 Einwohner zählende Kernstadt. Zum ersten Eindruck trägt die kanalisierte und zum Teil überdeckelte Vilaine nicht unerheblich bei. Die wie mit dem Lineal gezogenen Kais bilden zusammen mit den breiten Straßen zu beiden Seiten eine Ost-West-Magistrale, die Rennes betont städtisch wirken läßt. Nördlich des Flusses bestätigt die glanzvoll-herrschaftliche, dabei jedoch immer etwas kühle Architektur des Ancien Régime diesen Eindruck, südlich tut das imposante Palais du Commerce ein übriges. Ein bißchen Place Vendôme, ein Hauch Rue de Rivoli, ein Schuß protzendes Fin de Siècle, das Auge vergleicht die Ansichten unwillkürlich mit anderen französischen Städten.

Rennes, Provinzhauptstadt in östlicher Grenzlage und zudem fernab der Küste, widerspricht den Klischees, die mit gebeugtem Fachwerk oder trutzigen Strandvillen das Bild bretonischer Städte illustrieren. Man findet solche Postkartenansichten jedoch unverhofft, wenn man auf krummes Kopfsteinpflaster und in windschiefe Gassen gerät. Stößt neugierig ein Portal auf und versinkt angesichts hölzerner Renaissance-Galerien und Dornröschentürmen im Zauber des Spätmittelalters. Durchschreitet im nächsten Augenblick ein Prachttor zu einem anderen Hof und befindet sich angesichts ausladender Freitreppen und schmiedeeiserner Balkone wieder in der bis auf die letzte Mauerfuge justierten Welt des Absolutismus.

Weit zurück in die Vergangenheit reichen die Wurzeln der Stadt. Wo die Flüsse Ille und Vilaine aufeinandertreffen, siedelte schon in vorrömischer Zeit ein gallischer Stamm. Das Dorf hieß Condate, was Zusammenfluß bedeutet, der Stamm Redonen, auf den sich wiederum der heutige Stadtname zurückleitet. Ausgrabungen belegen eine hochentwickelte Stadtkultur zu gallo-römischer Zeit samt Thermen und Mauerwall, die jedoch mit dem Niedergang des Römischen Reiches unterging. Im 11. Jh. bekräftigten die Grafen von Rennes aus Abwehrhaltung gegen die Normannen ihre Zugehörigkeit zur Bretagne. Rennes wurde demonstrativ zur bretonischen Hauptstadt erklärt. Eine Erweiterung der Stadt über die antiken Wälle hinaus tat jedoch erst im 14. Jh. not, nachdem etliche neue Viertel vor den Toren entstanden waren. Dank der Ansiedlung zahlreicher Klöster und einträglicher Handelsgeschäfte blühte Rennes hinter den dreifach erweiterten Mauern auf. Als einigermaßen sicher muß das Bollwerk Herzogin Anna von Bretagne erschienen sein, die sich nach dem Tod ihres Vaters in der Stadt verschanzte. Vergeblich. Von der Belagerung durch französische Truppen gezwungen, willigte die hochverehrte ›petite Anne‹ 1491 in eine Heirat mit dem französischen König Karl VIII. ein.

Um die Wogen nach der Einverleibung der Bretagne zu glätten, gestand Frankreich 40 Jahre später seiner westli-

◁ *An der Küste bei Trégastel*

An der Place du Champ-Jacquet

chen Provinz bedeutende Privilegien zu. Heinrich II. bewilligte 1561 das Parlement de Bretagne als quasi souveräne Landesvertretung mit Sitz in Rennes. Mit dem Parlamentssitz erhielt die Stadt ein erstes bedeutendes barockes Palais im Pariser Stil. In der großen Feuersbrunst von 1720 brannte dann die Innenstadt in weiten Teilen nieder. Man munkelte von Vorsatz als Unglücksursache, kolportierte Fahrlässigkeit bei der Brandbekämpfung. Wie auch immer, nun war Platz für eine Stadtanlage mit *Hôtels particuliers,* öffentlichen Prachtbauten und noblen Straßenachsen. Gebaut wurde in Stein – man hatte aus der Feuersbrunst gelernt. Bis zur vorgesehenen Kanalisierung der Vilaine sollte es noch bis 1840 dauern. Daß nicht die ganze Stadt als ein Klein-Paris neu entstand, entsprang einer Laune des Schicksals. Um die Kathedrale haben etliche Gassen zuerst dem Feuer, dann der aus Paris entfachten Bauwut widerstanden.

Rennes' Ruf als Hort der Lehre und Forschung besteht seit dem 18. Jh. Die Universität spielt bis heute eine erste Geige. Über ein Viertel der Einwohner besitzt einen Studentenausweis. 10 000 Arbeitsplätze entfallen auf Schulen und Universitäten. Nantes, das Rennes wegen seiner Größe und ökonomischen Macht als Überseehafen lange im bretonischen Vergleich ausstach, ist kein Konkurrent mehr. Die klassische Rivalität endete mit der regionalen Neugliederung. Nantes wurde Hauptstadt der Region Pays de la Loire. Um den Preis des Verlusts des Departements Loire-Atlantique stieg Rennes zur unbestrittenen bretonischen Kapitale auf. Ouest-France, Frankreichs auflagenstärkste Tageszeitung, erscheint an der Vilaine.

Erst nach dem Zweiten Weltkrieg erlebte Rennes eine wirkliche industrielle Revolution. Citroën eröffnete zwei Autofabriken, die Ladenkette Unico hat hier ihren Sitz, die meisten französischen Banknoten werden an der Vilaine gedruckt, Lebensmittelgroßproduzenten wie Bridel lassen in Rennes produzieren. Die Stadt ist nicht nur Verwaltungs-, Universitäts- und Industriezentrum der Bretagne, sondern auch das Tor nach Paris. Vom ultramodernen, dank Glas und Stahl lichttransparenten Bahnhof rollt man im TGV in 2 Std. an die Seine.

La Ville classique: Die barocke Stadt

Rennes' gute Stube, deren Architektur deutlich an einen Festsaal erinnert, ist die **Place de la Mairie** **1**. Das zweiflügelige Rathaus an der Westseite des weiten Areals krönt ein Uhrturm mit koketter Haube und vergoldeter Spitze, dessen populärer Name *Le gros,* der Dicke, lautet. Die heute leere Monumentalnische im unteren Teil des Uhrturms beherbergte eine Skulptur, die die unliebsame Union der Bretagne mit Frankreich symbolisierte: Eine auf den Knien rutschende Frau, die Bretagne, hielt des Königs Hand, der wiederum bequem im Sessel saß. Ein Sprengsatz bretonischer

Place de la Mairie

Separatisten machte der steinernen Erniedrigung 1932, zum 400. Jahrestag der Union, ein Ende. Im linken Flügel des 1734–42 errichteten Baus tagten die Ratsherren, während der rechte Flügel dem Présidial, einem Ständegerichtshof, vorbehalten war. Die Repräsentationspracht von Monumentaltreppen, Bankettsälen und Vestibül mit rosa Marmorsäulen kann besichtigt werden. Der sich im Halbrund vornehm zurücknehmenden Fassade des Hôtel de Ville antwortet auf der gegenüberliegenden Platzseite das klassizistische Opernhaus von 1831, das sich wie ein Schiffsbug in den Platz schiebt.

In den uniformen Straßenzügen ringsherum gibt sich Rennes gutbürgerlich-situiert bis in den letzten sandgestrahlten Stein der Grand Siècle-Bauten. Wie an keiner anderen Stelle der barokken Stadtanlage konnte sich der eigens für den Wiederaufbau nach dem Brand aus Paris bestellte königliche Architekt Jacques Gabriel an der **Place du Palais** 2 verwirklichen. Gleichmäßige Arkaden bemessen das elegante Ensemble auf drei Seiten. Sie bilden den würdigen Rahmen für das prachtvolle Palais de Justice, das 1618–55 für das Parlament der Bretagne in hoheitsvollem Frühbarock errichtet wurde – und sich mindestens bis zur Jahrtausendwende als Großbaustelle darbietet. 1994 brannte das Palais durch eine von demonstrierenden Fischern lancierte Leuchtrakete bis auf die Grundmauern ab. Einziger Trost: Ein Großteil der kostbaren Louis-XIV-Vertäfelungen, darunter die berühmten Decken, konnte gerettet werden.

Zwischen Vilaine-Ufer, Palais de Justice, der spätgotischen Kirche St-Germain und dem Hôtel de Ville verlaufen fast alle Straßen wie mit dem Lot gezogen. Die Fassaden ähneln sich, Trauf- und Fensterhöhen sind identisch und entsprechen dem von Gabriel und Kollegen erwünschten normativen Charakter der Architektur. Eine Ausnahme bildet die kopfsteingepflasterte **Rue St-Georges** 3 mit einigen dem Feuer von 1720 entgangenen, reich verzierten Fachwerkfassaden. Vorbei an Präfektur, dem Sitz des Conseil Régional sowie feudalen Wohnsitzen des 17. und 18. Jh. gelangt man über die ansteigende Rue de

Général M. Guillaudot zum höchsten Punkt der Stadt, dem **Mont Thabor** 4. Im Park auf der Kuppe promeniert seit knapp 200 Jahren *tout Rennes.* Zum Park gehören das barocke Kloster St-Mélaine und die Kirche Notre-Dame, hinter deren Fassade von 1672 sich ein romanischer Innenraum versteckt.

La Vieille Ville: Die spätmittelalterliche Stadt

Die Rue St-Mélaine führt schnurstracks auf die schmucke **Place Ste-Anne** 5 und damit in die spätmittelalterliche Stadt. Beherrscht wird der Platz von der neogotischen Kirche St-Aubin, die unvollendet blieb. In der Kapelle an ihrer Westseite, die einmal zu einem Franziskanerkloster gehörte, wurde 1491 die mit militärischem Druck erzwungene Verlobung von Anne de Bretagne mit Charles VIII. begangen. Anders gesagt, unter diesem Gewölbe verlor die Bretagne ihre Unabhängigkeit.

Soviel große Geschichte hat auf den Terrassen an der von der Place Ste-Anne abzweigenden **Rue St-Michel** 6 keine Chance. *Bienvenue* in der *Rue de la soif,* wie die Thekenmeile genannt wird. Bar an Bar lockt unter herausgeputztem Fachwerk zum feuchtfröhlichen Zug durch die Gemeinde. Die ist in Rennes groß und beansprucht ebenfalls die nahe Place St-Michel und Rue des Innocents als trendige Ausgehpiste mit viel Neon auf altem Gebälk.

Mit der **Place des Lices** 7 endet vorerst die Gassenatmosphäre. An der Nordseite haben Betuchte Domizile errichtet, zum Teil in Stein, doch daneben demonstrativ in typisch bretonischem Fachwerk. Auf dem Platz fanden im Mittelalter Turniere statt. Bertrand Du Guesclin, Volksheld der Bretonen, soll sich – gerade siebzehnjährig – wacker geschlagen haben. Einziges Relikt dieser Epoche ist ein Stück Stadtmauer in der südöstlichsten Ecke des Platzes. Später etablierte sich ein Markt, für den um 1865 zwei gußeiserne Hallen gebaut wurden. Jeden Samstag wird es hier drangvoll eng, wenn Tausende auf Frankreichs heute drittgrößten Markt strömen.

Wegen des unnahbaren Äußeren wirkt die **Kathedrale St-Pierre** 8 südlich der Place des Lices wie ein Fremdkörper. Der 1560 begonnene Klotz inmitten malerisch verwinkelter Fachwerkromantik wurde erst vor 150 Jahren vollendet. Im neoklassizistischen Innern sind die Stuckarbeiten und Wandmalereien nochmals jünger: Hier setzte sich das Second Empire mit viel Gold und Monumentalbildern ein Denkmal. Ein kleines Wunder flämischer Schnitzkunst ist ein gotischer Flügelaltar aus Antwerpen im südlichen Seitenschiff.

Wer von außen um den Chor über die gebogene **Rue de la Psalette** 9 schlendert, wird für die Banalität der Kathedrale im Nu entschädigt. Die Zeit scheint hier stehengeblieben zu sein, dies um so mehr, wenn man einen Blick hinter die Holzportale wagt. Die von der Last der Jahrhunderte gebeugten Fassaden verbergen sogenannte *ilôts* (Inselchen). Gemeint sind damit in sich geschlossene, verschachtelte und engbebaute Höfe. Haus Nr. 8 kaschiert Rennes' anheimelndsten Innenhof mit Magnolien und Kamelien vor mürbem Putz und ausgetretenen Holzgalerien. Vom Portal der Kathedrale sind es nur wenige Schritte durch eine malerische Stichgasse zur wuchtigen Torburg der **Portes Mordelaises** 10, dem mittelalterlichen Haupttor. Gut erkennbar fußen die Häuser gleich daneben auf den Resten der Stadtmauern.

Zurück hinter die Kathedrale, wo die **Rues St-Guillaume, St-Sauveur** und

du Chapître 11 mit prachtvoll bearbeitetem spätgotischen und Renaissance-Fachwerk eine Idee vom Glanz des Herzogssitzes vermitteln. Besonders das Doppelhaus von Bertrand Du Guesclin in der Rue St-Guillaume verdient wegen seiner Schnitzfiguren Beachtung. Leider steht das Traditionsrestaurant unter seinem Gebälk seit geraumer Zeit leer.

Nur wenige Meter weiter schiebt die **Kirche St-Sauveur** 12 ihr barockes Portal kurioserweise in Ostrichtung an die Rue de Clisson. Die Erklärung ist einfach: Mit dem Bau wurde kurz vor dem Feuer begonnen. Danach sahen die Pläne für die Stadt anders aus, so daß der normalerweise nach Osten zeigende Chor ans Westende verlegt wurde. Innen ist die Statue der Madonna der Wunder Anlaß zu inbrünstiger Verehrung, soll sie doch im Hundertjährigen Krieg die Stadt vor den Engländern geschützt haben.

Das 1728 errichtete **Hôtel de Blossac** 13 in der Rue du Chapitre 6 markiert endgültig die engen Grenzen der dem Feuer entgangenen Quartiere. Das Gebäude kann es mit Corps de logis, französischem Garten und schmiedeeisernen Treppenhausgittern in jeder Hinsicht mit den Adelspalästen des Pariser Marais aufnehmen. Deutlich wird der Kontrast krummgiebeliger Gassenromantik der alten bretonischen Hauptstadt und klassischer Strenge des französischen Hochbarock an der **Place du Champ-Jacquet** 14: Im Norden strebt das die Vertikale betonende Fachwerk auf, im Südwesten dominiert die herrschaftliche Eleganz steinerner Fassaden.

Rive Gauche: Die Unterstadt südlich der Vilaine

Von weitem über die Achse Rue d'Orléans sichtbar trumpft an der Place de la République das zwischen Neobarock und Neorenaissance unentschiedene Monstrum des **Palais du Commerce** 15 auf. Ein offener Bogen ermöglicht den Durchblick auf das Quartier Rive Gauche dahinter, doch der ganze Komplex dient eher dazu, Rennes' weniger schicke Stadtteile zu kaschieren. Allein die quirligen Markthallen am Ende der Rue Simon sowie die verkehrsberuhigte **Rue Vasselot** 16 aber lohnen den Blick hinter die Kulisse. Denn wer hätte es gedacht? Fachwerk, Gassenromantik und Kneipen auch hier. Übrigens: Im **Lycée Emile Zola** 17 am Ende der Rue Vasselot fand im August 1899 der zweite Prozeß gegen Alfred Dreyfus statt, nachdem Zola seine aufrührerische Schrift »J'Accuse« veröffentlicht hatte.

Jenseits des Boulevard de la Liberté ist es dann jäh vorbei mit dem Flanieren. Das Neubauviertel Le Colombier fordert mit dem betonierten Charme der 70er Jahre zum Rückzug in Richtung Vilaine auf. Die meisten Besucher der Altstadt überschreiten den Fluß ohnehin wegen des Doppelmuseums **Musée de Bretagne** und **Musée des Beaux-Arts** 18 im ehemaligen Universitätspalast am Quai Emile-Zola. Im Erdgeschoß des Kolossalbaus zeigt das Museum der Bretagne Kirchenschätze sowie Kunstwerke aus Schlössern und Herrensitzen, die während der Revolution konfisziert wurden. Den Anfang machen freilich gallorömische Funde wie die berühmte »Statue de Brigitte«, eine keltische Göttin. Zu den Schmuckstücken zählt weiterhin Mobiliar aus Rennes und seiner Umgebung – bäuerliche Truhen, Anrichten aus Eiche und Kastanie, aber auch Rokoko-Schränke aus Kirschholz.

Weit über Rennes hinaus bekannt ist die Gemäldesammlung des Musée des Beaux-Arts im ersten Stock, allem voran wegen des »Neugeborenen« von Geor-

Rock, Pop und Techno aus Rennes – Die Transmusicales

Etienne Daho hat in Rennes studiert, hier vor über zehn Jahren die ersten Hits geschrieben und stürmt weiterhin mit einer Mischung aus Schlager und Pop die französischen Hitparaden. Um die Gruppe »Marquis de Sade« ist es nach skandalösen Bühnenshows – der Name verpflichtet – wieder ruhiger geworden, doch Niagara sagt dagegen selbst deutschen Pop-Fans etwas. Marc Seberg wiederum gilt nur jenseits des Rheins etwas, dafür mischen seine Kompositionen den französischen CD-Markt um so kräftiger auf. Sie alle kommen aus Rennes oder wurden hier entdeckt. Kurzum, nach Paris ist Rennes die Stadt in Frankreich, von der aus die Hitparaden gestürmt werden. Erfolgreiche Studios wie das Ballroom House Studio oder Fun House, die auf dem neuesten technischen Stand produzieren, locken immer mehr Newcomer in Sachen Rock, Acid Jazz, Funk, Pop, Techno, Easy Listening in die bretonische Hochburg der vermeintlich leichten Muse.

Drei Buchstaben standen am Anfang des Erfolgs: ATM. Seit den frühen 80er Jahren veranstaltet die »Association des Transmusicales« das seitdem stetig an Bedeutung gewinnende Festival »Les Transmusicales«. Die Zeiten, da kleine Gruppen durch die Bars im ›Goldenen Dreieck‹ Place des Lices, Place St-Michel, Place Ste-Anne zogen, um ihr Können vor den Thekenmannschaften auszuprobieren, sind indes vorbei.

In der Altstadt von Rennes

Zwar geht es weiterhin alle Jahre wieder im kalten Dezember dank der ATM in Rennes heiß her, doch die Veranstaltung ist längst eine ernste Angelegenheit geworden, bei der es ums große Geschäft geht. Französische und internationale Interpreten und Gruppen treten drei Tage lang in den Sälen der Stadt quasi nonstop auf. Die Plattenindustrie promotet ihre jüngsten Zugpferde, Talentsucher hören sich unter den Newcomern nach den Stars von morgen um. Das lokale Publikum, das sich aus den annähernd 45 000 Studenten rekrutiert, gilt als verläßliches, da trainiertes Erfolgsbarometer.

Kein Erfolg ohne Unkenrufe: Weil den eingeschworenen Rockfans die finanzkräftigen Manöver und geschäftstüchtigen Machenschaften der großen Studios gegen den Strich gehen, gründeten sie eine Art Off-Festival, die »Folies rennaises«, das parallel zu den etablierten »Transmusicales« Nachwuchsbands präsentiert. Viel Lärm um nichts? Es entscheide, wer will, beim Zuhören.

ges de la Tour, der »Tigerjagd« von Rubens und der »Seine bei St-Cloud« von Sisley.

Fehlt noch ein drittes Museum: Das Musée de Bretagne hat in den 80er Jahren auf dem Gehöft La Bintinais 4 km außerhalb ein **Ecomusée du Pays de Rennes** 19 eröffnet, das mit Feldern, Obstbäumen und Gärten sowie einem als Ausstellungsraum genutzten Bauernhaus den Landalltag vom 16. Jh. bis in unsere Tage präsentiert.

Bollwerke und Schlösser

Ca. 135 km, 1 Tag

Über die vierspurige N 157 gelangt man im Handumdrehen von Rennes nach Vitré. Links und und rechts der Schnellstraße erinnern gigantische Wellblechscheunen daran, daß die Bretagne eine Hochburg der Schweine- und Rinderzucht ist – einer der größten Viehmärkte des Landes wird jeden Freitag in aller Herrgottsfrühe bei Fougères abgehalten. Für Reisende interessanter dürfte der »Parcours Madame de Sévigné« sein, eine Route, die den Spuren der berühmten Briefeschreiberin des 17. Jh. folgt. Ein kleiner Schlenker führt zuerst nach Les Rochers-Sévigné 6 km südöstlich von Vitré (siehe Übersichtskarte in der vorderen Umschlagklappe).

Château des Rochers-Sévigné

(s. S. 306) Eingebettet in eine parkartige Landschaft mit fetten Wiesen, struppigen Hecken und lieblichen Hügeln liegt der bevorzugte Sitz der durch ein Duell ihres Angetrauten zur Witwe in ständigen Geldnöten verurteilten Marquise. Wann immer der kostspielige Lebens-

Das Schloß von Marie de Sévigné

Die Burg von Vitré ist Mittelalter pur

wandel in Paris sie dazu zwang, flüchtete sich Marie de Sévigné ins Briefeschreiben, wozu sich die Stille des Château des Rochers-Sévigné vortrefflich anbot. Man verdankt den pekuniären Nöten Bonmots wie »In den Körper eines Bretonen paßt ebensoviel Wein wie Wasser unter Brücken fließt«.

Vor dem gotischen Herrenhaus mit einem markanten Turm erstreckt sich ein eleganter französischer Garten. Etwas abseits steht eine achteckige Kapelle, die die Marquise 1671 errichten ließ. Im Schloß erinnert neben einigen Handschriften und Kamininitialen ein glanzvolles Jugendporträt im ersten Stock an die prominente Bewohnerin – spätere Besitzer haben bereits im 18. Jh. fast alles verändert.

Vitré

■ (s. S. 306) Ungleich imposanter als das Landschloß macht sich die imposante Festungssilhouette der ehemaligen Grenzstadt aus. Den besten Eindruck von den schieferhauben-gekrönten Türmen gewinnt man vom nördlich, jenseits der Vilaine gelegenen **Aussichtspunkt Tertres Noirs.** Wie einem mittelalterlichen Stundenbuch entnommen wirkt die Altstadt mit der in ihren Mauern emporragenden Burg. Ein Felskamm über der Vilaine gab den strategischen Ausschlag, an dieser Stelle um 1060 eine Grenzfestung zu errichten. Den dreieckigen Grundriß erhielt die Burg im 13. Jh., als sich die Stadt gleichzeitig mit mächtigen Mauerwerken einigelte. Neben der militärischen Bedeutung machte der Tuchhandel Vitré reich. Zur verschlafenen Provinz stieg Vitré erst mit dem Niedergang des Tuchhandels im 18. Jh. ab. Auch die Kasernierung eines Regiments der französischen Armee 1880 konnte daran nichts ändern. Wichtigster Arbeitgeber ist heute der Großschlachthof mit 900 Angestellten, Nummer 1 in Frankreich und einer der größten in Europa.

Von der Place du Château spannt sich eine Brücke über den Graben, der die **Burg** von der *Ville close* trennt. Stolz empfängt das von zwei Rundtürmen flankierte Tor. Im Innenhof wirken Arkadenlauben, Brunnen, Türme und pechnasenbestücktes Châtelet so, wie man sich das Mittelalter immer erträumt hat. Ein Museum ist im St-Laurent-Turm untergebracht, dessen etwas zusammengewürfelte Sammlungen Tapisserien, naturkundliche Kuriositäten, aber auch 32 Emailplaketten aus Limoges mit christlichen Motiven vereinen. Auch das Rathaus kam in der Burg unter. Letzter Höhepunkt ist ein Blick vom Montfalion-Turm auf Vitré.

Die Stadt präsentiert sich auch beim näheren Hinsehen als holpriges, doch sorgsam unterhaltenes Paradestück Mittelalter inklusive Fachwerkgassen zu Füßen der rapunzelwürdigen Burg. Nach Norden und Osten sind die Mauern erhalten. Dahinter verlaufen die beiden schönsten Straßenzüge der *Ville close,* die **Rue d'Embas** mit stolzen gotischen Herrenhäusern und die **Rue de la Baudrairie** mit raffiniert verzierten Fachwerkfassaden im Renaissance-Stil. Die ebenfalls als stimmiges Ensemble erhaltene Rue Notre-Dame mutet trotz des Renaissance-Palais **Hôtel Ringues** beinah durchschnittlich an. Sie führt auf die hochgotische **Pfarrkirche Notre-Dame** zu. Bemerkenswert an der mit steinernem Zierat über und über geschmückten Kirche ist die Außenkanzel an der Südseite – so gab es selbst für Nicht-Kirchgänger kein Entrinnen vor des Pfarrers Wort. Zwischen Kirchennordseite und Stadtmauern zwängt sich ein kleines **Benediktinerkloster** ein, dessen Hauptinteresse im Blick von seinen Gartenanlagen über die Stadtmauern und das Tal der Vilaine liegt.

Bliebe noch die **Place du Marchix** im Osten der *Ville close,* wo jeden Montag ein großer Markt abgehalten wird. Und natürlich so manche Gasse und anheimelnde Straße auch außerhalb der Mauern wie die **Rue de Paris** im Osten oder die **Promenade du Val** im Norden, die, immer an der Stadtmauer lang, zum alten Waschhaus an der Vilaine führt. Ganz in der Nähe lohnt das barocke **Augustinerkloster St-Nicolas** den Weg über die Vilaine. In der Kapelle wurde ein Museum zur Sakralkunst eröffnet. Ganz auf der anderen Stadtseite, im Südwesten, kann man sich ebenfalls die Füße vertreten: in den Grünanlagen an den **Promenades St-Yves** mit Blick auf noble Villen des 19. Jh., deren Architektur Vitrés mittelalterliche Bauwerke zitiert. Mit der **Place St-Yves** erreicht man schließlich das meistfotografierte Motiv von Vitré: Drei Fachwerkhäuser stützen sich gegenseitig vor der über ihren Satteldächern sich auftürmenden Burg.

Fougères

■ (s. S. 263) In der zweiten bretonischen Bastion gegen die einst begehrlichen Nachbarn aus Normandie und Anjou liegen sich Oberstadt und Burg lauernd gegenüber, letztere flankiert von der an die Ufer des Nançon gedrängten Unterstadt. »Stellen Sie sich einen Löffel vor, das ist die Burg, sein Stiel die Stadt. Verbinden Sie Burg und Stadt, drehen das Ganze um, legen es mit dem Stiel nach oben zeigend hin, schon haben sie Fougères.« Victor Hugos Beschreibung der Stadt könnte kaum anschaulicher sein. Nur die *Ville haute* wurde auf einem Fels oberhalb des Nançon errichtet, während das große Areal der Burg viel tiefer im Tal liegt. Sümpfe beschützten die zu Beginn des 11. Jh. begonnene Anlage, die sich jedoch schon 1166 als unzureichend erweisen sollte, um die Normannen abzuwehren. Noch zwei weitere Male, 1307 und 1449, wurde

Die Burg von Fougères

Fougères zerstört, bis 1488 die französische Armee die Bastion der Herzöge der Bretagne einnimmt. Der Weg nach Rennes war somit für den französischen König frei.

Während der Revolution stieg Fougères zu einer Hochburg der Chouans (s. S. 23) auf, die die Stadt von 1793 an für ein paar Jahre gegen die Republikaner hielten. Kein Wunder, daß sowohl Honoré de Balzac hier die Anregung für den Historienroman »Les Chouans« (1829) als auch Victor Hugo für sein epochales Werk »Quatre-Vingt-Treize« (1874) fanden. Seit Ende des 19. Jh. festigte sich Fougères' Ruf als Zentrum der Schuhproduktion, in der zeitweise bis zu 10 000 Menschen beschäftigt waren. Industrieanlagen und strategisch wichtige Lage wurden dem Ort 1944 zum Verhängnis, als alliierte Bomber Fougères heimsuchten, um die deutschen Besatzer zu vertreiben.

Streng wirkt die **Oberstadt** mit ihren *Hôtels particuliers* des 17. und 18. Jh., deren grauer Granit die zierlosen Fassaden um so abweisender wirken läßt. Wie ein gewaltiger Schiffsbug erstreckt sich der Mauerring nach Süden. Im Osten mußten die Bollwerke freilich weichen, als im 19. Jh. mit der Rue de Verdun und der Place Lariboisière die Stadt erweitert wurde. In der Rue Nationale, der Hauptachse in der Oberstadt, ist in einem der wenigen spätmittelalterlichen Fachwerkhäuser das Musée Emmanuel de la Villéon untergebracht. An die 20 Werke des Spätimpressionisten und Sohnes der Stadt (1858–1944) zeigen bretonische Landschaften und Menschen.

Die Place du Théâtre beherrscht neben einer Anzahl von Cafés das Theater im überladenen Stil des Fin de siècle. Von ihm fällt die von Crêperien und Souvenirboutiquen gesäumte Rue de la Pinterie zur Burg im Tal des Nançon ab. Nach ungefähr einem Drittel des Wegs zweigt links die Rue du Beffroi mit einem 1387 errichteten, achteckigen Glockenturm ab.

Die noch als Ruine beeindruckende **Burg** besticht durch ihre grandiosen Ausmaße und erhaltene Turmstafette: 2 ha nimmt das von 13 Türmen bestückte Bauwerk ein, zu dem eine kleine Brücke über den Nançon führt. Zwei aufeinanderfolgende, von Festungstürmen überbaute Eingänge erlauben den Zutritt in den Innenhof mit der Ruine des Logis. Vom Donjon, dem ältesten Teil der Anlage, blieben nur die 5 m dikken Erdgeschoßmauern, wohingegen etliche Türme, allen voran die Tour Mélusine, intakt sind. Sie bestimmen das Bild von Fougères als Dornröschenstadt. Zwischen der Tour du Gobelin im Norden und der Tour Raoul im Süden erlaubt der Weg über die Mauerzinnen einen phantastischen Blick über Gärten, Mauerwerke, Flußtal und Unterstadt.

Detail an der Burg von Fougères

Zur **Unterstadt** am Fuße der Burg, dem ältesten Viertel von Fougères, gelangt man über ein schmales Sträßchen, das noch vor Erreichen der Burg von der Rue de la Pinterie abbiegt. Das ehemalige Quartier der Gerber und Färber kauert sich längs des schleifenziehenden Nançon. Herz der Fachwerkidylle mit Waschplätzen am Ufer, Gärten und holprigen Gassen ist die schmucke Place du Marchix, hinter der sich die hochgotische Kirche St-Sulpice erhebt. In einem Seitenschiff des Gotteshauses erinnert der grandiose Altar der Gerber daran, wer in der Unterstadt einst das Geld für solch aufwendige Bauwerke verdient hat.

Combourg

Das Städtchen (s. S. 256) beendet die Tour zu Grenzfesten und Literatenschlössern. Chateaubriand verbrachte die prägendsten Jahre seiner Kindheit in dem von gewaltigen Kastanien und einem See umgebenen Familienbesitz. 1761 kam die Burg durch Kauf an den Vater von François-René de Chateaubriand (1768–1848). Vom Interieur, so wie es der Schriftsteller gekannt, gehaßt und in seinen »Mémoires d'outretombe« (1848) beschrieben hat, blieb nicht viel. Die Burg erfuhr 1875 Umbauten im neogotischen Stil. Dafür gelangten Schreibtisch, Lieblingssessel und Sterbebett von Chateaubriand nach dessen Tod aus Paris hierher. Halbwegs originalgetreu dürfte sein Jugendzimmer im sogenannten Katzenturm sein. In diesen Wänden also wuchs Klein-René zum melancholischen Romantiker heran. Eine Nachfahrin Chateaubriands, die Comtesse de la Tour du Pin, bewohnt bis heute das aus dem 13./14. Jh. stammende Gemäuer, um das sich Combourgs Häuser scharen.

Côte d'Emeraude: Vom Mont St-Michel nach St-Brieuc

Ca. 370 km, 4–5 Tage

Tischtuchflach empfängt die Bretagne an ihrer Ostgrenze die Besucher. Auf den ersten 20 km ragt nur der Mont St-Michel aus Poldern, Dünen und Prielen auf, doch er gehört zum Verdruß der Bretonen zur Normandie. Bei Dol ist die Grenze zur Bretagne bereits überschritten, wie der Zusatz »de-Bretagne« am Ortsnamen unmißverständlich zu verstehen gibt. An der Küste tauchen bei Ebbe schwarze Austernbänke und Muschelzuchten aus dem Schlick auf. Bei Cancale schließlich schwingt sich die Topographie auf. Bis zu 14 m beträgt der Unterschied des Wasserpegels zwischen Ebbe und Flut – das Land baut sich entsprechend hoch am Wasser auf. *Côte d'Emeraude,* Smaragdküste, heißt die zwischen Steilklippen, schwindelerregenden Kaps und Traumstränden vor- und zurückspringende Küste. Engländer haben wie so oft auch hier die Mode der Sommerfrische an der See lanciert. Vornehme Uferfronten erinnern an die Zeit, als das Baden noch jung war. Festungsmauern erinnern im Gegenzug daran, daß die Vorfahren der ersten britischen Urlauber als Raubritter zur See kamen. Kurzum, einige der schönsten Städte der Bretagne reihen sich am in allen Grüntönen changierenden Atlantik.

Von Dol-de-Bretagne nach Vivier-sur-Mer

Die Lage auf einer 20 m hohen Kuppe inmitten von Sümpfen bestimmte **Dol** 1 (s. S. 260) zur Festungsstadt, die sich vom 10. bis zum 17. Jh. stolze vierzehnmal gegen Normannen und französische Heere wehren mußte. Wilhelm der Eroberer konnte dreimal mit Erfolg abgeschlagen werden. Nicht so Johann Ohneland, englischer König, der brandschatzend durch die Lande zog. 1203 nahm er Dol ein und legte Feuer an der romanischen Kathedrale. Die Stadt war seit der Krönung des ersten bretonischen Herzogs Nominoë Sitz eines Erzbischofs, der zudem als Primas aller bretonischen Bistümer allerhöchste Macht ausübte. Der Wiederaufbau der Kathedrale fiel entsprechend prächtig aus. **St-Samson** überragt als Meisterwerk der Gotik das Städtchen. Die Westfront mit den beiden klotzigen Türmen und die wie eine Festung zur See gerichtete Nordflanke erinnern unmißverständlich daran, daß Dol sich noch für ein paar Jahrhunderte weiterer Angriffe erwehren mußte. Zur Stadt empfängt die Südseite dagegen mit zwei überreich gestalteten Vorhallen. Vor allem der Grand Porche fasziniert mit Figurenprogramm, Tiefreliefs, Balustraden und filigran gestalteten Fensterbögen. Das große Chorfenster aus dem 13. Jh. im Osten gilt als das älteste seiner Art in der gesamten Bretagne. In den bunten Medaillons wird das Leben des Kirchengründers und Missionars Samson dargestellt.

Gegenüber dem Grand Porche lockt das in einem 500 Jahre alten Kapitelhaus untergebrachte Musée historique zu einem kurzen Besuch. Die Geschichte von Dol wird mit Wachspuppen, Musketen, Faiencen und mittelalterlichen Skulpturen erzählt.

Durch die krumme Rue Ceinte gelangt man an schmucken Fachwerkfassaden

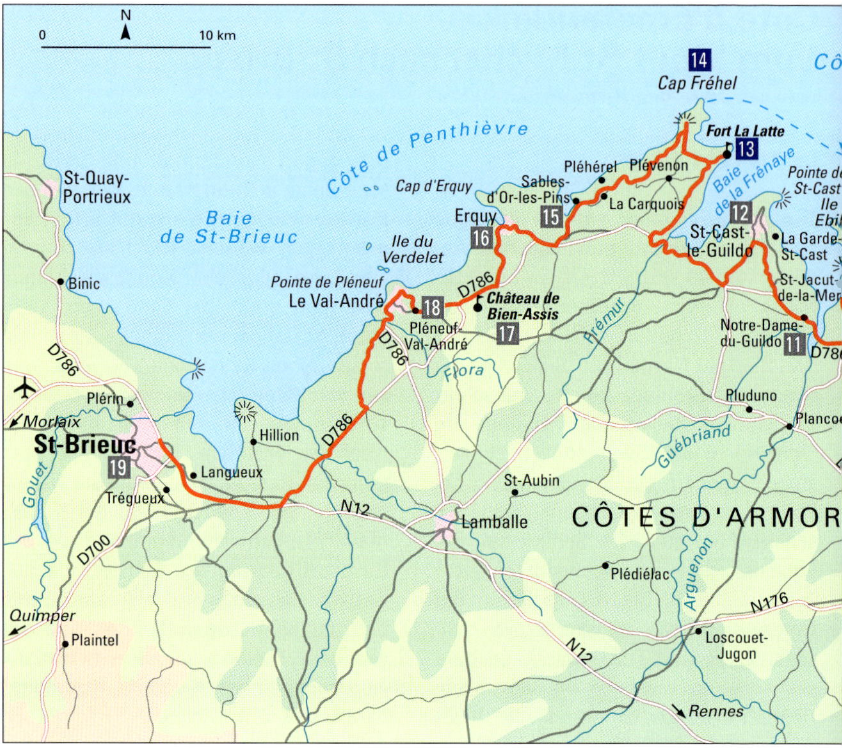

Côte d'Emeraude

vorbei zur Grande Rue des Stuarts, der Hauptstraße von Dol, die sich wegen ihrer Breite eher wie ein langgezogener Marktplatz ausmacht. Hier zu wohnen war seit dem 11. Jh. der Stolz aller betuchten Bürger. Sie hinterließen auskragende Fachwerkhäuser von stattlicher Größe sowie die romanische Maison des Petits Palets, deren wuchtige Erdgeschoßbögen ein Zähne- und Mäanderband ziert.

Von der Promenade des Douves unterhalb der nördlichen Stadtmauer läßt sich das nächste Ziel 3 km weiter nordöstlich ausmachen. Wie ein Fels im Wasser wirkt der 65 m hohe **Mont Dol** 2 inmitten trockengelegter Sümpfe. Eine Madonna segnet den Granitfels vom Gipfel herab. Auf der Südseite des seit keltischer Zeit als Kultort genutzten Bergs führt ein Sträßchen an der Kirche vorbei auf den Gipfel. Kastanienwald, Windmühle, Kapelle und ein Teich machen den Mont Dol zu einem romantischen Zwischenhalt. Das Panorama reicht weit über die Wiesenlandschaft mit den charakteristischen Entwässerungsgräben und rietgedeckten Gehöften.

Bauern werben links und rechts der Straße mit Frühkartoffeln und *carottes de sable,* die im sandigen Boden besonders gut gedeihen. In **Cherrueix** 3 endet die stille Landschaft der Bucht am Mont St-Michel. Mühlen reihen sich an der Deichstraße auf, an der sich das Fi-

scherdorf entlangzieht. Sie sind längst zu Feriendomizilen umgebaut. Der Wind bläst in Cherrueix heute vor allem in die bunten Dreiecke der schnittigen Strandsegler, die bei Ebbe über die bis zum Horizont reichenden Pisten sausen. Und ganz in der Ferne tauchen am Horizont Muschelbänke auf, zu denen die Züchter auf ihren hochbeinigen Traktoren ausschwärmen.

Immer am Wasser lang läuft die Deichstraße in Richtung Westen auf **Vivier-sur-Mer** 4 (s. S. 306) zu. Das Centre d'Animation de la Baie de Mont St-Michel organisiert Exkursionen in die Bucht, die bei Ebbe zu Austernbänken, Vogelreservaten und Robbenplätzen führen.

Cancale

5 (s. S. 252) Die besten Austern kommen aus Cancale, so zumindest befand der Sonnenkönig. Zweimal pro Woche ließ Ludwig XIV. die köstliche Fracht nach Versailles karren. Seither scheint für die Austernzüchter des 5000-Seelen-Orts zumindest in finanzieller Hinsicht immer die Sonne.

Das Städtchen liegt vor den Fluten geschützt auf einem Plateau hoch über dem **Hafen La Houle.** Kurz vor Cancale zweigt dorthin eine Panoramastraße ab, von der man bei Ebbe das schwarze Gittermuster der 400 ha großen Austernzuchten im milchigtürkisfarbenen Wasser erblickt. Über den Meeresgrund tuk-

Gottesburg im Wasser – Mont St-Michel

Mont St-Michel

Strenggenommen erhebt sich der Abteiberg des hl. Michael über normannischen Prielen und Salzwiesen. Die Grenze zur Bretagne verläuft weiter westlich in den Polderwiesen, doch welcher Reisende mit Ziel Bretagne schafft es schon, am Weltwunder vorbeizufahren? Genau darin liegt die Krux: Der Mont St-Michel ist sommers wie winters hoffnungslos überlaufen und nach dem Eiffel-Turm Frankreichs meistbesuchtes Denkmal.

Möglich machte die einst ganz umspülte Lage des Abteibergs eine Sturmflut zu Beginn des 8. Jh., bei der die Landverbindung zum 80 m hohen Granitkegel weggespült wurde. Unstet blieb der Küstenverlauf danach weiterhin. Früher verlief der bretonisch-normannische Grenzfluß Couesnon östlich des Mont St-Michel, der somit einmal in der Bretagne lag. Diese mußte sich jedoch nach einer Verlagerung des Flußlaufs mit dem Verlust des Abteibergs abfinden, nicht ohne einen Spottreim freilich: »Le Couesnon dans sa folie mit le Mont St-Michel en Normandie«.

Bischof Aubert soll im nahen Avranches zur Zeit der besagten Sturmflut dreimal der Erzengel Michael erschienen sein. Dessen Auftrag war deutlich. Ein Oratorium solle auf dem Fels errichtet werden. Aus der Kultstätte für den hl. Michael erwuchsen im Laufe der Jahrhunderte Stein auf Stein das Kloster, die Abteikirche sowie das Dorf. Ein Deich ermöglicht seit 1877, trockenen Fußes auf die Gottesburg zu gelangen. Die Bequemlichkeit hat ihren Preis, denn der Deich trägt zur Verpolderung der Bucht bei – das Wunderwerk liegt bald ganz auf dem Trockenen. Die »Pyramide der Meere« (Victor Hugo) hat den Besucherfluten ohnehin nichts mehr entgegenzusetzen. Ebbe herrscht in den Gassen nur am frühen Morgen und am Abend. Dann sollte man sich hinüberwagen. La Merveille, ein Klostergebäude mit sechs Sälen auf drei Etagen, ist zwar geschlossen (Besichtigung 9.45–17 Uhr), die Busse dafür abgefahren. Im Sommer wird für die überschaubare Zahl der abends Verbliebenen ein alljährlich wechselndes Freilichtschauspiel mit Musik und Beleuchtung aufgeführt (Juni–Sept., tgl. außer So ab 22 Uhr).

Die Porte de l'Avancée läßt zur Porte du Roi im Süden ein. Noch befinden wir uns in Höhe des Meeresspiegels. Von nun an geht's bergauf. Die fachwerkgesäumte Grande Rue steigt mit Souvenir-Geschäften und Restaurants zur Abtei an. St-Pierre, im 11. Jh. erbaute Pfarrkirche, liegt noch außerhalb der Klosteranlagen. An deren Eingang beträgt der Höhenunterschied zum Meeresspiegel bereits 50 m, doch noch warten Wohntrakt im Süden und Merveille im Nordosten. Erst nach knapp 30 weiteren Höhenmetern ist die Abteikirche erreicht. Kühn staffeln sich Rittersäle, Kirchengewölbe und Türme auf engstem Raum über dem Meer, bis auf 157 m über der Wasserkante. Vom karolingischen Stil des 10. Jh. über die hochromanische Abteikirche bis zu den gotischen Mauern der Merveille und des Klostergangs durchschreitet man eine glanzvolle architektonische Abfolge. Daß neben der Seelsorge auch das leibliche Wohl nicht zu kurz kam, beweisen Refektorium, Gästesaal und Vorratskeller. Heute sind vor allem die Tische des Restaurants »La Mère Poulard« in der Grande Rue immer gut besetzt, seit 1875 wegen der berühmten Omelettes ein Monument wie der Mont St-Michel selbst.

kern Traktoren, auf denen die in Ölzeug vermummelten Austernzüchter sitzen und ihre nun freiliegenden Felder bestellen. Laufen bei Flut die Boote ein, herrscht geschäftiges Treiben am Kai und auf den Caféterrassen unterhalb des Hangs. Neben Austern machten Korsaren den Ruf von Cancale aus, was der Stadt im 18. Jh. zweimal den Beschuß durch englische Schiffe einbrachte. Die Seeleute verdingten sich später als Neufundlandfischer. An die große Zeit erinnert der Nachbau einer Bisquine, eines traditionellen Großseglers, der im Hafen auf Ausflügler wartet.

In der Oberstadt zeugen das verspielte Rathaus und die 1875 erbaute neogotische Kirche St-Méen vom Wohlstand, der Cancale trotz schwerer Einbrüche – 1920 vernichtete ein Pilz sämtliche Bestände der Schalentiere – gut dastehen läßt. Bis in die 20er Jahre kamen auch die Jungaustern von den Bänken vor der Küste; heute werden sie aus dem Golf von Morbihan angeliefert, auf Drahtzäune gesetzte und nach etwa drei Jahren industriell abgeerntet. Rar ist die in Cancales Gewässern beheimatete, pferdehufgroße und flache Auster *pied de cheval. Huîtres creuses,* widerstandsfähigere Hohlaustern aus Portugal und Japan, machen das Gros der jährlich 6000 t betragenden Ernte aus. Wer Genaueres wissen möchte, dem sei der Besuch des **Musée de l'Huître et du Coquillage** an der Küstenstraße empfohlen. Daß Cancale wegen der Austern 1994 hochoffiziell zum ›Site remarquable du Goût‹ erklärt wurde, dürfte Feinschmeckern nur recht sein. Olivier Roellinger, der in Gourmet-Kreisen als der beste Koch der gesamten Bretagne gehandelt wird, betreibt obendrein hier sein Restaurant: Sei's nur für ein halbes Dutzend *creuses* und ein Glas Muscadet auf einer Terrasse in La Houle.

Panorama von St-Malo

Der Küstenfernwanderweg GR 34 führt in nördlicher Richtung vorbei an den Rochers de Cancale, einer Felsengruppe vor der Pointe des Crolles, und dem Fort auf dem Rimains-Inselchen zur 7 km entfernten **Pointe du Grouin.** Möwen schwirren um den gischtbespritzten Fels, ein Vogelschutzgebiet. Spätestens beim Blick von der 50 m über den Wellen thronenden Pointe du Grouin weiß man: Man ist in der Bretagne angekommen.

Rothéneuf

6 Die D 20 verläuft entlang der Küste. Zum Meer wechselt die Aussicht zwischen heidebewachsenen Felsen und Stränden hinter dichtem Ginstergebüsch. Kurz vor St-Malo lohnt Rothéneuf eine Pause. Nicht die ersten Zuckerbäckervillen, die auf St-Malos Uferpromenaden einstimmen, sind der Grund, sondern das skurrile Lebenswerk eines Pfarrers, die **Rochers sculptés.** Glubschäugig stieren einem die aus den Klippen gemeißtelten Kühe, Löwen, Fabelwesen und Riesen entgegen, die Adolphe Fouré in zwanzigjähriger Arbeit geschaffen hat. Bei seinem Tod 1910 hinterließ der Geistliche 300 Werke. Berühmtester Sohn von Rothéneuf ist freilich der Entdecker Kanadas, Jacques Cartier. Sein **Manoir de Limoëlou,** ein frühes Beispiel der um St-Malo verbreiteten Herrenhäuser, der sogenannten *malouinières,* kann besichtigt werden.

St-Malo

7 (s. S. 296) Elegante Reeder- und Korsarenpaläste hinter Festungsmauern, auf drei Seiten vom Atlantik umspült und nur durch einen schmalen Land-

streifen mit dem Festland verbunden, bilden den historischen Kern von St-Malo, *intra muros* genannt. Mit königlicher Duldung rückten von hier die gefürchteten Korsaren aus, um mit Kaperschiffen die sieben Weltmeere unsicher zu machen. Gut geschützt hinter uneinnehmbaren Mauern trotzte St-Malo allen Gegenattacken von außen. Gegen den Besucherstrom hat die verschanzte Altstadt jedoch keine Chance. Daß St-Malo 850 Jahre nach seiner Gründung durch den englischen Mönch Maclow bis heute kühn den Fluten trotzt, darf als das gelungenste Beispiel für den Wiederaufbau einer französischen Stadt gelten. 80 % der Bauten *intra muros* fielen 1944 alliiertem Bombenhagel zum Opfer. Bei der Rekonstruktion enger Gassenschluchten und hochstrebender Dachgiebel im Stil des 18. Jh. wurden 33 Gebäude exakt kopiert, der Rest der Altstadt im Geiste ihrer architektonischen Väter wiederaufgebaut. Passagen und vergrößerte Innenhöfe schaffen heute Licht, wo zuvor schachtschmale Gassen im Halbdunkel verschatteten. Dennoch, vor allem im Nordosten spricht eine kühl wirkende Sachlichkeit aus dem etwas zu akkurat gesetzten Granit, wohingegen die wenigen erhaltenen Originalbauten eher noble Zurückhaltung ausstrahlen.

Belebtester Platz innerhalb der Mauern ist die Place Chateaubriand gegenüber der **Burg** (1). Die mit dem französischen Franz II. verheiratete Herzogin der Bretagne mißtraute den auf ihre Freiheit argwöhnisch pochenden *malouins* so sehr, daß sie ab 1415 auf dem Landzugang der Inselstadt eine Burg errichten ließ. In der vierflügeligen Anlage befindet sich das Rathaus. Zugänglich sind das Museum zur Stadtgeschichte im Grand Donjon sowie ein Wachsfigurenkabinett im Südturm mit den wichtigsten historischen Szenen aus der Geschichte St-Malos. Eine Inschrift am

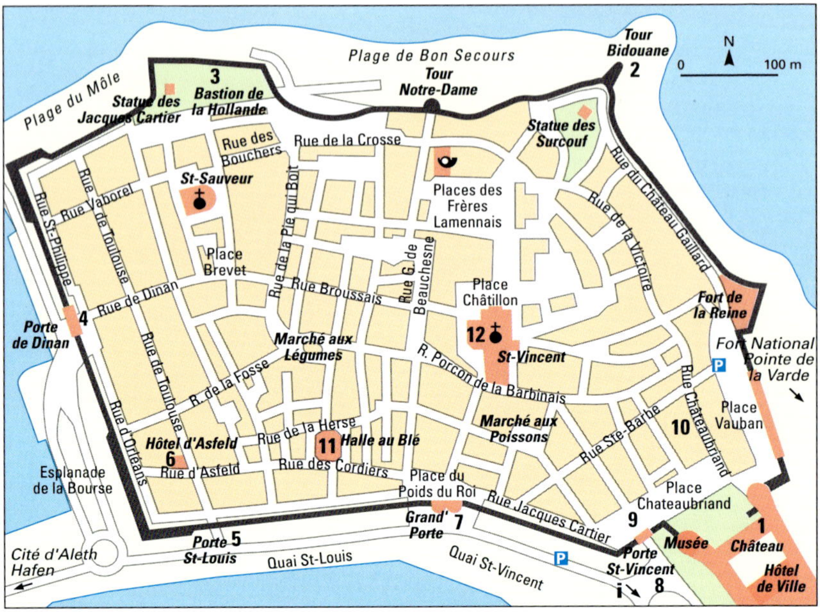

St-Malo *1 Burg 2 Tour Bidouane 3 Bastion de la Hollande 4 Porte de Dinan 5 Porte St-Louis 6 Hôtel d'Asfeld 7 Grand' Porte 8 Porte St-Vincent 9 Place Chateaubriand 10 Hôtel de la Gicquelais 11 Kornhalle 12 Kathedrale St-Vincent*

Südturm verweist auf das von Anna beanspruchte Recht über die unberechenbare Stadt: »Quic-en-Groigne, ainsi sera car tel est mon bon plaisir« (Es murre, wer will, so soll es geschehn, denn so ist unser gnädigster Wille). Der Burgfrieden währte bis 1590. Weil der königliche Verwalter die Stadt dem Protestanten Heinrich IV. übergeben wollte, erhob sich die tiefkatholische Bürgerschaft. Bis 1594 blieb St-Malo eine unabhängige Republik. Dann begab die Stadt sich erneut in die Obhut der französischen Krone, unter der Bedingung allerdings, daß die Stadtflagge höher als die Frankreichs auf der Burg flattere – was sie bis heute tut.

Die schönste Möglichkeit zur Stadterkundung bietet ein Rundgang über die **Festungsmauern.** Direkt hinter dem Südturm läßt sich das Bollwerk über eine Treppe erstürmen. Nach Nordosten steigt das bei Ebbe zu Fuß erreichbare **Fort National** aus dem Wasser. Die Gassen zur Linken zählen zu den wenigen im Zweiten Weltkrieg unzerstörten Winkeln. Auf Höhe der **Tour Bidouane** (2) ziert die Statue des Korsaren Surcouf eine Grünanlage. Es folgt die Plage de Bon-Secours mit Meeresfreibad und Segelschule. Auf dem nackten Felseiland **Le Grand Bé** vor der Küste liegt Chateaubriand in einem Grab ohne Inschrift noch Zahlen, so wie es der Melancholiker verfügt hatte.

Einem Standbild von Jacques Cartier gebührt die nächste Grünanlage, die **Bastion de la Hollande** (3), auf die die kleine Plage du Môle folgt, wo die schmale Mole wie eine ausgeworfene Angelrute ins Wasser schießt. Zu Füßen der **Porte de Dinan** (4) legen die Fähren nach Dinard, Dinan und zum Cap Fréhel ab. Auf Höhe der **Porte St-Louis** (5) fällt der Blick auf die elegante Barockfassade des **Hôtel d'Asfeld** (6), das als Monument vergangener Korsarentage besichtigt werden kann. Zwei wuchtige Rundtürme flankieren die **Grand' Porte** (7), vor der elegante Segelschiffe im Jachthafen dümpeln. Von hier schaut man auf die weiten Hafenanlagen. Krönender Abschluß ist die **Porte St-Vincent** (8), 1709 als Haupttor um einen zweiten Durchgang erweitert. Dort geht es wieder hinunter auf die **Place Chateaubriand** (9), wo sich unter den Markisen Caféterrasse an Caféterrasse reiht.

Chateaubriand erblickte das Licht der Welt im **Hôtel de la Gicquelais** (10) in der nach ihm benannten Straße. Die **Kornhalle** (11) von der Jahrhundertwende in der Rue des Cordiers ist heute Kulturzentrum. Alle Wege streifen irgendwann die **Kathedrale St-Vincent** (12). Die große Fensterrosette wurde 1968 bewußt mit einer auffälligen roten Verglasung neugestaltet. Jacques Cartier, dessen Abfahrt nach Kanada am 16. Mai 1535 ein Bodenmosaik im Langhaus gewidmet ist, liegt in einer nördlichen Seitenkapelle des gotischen Baus begraben.

Zwischen Fort National und Pointe de la Varde erstreckt sich im Osten der Altstadt eine Reihe endlos weiter Sandstrände. Bei Ebbe ragen die Spaliere von in den Sand gerammter Masten haushoch aus der Grand' Plage. Der Strand reicht einige hundert Meter weit, im Wasser tauchen algenbewachsene Felsen auf; bei Flut jedoch preschen die Wellen bis zum Steindamm der Digue de Rochebonne vor. In Pastelltönen getünchte Villen der Belle Epoque trutzen im Schutz des gemauerten Deichs der aufgebrachten See. Wer hier ein Hotel mit *vue sur mer* wählt, erhält im Zimmerpreis inklusive ein faszinierendes Spektakel entfesselter Naturgewalten. Jugendstil, Neogotik, Louis-XIII und Artdéco wechseln von einem Grundstück zum nächsten. Imposantestes Bauwerk bleibt das blütenweiße **Grand Hôtel,** hinter dessen feudaler Fassade in den 60er Jahren eins der ersten Thalassotherapiezentren der Bretagne eröffnete.

Im Südwesten der Altstadt lohnt die auf einer Halbinsel gelegene **Cité d'Aleth** einen Besuch. Den höchsten Punkt des seit gallo-römischer Zeit besiedelten Orts krönt eine 1759 errichtete Festung. 1942 bauten die deutschen Besatzer das Bollwerk zu einer der gewaltigsten Betonfesten des Atlantikwalls aus, die sich der alliierten Einnahme im August 1944 erbittert widersetzte. Ein Campingplatz hat das Terrain heute in Beschlag genommen; von hier genießt man einen der schönsten Blicke auf die Altstadt von St-Malo jenseits des Jachthafens.

Eine Uferstraße um die Halbinsel, die Corniche d'Aleth, bietet ähnlich schöne Blicke. Die Straße endet an der **Tour Solidor** im Süden. Drei Rundtürme verschmelzen zu einem Donjon, dessen stolze Silhouette sich 28 m hoch über der Rance-Mündung erhebt. Innen zeichnet das **Musée International du Long Cours Caphornier** die abenteuerlichen Weltreisen der Kap Horn-Umsegler nach. Krönender Abschluß ist, abgesehen vom ausgestopften Albatros in der vierten Etage, die Besteigung der Zinnen mit Rundumblick über die Rance, die ersten Villen von Dinard und die Mauern von St-Malo. Bliebe noch **Port Solidor** zu Füßen des Turms, eine kleine, angenehm unaufgeräumte Idylle mit Strand und Fischerbooten – genau der richtige Ort für die Pensionäre des Institut des Invalides de la Marine am Ende des Hafens.

Dinard und das Tal der Rance

Über die Rance, deren breite Mündungsbucht St-Malo von Dinard trennt, haben die französischen Elektrizitätswerke EDF 1961 das weltweit erste **Gezeitenkraftwerk** 8 (s. S. 260) gebaut. Auf den ersten Blick wirkt die Anlage, durch die 18 000 m^3 Wasser pro Sekunde fluten, wie ein ganz normaler Staudamm mit Autopiste. Erst bei der Besichtigung der Ausstellung im Turbinensaal begreift man, daß unter der Fahrbahn durch die gewaltige Strömung von Ebbe und Flut bis zu 600 Mio. Kilowatt Energie pro Jahr erzeugt werden. Das die *usine marémotrice* keine Nachfolger fand, liegt an den hohen Betriebskosten und der Landschaftsverschandelung, die das Ungetüm für die Rance-Mündung bedeutet. Der 750 m lange Damm staut den Fluß zu einem gut 20 km^2 großen See auf.

Am linken Rance-Ufer geben an der Pointe de la Vicomté erste Prachtvillen unmißverständlich zu verstehen, daß mit Überschreiten der Rance eine andere Welt betreten wird. *Bienvenue* in **Dinard** 9 (s. S. 259), der großen Kokotte an der Smaragdküste. Seit dem Entstehen des mondänen Seebads um die Mitte des 19. Jh. schaut man in St-Malo auf Dinard naserümpfend herunter. Hüben ein überkandideltes Seebad, in dessen Villen und Hotelpalästen sich internationaler Gotha und Geldadel zur Sommerfrische einstellen, drüben eine stolze Korsarenburg, von der aus unerschrocken die Weltmeere erobert werden – die beiden Städte waren sich nie sonderlich grün.

Daß aus dem Fischerkaff um 1850 der Society-Treffpunkt schlechthin erwuchs, verdankt Dinard der englischen Faber Family, der bald steinreiche amerikanische Clans folgten, die sich mit prunkvollen Villen gegenseitig zu übertrumpfen suchten. 1879 gründeten englische Dauergäste den ersten Tennis-Club auf französischem Boden. Von den großen Tagen Dinards zeugen verheißungsvolle Namen wie High Life Casino, Hôtel Royal, Eden Palace oder Villa Greystone. Rund um die pulverfeine **Plage de l'Ecluse** mit den typischen weißblaugestreiften Badezelten entstand ein Bürgertraum von Adelsschloß nach dem anderen. 1868 baute man eine standesgemäße Villa für den Fall, daß Kaiserin Eugénie zu Besuch käme. Die aber zog Biarritz vor. Hinter der Fassade mit vier markanten Ecktürmchen erinnert das **Musée du site balnéaire** mit alten Badetricotagen und Fotos vom Strandleben an die Spleens vergangener Tage.

Die aufwendigsten Feriendomizile erheben sich auf der Pointe de la Malouine westlich und der Pointe du Moulinet östlich der großen Plage de l'Ecluse. Hochherrschaftlich behaupten die Villen zinnen- und erkergekrönt ihr Terrain. Gewaltige Kiefernkronen und schroffe Felsen setzen die Gemäuer dramatisch in Szene. Die vornehme **Avenue Georges-V** oberhalb der Prieuré-Bucht gilt als Primadonna unter Dinards Edelmeilen. Romantischer ist dagegen ein Spaziergang über die **Promenade du Clair-de-Lune,** die unterhalb der Avenue Georges-V direkt am Ufer entlang läuft und die Pointe du Moulinet mit der Plage du Prieuré, Dinards zweitem Hausstrand, verbindet. Von den Bänken unterhalb der **Villa »La Garde«** des Cognac-Barons Hennessy laden Bänke zum Innehalten mit Blick auf die Rance-Mündung und St-Malo ein.

An der oberen Promenade lädt das **Musée de la mer** (Aquarium) zu einer

Dramatisches Licht an der Küste bei Dinard

zweiten Pause ein. In 24 Becken schwimmt, was an Flossen- und Schalenträgern an der Küste vorkommt. Schauplatz glamouröser Feste der Belle Epoque war die **Villa Montplaisir** am zentralen Boulevard Fréart. Kurz nach der Jahrhundertwende gab Madame Hugues-Halett hier rauschende Feste. Bis ins hohe Alter legte die ›Königin von Dinard‹ Tangos auf das glänzende Parkett. Der noble Bau beherbergt heute das Rathaus.

Die Ufer der **Rance** boten landeinwärts weiteres Terrain für bauwütige Sommergäste – der im Gezeitenwechsel an- und abschwellende Fluß zählt an seinem Lauf ebenfalls zahlreiche Burgen und Herrenhäuser. Die angenehmste Möglichkeit, in die ansonsten nicht einsehbaren Parks und Gärten der *happy few* zu schauen, verspricht ein zweieinhalbstündiger Bootsausflug von Dinard ins 25 km landeinwärts gelegene Dinan. Die Rance wirkt bei Flut eher wie ein Meeresarm. Dörfer wie La Richardais, St-Suliac oder Plouër spiegeln sich mit bescheidenen Fischerkaten, Flußhafen und Kirchturm im Wasser. Bei der Enge von St-Hubert überspannt die neben dem Gezeitenkraftwerk einzige Brücke den Mündungstrichter. Die Rance verliert zusehens an Breite, bis Dinan auf einem Felsplateau über dem Fluß auftaucht.

Dinan

10 (s. S. 258) Über den romantischen Hafen spannt sich in schwindelnder Höhe ein hochgestelzter Viadukt, neben dem sich die Arkaden des **Vieux Pont** aus dem 15. Jh. bescheiden ausmachen. Von hier steigt die Rue du Petit-Fort steil in die Oberstadt an – kein einfacher Weg für Stöckelschuh und glatte Sohlen. Erste Fachwerkbauten am Hafenkai vermitteln bei der Ankunft eine Vorahnung dessen, was in der 75 m über der Rance gelegenen Stadt folgt: Kopfsteingepflasterte Gassen, blumengeschmückte Fachwerkfassaden und eine Burg machen Dinan zum Inbegriff einer mittelalterlichen bretonischen Stadt. Ihr Name geht auf das altbretonische Din oder Dun zurück, was Festung bedeutet. Als solche wurde der Ort zuerst mit Holzpalisaden, im 13. und 14. Jh. mit einer Mauer befestigt. Über ein Dutzend Mal kamen von 1352 bis 1718 die bretonischen Stände in Dinan zusammen, was die Bedeutung der durch Weber, Tuchmacher und Flußschiffer reich gewordenen Stadt bestätigt.

Die **Porte du Jerzual,** einst Haupttor im Mauerring, ist ein klobiger Rundturm mit abweisender Fassade, in der ein schmaler gotischer Bogen wie ein Nadelöhr in die Stadt einläßt. Auf der nun folgenden **Rue du Jerzual** wird die Gassenromantik bis auf den letzten Balken ausgereizt. Gutmeinende Künstler basteln und werkeln vor deutlich zu knalligbuntem Gebälk, der Bleiverglasung ist es an manchem Haus schlicht zuviel. Als Ensemble aber sticht die Gasse jeden kritischen Einwand aus; doch auch einzelne Häuser wie die **Maison du Gouverneur** sind geradezu einzigartig.

Mit der **Place des Cordeliers** hat man nach dem Aufstieg das Zentrum der Stadt erreicht. Zusammen mit der **Place des Merciers** und der Rue de l'Apport bildet sie ein Ensemble von drei langgezogenen kleinen Plätzen, an denen sich prachtvolle Fachwerkhäuser aufreihen oder auch bedenklich beugen, wenn die Restaurierung noch aussteht. Ringsherum verfängt jede Gasse mit stolzen Palais und Klosterportalen. Parademeile war die **Grande Rue** mit etlichen *Hôtels particuliers* sowie der Kir-

Die Unterstadt von Dinan

che St-Malo. Eins der Wahrzeichen Dinans ist der an seiner Schieferhaube leicht ausmachbare **Uhrturm** in der Rue de l'Horloge.

Von dort leitet eine Stichgasse zur **Basilika St-Sauveur** am gleichnamigen Platz. St-Sauveur ist Dinans älteste und mit Abstand beeindruckendste Kirche. Riallon le Roux, Kreuzzugsritter aus Dinan, stiftete den romanischen Bau als Dank für seine Rückkehr. Der byzantinisch-persische Einfluß ist trotz der verwitterten Steinfiguren und abgeschlagenen Kapitelle am Portal unverkennbar. Sirenen, Schlangen und Monster bevölkern den Eingang. Innen fällt die vom Ursprungsbau übriggebliebene romanische Südwand auf, während der Chor und das übrige Langhaus unübersehbar erst in der Spätgotik entstanden. Für Bretonen ungleich wichtiger ist das Empire-Prachtgrab des Volkshelden Bertrand Du Guesclin, in dem jedoch nur sein Herz beigesetzt ist. Alle weiteren sterblichen Überreste des Mannes, der Dinan 1359 wacker gegen die Engländer verteidigt hat, ruhen in St-Denis vor den Toren von Paris. Hinter der Basilika ließen die Stadtväter 1852 den **Jardin Anglais** anlegen, den ein ehemaliges Dominikanerkloster sowie die Stadtmauern begrenzen. Von der Tour Ste-Catherine schaut man auf die Rance und den Hafen tief unten im Tal.

Auf der weiten **Place Du Guesclin** im Südwesten der Stadt wird donnerstags Markt gehalten. Sie mündet in die Rue du Château. Von der 1372 begonnenen **Burg** blieb der ovale Donjon erhalten, in dem ein beschauliches Museum die Geschichte Dinans erzählt. Wie schon im Norden die Promenade des Grands Fossés regt auch im Osten, beginnend am Donjon, die **Promenade des Petits Fossés** zum Füßevertreten an den Stadtmauern an.

Die Leuchttürme am Cap Fréhel

Nach St-Cast-le-Guildo

Auf dem Weg nach St-Cast-le-Guildo stehen St-Lunaire und St-Briac noch ganz im Dunstkreis von Dinard. Vornehme Belle-Epoque-Villen auch hier, deren Bewohner vom phantastischen Sandstrand profitieren. Debussy hat in **St-Lunaire** »La Mer« geschrieben. In **St-Briac** leben seit Anfang der 20er Jahre Nachfahren der Zarenfamilie; an die Großherzogin Victoria Melitta von Rußland erinnert ein Denkmal.

Einige Inselchen, auf denen zum Teil prächtige Anwesen stehen, bieten von der Küstenstraße immer wieder zauberhafte Ansichten. Eine moderne Brücke springt über die Mündung des Frémur, der die Departements Ille-et-Vilaine und Côtes d'Armor trennt. Auf die Halbinsel von Lancieux folgt die Landzunge von **St-Jacut.** Von ihrem Nordzipfel erblickt man die **Ile Ebihens,** einen Privatbesitz mit 300 Jahre altem Festungsturm.

Mit dem linken Ufer des Arguénon ist **Notre-Dame-du-Guildo** 11 erreicht. Dem malerischen Hafenensemble aus Granithäuschen und ehemaligem Zollhaus gegenüber erhebt sich die Ruine einer Burg. Kurz vor St-Cast-le-Guildo verleitet der dünengeschützte Strand bei Pen Guen zum Sprung ins Wasser.

Knapp 2 km Sandstrand zwischen der Pointe de la Garde im Osten und der Pointe de St-Cast im Westen gaben um 1900 auch den Ausschlag, **St-Cast-le-Guildo** 12 (s. S. 295) als Badeort zu lancieren. Etwas später, und von mit Abstand weniger illustren Gästen frequentiert als Dinard, blieb St-Cast-le-Guildo ein sittsames Seebad mit etwas fader Strandpromenade. Die 3200 Einwohner müssen im Sommer einer zehnfachen Übermacht von Urlaubern standhalten. Viel Grün kaschiert Ferienhäuser und Campingplätze.

Fort La Latte und Cap Fréhel

Westlich von St-Cast-le-Guildo beginnt die Baie de la Frênaye, ein gewaltiges rechteckiges Becken, das bei Ebbe schnell leerläuft und dann ein Heer von Muschelsuchern in Gummistiefeln auf die 6 mal 1,5 km große Schlamm-,

Richtig Reisen *Tip*

Dreimal Wohnen im Schloß

N*oblesse oblige,* in der Bretagne wie anderswo vor allem zu entsprechend repräsentativem Wohnen. Stattliche Gemäuer zieren deshalb in schöner Regelmäßigkeit die Landschaft. Einige *châteaux* (Schlösser) und *manoirs* (Herrenhäuser) stehen heute für Gäste über Nacht offen. Der rustikale, um einen Innenhof errichtete **Manoir des Portes** empfiehlt sich als Mitglied der »Relais de silence« – abgeschiedene Stille ist in den Häusern dieser Vereinigung selbstverständlich. Im denkmalgeschützten Anwesen aus dem 16. Jh. reihen sich geräumige Zimmer um einen liebevoll gestalteten Innenhof mit Rasen zum Sonnenbaden im Liegestuhl. Übrigens: Das Restaurant genießt dank des gegrillten Hummers unter Feinschmeckern größte Anerkennung. FFF, 22400 Lamballe, La Poterie, ✆ 02 96 31 13 62, Fax 02 96 31 20 53.

Vom **Manoir St-Michel** ist es nur ein Katzensprung zum wogenumtosten Cap Fréhel. Auf dem Teich des 400 Jahre alten bretonischen Herrensitzes schlagen freilich nur die Enten kleine Wellen. Kamin, Deckenbalken und altes Mobiliar verwandeln den Grand Salon in ein gemütliches Hideaway. Die Zimmer verfügen trotz Einrichtung *à la vieille France* über jeglichen Komfort der Moderne: Telefon und Satelliten-TV. FF–FFF, 22240 Fréhel, Carquois, ✆ 02 96 41 48 87, Fax 02 96 41 41 55.

Zum Schluß die nobelste Adresse, ganz *Ancien Régime* vom Keller bis zum Giebel. Im fürstlichen **Château du Val d'Arguénon** empfängt Madame de la Blanchardière hinter hohem Mauerwerk Gäste. In ihrem Schloßgarten am Flüßchen Arguénon streben zum Beweis für das milde bretonische Klima Palmen gen Himmel. Außer fünf Zimmern kann man drei Ferienhäuser im Park anmieten. Das Meer plätschert nur einen Steinwurf weiter an den Strand. Nicht zu vergessen: Chateaubriand verbrachte hier einige Jugendjahre. FFF, 22380 Notre-Dame-du-Guildo, an der D 786, ✆ 02 96 41 07 03, Fax 02 96 42 02 67.

Schlick- und Sandfläche lockt. Gleich am Ende der Bucht zweigt ein unscheinbares Sträßchen nach Plévenon und damit zum **Fort La Latte** 13 auf der Fréhel-Halbinsel ab. Kurz vor Erreichen der Landspitze bleibt der Wagen auf einem Parkplatz zurück. Hinter der Schranke am Haus des Wächters beginnt ein Wanderweg, der zuerst in dichtem Eichenwald verschwindet. Am Menhir ›Gargantuas Finger‹ taucht man wieder aus dem Wald auf. In der Ferne leuchten die roten Granitmauern der Burg vor türkisfarbenem Meer: Kirk Douglas und Tony Curtis mimten vor dieser Kulisse für den Hollywood-Schinken »Die Wikinger«. Die letzten Meter führen durch einen Heckenweg vorbei an fetten Wiesen. Ein kleiner Kiesstrand direkt vor der Burg bietet Wanderern die Möglichkeit, die Füße ins kühle Naß zu tauchen. Das im 13. Jh. auf die Felsnase gesetzte Fort La Latte bewachte die Einfahrt zur Bucht von la Frênaye. Im Ende des 17. Jh. von Vauban modernisierten Gemäuer gibt es außer einem Kanonenkugelofen nicht viel zu sehen, doch der Blick von den Mauern auf die wilde Anse des Sévignés und die spektakulären Klippen am Cap Fréhel im Westen wiegt das alles auf. Ein gut einstündiger Wanderweg (GR 34) säumt die Anse des Sévignés bis zum Cap Fréhel.

Rosa Granit, petrolblaues Meer und tiefgrüne Wiesen bestimmen die Farbsymphonie rund um das **Cap Fréhel** 14 (s. S. 253). Im Frühjahr leuchten Heide und Ginster bis an die Kante der über 70 m abrupt ins aufgewühlte Wasser stürzenden Felsen. Von der Plattform des Leuchtturms erspäht man bei klarer Sicht aus 85 m Höhe die Ile de Bréhat sowie die normannische Cotentin-Halbinsel. Das Cap Fréhel ist dank des Chaos umschäumter Felsen und Steilwandklippen selbst für die an Naturschauspielen reiche Nordküste einzigartig. In den Felsen nisten Lummen, Papageientaucher und Tordapinguine. Kormorane plumpsen ins Wasser, Möwen segeln krächzend gegen die steife Brise – kurzum, das Cap ist ein Vogelschutzgebiet, auch wenn das Restaurant an seiner Spitze daran Zweifel aufkommen läßt.

Sables-d'Or-les-Pins, Erquy und Le Val-André

Durch die Torfmoore und Farnwiesen der Lande de Fréhel erreicht man den Weiler **Pléhérel,** von dessen Dünen und unverbauten Stränden man aufs Cap schaut. Dichte Kiefernwälder machen den Charme des nächsten Strandparadieses aus. Unfertig aber wirkt **Sables-d'Or-les-Pins** 15 (s. S. 294) trotz Art-déco-Hotels im normannisch angehauchten Stil und breiter Avenuen. In den 20er Jahren kam das ehrgeizige Projekt, längs des 2 km langen, fast weißen Sandstrands eine Ferienstadt zu bauen, nach den ersten Spatenstichen schnell zum Erliegen.

Ganz anders dagegen wirkt **Erquy** 16 (s. S. 262), dessen Ruf als Hafen der Jakobsmuschelfischer damals längst gemacht war. Das geschäftige Städtchen aus rosa Granit liegt oberhalb einer hufeisenförmigen Bucht, zu dessen Sandstrand sich die Häuserzeilen hinunterstaffeln. Sieben Strände bestimmen Erquy zum trauten Familienbad. Am Hausstrand Plage du Centre stören ein paar gesichtslose, zum Glück nicht sehr hohe Appartementbauten die Idylle, können den sympathischen Eindruck Erquys jedoch nicht verderben. Als eigentliche Traumstrände dürfen die Strände im Westen gelten: Pulverfeiner Sand spricht für die Plage de Caroual. Nach Osten beschirmt das wildromantische Cap d'Erquy mit hübschen Wanderwegen die ›Hauptstadt der Jakobsmuschel‹. Erquy erhielt den Titel 1963. Noch heute hängen 380 Arbeitsplätze des knapp 3000 Einwohner zählenden Städtchens vom Fischfang ab. Im Hafen gibt es deshalb immer einiges zu sehen, und von November bis Mai werden die handtellergroßen Jakobsmuscheln in öffentlichen Verkäufen gleich säckeweise an Großhändler oder Restaurantbesitzer gebracht.

Nicht nur für Regentage geeignet ist ein Besuch des **Château de Bien-Assis** 17, das ungefähr auf halber Höhe zwischen Erquy und Le Val-André an der D 34 am Ende einer Allee auftaucht. Rosa Granit und Palmen spiegeln sich in den Wassergräben, letztere ein untrügliches Zeichen für milde Winter. Im 400 Jahre alten Schloß sind das erlesene bretonische Mobiliar von Grand Salon, Salle des Gardes und Speisesaal zu bestaunen. Draußen kommen der französische Garten sowie ein Wald aus Rotbuchen und Eichen hinzu.

Ein ellenlanger Sandstrand bewog die Stadtväter von Pléneuf dazu, ihren auf einem 70 m hohen Hügel thronenden Ort um den lukrativen Strandableger **Le Val-André** 18 ans Meer zu verlängern. 1882 übernahm der Ingenieur Cottard die Planung. Etliche Villen und Familienhotels am autofreien Stranddeich sowie Kasino, Grandhotel und das schachbrettartige Straßenmuster erinnern an die Pioniertat. Damals gepflanzte Seekiefern haben mittlerweile stattliche Ausmaße erreicht, ebenso wie der sommerliche Besucheransturm. Fast 30 000 Badegäste tummeln sich im August zwischen dem Jachthafen an der Mündung des Flora und der Pointe de Pléneuf. Die der Pointe vorgelagerte **Ile du Verdelet** ist Vogelschutzgebiet, dessen gefiederte Bewohner ihre Felsen nach Winterpause und Brut im Frühjahr längst verlassen haben, wenn der Rummel am Strand losgeht.

St-Brieuc

19 (s. S. 295) Was tun, wenn die touristischen Attraktionen in der Stadt dünn gesät, die Bademöglichkeiten vor der Stadt bescheiden sind? Ein flotter Slogan muß her. Der lautet in St-Brieuc »La Ville des Vallées« – die Hauptstadt des Departements Côtes d'Armor hangelt sich über einige tiefe Talschlünde hinweg. Die Stadt lebt von Handel und Verwaltung und klappt abends, von ein paar Ausnahmen abgesehen, recht früh die Bürgersteige hoch. Wer allerdings einfach französischen Alltag erleben, im Kaufhaus den Vorrat an Sonnenöl auffüllen oder in der Designer-Boutique mal etwas anderes als Strand-T-Shirts anprobieren möchte, ist hier richtig.

Fußgängerzonen und Boutiquenpassagen um die **Rue St-Guillaume** brummen tagein, tagaus vor einkaufswütigen *Briochins,* wie die 60 000 Einwohner heißen. Ein paar hübsche Ecken finden sich rund um die Kathedrale. An der **Place du Chai** entstand ein kleines ›Beaubourg‹, dessen funktioneller Charme trotz des bordeauxroten Anstrichs an den Pariser Kulturtempel erinnert. An Markttagen ist das ganze Viertel rappelvoll mit Ständen und Besuchern. Die **Place du Martray** sowie die angrenzenden Rue Fardel und Rue Pohel nördlich der Kathedrale schaffen mit Fachwerk und Gassenbreite Altstadtatmosphäre, die jedoch an den neuen Hallen verfliegt. **St-Etienne** wurde als Bischofssitz im 14. Jh. begonnen und wegen des sumpfigen Untergrunds auf Pfeilern errichtet, doch 1712 ließ man das Schiff neu erbauen. Die Westfassade wirkt mit schlichtem Portal und zwei wehrhaften Seitentürmen wie eine Festung. Präfektur und Hôtel de Ville gleich nebenan machen die Trias der drei Gewalten in der Stadt perfekt.

Etwas weiter an der Rue des Lycéens Martyrs erlaubt das **Musée d'Histoire des Côtes d'Armor** einen Gang durch die Geschichte seit der Französischen Revolution. Zu sehen ist neben Kostümen und Werftmodellen eine Reliquie der Revolution: In St-Brieuc blieb ein Modell der Bastille erhalten, das mit einem Steinstück des erstürmten Originals in seinem Innern 1790 an alle Departements gesandt wurde.

Als grüne Lunge mitten in der Stadt dienen die **Grandes Promenades** um den Justizpalast, ein öffentlicher Park mit Statuen und geruhsamen Bänken.

Côte de Granit Rose: Von Paimpol nach Morlaix

Ca. 190 km, 3 Tage

Zwei gewaltige Felsblöcke nehmen das kleine Haus an der Pointe du Château von links und rechts in die Zange. Ein hüfthohes Mäuerchen soll neugierige Besucher abhalten, doch die streitbare Besitzerin hat angesichts der ums Grundstück streichenden Scharen längst aufgegeben. Die weißen Fensterläden bleiben folglich meistens zugeklappt. Ringsherum macht's dennoch pausenlos Klick. Nicht die Kathedrale in Tréguier oder die schloßartigen Villen in Perros-Guirec stehen an der Côte de Granit Rose in der Gunst fotografierender Urlauber an erster Stelle, sondern ein schlichtes Haus mit niedrigem Schieferdach. Wer sich einmal bis zur Pointe du Château vorgewagt hat, versteht warum und drückt auf den Auslöser. Links ein Fels, rechts ein Fels, dazwischen ein Haus, fertig ist das Bild, das zum Inbegriff der Côte de Granit Rose geworden ist.

Zartes Rosa und blasses Violett färben die Granitfelsen. Die Côte de Granit Rose überrascht mit mediterraner Farbigkeit, auf der Ile de Bréhat obendrein mit südlich anmutender Flora. Wind und Wetter haben die bunten Granitfelsen zu phantasieanregenden Formationen abgeschliffen. »Teufelsburg«, »Schildkröte«, »Napoleons Hut« heißen einige der bekanntesten, zu haushohen Arrangements aufgestapelten Felsblöcke. In über 130 000 Jahren entstand am Ufer ein natürlicher Skulpturenpark, an dem der Atlantik stetig weiterarbeitet. Von Felsen und Kiefern beschirmt, verführen kleine Buchten und weite Sandstrände zum Baden in den Fluten, die hier dank Golfstrom mild sind. Bis tief ins Hinterland tragen die Mündungstrichter von Trieux, Jaudy und Léguer den Rhythmus von Ebbe und Flut.

Binic, St-Quay-Portrieux, Plouha

Mit **Binic** 1, dem Wochenendziel von *tout St-Brieuc,* ist ein erster kleiner Badeort erreicht. Jachten, eine Mole, viel Strand und etliche Cafés ergeben ein hübsches Ensemble. **St-Quay-Portrieux** 2 (s. S. 299) bietet wie schon Binic die beschaulichen Wonnen eines Strandbads für die ganze Familie sowie ein paar schöne Aussichten von den Höhen oberhalb des Städtchens. Zum Dorschfang vor den Küsten Neufundlands fahren die Fischer nicht mehr aus, bringen jedoch genügend Schalentiere und Fisch mit an Land, um die Restaurants am Ort selbst im Spitzenmonat August ausreichend zu versorgen.

In **Plouha** ist das Meer 4 km entfernt, doch der behäbige, liebenswürdig normale Ort kann mit gleich zwei Attraktionen in seiner Nähe aufwarten. Im Weiler **Kermaria** 3 birgt die von hohen Bäumen umstandene Kirche einen außergewöhnlichen Schatz. Polychrome Apostelstatuen bewachen die Vorhalle am Südportal, doch wirklich bunt wird erst das Treiben im Kirchenschiff. Hoch über den Köpfen reihen sich von Papst und Kaiser bis zu Mönch und Bauer alle Vertreter der spätmittelalterlichen Gesellschaft zum *danse macabre* mit dem Sensenmann ein. Zum an die Wand gemalten Totentanz gebeten sind insgesamt 47 Personen, die teils schaudernd, teils schicksalsergeben dem Skelett mit

Das Fresko mit dem danse macabre *in der Kirche von Kermaria*

der Sense folgen: Vor dem Tod aber sind alle gleich.

Weiter in Richtung Nordwesten gelangt man nach **Lanleff** 4, wo die Ruine einer romanischen Kirche wegen der kreisrunden Form als *temple* ausgegeben wird. Der Rundbau entstand um 1100 nach dem Vorbild etlicher frühchristlicher Kirchenbauten im Orient.

Guingamp

5 (s. S. 267) Bei der 10 000-Einwohner-Stadt stoßen die Landstriche des Trégor im Westen und des Goëlo im Osten aufeinander, deren Grenzen gleichzeitig den Übergang vom Pays Gallo zur *Bretagne bretonnante* markieren. Anders gesagt, ab Guingamp wird bretonisch, bis Guingamp französisch gesprochen. Die Stadt in einer Talsohle des Trieux ist ein Paradebeispiel provinzieller Gangart. Alles Leben spielt sich im Umfeld der **Basilika Notre-Dame-de-Bon-Secours,** dem schmucken Renaissance-Palais an der intimen **Place du Centre,** der **Burg** an der Place du Petit Vally und dem barocken **Hôtel de Ville** an der Place de Verdun ab. Einmal im Jahr geht es hoch her in den Gassen, in denen ansonsten die Zeit stehengeblieben zu sein scheint. Zum Grand Pardon zu Ehren der Schwarzen Madonna, die in einer Kapelle an der Basilika verwahrt wird, platzt Guingamp aus allen Nähten. Pilger aus allen Teilen der Bretagne drängeln sich in der Kleinstadt. Fußmüde lassen die Beine in den drei Becken des Renaissance-Brunnens La Plombée auf der Place du Centre baumeln, doch die meisten beten inbrünstig vor dem Kerzenlichtermeer zu Füßen der prunkvoll gewandeten Madonnenstatue.

Paimpol, die Pointe de l'Arcouest und die Ile de Bréhat

Kurz vor Paimpol verbirgt sich hinter Bäumen und Sträuchern die Ruine der 1790 aufgehobenen **Abtei von Beauport** 6 (s. S. 280). Auch wer von sehenswerten alten Steinen genug hat oder sich nicht sonderlich für gotische Klosterarchitektur interessiert, sollte an-

Côte de Granit Rose

halten. Was nach dem Sengen und Brandschatzen marodierender Revolutionstruppen übrigblieb, verwuchs mit der üppigen Vegetation zu einem verwunschenen Ort. Um die dachlose Kirche haben die Bewohner der noch intakten Gebäudeteile Rosen und Hortensien gepflanzt, die den Charme des Zerfalls betonen. Zum Meer geht die schmale Landzunge, auf der die Abtei 1202 gegründet wurde, in Salzwiesen über. Schafe grasen hinter der erhaltenen Salle des Ducs. Kapitelsaal und Abteikeller belegen die einstige Macht der Prämonstratenser, die mit eiserner Faust über dreizehn Pfarreien im Umkreis regierten. Die Rache der über die Jahrhunderte Gebeutelten fiel entsprechend zer-

störerisch aus. Vom Kreuzgang blieb so gut wie nichts.

Die Landstraße fällt in sanften Kehren nach **Paimpol** 7 (s. S. 280) ab. Islandfischer haben den Ruf der geschäftigen Hafenstadt begründet. Für internationalen Ruhm aber sorgte Pierre Loti mit seinem Roman »Les Pêcheurs d'Islande« (1886), für den der Schriftsteller in den Hafenspelunken für das nötige Lokalkolorit recherchierte. Die große Zeit des Kabeljaufangs vor den Küsten am nördlichen Polarkreis fiel in die Jahre 1852–1935. Bis zu 82 Großsegler stark war Paimpols Flotte in ihrer Glanzzeit; 2000 Männer des Orts ließen auf den sechsmonatigen Törns ihr Leben.

Untrügliches Indiz für den Übergang vom Fischfang zum Tourismus ist die Schließung der Nationalschule der Handelsmarine vor einigen Jahren, deren Gebäude eine Hotelfachschule bezog.

Richtig Reisen *Tip*

Mit »Le Vieux Copain« auf See

Im Hafen von Paimpol

In jedem Frühjahr heißt es um Ostern herum im Hafen von Paimpol zum ersten Mal ›Leinen los‹ für den Thunfischkutter »Le Vieux Copain«. Das denkmalgeschützte Schiff lief 1940 vom Stapel und gilt als einer der letzten Cap Horn-Segler an den bretonischen Küsten. Jede Planke des alten Windjammers, dessen blau-weiß lackierter Bug und weiß-rote Segel mittlerweile zum Stolz der Kleinstadt gehören, wird im Winter lackiert, jedes Messingteil auf Hochglanz gewienert. Thunfisch und Dorsch werden auf den Törns, die je nach Wunsch einen halben Tag, ein Wochenende, aber auch bis zu einer Woche dauern, nicht mehr gefangen. Dafür ist das Vergnügen, die nahe Ile de Bréhat zu umsegeln, den Trieux hoch oder – mit etwas mehr Zeit und entsprechendem Wind in den 232 m^2 Segeln – zu den englischen Kanalinseln rüberzuschippern, dazu angetan, selbst eingefleischte Landratten von der christlichen Seefahrt zu überzeugen. Wenn das 29 m lange Schiff vor der Ile de Bréhat vor Anker geht, steigt man zum Landgang ins Kanu um. Bis zu 30 Personen können an Bord. Auf Bestellung gibt es auch eine zünftige Mahlzeit. Vorkenntnisse in Sachen Segeleinholen und Steuerbord werden nicht vorausgesetzt, die Bereitschaft mitanzupacken, dagegen schon (Juli–Aug. tgl., Ostern–Okt. am Wochenende. Informationen über das Office de Tourisme, s. S. 280, oder den Skipper Monsieur Le Joliff selbst).

Noch deutlicher setzt der neue Jachthafen, neben dem sich der alte Hafen geradezu bescheiden ausmacht, Zeichen. Am Quai Morand hingegen erinnern etliche stolze Reederhäuser an den Reichtum, der dank der waghalsigen Fischer einmal nach Paimpol floß. Mit Wohlstand ist Paimpol bis heute gesegnet. Die Gassen der Altstadt sind einladend herausgeputzt. Paimpol liegt an einer touristischen Goldader. So mancher der 300 000 Besucher im Jahr, die auf dem Weg zur Ile de Bréhat die Stadt passieren, macht hier halt.

Im Weiler **Ploubazlanec** sind auf dem Friedhof an der sogenannten Mur des Disparus en Mer die Namen auf See verschollener Islandfischer vermerkt. Bis zur **Pointe de l'Arcouest** 8 erlaubt die Straße immer wieder herrliche Blicke auf die Küste. Am Ziel fädeln Schilder die Autofahrer auf einen der Parkplätze für die Tagesausflügler zur Ile de Bréhat. Bei Ebbe verwandelt sich die Furt zwischen Insel und Festland in eine Palette aller Blautöne von Türkis bis Nachtblau. Felsen, Klippen und Inselchen ragen aus dem Meer. Weißgelbe Sandstrände kontrastieren mit rotem Granit, der Übergang zwischen Wasser und Land scheint fließend.

Nach 10 Min. Überfahrt betritt man mit der **Ile de Bréhat** 9 (s. S. 247) einen der reichsten Gärten der Bretagne. Dank eines ausgesprochen günstigen Mikroklimas borden Oleander und Agaven übers Gemäuer, erreichen Geranien und Hortensien rekordverdächtige Ausmaße. Selbst Mimosen, Palmen und Feigen gedeihen trotz nördlichem Breitengrad prächtig. Im Frühjahr verströmen Wildhyazinthen schweren, süßlichen Duft. Ein Isthmus trennt Bréhat in eine Nord- und Südinsel, um die sich wiederum an die 100 Inselchen und Felsen gruppieren. Im Hauptort Le Bourg spielt sich das Leben mit Tabac, Cafés und Crêperien am Kirchplatz ab. Die Pfarrkirche hat einen Glockenturm, der nach Art der Kirchen im Gebiet von Lannion als offene Turmmauer gestaltet ist. Gleich vom Anleger in Port-Clos karrt ein Mini-Zug Ausflügler über die kaum 2 km breite und doppelt so lange Insel, doch zu Fuß läßt sich das autofreie Eiland ebenfalls bequem an einem Tag erkunden. Zeit für ein Bad an der Plage Guerzido unweit des Anlegers bleibt dann immer noch. Höchster Punkt ist die Kapelle St-Michel, von der man ganz Bréhat überblickt. Aufgeschichtete Granitmauern schützen viele Wege. Immer wieder staunt man angesichts abenteuerlich geformter Felsanhäufungen, die aus Wiesen aufsteigen und wie mit den Häusern verwachsen zu sein scheinen. Bisweilen wirkt alles arg putzig, fast wie eine künstliche Miniatur dessen, was die restliche Bretagne an rauherer Schönheit zu bieten hat. Auf den Blumen- und Obstgarten der Südinsel folgt das kargere Bauernland der Nordinsel. Eine ganze Armada von Kleintraktoren rumpelt zwischen Kuhwiesen und Gehöften. Die *île de beauté* wirkt wie aus der Augsburger Puppenkiste.

Tréguier

(s. S. 303) Eine alte Hängebrücke, deren nostalgischer Charme jüngst durch einen marineblauen Anstrich aufgefrischt wurde, erlaubt bei Lézardrieux die Passage über den Tréguier. Von der Pointe de l'Arcouest schippern in der Saison Ausflugsboote den Mündungstrichter hoch. Ihr Ziel ist die **Burg von La Roche-Jagu** weiter südlich am linken Ufer, von deren Zinnen man einen herrlichen Blick auf den Tréguier hat.

Keine 10 km weiter bietet der Jaudy ein ähnliches Bild. **Tréguier** 10 liegt auf

einer Kuppe zwischen linkem Jaudy-Ufer und dem in den Jaudy mündenden Guindy. Im Port de Plaisance liegen bei Ebbe die Segelschiffe im Schlick. Hafenbecken und Damm verhindern, daß die salzige Flut nicht mehr, wie früher häufig geschehen, an den Stadtmauern leckt. Zwei eckige Wohntürme flankieren den Beginn der Rue Ernest Renan, die hügelaufwärts zur Kathedrale St-Tugdual führt. Insgesamt 80 Bischöfe haben seit Ankunft des englischen Heiligen Tugdual um das Jahr 540 bis zur Französischen Revolution die Geschicke von Tréguier bestimmt. Kathedrale und Kloster wurden zwar 1794 geplündert, doch was die Bischöfe hinterließen, läßt sich immer noch sehen. Das Ensemble von barockem Bischofspalast, dreitürmiger Kathedrale und hochgotischem Kloster bildet einen kleinen Vatikan, um den sich fachwerkgesäumte Gassen drängen. Den schönsten Blick auf das Ganze hat man vom Friedhof hinter der Kathedrale, auf dem eine ganze Reihe von deutschen Soldaten des Ersten Weltkriegs begraben liegen. Am beeindruckendsten ist dabei die Turmsilhouette wegen der deutlich unterschiedlichen Baustile. Auf den ältesten, romanischen Turm aus grauem Granit folgt der gotische Mittelturm aus rosa und graugelbem Granit. Krönender Abschluß ist die spitze Nadel des neogotischen Südturms.

Nach Tréguier begeben sich gläubige Bretonen und Juristen aus aller Welt wegen der Schädelreliquie des hl. Yves, die in der herzerfrischend rumpeligen Sakristei verwahrt wird. Yves kam 1253 im nahen Minihy-Tréguier zur Welt, studierte in Paris Theologie und Recht, um später in der Heimat ein asketisches Leben als Prediger und Verteidiger der Armen und Entrechteten zu führen. Durchs viele Fasten und Schlafen auf einem Granitfels ausgemergelt, starb Yves 1303. Am 19. Mai legte man ihn in der Kathedrale zur letzten Ruhe. Sein Prachtgrab wurde 1794 mutwillig zerstört und im 19. Jh. durch eine überladene Kopie ersetzt. Jedes Jahr gedenkt eine internationale Schar von Juristen ihres Schutzheiligen und pilgert in ihren Amtsroben von Yves' Geburtsort Minihy zur Grablege in Tréguier.

Das berühmte Haus zwischen den Felsen

Ein anderer Sohn der tiefkatholischen Stadt, dessen Denkmal auf dem weiten Platz vor der Kathedrale steht, begab sich ebenfalls zum Theologiestudium nach Paris, ließ die Priesterweihe jedoch sausen. Ernest Renan (1823–1902) sattelte um, studierte Orientalistik und zog zu Ausgrabungen gen Palästina. Von dort zurückgekehrt, verfaßte er sein umstrittenes, weil allzu menschliches Werk »La Vie de Jésus« und galt in der tiefkatholischen Heimat fortan als Ketzer. Als ein Jahr nach seinem Tod das Denkmal enthüllt wurde, war dies nur unter Polizeischutz gegen die meuternde Menge möglich. Noch ein Jahr später schlug der Klerus zurück. Im Park am Jaudy-Ufer weihte man am Todestag des hl. Yves den Calvaire de la Protestation ein. Wieder mußten berittene Gendarmen für Ruhe und Ordnung sorgen.

Zum am Anfang dieses Kapitels erwähnten Bilderbuchhaus an der **Pointe du Château** gelangt man von Tréguier über die D 8 in Richtung Plougrescant. Nahe des Aussichtspunkts Le Gouffre spiegelt sich das Haus samt Felsen im Wasser von Castel-Meur.

Lannion

11 (s. S. 271) Der friedlich vor sich hin fließende Léguer trennt das Zentrum vom Ste-Anne-Kloster am linken Ufer. In

den gußeisernen **Markthallen** aus dem 19. Jh. und der benachbarten steinernen Fischhalle wird die ganze Woche über morgens all das angeboten, was fruchtbare Äcker und fischreiche Gewässer erbringen. Richtig der Teufel los ist donnerstags, wenn Markt gehalten wird. Käufer und Anbieter kommen von der gesamten Côte de Granit Rose zum allwöchentlichen Großereignis. Auf dem robusten Turmstumpf von St-Jean-du-Baly flattert die Trikolore, in den Gassen ist kaum noch ein Durchkommen. Nach der Renovierung der meisten Fachwerkhäuser mit den typischen, jede Etage weiter auskragenden, zum Teil schieferverkleideten Fassaden an der Nordseite der **Place du Général-Leclerc** glänzt der Rahmen für das bunte Treiben in alter Pracht. Eine weitere Fachwerkmeile ist die **Rue des Chapeliers,** doch auch die zum Léguer abschüssigen Rue St-Malo und Rue des Augustins können sich mit Gassenromantik sehen lassen.

Als Höhepunkt jedes Lannion-Besuchs aber wartet in des Wortes wahrstem Sinne die **Kirche von Brélévenez.** Genaugenommen ist der Weg zum ehemaligen Templer-Gotteshaus das Ziel. Am Ende der Rue de la Trinité beginnen die schweißtreibenden Escaliers de Brélévenez: 143 Granitstufen trennen die auf einem Hügel thronende Kirche vom Zentrum. Zur linken Seite staffeln sich blumengeschmückte Häuser den Hang hoch, zur Rechten geht der Blick über Lannion. Brélévenez bedeutet Berg der Freude. Oben angekommen erblickt man das stark verwitterte romanische Südportal der Kirche. Ebenfalls romanisch ist der Chor, hinter dem sich ein Friedhof erstreckt. Man vergißt angesichts der dörflichen Ausmaße, daß Lannion immerhin knapp 20 000 Einwohner zählt. Ein Blick in Richtung Süden vertreibt die Illusion im Nu. Moderne Wohnblocks schieben sich bis an die Altstadt heran. Lannions Bevölkerung hat sich seit den 60er Jahren verdreifacht. Die Stadt stieg zum Zentrum für elektronische Industrie und Weltraumforschung auf.

Perros-Guirec, Trégastel, Trébeurden

Zwischen Perros-Guirec und Trébeurden schlägt die Küste anmutige Kapriolen. Wie von Riesenhand geschaffen wirken die roten Felsformationen mal wie moderne Skulpturen, mal wie mittelalterliche Raubritterburgen. Bei Ebbe tauchen fluoreszierend grüne Algen aus dem Meer auf, die die rötliche Felsfärbung grell untermalen. Dank des milden Golfstroms blüht und sprießt es aus allen Felsritzen längs des alten Zöllnerpfads, auf dem heute Wanderer die Schönheit dieses Küstenabschnitts erkunden. Die oberhalb der Wasserkante verlaufende D 788 trägt den verheißungsvollen Namen »Corniche bretonne« und ist wie ein 11 km langer Balkon angelegt.

Mit **Perros-Guirec** 12 (s. S. 281) erreicht man den seit Dinard wichtigsten Badeort der Nordküste. Das Wasser schimmert verführerisch in Südseefarben. Vom einstigen Fischerdorf blieb kaum etwas, von den verschwenderischen Tagen des Belle-Epoque-Tourismus um so mehr. Im Jachthafen an der Chaussée du Linkin ankerten früher statt luxuriöser Windjammer Fischerboote im Schutz der Mole. Die Uferfront zur Unterstadt wirkt durch mehr oder minder gesichtslose Neubauten banal. Auf dem Hügel dahinter schlägt das Herz der Oberstadt mit allen Verwaltungseinrichtungen sowie unzähligen Geschäften. Mitten drin die Pfarrkirche St-Jacques, selbstverständlich aus rosa Granit er-

In einer Bar in Ploumanac'h

baut. Den stämmigen Glockenturm kränzt eine Balustrade. Vor der Pointe du Château im Nordosten liegt der schöne Sandstrand von Trestignel, doch an den Rang der weiten Plage der Trestraou im Westen kommt kein anderer Strand heran. Die majestätische Sandmeile verteidigt seit dem Bau eines Grandhotels, des Kasinos und der Eröffnung eines Thalassotherapiezentrums vor einigen Jahren ihren Ruf als touristischer Nabel der Stadt. Elegante Villen mit Stilzitaten vom Loire-Schloß bis zum Taj Mahal verleihen dem Strand eine Prise Dekadenz, die allerdings mit Fastfood und Souvenir-Ramsch in der zweiten Reihe schnöder Banalität weicht.

Von der Uferpromenade gut auszumachen ist der 15 km entfernte Archipel der **Sept Iles** 13. Auf einer der sieben Inseln, von denen zwei genaugenommen nur nackte Felsen sind, gründete die französische Vogelschutzliga 1912 eine *Réserve ornithologique.* Betreten darf die 3 ha große Ile Rouzic seitdem niemand mehr. In Frankreichs ältestem Vogelschutzgebiet brüten Papageientaucher, Zwergpinguine, Austernfischer, Baßtölpel, deren Bestände in schlechten Zeiten mit Artgenossen von der Faröer-Inseln verstärkt werden. Betreten darf man allein die Ile aux Moines, deren Leuchtturm und das von Vauban entworfene Fort die einzigen Bauwerke des gesamten Archipels sind. Hier legen die Boote an, mit denen man ab dem Trestraou-Strand zum Bird-Watching rund um den Archipel des Sept Iles ausrücken kann. Mit etwas Glück lassen sich außer den gefiederten Raritäten auch Robben erspähen, deren Kolonie wieder wächst.

Direkt hinter der Plage de Trestraou stößt man auf den **Zöllnerpfad** 14, der vorbei am Strand der Grève St-Pierre zur Plage de St-Guirec im beschaulichen Ortsteil **Ploumanac'h** leitet. Mit dem bizarren Chaos scheinbar willkürlich ins Wasser geworfener Felsen an der Squewel-Spitze dürfte der Höhepunkt roman-

Rosa Granit bei Trégastel

tischer Ausblicke an der Côte du Granit Rose erreicht sein. Manche Kolosse ähneln gestrandeten Walfischen, andere gigantischen Bauklötzen. Der Strand von St-Guirec bezieht seinen Namen auf einen 800 Jahre alten Bildstock zu Ehren des hl. Guirec. Dessen originale Holzfigur steht längst woanders, da der Brauch ehehungriger Mädchen, zwecks Findung eines Gatten eine Nadel in die Nase des Heiligen zu bohren, das Standbild gehörig ramponiert hatte. Das Ersatzstück aus Granit erweist sich als resistenter gegen solche Attacken. Einen splendiden Tupfer auf das atemberaubend schöne Panorama setzt das Märchenschloß auf der Winzinsel **Cost-Aéres,** in dem um die Jahrhundertwende der Literaturnobelpreisträger Henryk Sienkiewicz (»Quo vadis«) residierte. Heute bewohnt die erst 1892 erbaute Kitschburg der Komiker Dieter Hallervorden. Der versteht keinen Spaß, wenn Neugierige auf die Privatinsel wollen – Betreten strengstens verboten.

Trégastel 15 (s. S. 302) war bis vor kurzem ein verschlafenes Dorf, in dem haushohe rosa Felsen durch ein ansehnliches Spalier von Belle-Epoque-Strandhotels bis vor das heimelige Kirchlein kegelten. In den letzten Jahren hat der Ort gewaltig investiert, und dies glücklicherweise ohne den Blick fürs Verträgliche zu verlieren. So versteckt sich das Meeresaquarium mit einer Nachbildung des Küstenabschnitts an der Grève Blanche unter tonnenschweren Granitfelsen. Der größte Coup gelang jedoch mit dem Bau des Forum am Coz-Pors-Strand, dessen Thermen, Fitneßclub und Cafés sich harmonisch in die Silhouette von Felsformationen und Jahrhundertwendehotels einfügen. Hier kann man selbst bei rauhester See im 28 °C warmen Meerwasserpool schwimmen. Die unmittelbare Nähe zum Naturschutzgebiet der Halbinsel Renote mit dem Grand Chaos des Rochers Roses und dem breiten Toul-Drez-Strand verpflichtete zu besonnenem Bauen.

Über ein halbes Dutzend Winzinseln rahmen zur Seeseite die feinen Sandstrände, an denen der Sentier des Douaniers vorbeiführt. Auf seinem Parcours streift man markante Felskolosse wie die Tête de Mort oder La Sorcière. Kein Wunder, daß der mysteriöse Charme des Orts schon zu vorgeschichtlicher Zeit Siedler anzog. Im Süden des Dorfs stößt man unweit des Campingplatzes Le Golven inmitten von Feldern auf einen fast 6 m hohen Dolmen und etwas weiter auf die von vier Steinplatten bedeckte Allée couverte (Langgrab) von Kerguntuil.

Seine vorgeschichtliche Rätselhaftigkeit verloren hat der **Menhir von St-Uzec** 16 beim Weiler Penvern westlich von Trégastel, doch sticht der 8 m hohe Stein die beiden vorhergehenden Monumente aus. Vor 300 Jahren griff ein unbekannter Künstler zu Hammer und Meißel, um das heidnische Denkmal zu christianisieren. Seitdem krönt ein Kreuz den Steinkoloß. Eingemeißelte Symbole wie Nägel, Kneifzange, Würfel, Leiter, Tuch der Veronika bebildern darunter in bäuerlich-naivem Stil den Leidensweg Christi.

Ein bedecktes Langgrab sowie ein Menhir finden sich ebenfalls auf der **Ile Grande** 17, die ein Straßendamm mit dem Festland verbindet. Bei Ebbe verschwimmen Land und Wasser zwischen auftauchenden Felsen, Schlick und Sand zu einer amphibischen Landschaft. Die Insel, auf der Joseph Conrad seine Flitterwochen verbrachte, wäre dem Autor abenteuerlicher Romane heute vermutlich etwas zu geleckt, bietet jedoch reichlich schöne Aussicht und lauschige Badebuchten.

Nach 5 km endet in **Trébeurden** 18 (s. S. 302) das Prunkstück der Rosa Granitküste. Etliche wenig ansehnliche Ferienappartements verdeutlichen, was in Trégastel vermieden wurde. Trotzdem, ein halbes Dutzend Sandstrände, letzte rosa Felsen, einige prähistorische Monumente und die **Ile Millau,** auf die man

Strand bei Trébeurden

bei Ebbe trockenen Fußes gelangt, ergeben unterm Strich ein nettes Seebad. Mit einem Blick von der Pointe de Bihit auf die Bucht von Lannion verabschieden wir uns von der Küste, um Kurs auf Pleumeur-Bodou und seine zukunftsweisenden Museen zu nehmen.

Über Pleumeur-Bodou und Locquirec nach Morlaix

Seit Anfang der 60er Jahre steht das schmucke Dorf **Pleumeur-Bodou** 19 (s. S. 283) ganz im Schatten des Wissenschaftsparks Cosmopolis, in dem mit der Frankreich eigenen Technikeuphorie die Zukunft in den Sternen gepredigt wird. Motto: »Von den Megalithen zu den Satelliten«. Ein schneeweißer Dom, vor dem das dreieckige Dach des Museums für Telekommunikation wie eine Sprungschanze anhebt, sowie acht gigantische Antennen, eingebettet in Kiefern, Heidekraut und Ginster, weisen den Weg. Von hier wurde am 11. Juli 1962 um genau 0.47 Uhr die erste interkontinentale Satellitenverbindung hergestellt, für die seinerzeit der 50 m hohe, kugelrunde Radôme aufgestellt wurde. Dessen wetterfeste Gummihaut schützt die Trichterantenne, die Pleumeur-Boudou via Satellit am besagten historischen Tag mit dem amerikanischen Andover verband. Den weiten Weg von den ersten Erfindungen Graham Bells bis zur Satellitenkommunikation zeichnet das Musée des Télécommunications nach. Ganz in der Nähe erlaubt das Planetarium einen Blick in die Sterne, der sich dank multimedialer Schau zur Reise durch die Galaxien erweitert. Volle Kraft zurück heißt es schließlich bei der letzten Etappe von Cosmopolis. Im Gallierdorf hat die humanitäre Organisation MEEM Hütten und Menhire rekonstruiert. Im Sommer werden fürs leibliche Wohl Crêpes und Cidre angeboten, und wer will, besteigt mit der Onsyrix ein Schiff, wie es schon Asterix und Obelix gekannt haben dürften. Nicht zu vergessen: Der Erlös aus den Aktivitäten des Gallierdorfs kommt Schulen im afrikanischen Togo zugute.

Zurück an die Bucht von Lannion. Von St-Michel bis Locquirec schmiegt sich die D 786 zunächst an die Grève de St-Michel, um mit Überschreiten der Grenze zum Departement Finistère als D 64 den klingenden Titel »Corniche de l'Armorique« zu führen. Bei Ebbe verwandelt sich die flache Grève St-Michel in eine immense, blendendweiße Sandfläche, auf der das Meer ein Waschbrettmuster hinterläßt. Der Seemannsfriedhof von **St-Michel** 20 liegt an gebührender Stelle hoch über der 5 km langen Sandbucht, an der sich das Wasser im Wechsel der Gezeiten bis zu 2 km zurückzieht. Im Juni werden auf der 600 ha großen Sandfläche sogar Pferderennen veranstaltet.

Die Corniche de l'Armorique führt längs der dichtbewaldeten Küste in weiten Kurven bis zur Brücke über den Douron. **Locquirec** 21 (s. S. 273) ist nicht mehr weit. Bei der Ausfahrt schweift der Blick über die Plage du Fond de la Baie zu den weißen Fassaden an der Waldkuppe oberhalb der Kais. Der Ort liegt wie dahingegossen auf einer Halbinsel. Hier möchte man bleiben, nicht nur wegen der neun Strände, des intakten Ortskerns und einiger alteingesessener Hotels – hinzu kommt eine deftige Prise unverfälschter Hafenatmosphäre. Kurzum, in Locquirec bleibt die Kirche im Dorf, und die kann sich mit ihrem Treppentürmchen am offenen Glockenturm obendrein sehen lassen. Ein Zöllnerpfad beginnt an der Hafenmole und führt um die Waldkuppe herum von Strand zu Strand. Auf dem Weg streift man die

Pointe du Château mit Blick auf die unbewohnte Ile Verte.

Alle Felsen sind nun grau, die Côte de Granit Rose liegt hinter uns. Das Gebiet zwischen Locquirec und Morlaix zählt zum Trégor, das den Grenzen des ehemaligen Bistums Tréguier entspricht. Über schmale Landstraßen folgen wir Pointe de Primel leuchten die Felsen sogar noch einmal rötlich auf. Im Landesinneren durchquert man Bauernland mit bescheidenen Gehöften, deren Gemäuer Efeu fest umklammert. Auf einer schmalen Landzunge am rechten Ufer der Rivière de Morlaix beendet eine echte Trouvaille für alle prähistorisch In-

Cairn von Barnenez

der wild zerklüfteten Küste. Die Gehöfte aus grauem Granit sind schiefergedeckt. In **St-Jean-du-Doigt** 22 bezeugt der umfriedete Pfarrbezirk, daß die fromme Bautradition des nahen Léon bis ins Trégor ihre Spuren hinterließ. Daß Kirche und Enclos im spätgotischen Flamboyant-Stil so üppig ausfielen, verdankt das Dorf in der tiefsten Provinz einer Reliquie allerersten Ranges. Mit dem ersten Kreuzzug gelangte auf abstrusen Umwegen ein Fingerglied Johannes' des Täufers in den eilends in St-Jean-du-Doigt umgetauften Ort. Die Reliquie gibt im Juni Anlaß zum großen Pardon am Sonntag nach St. Johannes.

Primel-Trégastel prunkt im Schnörkelwahn der Belle-Epoque auf – der schöne Strand verpflichtet. An der teressierten die Tour. Im **Cairn de Barnenez** 23 können zwei von insgesamt elf Kammergräbern besichtigt werden. Von weitem wirkt der 70 m lange und 10 m hohe, in mehreren Terrassen aufgeschichtete Hügel geradezu erhaben, was der Bedeutung der in seinem Innern bestatteten Fürsten entspricht. Ausgrabungen ergaben, daß um 3800 v. Chr. mit den Arbeiten begonnen wurde, aber selbst im Mittelalter Teile des Baus noch genutzt waren. Seit 1955 untersuchten Archäologen den Cairn. Zuvor hatte das Departement ihn als Steinbruch freigegeben. Erst der vehemente Einspruch von Forschern und Journalisten verhinderte, daß eins der wichtigsten Zeugnisse der Megalithkultur in der Bretagne zu Straßenschotter zerschreddert wurde.

Morlaix

24 (s. S. 276) Die Stadt zwängt sich tief in die enge Talsohle am Zusammenfluß von Jarlot und Queffleuth, die fortan als Rivière de Morlaix zwischen steilen Waldhängen nach Norden in Richtung Meer weiterfließen. Die Gassen sind eng mit weit auskragenden Fachwerkhäusern bebaut, zwischen denen die überdeckelten Abschnitte der Rivière de Morlaix Raum für großzügige Plätze gestatten. Ebbe und Flut wirken sich bis in den Flußhafen aus. Im 16. Jh. stieg Morlaix zur wichtigen Drehscheibe für den Handel zwischen Hinterland und Küste auf. Auf Geheiß des Königs entstand 1736 eine Tabakmanufaktur, die um 1870 über 1800 Menschen Brot und Arbeit gab und bis heute an die 300 Arbeitsplätze schafft. Ebenfalls im 18. Jh. wurde es den betuchten Bürgern in ihren Fachwerkhäusern zu eng. Man zog in die nördlichen Viertel, wo an den Flußufern gediegene Bürgerhäuser aus Stein bourgeoises Selbstverständnis ausdrücken. Verschifft wird heute nur wenig Ware. Dafür täuscht der Mastenwald schicker Jachten Küstenatmosphäre vor. Morlaix ist dank der geschützten Lage 10 km vor der Küste ein beliebter Ankerplatz für Freizeitsegler.

Kein noch so hoher Mast kann es allerdings mit den schwindelerregenden Bögen des **Viadukts** aufnehmen. Seit seiner Vollendung im Jahre 1863 ist das 58 m hohe und 292 m lange Bauwerk zum Symbol der Stadt aufgestiegen. Mit ihm erreichte die Eisenbahn Morlaix, was gleichbedeutend für den Anschluß an die wirtschaftliche Entwicklung war. Morlaix lag fortan an der Linie Paris–Brest. Die kühne Konstruktion, für deren Verwirklichung ein ganzes mittelalterliches Quartier der Abrißhacke zum Opfer fiel, bedeutete 1943 ein Desaster für die Stadt. Alliierte Kampfflieger versuchten, den strategisch wichtigen Viadukt zu bombardieren. Der bekam allerdings kaum einen Kratzer ab, wohingegen etliche Fachwerkhäuser aufloderten und in ihren Trümmern zahlreiche Einwohner begruben.

Als Paradeplatz von Morlaix dient die **Place aux Otages** mit dem unübersehbaren Viadukt über der weiten Fläche. Nach Norden schaut man durch die Arkadenbögen auf die ersten Segelschiffmasten weit in der Ferne, nach Süden begrenzt das herrschaftliche **Hôtel de Ville** den Platz. Gegenüber dem Pavillon du Tourisme fällt das Renaissance-Palais des **Hôtel du Parc** ins Auge, der sich bereits an der Hügelflanke hochschiebt. Direkt dahinter verschwindet die spätgotische **Kirche St-Mélaine** im Schatten des allgegenwärtigen Viadukts.

Über die Stufen von St-Mélaine steigt man zur Rue Ange de Guernisac hoch. Hält man sich links, gelangt man über die Venelle des Prêtres auf den Viadukt, der für Fußgänger freigegeben ist. Ganz Morlaix liegt von hier oben zu Füßen. Nach rechts leitet die Gasse vorbei an schieferverkleidetem Fachwerk zuerst auf die Place de Viarmes, dann über die Rue au Fil zur Kirche des ehemaligen Jakobinerklosters an der Place des Jacobins. Im seit der Revolution mit einer Zwischendecke versehenen Gotteshaus zeigt das **städtische Museum** die Geschichte Morlaix' von gallo-römischer Zeit bis ins 19. Jh.

Wenn man die Kirche umrundet, stößt man mit der Allée du Poan-Ben auf das Flüßchen Jarlot. Eine Brückenstiege gegenüber dem Palais de Justice erlaubt den Sprung ans andere Ufer, wo die Passage St-Mathieu auf einem dreieckigen, schräg abfallenden Plätzchen endet. Von **St-Mathieu,** einer der ersten Renaissance-Kirchen der Bre-

Viadukt von Morlaix

tagne, blieb nach dem durchgreifenden Umbau im letzten Jahrhundert an originaler Substanz nur der Turm mit einem auffälligen Medaillonfries erhalten. Man sollte trotzdem in die Kirche gehen, denn sie hütet mit der zu öffnenden Holzstatue einer stillenden Madonna ein kurioses und seltenes Kunstwerk. Sind die Flügel der vermutlich aus dem Rheinland stammenden, 500 Jahre alten Plastik aufgeschlagen, tritt ein Dreifaltigkeitsbildnis zutage, das von sechs auf die Innenflügel gemalten Szenen aus dem Leben Christi gerahmt ist.

Die Rue Haute verbindet St-Mathieu mit der Place Allende, die erneut mit erst kürzlich sanierten Fachwerkhäusern prangt. Prunkstück ist unbestritten die **Maison de la Reine Anne.** Hinter der dreifach auskragenden Fachwerkfassade, die Karyatiden, böse Geister, aber auch harmlose Heilige zieren, soll Anne de Bretagne 1505 anläßlich einer Wallfahrt nach Le Folgoët übernachtet haben. Wie immer dem auch sei, mit dem Haus aus dem 15. Jh. bleibt Morlaix eins der letzten Laternenhäuser erhalten. Bei dem für die Altstadt typischen Baustil fällt durch den von einem Glasdach beschirmten Innenhof Licht in die unteren Stockwerke. Eine einzige Eichensäule trägt die Hauptlast der 11 m hohen Treppe, deren Balustraden auf allen drei Etagen kunstvoll gearbeitet sind. Auch die Häuser auf der Nordseite der Place Allende laden mit geschnitzten Figuren und Zierat wie aufgeschlagene Bilderbücher zum ausgiebigen Anschauen ein. Am Eckhaus streckt die Figur des unter der Last von Steuern, Raub und feudaler Willkür geduckten »Bonhomme de Morlaix« den Passanten die Zunge heraus.

Die Hälse bleiben in der am Platz beginnenden **Grand' Rue** gereckt. Jedes Haus an der mittelalterlichen Hauptstraße spricht mit den über alle Etagen verteilten Holzfiguren von Johannes dem Täufer, der hl. Jungfrau, des Erzengels Gabriel oder der hl. Barbara fromme Bände. Auf Höhe der Querstraße Rue Carnot lag bis zu seiner Überdecklung und Überbauung der Hafen. Eine Stichgasse führt an die Rückseite des Hôtel de Ville, durch das man am Tag getrost gehen kann, um wieder am Ausgangspunkt, der Place des Otages, zu stehen. Zeit für eine Pause: Das nostalgische **Café de la Terrasse** lockt auf der Westseite des Platzes mit unwiderstehlichem Jahrhundertwende-Charme.

Frankreichs wilder Westen

Passionen in Stein: Die umfriedeten Pfarrbezirke des Léon

Ca. 130 km, 1–2 Tage

Steinreiche Tuchhändler und Gerber brachten vom Ende des Mittelalters an das Geld für die umfriedeten Pfarrbezirke des Léon auf. Der Landstrich zwischen dem Fluß Elorn und den knapp 400 m hohen Hügelkämmen der Monts d'Arrée erlebte einen atemberaubenden Aufschwung, der sich in steingewordener Frömmigkeit niederschlug.

Vorausgegangen war dem bretonischen Wirtschaftswunder die Öffnung der englischen Märkte durch den englisch-französischen Vertrag von Picquigny im Jahr 1475. Um 1680 exportierten die Leinenweber des Léon schließlich zwei Drittel ihrer Produktion über den Kanal. Das Geld steckten betuchte Großbauern und Händler in die Bauvorhaben der heimatlichen Pfarreien. Neben den Kirchen entstanden hinter abgezirkelten Mauern prachtvolle Beinhäuser zur Aufbewahrung der Knochen Verstorbener *(ossuaire)* und Bildstöcke mit bäuerlich-naiven Figurengruppen aus dem Leben Jesu *(calvaire),* zu denen ein Triumphtor *(porte triomphale)* Einlaß gewährt. Das Ensemble, ein *enclos paroissial,* ist ein Sonderfall der Kunstgeschichte, theatralisches Bilderbuch und Zeichen bretonischer Frömmigkeit zugleich.

Als die englischen Märkte im 17. Jh. wieder abgeschottet wurden, zudem die mechanischen Webstühle auf den britischen Inseln dann in Punkto Schnelligkeit und Qualität unschlagbar wurden, schließlich im Norden und Osten Frankreichs neue Zentren der industriellen Tuchherstellung wuchsen, ging es mit dem Léon bergab. Armut ist bekanntlich ein guter Denkmalschützer. Da kein Geld mehr für die architektonischen Moden der folgenden Jahrhunderte vorhanden war, blieben die *enclos paroissiaux* oft in ihrer ganzen Pracht erhalten. Nicht so jedoch in ihrer Nutzung. Seit 1758 ein Gesetz erlassen wurde, das die Bestattung auf einem Friedhof vorschrieb, sind die Beinhäuser nutzlos. Die meisten wandelte man kurzerhand in Kapellen um.

Von Bodilis nach La Roche-Maurice

Bodilis 1 ist der nördlichste Punkt der Tour. Die vierspurige Schnellstraße N 12 trennt das Dorf vom Tal des Elorn. Rundherum flaches Land, in Bodilis selbst dann dörfliche Szenen, wie sie überall in der Bretagne zu sehen sind. Nur ein stolzes Herrenhaus neben dem Triumphtor des Enclos fiele ins Auge, wäre da nicht noch der himmelstürmende Kirchturm in filigraner Flamboyant-Gotik. Er entstand 1570 als letzter gotischer Kirchturm des Léon und fiel außergewöhnlich prachtvoll aus. Wer das üppig dekorierte Portal in seinem Erdgeschoß durchschreitet, versteht, warum Bodilis ein würdiger Auftakt für die umfriedeten Pfarrhöfe des Léon ist. Aller Formen- und Farbreichtum der bretonischen Renaissance findet sich in den geschnitzten Deckenbalken. Hinzu kommen ein Taufbecken aus polychromem Granit und ein opulenter barocker Hauptaltar, von dem sich geschnitzte Blumen wie aus einem Füllhorn ergießen.

◁ *Inseln und Leuchttürme vor Roscoff*

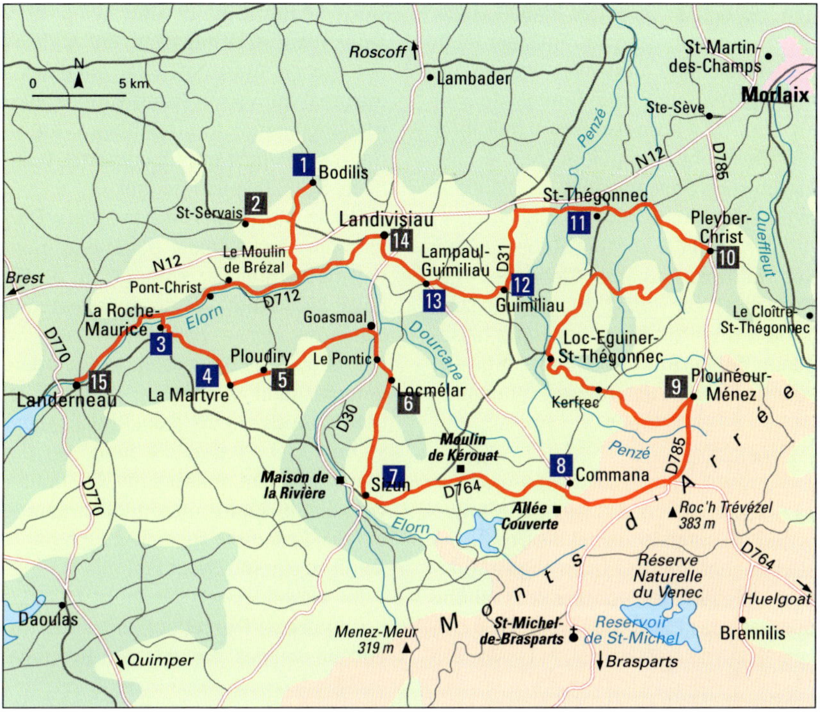

Die umfriedeten Pfarrbezirke des Léon

Nach der gelungenen Einstimmung geht es ins nahe **St-Servais** 2, dessen Glockenturm 1678 errichtet wurde, zu einem Zeitpunkt also, als die fetten Tage im Landstrich allmählich zur Neige gingen. Elegant ist das Bauwerk mit zwei Glockenetagen und zwei von Balustraden betonten Galerien dennoch geraten. Neben der polychromen Portaltür lohnen die Fresken im Beinhaus einen Blick. Yan' Dargent, Sohn eines Gerbers aus St-Servais, später Eisenbahningenieur, Buchillustrator und ganzer Stolz des Dorfs, hat sie um 1870 geschaffen.

Wir queren die N 12 und folgen der Uferstraße D 712 am Elorn entlang nach La Roche-Maurice. Bei den Weilern **Pont-Christ** und **Le Moulin de Brézal** erschließt sich die Schönheit des lauschigen Flußtals, das bis heute für Lachszuchten bekannt ist. Von einmal 174 Mühlen am Elorn und seinen Zuflüssen, die früher zum Gerben, Kornmahlen, Papierschöpfen und Leinenweben benötigt wurden, sind die meisten verschwunden. Wo sie noch stehen, betonen ihre Kegel die malerischen Ufer.

La Roche-Maurice 3 fällt schon von weitem durch die imposante Ruine einer Burg ins Auge. Der um 1060 über dem Elorn errichtete Bau gehörte dem Clan der Guyomarc'h, der sich anläßlich der Kreuzzüge sowohl im Heiligen Land als auch anläßlich der Schlacht von Hastings zusammen mit Wilhelm dem Eroberer in England geschlagen hat. Die Pfarrkirche St-Yves hütet unter dem tiefgezogenen Dach einen farbenprächtigen Holzlettner aus der Renaissance, der zu den schönsten des Finistère zählt. Lebensbejahend und alles andere als trist wirken auch die Buntglasfenster im Chor. Mit ausgesprochen makabrer Heiterkeit aber empfängt Ankou, der bretonische Sensenmann, im Beinhaus neben der Kirche. »Ich töte Euch alle«, ruft der Tod über einem Taufbecken aus und führt Landmann, Liebende, Arzt und Papst zum Tanz an. Korinthische Säulen rhythmisieren die Außenfassaden, Schnitzbalken und Statuen schmücken den Innenraum.

La Martyre

4 Auf der Weiterfahrt nach La Martyre (s. S. 275) durchschneidet die Straße ein etwa 3 ha großes, ehemaliges römisches Militärlager, von dessen Anhöhe oberhalb des Elorn man weite Teile des Léon kontrollieren konnte. In La Martyre stößt die Route auf den ältesten umfriedeten Pfarrbezirk des Léon, der zugleich alle sieben Merkmale, die ein Enclos maximal aufweisen kann, vereint: Umfriedungsmauer, Triumphbogen, Kalvarienkreuz, Kirche mit Prachtportal, Beinhaus, Sakristei und Friedhof.

Reich wurde das unscheinbare Dorf inmitten karger Felder dank einer Handelsmesse, auf der vom 14. Jh. an für etwa 300 Jahre Waren zwischen den Häfen der Hanse, des Mittelmeers und der Bretagne umgeschlagen wurden. Entsprechend kostbar geriet der Pfarrbezirk, an dem eins jedoch nicht mehr stimmt: Die Straße, die heute an der Mauer mit dem dreibögigen Triumphtor vorbeiläuft, führte ursprünglich gerade auf das Ensemble zu, die Ankunft geriet somit zu einem echten Ereignis.

Im kiesbedeckten Innenhof fällt das hochgotische **Portal** auf, eines der frühesten *porches parlants* der Bretagne.

Typische Granithäuser in La Martyre

Das Giebelfeld des Beinhauses in La Martyre

Parlant (zu deutsch sprechend) deshalb, weil das einst bunt bemalte Figurenprogramm wie ein Comic von Christi Geburt und dessen Kindheit erzählt. Da das Tympanon mit der Darstellung Marias im Wochenbett und gutmütig zuschauenden Ochs und Esel zu schwer für das Portal geraten ist, drückt sich der Bogen nach rechts weg. Unter dem Portal grinst der Sensenmann Ankou vom Weihwasserbecken. Neben das Eingangsportal setzte man 1619 ein **Beinhaus.** Kuriosestes Detail dieses Renaissance-Baus ist eine Karyatide, die wie eine Mumie in Bandagen gewickelt ist.

In der **Kirche** verblüffen die über und über verzierten Holzbalken, aus denen selbst Drachenköpfe wachsen. Einige Fresken wurden erst jüngst freigelegt. Sie beweisen mit dem von drei Laternen gekrönten Taufbecken, den Statuetten der Vorhalle und den Großplastiken zwischen Haupt- und Seitenaltären, wieviel Geld bis zum Ende des 17. Jh. ins kleine La Martyre floß. Kurz bevor Ebbe in den Kassen war, blieben noch ein paar Sous, um 1697 hinter der Kirche eine **Sakristei** zu bauen, deren glockenschwere Kuppel auf einem viereckigen Unterbau aufsetzt – ganz so wie schon in Bodilis.

Ploudiry und Locmélar

Über die D 35 erreicht man in wenigen Minuten **Ploudiry** 5. Der Kirchturm ist bei weitem nicht so alt, wie die Architektur glauben macht. Erst 1854 errichtete man ihn über der Kirche St-Pierre, von deren originaler Bausubstanz nur Südmauer, Apsis und Sakristei übrigblieben. Interessanter ist folglich das Beinhaus aus dem Jahre 1635. Über den Arkadenfenstern offenbart sich in fünf Reliefs das naiv-religiöse Universum des Léon. Wie üblich bedroht Ankou mit dem gezückten Pfeil den Reigen von Bauer, Bürger, Pfaffe und Aristokrat. Die Lektion ist unmißverständlich: Vor dem Tod sind alle gleich, der Nächste, bitte!

Es geht weiter über die D 35, die bei Goasmoal auf die D 30 trifft. Auf der Höhe von Le Pontic zweigt ein Sträßchen nach **Locmélar** 6 und damit zum nächsten Enclos ab. Das schmucke

Das Triumphportal in Sizun

Kirchlein hütet aufwendig gearbeitete Altäre mit verspieltem Blumendekor. Abgesehen vom Enclos und dem sehr schönen Kalvarienkreuz hat Locmélar noch einige bescheidene Häuser aus dem 16. Jh. zu bieten.

Sizun

7 (s. S. 302) Von Bescheidenheit keine Spur in Sizun, nadelspitz reckt sich der Kirchturm weithin sichtbar empor. Auftrumpfend stellen sich die drei Bögen der **Porte triomphale** in den Weg. Anklänge an antike Triumphbögen sind unverkennbar und waren vom königlichen Architekten Philippe Delorme beim Bau 1588 gewollt. Korinthische Halbsäulen unterteilen die Bögen, auf denen ein kleines Kalvarienkreuz in den Himmel stakst. Ebenfalls in luftiger Höhe: ein Altar und hoheitsvolle Steinlaternen, die die majestätische Geste des Bauwerks betonen. Kommt hinzu ein **Beinhaus,** das seinesgleichen sucht und in dem ein hübsches Museum zur Lokalgeschichte untergebracht ist. An der Fassade räkelt sich verführerisch das Fabelwesen Melusine mit nacktem Busen und Schlangenunterleib. Aus den Nischen der Längsfassade lächeln die Apostel abgeklärt herunter und strecken dabei die Bärte zu Boden.

Kirche und barocke **Sakristei** sind schnell umrundet und bieten dem aufmerksamen Auge skurrile Details zur Entdeckung an. Im Chorfries windet sich erneut die Schlangenfrau Melusine, Fabelwesen treiben ihr Unwesen, der Fuchs verfolgt die Henne, die wiederum ihre Küken behütet. Obst und Feldfrüchte quellen im Gegenzug aus Gottes weit aufgesperrtem Rachen hervor. In der Kirche nimmt die Pracht auch kein Ende, zumal die kürzlich abgeschlossene Restaurierung die Altäre erneut in Gold und Blau glänzen läßt: Von wegen irdisch' Jammertal!

Commana

8 (s. S. 256) An der Nordflanke der Monts d'Arrée vorbei zieht sich die D 764 ins 10 km entfernte Commana. Das Dorf auf einem 260 m hohen Hügel wirkt schlicht. Der **Enclos** ist komplett erhalten, wenngleich von ganz anderer Ausprägung als der Monumentalbezirk in Sizun. Das im Vergleich einfache Triumphtor eröffnet einen ernsten Pfarrhof mit Friedhof, abweisendem Beinhaus und eine bis auf das über und über geschmückte Südportal nüchterne Kirche. Commana ist ein in Stein gesetztes Memento mori, an dessen Mahnung zwei Kalvarienkreuze mit Figuren, die sich wie Scherenschnitte am Himmel abzeichnen, erinnern.

Im **Kircheninnern** überrascht freilich die verschwenderische Ausstattung. Wie in La Martyre krönt ein Baldachin das Taufbecken. So üppig wie die beiden vergoldeten Barockaltäre ist kein weiterer auf der gesamten Route. Putten räkeln sich pralleibig ums Schnitzwerk, Jesus blutet aus allen Wunden, der hl. Yves will den schnöden Mammon der Reichen nicht annehmen: hinreißender, theatralischer Bauernbarock, ein Schwank aus dem Leben der Heiligen, aus dem die Ehrfurcht vor sich unter vollen Schüsseln biegenden Tischen spricht. Denn schließlich kannten die Händler und Bauern das Gegenteil, siehe die karge Inszenierung draußen.

Wer Lust auf mehr oder minder unbehauene Steine verspürt, begebe sich anschließend an den südlichen Dorfrand. Um das Jahr 3000 v. Chr. lag dort eine bäuerliche Siedlung, deren bleibendes Zeugnis die **Allée couverte von Mougau-Bihan** ist. Das Gemeinschaftsgrab mißt 14 m und besteht aus fünf großen Steinplatten, die auf 16 Stützen ruhen. Ganz schmucklos ist die Grablege dabei nicht. Schwert, Blutstropfen und Lanzen finden sich eingeritzt im Stein.

Plounéour-Ménez und Pleyber-Christ

Die D 764 stößt tief in die Monts d'Arrée vor, die mit den 383 m des Roc Trévézel Rekordhöhen erreichen. Bei klarem Wetter wird die Straße zur Aussichtsterrasse. Im Norden breitet sich die fruchtbare Ebene des Léon aus, im Osten ist die Bucht von Lannion erkennbar, im Westen die Reede von Brest, im Süden zudem die Kuppe der Montagne St-Michel. In **Plounéour-Ménez** 9 schmiegen sich geduckte Dorfhäuser um den 1665 errichteten Kirchturm, der diesmal recht schlicht, da ohne Balustrade oder Glockentürme, ausfällt. Sehenswert ist allemal das mächtige Triumphtor des Enclos. Unter dem Eingangsbogen wacht eine hölzerne Dreifaltigkeitsstatue über den Friedhof zu ihren Füßen. Das Taufbecken ziert wie schon in Commana ein Baldachin, diesmal mit den Statuen der Evangelisten.

Die nächste Etappe heißt **Pleyber-Christ** 10, wo die Dorfkirche zwischen 1520 und 1680 alle 20 Jahre um eine Kapelle erweitert wurde – in Pleyber-Christ hatten einige der bedeutendsten Tuchhersteller des Léon ihren Wohnsitz.

St-Thégonnec

11 (s. S. 299) Das Kuppel- und Laternengebirge der Kirche Notre-Dame in St-Thégonnec stellt alles bisher Gesehene in den Schatten. Kein zweiter Enclos setzt die bäuerliche Pfeffersackfrömmigkeit so in Szene wie der von St-

Detail aus St-Thégonnec

Thégonnec, auf dessen Triumphtor Kanonen aus Stein dem Besucher entgegenragen. Alles ist reines Spiel von Form und Dekor, weit entfernt von theologischer Doziererei und um so näher an den irdischen Wonnen der Prasserei. In St-Thégonnec entstand im ausgehenden 16. Jh. der letzte große Enclos der Bretagne, ein jubilierender Schlußstein dieser Bautradition.

Das **Beinhaus** ist ein grandioser Renaissance-Schmuckkasten ganz nach italienischem Geschmack, ein Knochenpalast, dessen Fassaden der hl. Pol, flankiert von zwei Karyatiden, schmückt. Innen überrascht die Krypta unter dem Altar, wo eine monumentale Grablegungsskulptur aus Eiche aufbewahrt wird.

Im Hof des Enclos erhebt sich das dreifache **Kalvarienkreuz** über einem steinernen Opfertisch. Eine Schar von Heiligen, gekleidet in den Kostümen aus der Zeit Heinrichs IV., bevölkert Querbalken und Sockel. Wie schon Beinhaus und Triumphtor krönen den 1599 begonnenen **Kirchturm** Laternen, die dem Enclos einen Hauch von Loire-Schloßherrlichkeit aufsetzen. Ganz unscheinbar versteckt sich ein früherer, schlichter Glockenturm hinter Kuppeln und Laternen. In der Vorhalle des Prachtturms sind vier von einst zwölf Apostelstatuen erhalten.

In der **Kirche** fallen unter all dem kunstvollen Mobiliar der hochbarocke Heilig-Sakramentsaltar und der etwas jüngere Rosenkranzaltar auf. Es prächtelt und baröckelt, was das Zeug hält, mit goldbunten Figuren. Ein Meisterwerk bretonischer Schnitzkunst ist die ebenfalls barocke Kanzel mit vergoldetem Schalldeckel, über dem ein Engel zwischen Rosen und Putten mit der Trompete zum Jüngsten Gericht bläst.

Guimiliau

12 Im ganze 5 km entfernten Guimiliau wurde jahrhundertelang alles daran gesetzt, die Nachbarpfarrei St-Thégonnec auszustechen, bis man sich schließlich geschlagen geben mußte. Was die ›Verlierer‹ auf Platz zwei schufen, ist dennoch ein Wunderwerk. Direkt am heimeligen Dorfplatz – der wie zum Trost den von St-Thégonnec an ländlichem Charme aussticht – erhebt sich der opulente **Enclos.** Zwei Reiter hoch zu Roß empfangen auf dem Triumphtor zum Ausflug in eine anrührend naive Bilderwelt aus Stein. Tumultartige Szenen zieren das Kalvarienkreuz, deren vielköpfige Schar den Leidensweg Christi begleitet und Szenen bretonischer Legenden nachstellt. Über 200 Personen sind mit von der lebendigen und erbaulichen Partie.

Am Beinhaus mahnt ein eingemeißeltes Memento mori. Die dem hl. Miliau geweihte **Kirche** betritt man durch das überladen dekorierte Südportal. Gotik und Renaissance gehen ineinander über, wenn die Heiligen in ihren Nischen aufmarschieren. Innen ist das Taufbecken der größte Schatz unter den Kostbarkei-

Der Calvaire und die gesamte Anlage von St-Thégonnec

ten von Altären und Statuen. Das Bekken beschirmt ein auf Säulen ruhender Baldachin mit der Darstellung der Taufe Christi sowie den Statuen der Apostel.

Lampaul-Guimiliau

13 (s. S. 269) Wieder sind es nur 3,5 km bis zum Pfarrbezirk des Nachbardorfs Lampaul-Guimiliau. Man spürt förmlich, wie die Nähe zwischen den Dörfern die Konkurrenz beim Bau des schönsten, größten und erbaulichsten Enclos angeheizt hat. 1533 wurde zuallererst das Portal gesetzt. 150 Jahre sollten ins Land ziehen, bis der gesamte Komplex stand. Bis der **Kirchturm** 1809 von einem Blitz gefällt wurde, behauptete er sich als einer der höchsten des Léon. Da der gekappte Turm auf einer Anhöhe steht, fällt er gleichwohl noch immer weithin ins Auge.

Linden umkränzen das Ensemble. Ein Kalvarienkreuz schmückt das Triumphtor, ein zweites mit Szenen aus dem Leben Christi ragt im Pfarrhof empor. Am **Beinhaus** fallen die Nischen der ersten Etage ins Auge. Beeindruckendstes Detail aber ist der in die Tür geschnitzte Lebensbaum. In die Kirche geht es wie üblich durch eine Vorhalle, die hier noch rein gotisch wirkt. Kurioses Detail am Rande: Die Numerierung der Steine, die den Handwerkern helfen sollte, das Portal zusammenzusetzen, blieb gut sichtbar erhalten. Im Innern der **Kirche** entdeckt man mit der Ausstattung dann die größte Attraktion von Lampaul-Guimiliau. Ein Triumphbalken vor dem Altar zeigt geschnitzte, polychrome Szenen aus dem Leben Christi, im Weihwasserbecken verzerren zwei Teufel vor Schmerzen das Gesicht, das Taufbecken krönt ein Baldachin, doch am kostbarsten erscheinen die sechs Seitenaltäre mit wundervoll geschnitzten bunten Miniaturszenen, deren quirliges Figurenvolk der hölzernen Pracht Leben einzuhauchen scheint ...

Landivisiau

14 (s. S. 270) Mit 8500 Einwohnern darf die Kleinstadt am Elorn getrost den Rang als Hauptstadt des Pays des Enclos beanspruchen. Seit dem Mittelalter gaben die Gerber den Ton an. Um 1900 arbeiteten schließlich 21 Gerbereien in Landivisiau auf Hochtouren. Daß dennoch kein von reicher Handwerker Gnaden entstandener Pfarrbezirk zu besichtigen ist, liegt am Neubau der **Kirche St-Thuriau** im Jahre 1852. Erhalten blieb allein das spätgotische Kirchenportal. Zwei Jahre zuvor versetzte man das 1580 geschaffene **Beinhaus** auf den neuen städtischen Friedhof. Wie für ein *ossuaire* üblich, kommentiert der Sensenmann Ankou den Totentanz aller Sterblichen: »Ganz recht, ich bin der Pate dessen, der ans Ende geht.« Unweit der Kirche stößt man in der Ruelle St-Thivisiau auf einen **Brunnen,** der später zum Waschhaus umfunktioniert wurde. Die Reliefs am Becken stammen von zwei adeligen Grablegen des alten Friedhofs innerhalb des verschwundenen Enclos.

Landerneau

15 (s. S. 270) Der Weg nach Landerneau folgt über La Roche-Maurice dem bereits bekannten Tal des Elorn. Bei der Ankunft ruft sich das Meer ins Gedächtnis, das zwar erst weitere 15 km südwestlich an die Küste des Finistère schwappt, jedoch bis in den 16 000-Seelen-Ort mit dem Auf und Ab der Gezeiten Wirkung zeigt. Ab Landerneau verbreitert sich der Elorn zu einem breiten Mündungstal mit deutlich maritimem Anstrich. Vom 16. bis zum 18. Jh. war die Stadt folglich einer der bedeutendsten bretonischen Häfen und kam zu einigem Wohlstand. An die Glanzzeit des schmucken Städtchens erinnern einige stattliche Bauten an den Kais. Berühmt ist der **Pont de Rohan,** eine der letzten mit Häusern überbauten und nach wie vor wie eine ganz normale Straße genutzten Brücken Europas. 1510 wurde mit dem Bau begonnen. Einige Häuser, die zum Fluß mit Balkonen auskragen, stammen aus dieser Zeit.

Am linken Ufer verfügt die **Kirche St-Thomas** über einige von der Enclos-Tour bekannte Details: reich geschnitzte Balken und ein Beinhaus. Gegenüber zieren 13 eingemeißelte Halbmonde die schöne Fassade der ehemaligen Auberge des 13 Lunes. Auf dem rechten Ufer schlägt an der **Place du Marché** das Herz der Altstadt. Auffälligster Bau ist die stolze Maison de la Duchesse Anne mit einem halbrunden Fassadenturm. Der 1664 errichtete Sitz des Seneschalls wurde wie etliche andere Häuser der Stadt mit dem gelben Stein aus dem nahen Logonna erbaut.

Landerneau lebt seit Beginn des 20. Jh. von der Landwirtschaft sowie der Lebensmittelverarbeitung. Die Genossenschaft ist bezüglich ihrer Größe Nummer 1 in Frankreich, im Schlachthof schlägt für ganze Rinderherden täglich das letzte Stündlein, und an die 360 Mio. l Milch verlassen jährlich die Großmolkerei. Wen verwundert's da, daß Edouard Leclerc, Frankreichs prominentester Supermarktkettenbesitzer, von hier stammt? Sein Spitzname gereicht der Stadt zu Ehren, sein Firmenemblem verweist auf die Wiege tief im Westen: Der ›Lebensmittelhändler von Landerneau‹ wählte als Erkennungszeichen ein großes L auf der heimatlichen Westsonne.

Ans Ende der Welt: Vom Pays du Haut Léon an die Côte des Abers

Ca. 220 km
3, mit Inselausflügen 5 Tage

Die vierspurige *Voie rapide* von Morlaix nach Brest trennt das Pays du Haut Léon und die Côte des Abers im Norden von den umfriedeten Pfarrbezirken des unteren Léon und den Montagnes Noires im Süden. Die Schnellstraße ist gleichzeitig so etwas wie eine Demarkationslinie zwischen satten Gemüsefeldern und kargen Viehweiden. Von Morlaix kommend, sprießen rechts der Fahrbahn Artischocken, Karotten, Zwiebeln und Kartoffeln, während sich zur Linken der Hügelkamm der Montagnes Noires über Wiesen und Wäldern erhebt. Fruchtbare Böden, günstige klimatische Bedingungen sowie fischreiche Gründe, die zudem eine reiche Algenernte hergeben, machen den Wohlstand des Nordwestzipfels der Bretagne aus. Im Haut Léon entstanden seit dem Mittelalter reiche Ackerbürgerstädte. Das Finistère, bretonisch *Penn ar Bed,* war nicht immer jenes Ende der Welt, das es durch die Verlagerung von Verkehrsströmen und die Landflucht unserer Tage geworden ist. Der Atlantik ist für das Pays des Abers bestimmend. Tief ins Ackerland geschnittene Mündungstäler, die hier Abers heißen, verliehen dem Landstrich jenseits der Linie Lesneven–Brest seinen Namen. Nirgendwo ist die Bretagne so *bretonnant* wie in den kleinen Hafenstädtchen und Dörfern. Steinkreuze ragen an Landsträßchen aus dem Gras. Als ›Küste der Legenden‹ propagiert das Fremdenverkehrsamt die touristisch nur mäßig entwickelte Region. Für Pariser Wochenendhausbesitzer liegt die Côte des Abers fernab, und viele Bretagne-Urlauber machen um den hohen Nordwesten einen Bogen. Keine eleganten Belle-Epoque-Villen, keine großen Uferpromenaden also. Dafür die schönsten Dünenlandschaften der Bretagne, wild aufgetürmte Felsblöcke und die archaische Schönheit der Abers.

Carantec und St-Pol-de-Léon

Wie ein steinernes Kriegsschiff dümpelt das **Château du Taureau** 1 vor der Pointe de Pen-al-Lann im Wasser. Um englischen Freibeutern die Einfahrt in die Bucht von Morlaix zu vereiteln, setzte man 1544 eine Festung auf eine Felsbank, deren längliches Rund aus der Ferne an einen Ozeanriesen erinnert. 200 Jahre später erfolgte der Umbau zum Gefängnis für politisch Mißliebige. In diesem Jahrhundert war das Gemäuer privater Wohnsitz, nationale Segelschule und Krimischauplatz mit Lino Ventura und Alain Delon. Weitere Verwendung offen: Das Château befindet sich in einem desolaten Zustand und bröckelt vor sich hin. Gleich daneben ragt die Ile Louët aus den Fluten. Das felsige Winzeiland beherbergt ein Leuchtfeuer sowie das Häuschen des Wärters.

Zur langgezogenen **Ile Callot** gelangt man bei Ebbe trockenen Fußes. Im Norden der Insel, deren Dünenstrände im Sommer beliebt sind, erinnert die Kapelle Notre-Dame-de-Callot an den Sieg eines Bretonenhäuptlings über dänische Seeräuber.

Der Fischerort **Carantec** 2 auf einer Halbinsel zwischen der Rivière de Mor-

Vom atemberaubenden Aufstieg der Artischocke

Artischocken aus der Bretagne werden sogar bis nach New York exportiert

C*einture dorée,* goldener Gürtel, heißt das Umland von St-Pol-de-Léon. Neun von zehn Artischokken und drei von vier Blumenkohlköpfen, die in Frankreich geerntet werden, stammen von hier. Hinzu kommen Brokkoli, Tomaten, Eisbergsalat, Gemüsezwiebeln, Lauch, Möhren, Endivien, Frühkartoffeln, ja selbst Narzissen und Tulpen. Kurzum, die Ceinture dorée behauptet sich als das bedeutendste Gemüsefeld im Land.

Die allmächtige Interessenvertretung der Gemüsebauern heißt Société d'Intérêt Collective Agricole, kurz SICA. Ihrer Gründung 1961 ging eine Welle heftiger Proteste gegen verfallende Preise voraus. Höhepunkt der Aktionen des Sommers 1960 war die Besetzung der Unterpräfektur in Morlaix. Die Tumulte begannen, als ausgerechnet in einem Rekorderntejahr die staatliche Preisbindung für Artischocken aufgehoben wurde. Der Zwischenhandel schlug sofort zu und drückte die Erzeugerpreise in den Keller. Die bretonischen Landmänner erklärten flugs einen veritablen Artischockenkrieg, stürmten Rathäuser in Roscoff und St-Pol, verbarrikadierten die Route Nationale und zündeten riesige Scheiterhaufen mit Millionen von Artischocken an. Man kennt solche Bilder von Proteststürmen der Fischer und Bauern 30 Jahre später aus dem Fernsehen.

Den Großhandel schalteten die aufgebrachten Gemüsebauern aus, indem sie die Feldfrüchte kurzerhand auf Dorf- und Stadtplätzen vom Tieflader verkauften.

Der Erfolg beflügelte den Zusammenschluß von knapp 3000 Bauern zur SICA. Sie zerbrach das Monopol der Großhändler und organisiert den Verkauf per Versteigerung in 107 Kommunen. Die SICA setzt Mindestpreise und Qualitätsstaffelungen fest. Überschüssige Ernten werden im ganzen Land schnell in den Handel gebracht, anderenfalls in den gesellschaftseigenen Konservenfabriken und Tiefkühlhäusern weiterverarbeitet.

Der größte Coup gelang mit der Schaffung des Labels »Prince de Bretagne«, das mittlerweile weltweit beste Gemüsequalität aus dem Finistère garantiert. Mit spektakulären Aktionen wie der Bereitstellung eines Jumbos zum Export der Artischockenernte gelang der Durchbruch in den USA. Heute nennt die Bauernlobby hypermoderne Experimentalhöfe mit High-tech-Ausstattung ihr eigen.

Wichtigster Umschlagplatz ist der Marché du Cadran in St-Pols südlichem Ortsteil Kerisnel. Auf dem Großmarkt beginnen täglich morgens um 8 Uhr die Versteigerungen. Die in Lose aufgeteilte Ware wird begutachtet, um in Windeseile an den Mann gebracht zu werden: Über 200 Lose mit dem Qualitätslabel »Prince de Bretagne« wechseln stündlich den Besitzer, wie eine elektronische Wanduhr, *le cadran,* die dem Markt ihren Namen verleiht, kundgibt.

laix und der Penzé-Mündung stieg dank seiner makellosen Sandstrände im 19. Jh. zu einem beliebten Ferienort auf. Prominenteste Sandmeile ist im Norden die Plage du Kelenn mit dem Fels La Chaise du Curé.

St-Pol-de-Léon 3 (s. S. 299) kündigt sich auf Plakaten als ›Hauptstadt des Gemüseanbaus‹ an. Wer ein Bauerndorf erwartet, hat weit gefehlt. Sicher, ringsherum erblickt man nichts als Artischokken- und Blumenkohlfelder, doch die Türme von Kathedrale und Chapelle Notre-Dame-du-Kreisker weisen schon bei der Anfahrt darauf hin, daß St-Pol-de-Léon nicht nur in Sachen Gemüse Geschichte gemacht hat. Im 6. Jh. gründete der hl. Paul (Pol) Aurélien die Kathedrale und somit die Stadt. Die geschützte Lage an der Bucht von Morlaix förderte Seehandel und Fischfang, die reichen Böden sorgten für fette Erträge, die Bischöfe für weitere Machtentfaltung.

Nicht die Kathedrale, sondern der gertenschlanke Turm von Notre-Dame-du-Kreisker reckt seine Spitze am höchsten in den Himmel. Seine nadelspitze Architektur lieferte das Modell für das steinerne Spitzenklöppelwerk der Kirchtürme des Léon. Nach 163 Stufen erreicht man die Brüstung des 77 m hohen Bauwerks. Viel zu klein angesichts des himmelstürmenden Turms wirkt die Kapelle selbst. Im Vergleich zur Kathedrale nimmt sie sich geradezu kümmerlich aus. Um 1230 ging ein Baumeister aus der Normandie ans Werk, für das er Steine aus dem heimatlichen Caen orderte. Geweiht wurde die Kathedrale 1334, 200 Jahre später war der Bau vollendet und die Bretagne im Besitz eines ihrer größten gotischen Kirchbauten. Im Innern prunken die Schätze der Bischöfe des Léon. Kunstvolle Reliquiare, der Reliquienschrein des hl. Paul Aurélien, Al-

täre, leuchtend bunte Glasfenster und allem voran das Chorgestühl mit einer geschnitzten Fabelschar aus Mensch und Tier.

Neben den Sakralbauten kann das wohlhabende Städtchen mit einigen ausgefallenen Profanbauten aufwarten: Das Hôtel de Ville im einstigen Bischofspalast, die Maison Prébendale in bretonischer Renaissance, die Maison du Pilori mit Renaissance-Portal, die Herrensitze von Kermenguy und Keroulas mit Türmchen und Säulen. Zum Meer hin lohnt der alte Hafen von Pempoull einen Besuch. Von seinen Kais führt ein Spaziergang zum Rocher Ste-Anne. Eine Mole, über die man zum Fels gelangt, trennt zwei Sandbuchten. Auf dem Weg über die Mole schaut man nach Norden auf die weißen Fähren nach Plymouth, die den Hafen von Roscoff verlassen.

Roscoff

4 (s. S. 294) Früher einer der beiden Häfen von St-Pol-de-Léon, beanspruchten die Roscovites im Januar 1790 eigene Stadtrechte. Zwiebeln bestimmen bis in unser Jahrhundert das Image der Korsarenstadt. Spätestens seit der zweimalige Tour de France-Sieger Louison Bobet seine durch einen Unfall geschun-

denen Knochen in bretonischen Küstengewässern ausheilen ließ, gilt die Stadt als Wiege der französischen Thalassotherapie. Roscoffs Meereskuren gehen auf das Jahr 1889 zurück. Damals wurden die ersten Rheumakranken in Meerwasserbädern behandelt. 1902 öffnete die Heilklinik Maison St-Luc ihre Pforten. Das Centre Hélio-Marin okkupiert eine Halbinsel, das Institut Marin Roc Kroum und das Etablissement Kerlena liegen direkt an der von Sandstränden zu Felsen wechselnden Küste. Colette, Farah Diba und Zita von Bourbon-Parma sorgten früher für etwas Glamour. Doch zurück zu den Zwiebeln. Um die Knollen an den Mann zu bringen, scheuten sich die Männer aus Roscoff nicht, den Weg über den Ärmelkanal in Kauf zu nehmen, wo die schwerbepackten Gemüseverkäufer als ›Johnnies‹ begrüßt wurden. Von 1828 bis in die Jahre nach dem Zweiten Weltkrieg brachen die Johnnies im Juli für ein paar Monate auf. Zurück brachten sie neben klingenden Münzen englische Worte und Gewohnheiten: It's teatime in Roscoff. Ein kleines Museum in der Chapelle Ste-Anne erinnert an die Odyssee der Johnnies. Einer ihrer Nachfahren, der Bauerngewerkschafter Alexis Gourvennec, gründete 1972 die Brittany Ferries, mit jährlich gut 2 Mio. Passagieren das bedeutendste Fährunternehmen auf dem Ärmelkanal.

Roscoff erstreckt sich auf einer Halbinsel. Im Osten legen die Fähren nach England ab, im Norden laufen die Boote des **Fischerei- und Jachthafens** aus, den seit dem 18. Jh. eine Mole schützt. Schutz gewähren soll ebenso die hl. Barbara, der zu Ehren 1619 eine Kapelle auf einem Fels über dem Hafen errichtet wurde. In der Altstadt hinter dem Hafen fallen die aus festem Granit wie für die Ewigkeit erbauten Reederhäuser mit den imposanten Schornsteinen im Schieferdach auf. Das sogenannte **Maria-Stuart-Haus** versteckt sich hinter hohen Mauern. Den Arkadeninnenhof soll Maria Stuart am 15. August 1548 anläßlich ihrer Landung zwecks Verlobung mit dem französischen Dauphin betreten haben. Die **Pfarrkirche Notre-Dame-de-Croas-Batz** umgeben hübsche Bürgerhäuser, doch gegen die Pracht von Flamboyant-Gotik und Frührenaissance des Gotteshauses wirken sie bescheiden. Der reich verzierte Turm ist das Wahrzeichen des Hafens. Zur Kirche gehört ein Beinhaus auf der Nordwestecke, dessen Vorgängerbau zur Chapelle Ste-Brigitte umfunktioniert wurde. Einen Ehrenplatz auf dem **Friedhof** erhielt die Londonerin Dorothée Silburne, die während der Revolution etlichen bretonischen Priestern in England Unterschlupf gewährte. Bereits 1872 gegründet wurde das **Meeresbiologische Forschungszentrum,** zu dem 1932 ein Hochseeaquarium kam. Es zählt zu den wichtigsten europäischen Einrichtungen seiner Art.

Roscoffs angenehmste **Strände** sind nach Westen ausgerichtet. Rund um die Anse de l'Aber findet jeder ein genehmes Plätzchen, sei's an den Umkleidekabinen der kleinen Plage Roc Kroum oder den wilden Stränden hinter der Perharidy-Halbinsel.

Ile de Batz

5 (s. S. 244) 20 Min. benötigt das Boot von Roscoff zur 4 km langen und knapp halb so breiten Ile de Batz. Die 750 Insulaner leben vom Gemüseanbau, Tang- und Algensammeln, der Fischerei und natürlich den Tagestouristen. Hauptziel der Tagesausflügler sind die Dünenstrände im Norden des flachen Eilands, allen voran die **Grève Blanche** und der **Farah Diba-Strand.** Im Süden verbieten die gefährlichen Strömungen des Kanals zwischen Batz und dem Kontinent allzu gewagtes Hinausschwimmen. Ganz im Osten wurde jüngst ein 1900 angelegter, 1937 aufgegebener **Kolonialgarten** entstruppt. Feigen und Palmen beweisen seitdem wieder jedem Besucher, daß es mit dem Mikroklima auf Batz etwas auf sich hat. Östlich des Inseldorfs stößt man auf die Ruine der romanischen **Ste-Anne-Kapelle.** Im Westen beherrscht der **Grand Phare** seit 1836 die Insel.

Keremma, Lesneven und Brignogan-Plages

Von Santec bis zur Bucht von Kernic reichen die Gemüsefelder der *Ceinture dorée* bis nah an die Sandstrände der Ärmelküste. Im Laufe der Geschichte haben Sandstürme hier immer wieder fruchtbare Äcker verschluckt. So geschehen 1699, als 250 ha Land, einige Weiler und Gehöfte sowie deren Bewohner mit Mann und Maus beim Dorf Dossen unter Sand begraben wurden. Auf die **Ile de Sieck** 6, einen 18 ha großen Privatbesitz, gelangt man bei Ebbe zu Fuß über eine Sandbank. Nachdem die Sardinenfischer schon vor Jahrzehnten aufgegeben haben, ist es sehr still geworden auf Sieck, gerade richtig für ein paar ruhige Spaziergänge also.

Eine Seltenheit an der waldarmen Küste ist der Seekiefernwald von Santec. **Cléder** und **Plouescat,** das eine 400 Jahre alte Markthalle hat, sind charmante Landpomeranzen. Dann und wann ein Menhir, hier und dort ein Herrensitz akzentuieren die Landschaft. An der Küste folgt von Felsen und Klippen eingebettet Traumstrand auf Traumstrand. **Pors-Meur** und **Pors-Guen** an der atemberaubend schönen Bucht von Kernic 7 verheißen an weißen Sandstränden Badefreuden in türkisfarbenem Wasser. Hier beginnt das gesegnete Land der Strandsegler, deren Hochburg westlich der Bucht an den Dünen von Keremma und der Goulven-Bucht liegt.

Keremma 8 ist eine Ansammlung von alten Villen, die hinter den Dünen verstreut im Wald liegen. Keremma, zu deutsch Emmas Dorf, wurde von Louis Rousseau im 19. Jh. gegründet. Rousseau machte sich damals um die Landgewinnung in der Bucht von Goulven verdient und tröstete seine Frau

Richtig Reisen *Tip*

Heiße Pisten für Strandsegler – An der Grève de Goulven

Die Goulven-Bucht bietet ideale Voraussetzungen für Strandsegler

Plounéour-Trez auf der Westseite der Goulven-Bucht beansprucht für sich den Titel als heimliche Hauptstadt der bretonischen Strandsegler. Über 150 professionelle Sandpistenexperten praktizieren die Sportart allein in diesem Dorf. Fährt man weiter in Richtung Goulven, kommen immer mehr bunte Segel hinzu. Bei Ebbe und entsprechendem Wind bietet die Goulven-Bucht ideale Voraussetzungen. Der Sand ist fest, das Meer zieht sich weit zurück und gibt ein gigantisches Übungsareal frei. Die Stunde für die tollen Kisten schlägt. Je steifer die Brise, desto halsbrecherischer das Tempo. Helm und Schutzanzug sowie Übung schützen vor Knochenbrüchen. Geschwindigkeiten um 100 km/h sind keine Hexerei.

Anfänger sind gut damit beraten, sich von einer der ortsansässigen Schulen in die rasante Fahrt mit den dreirädrigen Seglern einweisen zu lassen, so zum Beispiel im Centre Nautique Municipal de Plouescat-Pors-Guen, B. P. 38, ✆ 02 98 69 63 25, 29430 Plouescat, oder bei Evasion pour Tous, Le Menhir, ✆ 02 98 83 59 13, 29890 Plounéour-Trez.

Emma über die häufige Abwesenheit von zuhause durch die Gründung eines Dorfes mit ihrem Namen. Hinter den Wäldern breiten sich die gewaltigsten Dünen der Nordbre-tagne aus. Der Pfad über die Dünenkrone leitet nach Osten an der St-Guévroc-Kapelle vorbei. Auf dem flachen Strand rasen bei Ebbe Strandsegler mit höllischem Tempo im Wind. Das Gelände steht unter der Obhut des Amts für Küstenschutz, das weiter westlich die Maison des Dunes eingerichtet hat. Hier kann man sich über Fauna und Flora an der Goulven-Bucht informieren.

In **Goulven** (s. S. 264) scharen sich die Dorfhäuser aus Granit um die gotische Kirche, deren Kirchturm dem von Notre-Dame-du-Kreisker in St-Pol-de-Léon nachempfunden ist. Über das Dorf **Plouider,** das auf einer Anhöhe über dem flachen Küstenland thront, erreicht man **Lesneven** 9 (s. S. 272), die Verwaltungshauptstadt des Haut Léon. Sternförmig laufen alle Landstraßen auf das Städtchen zu. Im Musée du Léon, das in der Kapelle eines aufgelösten Ursulinenklosters untergekommen ist, wird die Geschichte der Region von der Prähistorie bis in die Neuzeit präsentiert.

Bretonen aus allen Teilen der Provinz zieht **Le Folgoët** 10 an, das sich im Süden direkt an Lesneven anschließt. Weithin sichtbar gluckt die mächtige Basilika über dem unscheinbaren Dorf. Anfang September strömen Tausende

Vom Pays du Haut Léon an die Côte des Abers

Gläubiger zur zweitgrößten Prozession der Bretagne herbei. Le Grand Pardon geht auf die Legende des Bettlers Salaün zurück, der um 1315 bei einer Quelle lebte und nur zwei Worte zu sprechen vermochte: Ave Maria. Sein täglich Brot war ihm somit sicher, denn die Vorbeikommenden gaben reichlich. Als Salaün das Zeitliche gesegnet hatte, sprossen Lilien aus dem Grab. Man grub nach, sah, daß sie aus seinem Mund wuchsen, und pilgerte fortan zum Ort des Wunders. Herzog Johannes V. ließ ab 1422 das spätgotische Gotteshaus errichten. Zwei Türme flankieren die Westfront des prachtvollen Bauwerks. Im Innern zieht das filigrane Steinwerk des Lettners alle Blicke auf sich. Unter der Fensterrosette im Chor entspringt Salaüns Quelle. Hier zapfen gläubige Bretonen das geheiligte Wässerchen in Kanister und Flaschen ab. Ein paar Münzen, die man in den Brunnen wirft, sind das gerechte Entgelt.

Brignogan-Plages 11 (s. S. 251) kommt unaufgetakelt als erster Küstenort der Côte des Abers daher. Maßvolle Villen und bescheidene Fischerkaten schmiegen sich um eine weite Bucht. In Brignogan scheint die Welt noch in Ordnung, und nur eine Sorge bedrückte seine 800 Einwohner: Wie schützt man die 7 km Dünen zwischen der Plage du Lividic und die Plage des Chardons Bleus vor dem gefräßigen Atlantik? Die Antwort wußten niederländische Fachleute. Ein elastisches Polyestergeflecht hält die Dünen im Innern zusammen.

1 km nordwestlich von Brignogan reckt sich der **Menhir von Men-Marz**

gut 3 m in den Himmel. Aus der Spitze meißelten christliche Eiferer ein Kreuz. Der hl. Paul Aurélien soll den Stein einst als Fixpunkt genannt haben, hinter dem man wegen der landfressenden Gewalt des Meeres nicht mehr bauen sollte. Die **Pol-Kapelle** zu seinen Ehren wagt sich gleichwohl bis unmittelbar an die **Landspitze von Pontusval** 12 vor. Ein schlichtes Granitkreuz, ein feierlicher Kalvarienberg sowie ein Zöllnertürmchen mit direkt aus dem Fels geschlagenen Stufen stehen gleich neben der Kapelle. Der kleine Leuchtturm von Pontusval behauptet sich zwischen abenteuerlich geformten Felsen, die Bilderbuchnamen wie Kamel, Elefant, Schwein, Kröte und Sphinx tragen.

Die Côte des Abers

Wie vernichtend die geballte Naturgewalt von Sand und Wasser sein kann, zeigt sich auf dem Weg gen Westen im wiederausgegrabenen Weiler **Menez-Ham** 13. Der natürliche Schutzwall haushoher Granitfelsen nützte den Bewohnern wenig, als Sand mehr und mehr ihre Häuser begrub. Den Dörflern wurde früher nachgesagt, des nachts ihre Kühe mit Windlichtern an die Küste zu treiben, um durch das Täuschungsmanöver Schiffe auf die Felsen und Riffs zu lokken. Wer auf das vorgetäuschte Leuchtfeuer hereinfiel, wurde nach Schiffbruch erbarmungslos ausgeplündert. Die zwischen Felsen eingeklemmten Häuser werden nach und nach freigelegt. Im Wasser, dessen Farbpalette von Smaragdgrün über Türkis bis zu Königsblau reicht, setzt die Gischt Felsen und Riffen weiße Schaumkronen auf. Einer der schönsten Strände der wilden Côte des Abers breitet sich unterhalb des versunkenen Dorfs aus. Im Naturhafen schunkeln Boote, und bei sinkender Flut kann man den Tangsuchern bei ihrer Arbeit zuschauen. *Pêcheurs d'Algues,* Algenfischer, heißen die Männer und Frauen, die an der Côte des Abers bis vor 25 Jahren mit der *guillotine,* einer Art Sense, die Algen vom Meeresboden abschnitten. Hydraulisch betriebene, moderne Geräte haben die Guillotine ersetzt, ansonsten blieb alles beim alten. Das Seegras wird an Land getrocknet und verbrannt, um natronhaltige Pottasche zu gewinnen. Weitaus erträglicher ist heute allerdings der Verkauf des noch nassen Tangs an die Kosmetik- und Nahrungsmittelindustrie. Von 3000 Tangbauern, die 1945 um Plouguerneau tätig waren, sank die Zahl gleichwohl auf ganze 300.

Guissény hat neben weißen Stränden einen auffälligen Kirchturm zu bieten, den Steinbalkone mit fein gearbeiteten Granitbalustraden zieren. Ein rumpeliges Sträßchen biegt kurz vor Plouguerneau zu den postkartenschönen Buchten der Grève de Zorn und Grève de Vougot ab. Über die idyllischen Hafenörtchen **St-Michel** und **Kelerdut** geht es weiter nach **Lilia** 14 (s. S. 272). Wieder kommt man an einem Ende der Welt an, wo man nur eins will – verweilen. Ein paar Bars, zwei, drei Hotels laden dazu ein. Felsen lugen tückisch aus dem Wasser, vor deren kielbrecherischen Kanten der Leuchtturm auf der **Ile Vierge** 15 warnt. Vom Hafen schippern Fischer zum 6 ha großen Felseiland, dessen Attraktion die Besichtigung des 1897 gebauten Grand Phare ist. Aus 82 m Höhe erschließt sich ein phantastischer Panoramablick. Ein älterer, eckiger Leuchtturm aus dem Jahr 1845 hat seit langem ausgedient. Lilia ist der Hafen von **Plouguerneau** (s. S. 285), von wo aus eine alte Brücke die Überquerung des Aber Wrac'h ermöglicht. Bei der Überfahrt schaut man weit in das ins Land geschabte Trogtal.

Lannilis erweist sich als charmantes Landstädtchen mit respektablem Hauptplatz, doch gegen die atemberaubende Schönheit des Weilers **Aber Wrac'h** 16 am Ufer des gleichnamigen Fjords kann es nicht an. Hinter dem intimen Ort schließt sich die hinreißende Baie des Anges an, von der es einen Katzen-

Seetangsammler

sprung bis zur Ste-Marguerite-Halbinsel ist. Meterhohe Dünen auch hier, gerahmt von Felsen und Inseln im Meer.

Über Lannilis geht es weiter an den **Aber Benoît** 17, den wieder eine Brücke überspannt. 8 km reicht der Aber Benoît ins Land, gibt bei Ebbe Schlick- und Sandbänke frei und füllt sich bei Flut wieder bis zu den tiefhängenden Ästen am Ufer. Am linken Ufer duckt sich **St-Pabu** knapp über der Wasserkante. 14 % Gefälle, warnt ein Schild an der Straße, die zum Winzdorf hinunterpurzelt. Am Quai du Stellarc'h kann man die vielfältige Nutzung des Aber beobachten: Fischer, Austernzüchter, Tangbauern und Sandschlepper bevölkern die Mündung. Dichtes Grün von Gärten und Wäldern rahmt weiße Strände, an denen das seichte Wasser in allen Karibiktönen schillert.

Grüngelbe Flechten bedecken den wuchtigen Granitkirchturm von **Lampaul-Ploudalmézeau** 18. Beim Dorf locken 500 ha unverbaute Dünen Badewillige, Surfer und Naturfreunde an. Dem Paradies vorgelagert sind Sandbänke und das **Inselchen Carn,** das gut erkennbar eine neolithische Grabstätte krönt. Bei Ebbe kann man zu Fuß hinübergehen.

Durch Rapsfelder und Farn schlängelt sich die Straße nach **Ploudalmézeau** 19 (s. S. 284), Kantonshauptstadt und größter Ort in der Umgebung. Rund um den Kirchplatz reihen sich ein paar Restaurants und Cafés, nichts Besonderes, aber von alltäglichem Charme. Die Attraktion des verschlafenen Städtchens steht am Ortsrand: Der ehemalige Wasserturm, in den ein Restaurant mit Panoramablick eingezogen ist.

Für den besseren Überblick: Leuchttürme

Alles begann mit ein paar Feuern, die Mönche zur Ehre Gottes unterhielten, und endete mit technischen Wunderwerken zum Schutz der christlichen Seefahrt. Im 14. Jh. brannten erstmals ständige Feuer an den Küsten der Bretagne. Dem Feuer auf dem Kirchturm der Abtei von St-Mathieu folgte als nächstes 1699 der Phare du Stiff auf der Ile d'Ouessant. Erst ab 1830 kam eine Kette von Leuchttürmen längs der Küste hinzu. Nach Holz, Torf und Kohle zur Befeuerung setzte man Öllampen ein, deren Dochte vor einem Reflektor brannten. 1791 revolutionierte die sogenannte Argand-Lampe diese Technik, in dem ein zylindrischer Docht vor einen Parabolspiegel plaziert wurde. Napoleon veranlaßte 1806 die Gründung des Service des Phares et Balises. Petroleum, Gas und Elektrizität wechselten sich in der Zwischenzeit als Energiequellen ab. Heute kommen Windenergie (allein im Finistère zwei Leuchttürme und 13 Warnlichter) und Sonnenenergie hinzu.

Mit der Automatisierung kam das Ende eines alten Berufs: Die Leuchtturmwärter sterben aus. Besonders schwer zugängliche Leuchttürme rüstete man zuallererst um, 1990 Ar Men, 1992 Pierres Noires, 1993 Le Four. Immer mehr Leuchttürme weisen vollautomatisiert den Weg durch schroffe Klippen, Meerengen und tückische Riffe. Einige stehen zur Besichtigung frei, Anmeldung beim Wärter *(gardien)*, solange es ihn noch gibt (s. S. 314).

Höchst beschaulich empfängt **Portsall** 20 seine Gäste, die auf den Caféterrassen einen Logenplatz am Meer besetzen können; mit im Blick einbegriffen: das Treiben auf den Kais und vor der Fischergenossenschaft, die Ruine einer grünüberwucherten Burg am anderen Ende der Bucht sowie gemächlich flanierende Urlauber. Bei Ebbe läuft das gesamte natürliche Hafenbecken leer. Zahlreiche Wracks in den Gewässern vor Portsall zeugen von der Gefahr, die die zerklüftete Küste mit sich bringt. Die Liste untergegangener Schiffe ist lang, ein Name jedoch in aller Welt bekannt. Am 16. März 1978 zerbrach der Supertanker »Amoco Cadiz« knapp eine Seemeile vor der Küste an den gefürchteten Roches de Portsall. 230 000 t Öl liefen aus und verschmutzten die Küste auf 360 km Länge. Die bislang größte Ölpest an europäischen Küsten verwandelte das Paradies in eine schwarzglänzende Schlickwüstenei mit Vogel- und Fischkadavern. Auf Jahre waren Fischgründe, Muschelbänke und Brutkolonien verseucht. Zehn Jahre später verdonnerte ein amerikanisches Gericht die Tankergesellschaft zur Zahlung von knapp 140 Mio. Weitere zehn Jahre später fällt es angesichts der Naturschönheit der Côte des Abers schwer, sich die Bilder der Umweltkatastrophe hierherzudenken.

Die Ruine der 700 Jahre alten **Burg von Trémazan,** die man schon vom Hafen in Portsall sah, ragt gleich hinter **Kersaint** aus dichtem Gestrüpp. Vom **Dorf Trémazan** schweift der Blick zurück über Portsall und seine mörderischen Riffs. **Côte Sauvage** 21 heißt das Stück Küste bis Argenton. Friedfertig wirkt nur die winzige **St-Samson-Kapelle** auf halber Strecke. Das Gemäuer trotzt dem Ozean, der die Felsklippen zerscheppert und angenagt hat wie sonst selbst im Finistère selten. Ab und zu steht ein Menhir verlassen am Wanderweg, der sich etwas unterhalb der Straße durch Felsen und Wiesen windet. Auf die Roches de Portsall folgen im brodelnden Wasser die nicht minder gefährlichen Roches d'Argenton. **Argenton** und **Porspoder** sind zwei hinreißende Hafenkäffer, die ineinander übergehen. Wie gewohnt versüßen Caféterrassen auch dieses Ende der Welt. Inmitten der blauen Fluten stakst der **Leuchtturm Le Four** 3 km vor der Küste auf einem Fels. Geradezu lieblich fällt im Vergleich die **St-Laurent-Halbinsel** aus, deren Sandstrände ein beliebtes Badeziel sind. Bis **Melon** klebt die Straße an der Küste, die weiterhin wild bleibt. Mit etwas Glück findet man einen der wenigen noch betriebenen Tangöfen, mit denen früher Jod gewonnen wurde. An der **Pointe Garchine** hilft ein kreisrunder Orientierungstisch bei der Lokalisierung von Leuchttürmen, Riffs und Inselchen.

Mit **Lanildut** ist der dritte und kürzeste Aber erreicht. Die Dorfkappelle rückt bis nah an das Ufer des **Aber Ildut** 22 heran. Kapitänshäuser im Viertel Rumorvan zeugen vom Reichtum, den die geschützte Lage des Hafens am Mündungstrichter mit sich brachte. Abweisende Mauern verstecken die schmucklosen Herrenhäuser vor neugierigen Blicken. Typisch sind die Stallungen an den Seiten des Haupthauses, mit denen die Häuser das Aussehen einer dreiflügeligen Schloßanlage imitieren. Der rosa glitzernde Granit stammt aus Lanildut selbst und zählte zu den Exportartikeln der Handelskapitäne. Der Hafen mit dem Märchennamen Rocher de Crapaud, Krötenfels, gilt als der wichtigste Umschlagplatz für Algen in Frankreich. Bei Ebbe laufen die Algenkutter aus, um zwischen den Riffs zu ernten. Vom Kai bringen Lastwagen die glitschige Fracht in eine der beiden Fabriken von Lannilis und Landerneau, die praktisch die gesamte französische Algenpuderproduktion ausstoßen.

Landeinwärts endet der Aber Ildut bei **Brélès** 23. Das Dorf liegt an einer Hangkante. Wieder trifft man auf schmucke Reedershäuser und eine geduckte Kirche mit nadelspitzem Turm. Ein Triumphbogen läßt auf den Friedhof ein, doch bekannt ist Brélès für die Landschlösser ringsherum. Im Osten stößt man nach 4 km inmitten eines ausgedehnten Walds auf die wuchtige, moosbewachsene Renaissance-Fassade des **Schlosses von Kergroadès.** Zum **Manoir de Bel-Air** sind es dagegen nur ganze 500 m. Der Taubenturm überdauerte als Zeichen feudaler Macht. Auf den Höhen oberhalb des Aber Ildut hinterließ der regionale Adel mit den **Manoirs von Brescanvel** und **Kéroulas** zwei noble Herrensitze.

Über Le Conquet zur Pointe St-Mathieu

Von der Uferstraße des Ferienorts **Lampaul-Plouarzel** 24 schaut man bei klarem Wetter auf die Ile d'Ouessant, die 20 km weit draußen den Urgewalten des

Leuchttürme und Kloster an der Pointe St-Mathieu

Atlantiks trotzt. Östlich von Plouarzel, nahe der Straße nach St-Renan, baut sich neben einem Gehöft der weltweit größte Menhir auf. 12 m mißt die majestätische Granitnadel des **Menhir de Kerloas.** Von den beiden Beulen in ungefähr 1 m Höhe glaubte man einst, sie heilten bei Reibung unfruchtbare Frauen.

Mit der **Pointe de Corsen** 25 ist Frankreichs westlichster Punkt erreicht. Die Ile de Molène scheint zum Greifen nah. Die Küste stürzt 50 m in die Tiefe. Etwas abseits warnt der Leuchtturm von Trézien von einer Anhöhe vor der risikoreichen Passage de la Helle zwischen Molène und dem Kontinent. Ein Abstecher führt ins 12 km landeinwärts gelegene **St-Renan** 26, eine gemächliche Kleinstadt. Als 1661 auf Colberts höchstministerielles Geheiß die Gerichtsbarkeit über drei Dutzend Pfarreien nach Brest abwanderte, versank St-Renan in den wohligen Schlaf der Provinz. 1834 wehte noch einmal ein Hauch große Welt durch St-Renan. Juliette Drouot, Prinzipalin unter den Mätressen von Victor Hugo, hatte den Dichter nach einem Zwist verlassen und schlüpfte bei ihrer Schwester im Finistère unter. Hugo eilte in das Haus Rue St-Yves 10 hinterher und vermochte die Vergratzte zu beschwichtigen.

Strände begründeten den Ruf von **Le Conquet** 27 (s. S. 258) als Sommerfrische: die Plage am Ort selbst mit ihren riesigen Felsblöcken und die 2 km lange Plage des Blancs Sablons kurz vor dem für Hummer und Langusten bekannten Hafen. 1558 brannten die Engländer den Ort nieder. Acht Häuser blieben stehen – sie gehörten Engländern – darunter die Maison des Anglais in der Rue Aristide Briand. Die Kirche stammt aus dem Jahr 1856 und verwahrt das Grab von Mikael Le Nobletz, der erst im 17. Jh. die Bewohner von Molène und Ouessant zum Christentum bekehrte. Der ›eiserne Vater‹ ging nicht zimperlich vor und trieb den Kelten zum Teil mit roher Gewalt ihren Glauben aus. Die trutzige Maison des Seigneurs überwacht von der Uferkante die Zufahrt in den Le Croaé genannten Aber.

An der **Pointe de St-Mathieu** 28 scheinen die beiden Leuchttürme aus der Ruine des im 6. Jh. gegründeten Klosters zu wachsen. Wieder einmal übertrifft sich die Côte des Abers an ungezügelter Schönheit und Ende-der-Welt-Stimmung. Wo die breite Mündung in die Reede von Brest beginnt, lag einmal eine ganze Stadt, die auf die Klostergründung durch den hl. Tanguy zurückging. Die Kirchenruine auf dem 30 m hohen Felskap stammt aus dem 13. Jh. Die Benediktiner herrschten als geistliche wie auch weltliche Autorität über das Umland. Nach der Französischen Revolution verfiel der Komplex. Als 1835 ein neuer Leuchtturm in Auftrag gegeben wurde, griff man zum Bau auf die Abtei als Steinbruch zurück. Der runde weiße Turm erhebt sich neben dem imposanten Chor. Das Drehfeuer hat eine Reichweite von 60 km. Von der rot bemalten Spitze genießt man einen schier unglaublichen Blick auf die Riffs der Chaussée des Pierres Noires weit im Atlantik, die Inseln Béniguet, Molène und Ouessant, die Reede von Brest, die Halbinsel von Crozon sowie die Pointe du Raz. Am Klippenrand gedenkt ein Kriegerdenkmal der ertrunkenen Marinesoldaten des Ersten Weltkriegs. Vom Klosterkomplex halbwegs erhalten blieb die Kapelle Notre-Dame-des-Grâces.

An der Straße nach Plougonvelin stößt man auf zwei christianisierte Megalithstelen, die im Volksmund **Gibet des Moines** heißen. Der Weg führt vom offenen Atlantik weg endgültig an die Reede von Brest. Mit der Pointe du Petit Minou beginnt der Goulet, der Flaschenhals von Brest, der die Reede abschnürt.

Ile de Molène

29 (s. S. 275) Auf halbem Weg zwischen Pointe St-Mathieu und Ouessant liegt Molène inmitten eines Archipels unbewohnter Riffe, Felsen und Inselchen. Das 1,2 mal 0,8 km große Eiland zählt 277 Bewohner, die hauptsächlich von der Algenernte und dem Fischfang leben. Im Presbyterhaus des Dorfs zeigt das **Musée du Drummond Castle** Fundstücke untergegangener Schiffe, die das Meer an Molènes Gefilde gespült hat. Die wenigen Gassen mit den grauen unverputzten Häusern, die sich im Halbkreis um die Hafenmole staffeln, hat man schnell hinter sich gelassen und wandert durch Ginstersträucher. Genauso schnell stößt man in jeder Richtung auf die Küste. Molènes höchster Punkt beträgt gerade mal 6 m. Die *Ile chauve* (kahle Insel) ähnelt einer struppigen Weide. Unaufhörlich stöhnt der Atlantik über der Heidelandschaft. Aus dem Wasser läßt der Tidenhub, der an die 9 m beträgt, Landschaften auf Zeit entstehen: glitschige Algen, Felsen, Sandbänke, zwischen denen die Insulaner nach den seltenen Ormeaux-Muscheln fahnden. Nach ihr zu tauchen ist verboten, sie bei Ebbe zu sammeln nicht. Fischer fahren auf Anfrage zur Nachbarinsel Quéménès hinüber, einem grasgrünen Landstreifen mit ein paar verfallenen Häusern, zwei Menhiren und einer Herde schwarzköpfiger Schafe. Die Tiere schwammen 1936 vom untergegangenen Frachter »Mykonos« auf Molènes Nebeninsel und werden seitdem alle zwei Wochen versorgt. Wie Quéménès sind auch die früher bewohnten Inseln Béniguet, Balanec, Trielen menschenleer – das Leben ist hier nicht einfach. Merke: *»Qui voit Molène, voit sa peine«* (Wer Molène erblickt, hat seine liebe Not).

Ile d'Ouessant

30 (s. S. 279) Frankreichs westlichste Atlantikinsel war früh zum Wachturm über den Ärmelkanal und damit über den Schiffsverkehr des Erzrivalen England bestimmt. Die Fahrt auf die Insel endete einst oft mit einem Schiffbruch in der gefürchteten Chaussée des Pierres Noires. Zwei Leuchttürme weisen auf hoher See von einsamen Felsen den Weg zum Granitplateau der Insel. *»Qui voit Ouessant, voit son sang!«* (Wer Ouessant erblickt, schaut auf sein Blut), warnt das Sprichwort vor der gefährlichen Überfahrt. Die Zeiten haben sich geändert. In der Hochsaison spucken die Fähren Hunderte von Urlaubs-Abenteurern auf die 8 mal 4 km große Insel, deren höchster Punkt 60 m mißt. 1000 Menschen und ebensoviele Schafe leben ständig auf Ouessant. Die klassische Rollenaufteilung bestimmt die Männer zur Seefahrt, die Frauen zur Gartenarbeit.

Ouessant gilt wie alle Inseln vor der Küste der Abers zu Recht als Vogelparadies. Tölpellumme, Kormoran, Austerntaucher, Zwergpinguine nisten in den Felsen. Hinzu kommt eine kleine Graurobbenkolonie und eine nur auf der Insel verbreitete Schafrasse, deren Schulterhöhe sich mit gut 40 cm dem stetig pfeifenden Wind anpaßt. In der Passage de Fromveur auf der Inselostseite erreicht die Strömung mit 13 km/h europäische Rekordgeschwindigkeit. Stürme fegen mit besonderer Wucht und Häufigkeit über die bis auf ein paar salzresistente Gräser nackte Insel hinweg. Nebel verhüllt regelmäßig Dörfer und Felder. Daß die Durchschnittstemperatur im Januar und Februar aber die höchste in ganz Frankreich ist, verdankt Ouessant dem Golfstrom.

Die Insulaner waren einmal berüchtigt für ihre wilden Sitten, zu denen etwa die prompte Steinigung eines just eingetroffenen neuen Gouverneurs im Jahre 1711 gehörte. Ihre dunklen Haare sollen sie von italienischen Siedlern des 15. Jh. ererbt haben.

Vom Hauptort **Lampaul** strecken zwei Landzungen sich wie Hummerscheren in den Atlantik. Lampauls Kirche wurde von Engländern gestiftet, nachdem 1896 der Dampfer Drummond-Castle mit 400 Passagieren an Bord im Nebel auf ein Riff gelaufen war. Nur drei Menschen überlebten das Debakel trotz der beherzten Rettungsversuche der Insulaner. Auf dem Friedhof von Lampaul hütet eine Gemeinschaftsgruft die sogenannten *broelaoù,* handgroße Wachskreuze für die auf See verschollenen Insulaner.

Außer Lampaul verstreuen sich ein paar kleine Dörfer kreuz und quer über die Insel. Wer sehen möchte, wie die Menschen vor 100 Jahren hinter ihren blau und grün gestrichenen Fensterläden lebten, muß sich in den Weiler Niou Uhella begeben. Dort entstand in zwei Bauernhöfen ein **Ecomusée.** Fast alle Möbel und Vertäfelungen stammen auf der baumarmen Insel von Treibhölzern.

Ganz im Westen haben Wind und Wetter die Felsen der Pointe de Pern wild zerscheppert. Auf der Ostseite bietet die Stiff-Bucht einen Panoramablick auf den Archipel. Hier steht einer von **fünf Leuchttürmen** der Insel. Vauban ließ ihn 1685 als Doppelturm bauen. Hinzu kommen Leuchtfeuer und Radarstationen. Mehr als 50 000 Schiffe werden jedes Jahr sicher vorbeigeleitet. Den Phare du Stiff übertrifft der moderne Radarturm gleich daneben. Der Phare du Créac'h auf der Nordseite gilt seit seiner Errichtung 1862 als einer der größten weltweit. Seine Reichweite nähert sich stolzen 200 km. Der schwarzweiß geringelte Bau beherbergt zudem ein sehenswertes Leuchtturmmuseum.

Der Kriegshafen von Brest

Brest

½ Tag

■ (s. S. 248) Brest bedeutet für die Wenigsten Liebe auf den ersten Blick. Monumentale Achsen, ein Straßennetz wie vom Reißbrett und strenge Fassaden wirken nicht sehr einladend. Wie keine zweite Stadt wurde Brest im Zweiten Weltkrieg buchstäblich pulverisiert. Erst nach 165 alliierten Bombenangriffen und dreiundvierzigtägiger Belagerung war der Kriegshafen von den deutschen Besatzern befreit. Prévert setzte die Zerstörung in sein berühmt gewordenes Wort »ein Sturm aus Feuer, Stahl und Blut« um. Was das Debakel überstand, flog 1947 in die Luft, als der mit Nitrat beladene Frachter »Ocean Liberty« explodierte. Wieder gab es einige hundert Tote und fast 5000 zerstörte Wohnungen und Behelfsquartiere zu beklagen. Es folgte ein Wiederaufbau in purem Beton, dem eine Prise von verspätetem Art-déco etwas Charme abringt.

Brests Partnerstadt ist Denver. Böse Zungen behaupten, daß sich Denver und Brest in Punkto Sightseeing nichts nehmen. Sie irren. Seit den 80er Jahren versuchte man – anfangs unbeholfen, mit putzigem Postmoderne-Schnickschnack – über die seelenlosen Dimensionen einer aus dem Ruder geratenen Architektur hinwegzutäuschen. Dann plötzlich zu Beginn der 90er Jahre Kurswechsel. Kulturzentren und Museen wurden gebaut, die seit dem Wiederaufbau erneut angeschlagenen Fassaden aufgefrischt. Brunnen und viel Grün entschärfen die Betonmassen. Der Jachthafen von Moulin-Blanc überlagert allmählich das martialische Bild des Kriegshafens. Im Port de Commerce zog mit Kneipen und Restaurants neues Leben ein.

Wüster Ort mit lockeren Sitten: Brest in der Literatur

Als im April 1988 Le Quartz eingeweiht wurde, übernahm der Schriftsteller Alain Robbe-Grillet die Aufgabe, die Rede auf Brests neuen Musentempel zu halten. Die Wahl fiel nicht von ungefähr auf den Wegbereiter des Nouveau Roman: Robbe-Grillet kam 1922 in der Hafenstadt zur Welt. In seinem Romanwerk spiegeln sich die Bilder einer Kindheit, in der das lockere Treiben in den Rotlichtvierteln am rechten Ufer der Penfeld ebenso zum Alltag gehörte wie das Kommen und Gehen von in der Stadt stationierten Marinesoldaten. Robbe-Grillets künstlerisches Universum ist konsequenterweise ein durch und durch Unbürgerliches. Ebenso prägend wie die promiske Atmosphäre von Hafen und Arsenal war für den Schriftsteller die deutsche Besatzung. In seinem Roman »Dans le Labyrinthe« sucht ein Soldat in einer winterlichen Stadt, die kurz zuvor erobert wurde, nach dem Empfänger einer Kiste, die er zu überbringen beauftragt wurde. Bis zur Wahl der Jahreszeit entspricht die Situation der Brests zu Beginn der Besatzung.

Als wüster Ort mit zweifelhaften Sitten hat die Stadt noch mehrmals in der Literatur Niederschlag gefunden. Brest galt traditionell als Hort unkonventioneller Lebensformen. Paris lag fern, Normen und Gesetze ebenso. Die Kunde von Tausenden aneinandergeschmiedeter Zuchthäusler sorgte schon zur Zeit des Ancien Régime für genüßliche Schauer in den Pariser Salons: Dort

Brest trat die Rolle als Kriegshafen am Nordufer der 150 km² großen Reede bereits mit den ersten Siedlern an. Vom römischen Militärlager blieben bis heute ein paar Mauerfundamente in der Burg. Der riesige Naturhafen mit einer auch für große Schiffe geeigneten Tiefe interessierte im Mittelalter Normannen, Franzosen und Engländer, die die Stadt belagerten und einnahmen. Endgültig französisch wurde Brest durch die Hochzeit von Anna von Bretagne und Karl VIII. Die Stadtrechte verlieh zum Jahreswechsel 1593/94 Heinrich IV. Erst mit Richelieu und Vauban stieg Brest zum festungsartig ausgebauten Kriegshafen auf, in dem 1750 eins der gefürchtetsten Zuchthäuser des Königreichs errichtet wurde. Brests Ruf als rauhe Stadt mit beinharten Sitten und noch härter gesottenen Kerlen stand. Auf Kriegshafen und Werften war im Juni 1940 auch die deutsche Reichswehr erpicht. Der Aufbau eines U-Bootdocks und einer Reparaturwerft für beschädigte Kreuzer ging schnell voran. Ebenso schnell war darum vier Jahre später das Schicksal Brests besiegelt. Ein wichtiger Kriegshafen ist die Stadt noch immer, doch ozeanographisches Forschungszentrum, zwei Technopolen und ein großes Freizeitangebot setzen neue Akzente.

am Ende der zivilisierten Welt mußte es ganz einfach wie in Sodom und Gomorrha zugehen. Zur lasziven Legende mit mehr oder minder verblümten erotischen Phantasien trugen ebenfalls die Marinesoldaten bei, die die Zeit fernab ihrer Heimat für handfeste Ausschweifungen nutzten. Kurzum, die Bordelle von Brest standen im ganzen Land in Verruf. 1926 adelte der heute nahezu vergessene *›poète maudit‹* Mac Orlan die nächtlichen Ausschweifungen mit dem Roman »Brest«, doch erst mit Jean Genet wurde der Stadt 1947 ein literarisches Denkmal gesetzt.

»Querelle de Brest«, ein Epos aus Alkohol, Blut und Sperma, galt bei seinem Erscheinen als Skandalwerk. Genet, der soeben eine Knaststrafe verbüßt hatte, veröffentlichte es in kluger Voraussicht anonym. Die hinzugefügten 29 Zeichnungen von Jean Cocteau blieben ebenfalls unsigniert. Noch 35 Jahre später löste die filmische Umsetzung des Buchs durch Rainer Werner Fassbinder bei der Uraufführung 1982 auf den Filmfestspielen von Venedig Empörung aus. Ursprünglich hatte Genet sein Buch »Tonnerre de Brest« nennen wollen. Mit diesem ersten Titel bezog er sich auf die Sitte im berüchtigten Zuchthaus, außer morgens und abends jeweils um 7 Uhr ebenfalls bei jeder Flucht eines Gefangenen eine Kanone abzuschießen. Deren Donner, frz. *tonnerre,* hörte man von 1750 an bis zur Schließung der Anstalt 1924 in einem Umkreis von 20 km. Das Fanal zur großen Menschenhatz war somit gegeben. Die meisten der durch den *tonnerre de Brest* zu Vogelfreien erklärten Flüchtlinge fielen mordlustigen Bauern und Dorfhandwerkern zum Opfer. Genets Themen Verdopplung, Gewalt und homosexuelles Verlangen transponiert der Schriftsteller nach Brest, verarbeitet jedoch bei der Beschreibung des bretonischen Hafens Bilder und Erfahrungen, die auf Aufenthalte in Toulon, Frankreichs zweitem wichtigen Kriegshafen, zurückgehen. Brest war bei Entstehen des Buchs bereits völlig zerbombt, bot Genet eben darum die Freiheit, sich nicht an existierende Örtlichkeiten halten zu müssen.

Im Zentrum

Im Nordosten bildet die **Place de la Liberté** 1 das gewaltige Entrée zum wiederaufgebauten Zentrum. Das Hôtel de Ville in purem Spät-Art-déco der 50er Jahre dominiert das fußballfeldgroße Areal. Mit seiner Einweihung 1961 fand der Wiederaufbau seinen Abschluß. Das Hôpital Auguste Morvan zu seiner Linken stammt aus den 30er Jahren und gab mit seinen klaren Formen ein architektonisches Stichwort für die Großbauten der Nachkriegszeit. 1994 wurde die Place de la Liberté grundlegend neugestaltet. Rasenflächen, Blumenrabatten und Brunnenanlagen nehmen ihr heute die Allüre eines Aufmarschfelds.

Am **Square Mahon** 2, der sich im Halbrund an das Rechteck der Place de la Liberté anschließt, erinnert ein Monument an die Opfer des Zweiten Weltkriegs. Folgt man der breiten Avenue Georges Clemenceau nach Südosten, stößt man mit der spiegelgleißenden Fassade des **Kulturzentrums Le Quartz** 3 auf das bauliche Symbol schlechthin für die Kurskorrektur in der Stadt. Kino, Theater, Ausstellungsort, Kongreßzentrum und Konzertsaal machen Le Quartz zum wichtigsten Flaggschiff bei der Rückeroberung der urbanen Mitte. Ein paar Schritt weiter erblickt man von den Grünanlagen des **Jardin Kennedy** 4 aus den blütenweißen Uhrturm des als Rundbau konzipierten **Bahnhofs** 5. Auf dem Vorplatz überspannen Segeltuchdächer die Steige des Busbahnhofs.

Brest gibt sich auch für TGV-Reisende gleich bei der Ankunft maritim. Rechts neben dem Bahnhofsgebäude schaut man vom Mäuerchen am Bürgersteig auf den **Port du Commerce** 6 hinunter, dessen Kräne, Docks und Hangars sich zu Füßen des Zentrums am Ufer der Reede ausbreiten. Über die Stiege der Rampe Messiliau und das schmale Sträßchen Rue Porstrein La Pierre ist der **Quai de la Douane** schnell zu Fuß erreicht. In den letzten Jahren haben etliche Cafés und Restaurants auf Höhe der Anleger aufgemacht. Die Einwohner erobern so nach und nach den Quai de la Douane zurück, der schon heute eine der beliebtesten Ausgehadressen in der Stadt ist. Am seitlichen **Quai du Commandant Malbert** hat der Zweimaster »La Recouvrance« festgemacht. Der schmucke Segler ist der originalgetreue Nachbau einer traditionellen Goelette. Die »Recouvrance« lief 1992 zur internationalen Großregatta »Brest 92« vom Stapel. Brests Fischereiflotte zählt 85 Schiffe. Nach deren Rückkehr vom Fang wird der Fisch am zweiten Steg meistbietend verkauft. Für Leben sorgen ebenfalls die Fähren zu den Inseln Ouessant, Molène und der Crozon-Halbinsel. Ganz am Ende des Quai du Commandant Malbert liegt eine Außenstelle des Amts für Leuchttürme und Warnfeuer. Merke: 23 Leuchttürme, 63 Warnfeuer, 14 Radarstationen und 258 Warnbojen bewahren die Seeleute in der Reede von Brest vor Schiffbruch.

Zurück ins Zentrum, das oberhalb des Port de Commerce der lauschige **Cours Dajot** 7 nach Süden begrenzt. In Eisen gekettete Sträflingspaare, die neben der Fessel auch die beiden eingebrannten Großbuchstaben TF (für *travaux forcés*) verband, mußten 1769 die Promenade auf den Vaubanschen Bollwerken anlegen. Ihre im Durchschnitt 20 Jahre währende Schicksalsgemeinschaft teilte sich in die der *grande* und *petite fatigue,* in mörderisch harte und immer noch sehr harte Zwangsarbeit. Kriegshafen und Zuchthaus bestimmen Brests Bild in der Literatur bis in unser Jahrhundert. Was die Zuchthäusler am Cours Dajot schufen, ist eine grüne Flaniermeile und so etwas wie der Balkon von Brest, von dessen Anhöhe aus man weit über die Reede, die Mündung des Elorn und bei klarer Sicht sogar bis zum Gipfel des Ménez-Hom schaut.

In ihrer nüchternen Qualität sprechen die großzügigen Wohnhäuser und das Palais de Justice am Cours Dajot allemal für sich. Befremdlich wirkt dagegen das **amerikanische Denkmal** an einem Aussichtspunkt in der Mitte des Cours Dajot. Der Turm aus rosa Granit zum Gedenken an den heroischen Einsatz der US-Flotte im Ersten und Zweiten Weltkrieg erinnert fatal an Mussolini- oder Speer-Bauten der 40er Jahre. Ein Vorgängerbau von 1927 fiel 1941 den Bomben zum Opfer. Eine Gedenktafel am 1958 rekonstruierten Turm erinnert zudem daran, daß von Brest die Schiffe ausliefen, die Frankreich zur Unterstützung der Rebellen gegen die englische Krone im amerikanischen Freiheitskrieg entsandte.

Am Hafen

Von der Brüstung am Turm des Monument Américain fällt der Blick auf einen Besichtigungspunkt, der das Herz aller auf die nationale Kriegsmarine stolzen

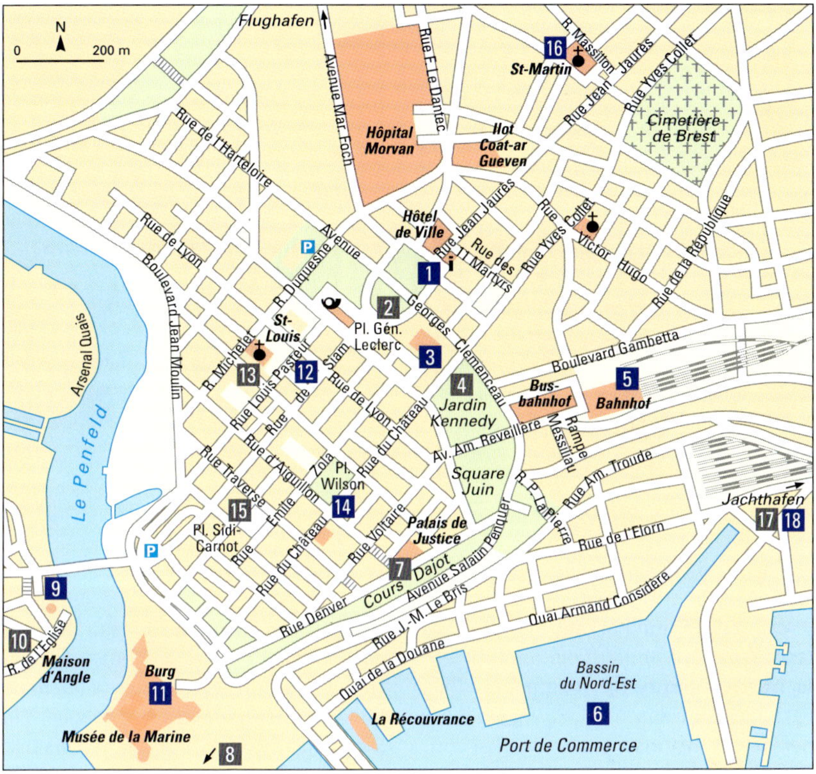

Brest *1 Place de la Liberté 2 Square Mahon 3 Kulturzentrum Le Quartz 4 Jardin Kennedy 5 Bahnhof 6 Port du Commerce 7 Cours Dajot 8 Kriegshafen 9 Tour de la Motte-Tanguy 10 Maison d'Angle 11 Burg 12 Rue de Siam 13 Kirche St-Louis 14 Rue du Château 15 Schutzbunker 16 Quartier St-Martin 17 Jachthafen 18 Océanopolis*

Franzosen höher schlagen läßt, Touristen ohne französischen Paß jedoch verwehrt bleibt.

Im **Kriegshafen** 8 an der Mündung der Penfeld dümpeln graue Zerstörer und schwimmende Festungen der französischen Marine. Kriegsschiffe liegen auch an den Kais des Arsenals, im Bekken der Penfeld jenseits der Recouvrance-Brücke. Auch hier gilt: Zutritt nur für Franzosen. Von den Kriegswerften, die 8000 Arbeitsplätze stellen, lief 1987 der Atomflugzeugträger Charles-de-Gaulle aus. Zuvor erlebte ganz Brest bereits den Stapellauf französischer Flaggschiffe wie den der Flugzeugträger Foch und Clemenceau. Wer sich wegen fehlender französischer Nationalität als Hobbyspion versuchen will, ist mit einem Gang über den Pont de Recouvrance gut beraten. Aus 22 m Höhe über der Penfeld erhascht man von Europas größter Hebebrücke einen Blick auf Kanonenrohre und Radaranlagen. Die Brücke kann zwecks der Passage von Ozeanriesen binnen zweieinhalb Min. auf 26 m über der Ausgangsposition gekurbelt werden.

Die Place de la Liberté in Brest

Wer schon einmal auf der Brücke steht, sollte ans andere Ufer zur **Tour de la Motte-Tanguy** 9 weitergehen. Der Festungsturm aus dem 16. Jh. ist eins der raren historischen Bauwerke von Brest. Hinter den Granitsteinen fand das **Musée du Vieux Brest** die passenden Räumlichkeiten, um mit Hilfe anschaulicher Dioramen die städtische Geschichte zu bebildern. Etwas weiter die Rue de l'Eglise hinauf blieb die im 18. Jh. errichtete **Maison d'Angle** 10 mitsamt Brunnen und Kreuz vom Friedhof der Ertrunkenen vom Bombeninferno verschont.

Der Weg zurück durch die beiden torähnlichen Stützpfeiler des Pont de Recouvrance führt unweigerlich zur **Burg** 11 am jenseitigen Ufer. Im 12. Jh. wurde mit dem Bau auf der Basis eines römischen Castrums begonnen. Die heutige Burg, auf die man durch das von zwei wuchtigen Rundtürmen flankierte Portail Paradis gelangt, stammt größtenteils aus dem 15. und 16. Jh. In den Gartenanlagen zur Place du Château erinnert ein Denkmal an das legendäre U-Boot Narval, das noch nach der Niederlage im Juni 1940 den Kampf gegen die Deutschen weiterführte, bis es versenkt wurde. Die barocke hufeisenförmige Anlage im Innenhof der Festung ist Sitz der Préfecture Maritime. Im nördlichen Winkel der bis zu 12 m dicken Umfassungsmauern erhebt sich ein dreitürmiger Donjon über der Penfeld. In einem der drei Türme, der Tour Duchesse Anne, erinnert eine Kapelle an den Besuch der Herzogin im August 1505. Hier befindet sich das Grabmal ihres damaligen Gastgebers und Kommandanten der Festung, Gilles de Texue. Von der Terrasse auf der Südseite hat man einen wundervollen Blick auf die Reede. In der Südmauer sind deutlich Reste der römischen Ziegelmauer aus dem 3. Jh. zu erkennen. Von der Tour César ganz im Westen konnten die Schiffsbewegungen im Kriegshafen kontrolliert werden. Der eigentliche Grund, das Château zu besichtigen, aber ist das **Musée de la Marine.** Zusammen mit dem Marinemuseum, das Zar Peter der Große in St. Petersburg gestiftet hat, bildet das Musée de la Marine das größte seiner Art weltweit. Die Sammlung von Schiffsmodellen, nautischem Gerät, Seekarten und Galeonsfiguren ist einzig. Zahlreiche Originalstücke dokumentieren die Fertigkeiten der Schiffszimmerleute von den Zeiten Richelieus bis ins 20. Jh.

Über den breiten Boulevard des Français Libres gelangt man vom Château im Nu zum belebten Kopfende der **Rue de Siam** 12, die ihren Namen drei Botschaftern des Königs von Siam verdankt. Selbige kamen 1686 an Bord der Schiffe L'Oiseau und La Maligne mit buntem Gefolge nach Brest, um von hier aus dem Sonnenkönig ihre Aufwartung zu machen. Die großzügige Achse, an der sich Cafés, Hotels, Boutiquen und Kaufhäuser reihen, ist das Herz des Zentrums. Nach dem klaren Entscheid der Bürger für eine Verkehrsberuhigung und den Ausbau des öffentlichen Nahverkehrs verwandelte sich die Rue de Siam in eine fußgängerfreundliche Avenue. Statt rauschendem Verkehr beleben sieben Brunnen aus schwarzem Granit die großstädtisch anmutende Szenerie. Brest selbst zählt im Kern ganze 153 000 Einwohner, doch die Dimensionen der Rue de Siam, die auf die Place de la Liberté mündet, lassen ein Mehrfaches vermuten.

In der Rue de Lyon, einer Parallelstraße zur Rue de Siam, ersetzt die **Kirche St-Louis** 13 einen im Krieg zerstörten Vorgängerbau. Das Gotteshaus bietet 3500 Gläubigen Platz und ist die größte wiederaufgebaute Kirche Frankreichs. Im Detail vermag der Bau allerdings nicht zu überzeugen. Den Turm aus Stahlbeton entschärft ein wenig der gelbe Naturstein aus dem nahen Logonna-Daoulas, doch St-Louis zählt gewiß nicht zu den Paradebeispielen moderner Architektur. Daß es die im Umfeld der Rue de Siam durchaus gibt, beweisen die klassisch schlichte Banque de France an der Place Wilson, das avantgardistische Palais Freyssinet in der Rue d'Aiguillon und die öffentlichen Bauten an der **Rue du Château** 14. Städtische Bibliothek, Musée des Beaux-Arts, Ecole des Beaux-Arts sowie Ecole Nationale de Musique stammen allesamt von Jean-Baptiste Mahon, dem Mann, der die zerstörte Stadt neu entstehen ließ. Dem Museum gegenüber befindet sich an der Place Sidi Carnot der Eingang zu einem 1942 gebauten **Schutzbunker** 15, dessen Tunnel bis zum Arsenal führt. Der Gang wurde beim Großfeuer von 1944 vielen Schutzsuchenden zum Grab.

Im Norden des Zentrums blieb mit den Straßenzügen um die Kirche St-Martin ein letztes Vorkriegsviertel erhalten. Kneipen und Geschäfte leben vom Charme längst verflossener Tage, zu dem 1985 etwas weiter südlich mit dem Ilot Coat-ar-Gueven ein Kulturzentrum hinzukam. Kurzum, das **Quartier St-Martin** 16 erlebt eine Renaissance.

Auch Brests **Jachthafen** 17 an der Pointe du Moulin-Blanc im Osten der Stadt zieht zusehends Besucher an. Der aktuelle Geschwindigkeitsrekord im Segeln liegt in der Reede von Brest bei stolzen 34,30 Knoten, doch noch stolzer ist man darauf, daß acht von 64 Mitgliedern der nationalen Segelmannschaft aus Brest stammen. Gleich neben den Segelmasten lädt der gleichnamige Strand zu einer Ruhepause mit den Füßen im Wasser ein, bevor Brests absoluter Besuchermagnet fällig ist: Mit **Océanopolis** 18 gelang der Stadt der größte Coup bei der Wiederherstellung des ramponierten Rufs.

Océanopolis

Im Osten der Stadt eröffnete 1990 Frankreichs größtes Hochseeaquarium und Meeresmuseum. Océanopolis avancierte zu Brests wichtigstem Besuchermagnet und einer unumgänglichen Station auf jeder Bretagnereise. Die verglaste Eingangsfront der gleißendweißen Pyramide öffnet sich dem Besucher wie zwei gespreizte Krabbenscheren. Die Architektur ist somit Programm, und der Spitzname für Océanopolis ließ nicht lange auf sich warten. *Le crabe* heißt das futuristische Werk des Architekten Jacques Rougerie im Volksmund. Océanopolis ist als Begegnungsforum von breitem Publikum, Wissenschaft und Forschung sowie der Industrie gedacht. Mit dem Bau erhielt Brest als Hauptstadt der europäischen Ozeanographie ein publikumswirksames Schaufenster, dessen knapp 3000 m^2 Ausstellungsfläche drei zentralen Themen gewidmet ist: Navigation, ozeanographische Forschung und maritime Ökosysteme. In den Aquarien mit einem Fassungsvermögen von 500 000 l werden Gezeiten simuliert, Robben vom Inselarchipel Ouessant-Molène aufgepäppelt oder die Fischvielfalt in der Rede von Brest gezeigt. Im Navigationsbassin darf man sich als Kapitän am Steuerrad versuchen, im Touch-Pool können die jüngsten Besucher vorsichtig an Seesternen, Schwämmen und Tang fingern. Für die hehre Wissenschaft und interessierte Laienschar steht eine Mediathek mit Büchern und Videos zu Verfügung, während im Auditorium regelmäßig Vorträge von internationalen Koryphäen zu hören sind. Océanopolis tritt den Beweis an, daß die Welt unter Wasser unterhaltsamer und spannender ist als jeder Freizeitpark. Dank des enormen Erfolgs ist eine Erweiterung bereits geplant. In den kommenden Jahren werden neben der Krabbe zwei Neubauten mit den Schwerpunkten Polarmeere und tropische Gewässer gebaut.

Bretonisches Hochland: Monts d’Arrée und Montagnes Noires

Ca. 200 km, 2–3 Tage

Argoat heißt auf bretonisch ›das Land nahe dem Walde‹. Wir kehren Armor und damit der Unendlichkeit des Atlantiks den Rücken und fahren landeinwärts. Der Canal Nantes–Brest und die Aulne trennen Monts d’Arrée im Norden und Montagnes Noires im Süden voneinander, zwei Höhenzüge, die beide nicht 400 m übersteigen. Ménez, abgeflachte Hügel aus Sandstein, kontrastieren mit Roc’h, scharfkantigen Schiefergipfeln. Kalvarienkreuze zeichnen Scherenschnittbilder in den Himmel. Feldwege führen ans Ende der Welt, wo zumindest eine Kapelle an der Wegböschung für seelischen Beistand bürgt. Willkommen im Land der Legenden und einsamen Wege. Für den Schriftsteller Cambry war das bretonische Hochland 1798 »eine traurigere Einöde als die von Afrika«. In das hügelige Inland der Bretagne findet kaum ein Tourist. Hier sagen sich Fuchs und Hase gute Nacht. Das Klima ist rauh, die Natur unwirtlich, der Bevölkerungsrückgang seit dem letzten Jahrhundert dramatisch. Um nun das verwaiste Herz des Departements Finistère nicht ganz zum Stillstand kommen zu lassen, wurden sowohl die Monts d’Arrée als auch die Montagnes Noires 1969 in den Parc Naturel Régional d’Armorique integriert. Als Wanderregion und Kontrastprogramm zur Küste bieten sich beide Höhenzüge hervorragend an. Ein anderer Versuch, Leben in die karge Bergwelt zu bringen, scheiterte kläglich. Das 1966 ans Netz gegangene Atomkraftwerk bei Brennilis mußte 1987 wegen mangelnder Rentabilität abgeschaltet werden. Ein paar Arbeitsplätze blieben trotzdem. In den Betonhallen werden bis zum endgültigen Abriß Gebirgsschinken und Wildschweinpastete hergestellt.

Monts d’Arrée

In der Mitte zwischen Monts d’Arrée und Montagnes Noires gelegen, ist **Carhaix-Plouguer** **1** der geeignete Startpunkt dieser Route. Schon zu römischer Zeit trafen hier sieben Fernwege zusammen. Als ›Herz der Bretagne‹ und ›Zentrum des Finistère‹ versucht das 8600-Einwohner-Städtchen von sich reden zu machen. Daß Carhaix-Plouguer bis 1967 ein Eisenbahnkreuz der Bretagne war, führt inmitten von Blumenrabatten auf der Place de la Gare eine Dampflokomotive vor. Das schwarz-grüne Stahlroß ist der ganze Stolz des örtlichen Eisenbahnerclubs. Etliche weitere Vereine füllen mit bunten Veranstaltungen den jährlichen Festkalender. Im Schatten der gewaltigen Pfarrkirche St-Trémeur fallen einige geradezu protzige Fassaden aus dem 16. und 17. Jh. auf, allen voran die stolze Maison du Sénéchal in der Rue Brizeux. Viehzucht und -handel haben Carhaix-Plouguer zu Wohlstand verholfen. Gutshöfe und Herrenhäuser vor der Stadt sind beredte Anzeichen bäuerlicher Züchterherrlichkeit. Im Stadtwappen darf der Ochse deshalb nicht fehlen. Der berühmteste Sohn der Stadt heißt Théophile-Malo Corret (1743–1800). Der Pionier der bretonischen Sprachforschung und verdiente Krieger – Napoleon persönlich zeichnete den Grenadier aus – wurde unter dem Namen La Tour d'Auvergne bekannt. Unter der Bronzestatue des Heroen auf der Place du Champ-de-Bataille bilden Reliefs seine Taten ab. Petit-Carhaix heißt ein schnukkeliger Ortsteil im Norden. Geduckte Handwerkerkaten gaukeln die heile Welt von gestern vor. 6 km südlich verdankt **Port-de-Carhaix** 2 seine Entstehung ›Feenteich‹. Der See direkt an der Stadt wird von Surfern, Badenden und Paddlern gebührend genutzt. An der weiten, rechteckigen Place Aristide Briand hat sich dagegen seit Jahrzehnten wenig verändert. Festgemauert für die Ewigkeit überdauern Granitfassaden und Pfarrkirche alle Stürme.

Die Kapelle auf der Montagne St-Michel

dem Ausbau des Canal Nantes-Brest. Fährschiffe verkehren seit dem Ersten Weltkrieg nicht mehr auf dem Kanal; die Flotte von Hausbooten mit Freizeitkapitän am Steuer hingegen nimmt stetig zu.

Als Wander- und Wassersportparadies hat sich die ehemalige Minenstadt **Huelgoat** 3 (s. S. 268) einen Namen gemacht. Der Name bedeutet ›Hoher Wald‹. Gemeint ist damit der Westzipfel der sagenumwobenen Forêt de Brocéliande. Die 600 ha Baumbestand sind beim Jahrhundertsturm von 1987 bös ausgedünnt worden. Allmählich wächst wieder Grün über die beträchtlichen Brachen. Knorrige Eichen und schlanke Buchen spiegeln sich im stillen Wasser von Waldseen mit so romantischen Namen wie ›Wildschweinpfütze‹ und

Das schönste Wandernahziel ist das **Chaos du Moulin** am Argent. Das Flüßchen stürzt sich zwischen rundgescheuerten, bemoosten Felsblöcken 20 m in die Tiefe. Etwas weiter kann man die über 100 t schwere, der Länge nach hingestreckte **Roche Tremblante** angeblich auf Fingerdruck zum Wackeln bringen – vorausgesetzt man kennt die richtige Stelle. Ein Gutes hatte der Sturm von 1987 immerhin: Seit viele Bäume abgeknickt sind, sind in der Nähe des Wackelsteins die Spuren der keltischen Siedlung **Camp d'Artus** samt Ringwall wieder halbwegs zu erkennen. Dolmen und Menhire in der Umgebung bezeugen die frühe Besiedlung von Huelgoat. Vom Aussichtspunkt auf der **Roche Cintrée** im Südosten von Huelgoat läßt sich das waldreiche Tal des Argent überblicken.

St-Herbot 4 liegt in einer Mulde an der panoramareichen D 14. Wie es sich für einen Eremiten gehört, zog sich der hl. Herbot hierher in tiefste Wildnis zurück, wofür ihm im 14. Jh. mit dem Bau einer Kapelle am Hang gedankt wurde. Nicht irgendein Kirchengemäuer entstand, sondern einer der bedeutendsten Sakralbauten des Finistère. Herbot wacht wie sein Kollege Cornély übers liebe Hornvieh. Um es sich mit einem so wichtigen Mann nicht zu verscherzen, kam Knausern nicht in Frage. Es entstand ein Kronstück der bretonischen Gotik mit ersten Renaissance-Anklängen. Das bemalte Figurenprogramm der Apostel unter dem Südportal ist kostbar und raffiniert gearbeitet. Das gleiche gilt für Chor und Altar. Auf den Steintischen deponierten gläubige Bauern als Mitbringsel für den hl. Herbot die Schwanzquasten ihrer Rinder.

In **Brennilis** 5 findet man im Umfeld der schmucken Kirche einige für die Monts d'Arrée typische Dorfhäuser aus rohbehauenem Stein. Der 14 m lange Dolmen am Dorfrand ist zum Teil noch von einem Tumulus bedeckt, der sich aber nicht im Entferntesten mit dem Betongebirge des stillgelegten Atomkraftwerks messen kann. Das Gelände am weiten Stausee ist mittlerweile Gewerbegebiet, auf dem die staatlichen Elektrizitätswerke EDF friedlich neben Wurst- und Schinkenfabrikanten residieren.

Der **Tuchenn-ar-Gador** soll mit 384 m der höchste Berg der Bretagne sein. Ihm folgen mit knappem Abstand der **Roc'h Trévézel** mit 383 m und die **Montagne St-Michel** mit 380 m. Alle drei reihen sich an der abenteuerlich schönen Höhenstraße D 785 6 auf. Ihnen zu Füßen breitet sich der Sumpf von Elez aus. Die Landschaft wird mit einem Mal grandios. Wälder sowie kleinteilige Hecken- und Wiesenlandschaften weichen einer Einöde, über die bizarre scharfkantige Felsen ein grobes Raster legen.

Ein Kapellchen weist den Weg zum Gipfel der Montagne St-Michel hoch. Bei klarem Wetter schaut man über die gesamten Höhenzüge von Monts d'Arrée und Montagnes Noires. Unwirklich ragt die Masse des ehemaligen Atomkraftwerks am anderen Ende des tiefblauen Stausees empor. Moor und Heidesteppe lassen an eine urzeitliche Landschaft denken. Unheil scheint in der Luft zu hängen. Die Landschaft wirkt so befremdlich wie nach einem großen nuklearen Fallout. Das menschenleere Hochland nimmt sich in seltsamem Einverständnis der Technikruine des 20. Jh. an.

In **Brasparts** 7 (s. S. 247) wechseln die Bilder. Das Dorf liegt eingebettet inmitten üppiger Wälder und saftiger Wiesen. Am Beinhaus des engen Pfarrbezirks kennt der dürre Sensenmann Ankou kein Pardon: Irgendwann ist jeder an der Reihe.

Mit der Einsamkeit ein Ende hat es vorübergehend in **Pleyben** 8. Am von zwei großen Fernstraßen zerteilten Dorf könnte man getrost vorbeisteuern, wäre da nicht einer der monumentalsten Calvaires der Bretagne. Vier stabile Pfeiler erwecken den Eindruck eines Triumphbogens, auf dem sich eine Schar von steinernen Figuren zum Teil hoch zu Roß drängelt. Ursprünglich stand der Calvaire wesentlich näher am Turm der Kirche St-Germain. Ungefähr 100 Jahre nach seiner Erbauung setzte man den Koloß 1650 um, 1738 ein zweites Mal. Beim ersten Umrücken wurden Figuren hinzugefügt, die sich den Originalen vortrefflich anpassen.

Montagnes Noires

In **Châteauneuf-du-Faou** 9 (s. S. 255) bürgen sowohl die Aulne als auch der Canal Nantes-Brest für reichlich Zeitvertreib auf dem Wasser. Wer lieber zu Fuß geht, findet mit dem Treidelpfad am Kanal einen bequemen Parcours. Einen Überblick über den Ort in einer Flußschleife gewinnt man vom 133 m hohen Hügel oberhalb der Aulne. Abgesehen vom alten Pont du Roy verbindet eine moderne Brücke die beiden Ufer. 23 Jahre hat Paul Sérusier in Châteauneuf-du-Faou verbracht. Die leuchtend bunten Fresken in der Taufkapelle der Kirche sind sein Werk. Nicht auf den ersten Blick zu finden ist der St-Jean-Brunnen unter der Rue Corentin-Baron. Stufen leiten in ein mittelalterliches Gewölbe, an dessen Ende ein Standbild des hl. Johannes über das Wasserbecken am Boden wacht. Das Label »Station Verte de Vacances« hat sich der 4000-Seelen-Ort mit dem modernen Freizeitkomplex Penn ar Pont eingehandelt. Hier kommen Kajak- und Kanufreunde auf ihre Kosten.

Zur **Domaine de Trévarez** 10 gelangt man entweder auf dem Wasserweg oder über die Straße durch den Wald von Laz. Wegen seiner Ziegel heißt die 1894 auf einen Fels oberhalb des Flusses gesetzte Phantasieburg ›rosa Schloß‹. Seit 1968 betreibt die Landwirtschaftskammer des Finistère auf 106 ha einen Experimentalbauernhof. Bleiben immer noch 75 ha fürs Publikum – mit botanischem Garten, englischem Park, Arboretum und Sonderausstellungen in den ehemaligen Stallungen.

Der Calvaire in **Laz** 11 (s. S. 272) stammt von 1527 und steht etwas außerhalb auf dem Friedhof. Die keltische Sprache wird im Dorf mit modernen Mitteln hochgehalten: Über 45 Comic-Bücher auf bretonisch hat der ortsansässige Verein »Keit vimp bev« bislang herausgegeben.

Die ›schwarzen Berge‹ zählen zu den entlegensten Landstrichen der Bre-

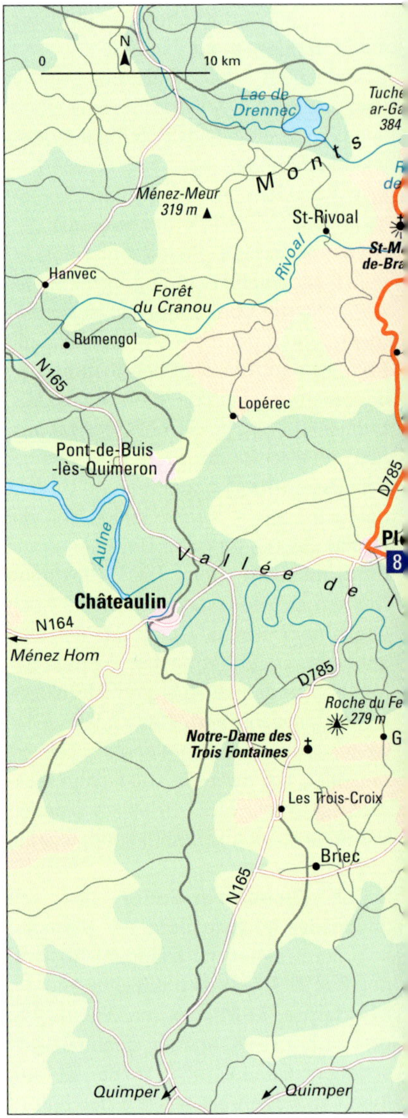

Monts d'Arrée und Montagnes Noires

tagne. Die Bevölkerungsdichte ist unter 40 Bewohner pro km² gesunken. Die 60 km lange Kammlinie erstreckt sich vom 266 m hohen Rocher de la Madeleine im Osten bis zum 330 m hohen Ménez-Hom im Westen. Tiefe dunkle Wälder, stillgelegte Schieferbrüche und Kohleminen erklären den Namen der Montagnes Noires; der Wald fiel jedoch in weiten Teilen den Abholzungen für die Werften der königlichen Marine zum Opfer.

Spézet 12 gibt sich unmißverständlich als Hochburg des Bretonischen zu

Die Domaine de Trévarez

verstehen: Fast alle Läden um Kirche und Beinhaus verkünden auf bretonisch, was es zu kaufen gibt. Hier versteht man sich zudem noch auf die Lutte bretonne, eine Art Ringkampf, zu dem die Mannen des Dorfs an Feiertagen antreten. Die eigentliche Attraktion aber liegt vor dem Dorf. Crann heißt auf bretonisch Wald, die lauschig zwischen Bäumen gelegene Kapelle somit zu recht Notre-Dame-du-Crann. Eine Außentreppe führt über das Dach zu einer Renaissance-Laterne, doch die eigentliche Besonderheit des 1532 gebauten Kirchleins sind sieben außergewöhnlich farbkräftige Buntglasfenster aus dem 16. Jh. Auf ihnen sind die Leidensgeschichte Christi sowie verschiedene Heiligenlegenden dargestellt.

6 km weiter in Richtung Gourin muß sich die Statue der **Notre-Dame-des-Montagnes-Noires** 13 mit dem 225 m hohen Roc'h Ar Werc'hez begnügen – dabei liegt der höchste Gipfel der Montagnes Noires, der 326 m hohe Roc'h de Toul-Laëron, ganz in der Nähe.

Gourin 14 (s. S. 265) war einmal das Zentrum einer Auswanderungswelle nach Amerika, die zwischen 1880 und 1930 Tausende über den Atlantik spülte: Am Hauptplatz hält zur Erinnerung an den Exodus eine Kopie der amerikanischen Freiheitsstatue die Fackel hoch. Sein städtisches Aussehen verdankt der Ort den früher florierenden Schieferbrüchen. Als schließlich das letzte bretonische Rieddach durch Schiefer ersetzt war, ging's mit Gourin bergab. Stolz sind die 5200 Einwohner auf ihren berühmten Sohn Alain Stivell. Mag sein, daß der keltische Barde erste Inspirationen auf dem Pardon der Volksmusiker im September oder den Meisterschaften der Biniou- und Bombardenspieler im Mai sammelte. Das **Château de Tronjoly** und der weitläufige Park gehören seit den 80er Jahren der Stadt. Beide können besichtigt werden. Etwas betreten schaut man hingegen drein, wenn die Rede auf die Diskothek »Le Starman« am Bahnhof kommt. Ausgerechnet – oder gerade – in der tiefsten Provinz hat Anfang der 80er Jahre die größte Schwulendisko der Bretagne eröffnet. Jeden Samstag trudelt ein buntes Völkchen aus Lorient, Brest, Vannes und den hintersten bretonischen Winkeln in Gourin ein. Freitags ist der »Starman« für eine heterosexuelle Klientel mit speziellen Vorstellungen über das Wochenendamüsement geöffnet. *»Pour couples avertis«* heißt es dann – *honi soit qui mal y pense.*

Über einen Schlenker zu den einsam auf ländlicher Flur verstreuten Kapellen St-Hervé und St-Nicolas im Nordosten von Gourin geht es in Richtung **Langonnet** 15. Knapp 6 km außerhalb vom Dorf gründeten Zisterziensermönche 1136 eine Abtei. Während der Revolution

Richtig Reisen *Thema*

Der Parc Naturel Régional d'Armorique

Mit dem 319 m hohen Ménez-Meur klingen die Monts d'Arrée im Westen aus, nicht so der Parc Naturel Régional d'Armorique mit Hauptsitz in der Domaine du Ménez-Meur. Das 75 000 ha große Areal des Naturparks reicht von den Monts d'Arrée bis zu den ›Inseln am Ende der Welt‹, Ouessant, Molène und Sein. Hinzu kommen die gesamte Halbinsel von Crozon sowie der Unterlauf der Aulne. 20 Außenstellen, von denen viele ein Museum unterhalten, vertreten das Anliegen des 1969 gegründeten Parks. In den Monts d'Arrée sind dies die Mühlen von Kérouat in Commana, das Bauernhaus Maison Cornec in St-Rivoal, die Maison du Recteur in Loqueffret, die Maison des Artisans in Brasparts, der Moulin du Chaos in Huelgoat sowie das Wolfsmuseum in Le Cloître-St-Thégonnec, die zusammen das Ecomusée des Monts d'Arrée ergeben. Mit dem Baumbestand der Forêt du Cranou und der Forêt de Huelgoat entfallen auf die Monts d'Arrée die schönsten Wälder des Parks. Spektakuläre Erfolge wie die Wiedereinführung des Bibers bei Brennilis und der Schutz des Robbenbestands auf Molène zählen zu den Sternstunden der vergangenen fast drei Jahrzehnte. Die Domaine du Ménez-Meur ist das größte Besucherzentrum im Parc Naturel Régional d'Armorique. Verteilt auf 423 ha Sumpf, Heide und Wälder zeigen eine Reihe von Häusern Ausstellungen wie etwa zum bretonischen Pferd. In den Wildgehegen tummeln sich Hirsche, Füchse und Wildschweine, aber auch selten gewordene Haustiere wie das Ouessant-Schaf (Information: Parc Naturel Régional d'Armorique, 29460 Hanvec, ✆ 02 98 21 90 69).

kam sie als Nationalgut unter den Hammer; bis 1857 dienten die Gebäude dem später nach Hennebont umquartierten Staatsgestüt. Vom einst für die gesamte Bretagne wichtigen Klosterkomplex an den Ufern des Ellé blieb der herrliche **gotische Kapitelsaal** aus dem 13. Jh. erhalten. Die übrigen Gebäude stammen aus dem 17. Jh. und werden von den Ruheständlern eines Missionsordens bewohnt. Im dazugehörigen **Musée missionaire** stellen die Fratres skurrile ›Beutestücke‹ ihrer Bekehrungsfeldzüge rund um die Welt aus. Präparierte Schmetterlinge aus Madagaskar gehören ebenso dazu wie die Lanzen afrikanischer Massai-Krieger.

Mit **Le Faouët** 16 ist die Grenze zwischen Montagnes Noires und Cornouaille erreicht. Die gigantische **Markthalle** des verschlafenen Städtchens beherrscht 500 Jahre nach ihrem Bau weiterhin die exerzierfeldgroße Place Bellanger. Das Eichen- und Kiefergebälk hat im Laufe der Jahre kaum gelitten. Im 16. Jh. fanden unter dem geduckten Schieferdach neun wichtige Jahrmärkte statt. Heute dümpelt Le Faouët im tiefen

Abseits moderner Handelswege vor sich hin. Die Ackerbürgerstadt leidet sichtlich unter dem Problem der Landflucht. Im Schutz der längst viel zu großen Halle spielen Altherren Boule. Etliche Geschäfte sind für immer geschlossen, viele Häuser stehen zum Verkauf. Tapfer hält das in Ehren ergraute Hôtel La Croix d'Or, in dem einst Rinderbarone und Großhändler jeglicher Couleur abstiegen, das Fähnlein hoch. Ins ehemalige Ursulinenkloster von 1658 ist das Office de Tourisme eingezogen.

Dem frommen Glauben der Barone von Le Faouët verdankt der Ort einige der ergreifendsten Kapellen der Bretagne, die jeden Umweg rechtfertigen. Im Osten entführt die **Chapelle St-Nicolas** 17 in die bukolische Abgeschiedenheit eines Kiefernwalds. Schönster Besitz des hochgotischen Kirchleins ist ein farbenfroh bemalter Holzlettner. In bäuerlich naiver Weise erzählen die Schnitzarbeiten vom Wirken des hl. Nikolaus. Auf der anderen Seite zieren die zwölf Apostel die obere Balustrade.

Schlichtweg verzaubernd ist die Lage der **Chapelle Ste-Barbe** 18. Das Zufahrtssträßchen schlingert durch dichten Wald und endet auf einem Wiesenplateau. Vorbei am Haus des Kapellenwächters, der in einer Stube Cidre ausschenkt und Postkarten verkauft, stößt man zuerst auf einen freistehenden Glockenturm. Eine grandiose barocke Doppeltreppenanlage führt hinunter zum spätgotischen Kirchlein. Auf engstem Raum trotzt das Gemäuer dem Fels seinen Platz über dem dichtbewaldeten Ellé-Fluß ab. Im Turmfenster steht eine Statue von Ste-Barbe. Das Standbild des hl. Fiacre über dem Eingang verlor in der Revolution seinen Kopf. Innen tut sich ein kostbarer Schatzkasten auf. Der Chor mußte aus Platzgründen vor Kopf auf die Nordseite gesetzt werden. Nach und nach werden die Renaissance-Fenster restauriert. Ihr buntes Licht fällt auf Schiffs-Ex-Votos und die dem Landadel einst vorbehaltene Holztribüne. Ein Waldweg purzelt hinter der Kapelle zwischen grünbemoosten Findlingen in die Talsohle herunter. Kurz vor Erreichen des wildromantischen Ellé-Ufers stößt man auf das Brunnenhäuschen der Fontaine Ste-Barbe, in dessen Wasser unverheiratete Mädchen einst eine Nadel warfen, um zu erfahren, wann die Hochzeitsglocken läuten.

Nicht ganz so einsam ist die Umgebung der **Chapelle St-Fiacre** 19. Um die spätgotische Kapelle verteilen sich ein paar Hausteingehöfte, die heute Architekten und Kunsthandwerker bewohnen. Wie ein Dreizack krönen Glockenturm und zwei Treppentürmchen die Westfassade. Atemberaubend in seiner Detailverliebtheit aber ist der hölzerne Prachtlettner. Das filigrane, zerbrechliche Werk überragen zur Westseite ein gekreuzigter Christus sowie die beiden in ihrer Qual grotesk verdrehten Schächer. Adam und Eva, die hl. Jungfrau sowie der ernst dreinblickende Erzengel Gabriel bevölkern das buntbemalte Spitzenklöppelwerk. In einer Fürbitte versunken kniet zur Rechten der Kapellenstifter Jean de Boutteville auf einem Sockel. Fideler geht es auf der Rückseite zu. Grinsende Bauern halten ihre pausbäckigen Gesichter entgegen. Ein Trunksüchtiger speit einen Fuchs aus, und überhaupt scheinen die Figuren einem Tollhaus entsprungen zu sein. Ein kommoder Wanderweg führt in einer Viertelstunde zur Fontaine St-Fiacre. Der Hohlweg endet auf einer Lichtung mit drei flachen, granitgefaßten Wasserbecken. An der Quelle suchten im Mittelalter Leprakranke Heilung. Für zivilisationsgeschädigte Reisende des 20. Jh. ist allein die Stille des Orts schon heilsam.

Zwischen Bergen und Meeren: Die Halbinseln von Plougastel und Crozon

Ca. 230 km, 2 Tage

Brest sitzt im Nacken, die weit in den Atlantik vorstrebende Pointe du Raz liegt zu Füßen, dazwischen wagen sich zwei Landmassen in den Atlantik vor, die Halbinseln von Plougastel und Crozon. Von Westen drücken die Höhenzüge der Monts d'Arrée und Montagnes Noires gegen die Küsten des Mer d'Iroise, wie die Fluten um beide Halbinseln genannt werden. Auf der Landkarte betrachtet, scheint die Halbinsel von Crozon wie ein Dreizack die Reede von Brest und die Bucht von Douarnenez zu trennen. Die Spitzen der Halbinsel von Plougastel ergeben hingegen das Bild einer ins Wasser ausgestreckten Hand. Wer hier auf Erkundung gehen will, muß sich Zeit nehmen. Die Schnellstraße N 165 macht einen Bogen um die Region, so daß kleine Landstraßen in die Landspitzen führen. Alle Wege enden unweigerlich an einem gischtumschäumten Kap oder an einem feinsandigen Traumstrand. Pack' die Badehose ein und festes Schuhwerk gleich dazu. Der Küstenwanderweg *(sentier côtier)* auf der Halbinsel von Crozon mit abenteuerlichen Klippen und wildromantischen Badebuchten zählt zu den schönsten Wanderstrecken der Bretagne.

Die Halbinsel von Plougastel

Nur das breite Wasser des Elorn trennt die Stadt, die der Halbinsel ihren Namen gab, von Brests östlichen Ausläufern. Im 400-m-Spagat spreizt sich die hochmoderne Brücke der N 165 über den Fluß. Brest ist dadurch deutlich näher gerückt, wenn auch die provinzielle Gangart von **Plougastel-Daoulas** 1 (s. S. 284) weit davon entfernt ist, in das Tempo der Großstadt zu verfallen. Im Frühsommer fordern auf Schritt und Tritt Schilder zum Selbstpflücken oder Direktkauf von Erdbeeren auf, denen die Halbinsel früher ihren Wohlstand verdankte.

Der Calvaire in Plougastel-Daoulas

Daß die 10 000-Einwohnerstadt in jedem Reiseführer über die Bretagne auftaucht, geht freilich weniger auf das Konto von Erdbeeren und Jakobsmuscheln (dem zweiten kulinarischen Standbein der gesamten Halbinsel), in die bescheidene Kleinstadt pilgert man wegen des monumentalen **Kalvarienbergs,** der mit 180 Steinfiguren alle bretonischen Rekorde bricht. Grauer Granit aus Kersanton und gelblicher Sandstein aus Logonna lassen das Gewusel auf dem mächtigen Sockel noch bunter erscheinen. Phänomenal ist die Vielfalt biblischer Szenen, zu denen sich die Figuren auf zwei Etagen gruppieren. »Niemals befahl sich der bretonische Granit mit größerer Fügsamkeit allen Phantasien der Kunst als auch den Trunkenheiten des Glaubens an«, befand Anatole Le Braz über das 1598 in Auftrag gegebene Kunstwerk. Grund war eine Pestwelle, nach deren Abklingen der Calvaire bis 1604 vollendet wurde. Ähnlichkeiten zum Calvaire von Guimiliau legen die Vermutung nahe, daß hier dieselben Steinmetze am Werke waren. Von Guimiliau aber unterscheidet sich dieser Calvaire deutlich in seiner Ausprägung. Vielleicht liegt es an den äußeren Umständen der Entstehung, jedenfalls wirken die Figuren seltsam leblos. Die Beulen am zentralen Kreuz sollen vermutlich Pestbeulen darstellen. Leben kommt nur in die Gesichter des reuigen und bösen Schächers, die, an jeweils eigene Kreuzen gehängt, das mittlere Kreuz flankieren. Dismas, der reuige Schächer, wirkt geradezu heiter, während Gestas, der böse Schächer, rotzfrech die Zunge ausstreckt. Dafür kassiert ein Dämon die rabenschwarze

Die Halbinseln von Plougastel und Crozon

Seele des Bösewichts ein, die in Gestalt eines kleinen Männchens in seinen Armen festgehalten wird.

Die Nähe zu Brest bezahlte Plougastel-Daoulas 1944 mit schweren alliierten Bombardements. Von der Altstadt blieb nicht viel, das wenige Erhaltene aber wurde hervorragend restauriert.

Die Erdbeere gilt weiterhin als Symbolfrucht der Halbinsel, ihr Anbau aber hat stark nachgelassen. Noch 1947 lieferte der Landstrich 30 % der nationalen Produktion. Heute sind es gerade 800 t – im Jahr 1950 waren es noch stolze 6000 t. Vor allem Tomaten und Gurken haben die Ende des 18. Jh. aus Virginia in die Bretagne eingeführte Frucht verdrängt. Längs von kaum autobreiten Sträßchen flattern Tunnel aus Plastikbahnen, unter denen das Gemüse prächtig gedeiht.

Der fruchtbare Boden garantierte ein halbwegs gesichertes Auskommen, für das die Bauern sich eifrig mit dem Bau von Kapellen bedankten. Östlich von Plougastel stößt man in Richtung Kernisi bald auf die **Chapelle de Fontaine-Blanche,** so benannt nach einer Heilquelle, in der man früher rachitische Kinder badete. Zweigt man nach Ste-Christine ab, gelangt man in Kürze zur nächsten Kapelle, die wie die erste aus dem 15. Jh. stammt.

Es folgt die lauschige Bucht von Le Caro, von wo man auf Brest und den nördlichen Zipfel der Crozon-Halbinsel schaut. Der beste Aussichtspunkt aber steht mit der **Pointe de Kerdéniel** 2 weiter westlich noch aus. Mit einer Kopfdrehung hat man die gesamte Reede von Brest im Blick. Das Inselchen vor der Landspitze heißt Ile Ronde und diente früher als Steinbruch für Kalkstein und Marmor.

Nach St-Adrien fährt man zurück in nordöstlicher Richtung. Unterwegs laden die drei **Menhire von Tri-Men** beim Weiler Kerziou inmitten von Erdbeerplantagen und Farngestrüpp zum kurzen Anhalten ein. **St-Adrien** 3 entpuppt sich als hübsches Hafenkaff an der Bucht von Lauberlac'h. Wie erwartet weist das Dorf eine prächtige Kapelle auf, die jedoch neben der von **St-Guénolé** 4 (s. S. 296) 2 km weiter verblaßt. Eine steinerne Treppe führt außen am Giebel zum Glockenturm von St-Guénolé hoch, der als offene Mauer gehalten ist. Mit **Keramenez** 5 erreicht die Halbinselrundfahrt erneut einen wunderschönen Aussichtspunkt über die Reede von Brest sowie die zum Greifen nahe Halbinsel von Crozon. Eine Orientierungstafel hilft bei der Benennung dessen, was man ringsherum sieht.

Zwei Umständen verdankte **Daoulas** 6 im Mittelalter seinen ungeheuren Reichtum. Zum einen gilt die gleichnamige Bucht als einer der sichersten und tiefsten Ankerplätze in der Reede von Brest, zum anderen produzierte man hier seit dem ausklingenden Mittelalter ein robustes Tuch, das unter dem Namen Daoulas in ganz Europa geschätzt war. Daoulas ist freilich weit älter, wie die Ruine des romanischen Klosters zeigt. Besonders schön ist der dachlose Kreuzgang mit 32 Arkaden und einem Dämonenbrunnen in der Mitte, zu dem man durch das Centre culturel gelangt, in dem jeden Sommer vielbeachtete Ausstellungen gezeigt werden. Freien Zugang hat man dagegen zur romanischen Kirche sowie dem imposanten Eingangstor zum Pfarrbezirk, das wie ein urgeschichtliches Monument frei vor dem Friedhof steht. Das Ungetüm war ursprünglich als Südportal der Kirche gedacht, was die Apostelstatuen im Innern erklärt. Die Schieferhaube brannte jüngst ab und wird in Bälde wiederhergestellt. Unterhalb des Pfarrbezirks schmiegt sich die Ste-Anne-Kapelle an den Friedhof. Etwas oberhalb des Pfarrbezirks verbirgt sich hinter Bäumen die Kapelle Notre-Dame-des-Fontaines, in der Überreste des 1790 von Revolutionären gestürmten Klosters verwahrt sind. Vom früheren Reichtum der Tuchhändlerstadt zeugen prachtvolle Renaissance-Bürgerhäuser an der Hauptgasse, die zur Bucht abfällt.

Ein Schlenker in Richtung Küste führt nach **Logonna** 7 mit ebenfalls stolzen Bürgerhäusern sowie reich ausgestatteter Kirche nebst Beinhaus. An der Strecke überrascht kurz hinter Ste-Marguerite beim Weiler **Rungléo** 8 ein christianisierter Menhir. In das prähistorische Kultmal wurden nachträglich die zwölf Apostel eingemeißelt. Über ihnen wacht ein Christus darüber, daß die keltischen Geister nicht erneut die Oberhand gewinnen.

Über die gut ausgebaute D 770 und am Faou lang geht es in einem letzten Schwenker über Lanvoy und seine verfallene Kapelle nach **Le Faou** 9, der letzten Station vor der Halbinsel von Crozon. Le Faou, aufgenommen in den erlauchten Kreis der ›schönsten Dörfer Frankreichs‹, lebt hauptsächlich von Touristen, die die aufgeputzte Hauptstraße mit ihren schiefergedeckten Fassaden auf- und abschlendern.

Wem angesichts nicht endender Küste wieder nach Wald ist, begebe sich in die 600 ha große **Forêt du Cranou** 10 6 km westlich von Le Faou. Auf dem Weg liegt **Rumengol** 11. Seit König Gradlon nach glücklicher Rettung durch den hl. Guénolé eine Dankeskapelle zu Ehren der hl. Jungfrau erbauen ließ, gilt Rumengol als Wallfahrtsort allererster Kategorie. An jedem 15. August kreisen die Gläubigen siebenmal um die Kirche aus dem 16. Jh., um Buße für die sieben Todsünden zu leisten.

Die Halbinsel von Crozon

Für gläubige Bretonen erinnert die Form der Halbinsel eindeutig an ein Kreuz. Als heiliger Ort galt die Halbinsel schon keltischen Druiden. Von Le Faou folgt die D 791 den Ufern des Aulne, bevor es im eleganten Schwung über eine Brücke auf die Halbinsel geht. Durch die dichten Wälder lugt (schon etwas vor der Brücke) die in den 50er Jahren neugebaute Benediktinerabtei von **Landévennec** 12 (s. S. 270). Zu ihr gelangt man über eine Straße, die auf dem anderen Aulne-Ufer an einer Halbinsel endet. Nicht das neue Kloster ist von Interesse, sondern die Ruinen der einst vom hl. Guénolé gegründete Abtei. Der legendäre König Gradlon soll hier seine letzte Ruhestätte gefunden haben, was die Aufständischen der Französischen Revolution nicht daran hinderte, den romanischen Bau nach der Klosteraufhebung als Steinbruch zu nutzen. Es blieben kärgliche Mauerreste, wenige Kapitelle mit immerhin keltisch inspiriertem Schmuck, niedergemähte Säulen – und die lauschige Lage an der Aulne-Mündung.

An der Nordflanke der Halbinsel unterhält die französische Kriegsmarine eine Basis für Atom-U-Boote. Fotografieren strengstens verboten! Hier werden zudem künftige Offiziere zur See ausgebildet, um am Ende der Grundausbildung für ein halbes Jahr an Bord des Flugzeugträgers Jeanne d'Arc um die Welt zu kreuzen. Nicht wundern also, wenn neben Fischerbooten auch Korvetten vor der Küste kreuzen.

Hübsch – trotz der waffenrasselnden Nachbarschaft – ist der Hafen **Le Fret** 13 allemal anzusehn. Von der sichelförmigen Bucht, wo die Fähre von Brest anlegt, reicht die Aussicht bis zur Halbinsel von Plougastel. Malerisch liegen

Die Hafenmole und der Leuchtturm von Camaret

Schiffswracks am Ufer, deren Holzkiele zum Teil bis auf das hölzerne Skelett der geschwungenen Querbalken verfault sind.

Bis zur Pointe des Espagnols versinkt die Küstenstraße in dichtwucherndem Grün, um regelmäßig in niedrigem Ginster- und Heidekraut wiederaufzutauchen. Im Wasser ragen ein paar unbewohnte karge Felsinselchen hervor. Zur Küste säumen verfallene Festungsanlagen aus dem 19. Jh. den Weg.

Die **Pointe des Espagnols** 14 markiert die engste Stelle im ›Flaschenhals von Brest‹, wie die Zufahrt zur Reede genannt wird. Die strategisch günstige Lage nutzten im Jahre 1594 die Spanier zum Bau einer Festung, von der aus Brests Hafen spielend zu kontrollieren war. Doch die Freude währte nicht lange. Noch im selben Jahr ließ Heinrich IV. von Frankreich zum Angriff blasen, bei dem alle 400 Mannen der spanischen Garnison umkamen.

Camaret

15 (s. S. 251) Die Pointe des Espagnols schirmt Camaret nach Nordwesten wie ein dicker Buckel ab. Im Hafen nimmt die Geschichte von Krieg und Eroberung kein Ende. Vor fast 200 Jahren, im Mai 1801, sah die Welt hier das erste U-Boot unter Wasser tauchen. Der Erfinder war kein Franzose, sondern der Amerikaner Robert Fulton. Seine »Nautilus« maß zwar nur knapp 2 m, sollte jedoch mit einer Ladung Sprengstoff an Bord und dank mechanisch betriebener Ruder zur entscheidenden Waffe im englisch-französischen Kampf um die Vorherrschaft im Ärmelkanal aufgerüstet werden. Napoleon, damals erster Konsul, zeigte sich unbeeindruckt. Mister Fulton ging beleidigt zurück in die Vereinigten Staaten. Camaret sollte bis zum Zweiten Weltkrieg von U-Booten verschont bleiben. Dann allerdings durchsiebten deutsche U-Boote die See

um die Halbinsel, die zum ersten Mal von einer fremden Macht besetzt wurde. Ein früherer Invasionsversuch scheiterte kläglich am erbitterten Widerstand von Camaret. Als im Juni 1694 eine englisch-niederländische Armada vor dem Hafen aufkreuzte, gingen die feindlichen Schiffe mit 1200 Mann im Kanonenbeschuß unter.

Hauptattraktion ist der **Sillon,** ein 600 m langer sichelförmiger Naturdamm, der den Hafen zum offenen Meer schützt. An seine Rückseite schmiegt sich die **Plage du Corréjou.** Der Hausstrand von Camaret ist bei Ebbe ein breiter Sandstreifen, der bei Flut zur schmalen Kieselbank zusammenschrumpft. In der 1517 errichteten **Kapelle Notre-Dame-de-Rocamadour,** deren Glokkenturm in der Seeschlacht von 1694 durch eine englische Kanonenkugel enthauptet wurde, hängen einige Schiffs-Ex-Votos unter dem Gebälk. Der Name des kürzlich renovierten Kirchleins verweist auf einen Pilgerort im französischen Südwesten, zu dem seinerzeit viele Bretonen zu pilgern pflegten.

Aufgebockt in haushohen Stahlkonstruktionen bieten die buntlackierten Kiele von Langustenkuttern ein paar Schritt weiter der Kirche Paroli. Zum Teil gigantische Schiffsrümpfe liegen zerborsten auf der gesamten Länge des Sillon. Seit langem vorbei sind die Tage, da Camaret Frankreichs wichtigster Langustenhafen war. Seit der Jahrhundertwende liefen die furchtlosen Fischer zu den Scilly Islands, den Küsten Portugals, Marokkos, Mauretaniens, Südafrikas und Madagaskars aus. Dann setzte der sogenannte ›Langustenkrieg‹ der großen Fahrt ein Ende. Portugal beanspruchte seine Küsten für die eigenen Fischer, Marokko und Mauretanien ließen nach der Entkolonialisierung französische Fischer nicht länger in ihren Hoheitsgewässern zu. Im Hafen von Camaret wurde es deutlich stiller, bis Sportsegler und Sommertouristen die Szenerie wieder belebten. Im 3000-Einwohner-Ort ist von Mitte Juli bis Ende August die Nacht in den zahlreichen Kneipen am Kai lang.

Den **Vauban-Turm,** ein achteckiges, ziegelrotes Bauwerk, entwarf der berühmte Festungsbauer 1689. Schon bald bewährte sich der Turm in der Seeschlacht von 1694. In den klobigen Mauern zeigt das Musée Historique et Naval Schiffsmodelle, Manuskripte des bretonischen Surrealisten St-Pol-Roux sowie einige Stiche zur Lokalgeschichte.

Oberhalb der Häuserzeile am Hafen staffeln sich dichtgedrängt ein, zwei weitere Häuserreihen. Ganz im Westen nimmt die Mole des neuen Fischereihafens mit dem Sillon gegenüber die Bucht in die Zange. Am Hafen deuten Hangars darauf hin, daß der Fischfang noch nicht ganz in die Bedeutungslosigkeit abgesunken ist. Hier legen auch die Fähren zur Ile d'Ouessant ab.

Ein schöner Spaziergang führt an einem Nachmittag zu drei Kaps. Hinter der Plage du Corréjou folgt man immer dem gut markierten **Küstenwanderweg** 16 *(sentier côtier).* Vorbei an Bunkern aus dem Zweiten Weltkrieg und Bastionen des letzten Jahrhunderts geht es zunächst zur heidekrautbedeckten **Pointe du Grand Gouin,** die einen wunderbaren Blick auf die Bucht von Camaret erlaubt. Ganz bis in die nächste Spitze darf man nicht: Die westlichste Nase der **Pointe du Toulinguet** ist militärisches Sperrgebiet. Und dies nicht erst seit gestern, wie das von einem Leuchtturm gekrönte alte Fort beweist.

Ein traumhafter Sandstrand verführt an der anschließenden **Anse de Pen-Hat** zum Faulenzen. Hoch in den Dünen machen die Ecktürme des 1944 zerbombten Herrenhauses von St-Pol-Roux neugierig. Als der Manoir de Coecilian zerstört wurde, ruhte der Dichter längst auf dem Friedhof von Camaret. 1940 hatten deutsche Soldaten seinen Besitz geplündert, die Tochter vergewaltigt und etliche Manuskripte verbrannt. Schwer angeschlagen, starb St-Pol-Roux wenige Tage später im Krankenhaus von Brest. Hinter der zerstörten Villa stehen die Menhirreihen von Lagatjar friedlich wie seit Jahrtausenden auf der Wiese.

Der Krieg begleitet die Wanderung weiterhin. In einem Bunker auf dem Weg zur **Pointe de Pen-Hir** ist ein kleines Museum zur Atlantikschlacht untergebracht. Die Pointe selber ist immer gut besucht. Ein Monumentaldenkmal erinnert an die Gefallenen des Zweiten Weltkriegs. Der Pointe vorgelagert sind ein paar Felsen in der rauhen See, der Tas de Pois, zu deutsch Erbsenhaufen. Sie sind wie die Landspitze Teil eines Vogelschutzgebiets. 70 m hoch trotz das zerspaltene, unzugängliche Felskap den Fluten.

Crozon und Morgat

Von Camaret fährt man in wenigen Minuten nach Crozon. Die gut ausgebaute Straße führt dicht an die Anse de Dinan heran. Bei kräftigem Wind ist die Anse de Dinan ein beliebter Treffpunkt für Surfer. Kommt das Meer ordentlich in Fahrt, werfen die Fluten Sand auf die Straße. **Crozon** 17 (s. S. 258) hat bei der Ankunft wenig Einnehmendes zu bieten. Der in alle Himmelsrichtungen mit Supermärkten, Wohnblöcken und Einfamilienhäuschen auswabernde Hauptort der Halbinsel scheint allmählich aus den Nähten zu platzen. Um die Kirche blieb dank einiger alter Häuser ein heimeliges Quartier erhalten, das die Durchfahrtsschneise der D 8 mit den unumgänglichen, dabei stets zu groß geratenen Kreisverkehren vergessen läßt. Zu besichtigen lohnt der 1602 geschnitzte Altar in der Kirche. Auf 29 Holztafeln tummeln sich über 400 buntbemalte Figuren, die das Martyrium der thebäischen Legion darstellen – es fehlt also nicht an blutigen Szenen.

Mit **Morgat** 18 (s. S. 276), wohin die Straße in leichtem Bogen sanft abfällt, ist Crozon verwachsen. Der einstige Sardinen- und Thunfischhafen hat sich in sein Schicksal als beliebter Ferienort ergeben. Der breite Sandstrand sowie die seit 1841 zur Besichtigung freigegebenen Grotten in den Felsen links und rechts des Strands ließen keine Wahl. Bunt schimmernd fällt das Licht in die Höhlen, zu denen Bötchen vom Hafenkai aufbrechen. Die Grotte de l'Autel, zwischen deren spitzen Felsen sich das offene Boot durchlaviert, mißt 900 m Länge. Es folgen die Grotte Ste-Marine und Chambre du Diable sowie die Felsnadeln der Cheminée des Cormorans. Bei Ebbe sind die Grotten kurz hinter der Pointe de Morgat auch zu Fuß zu erreichen. Kein Geringerer als der Automobilfabrikant Armand Peugeot lancierte den Ort, der bis in die 30er Jahre bei betuchten Parisern *en vogue* blieb. Von den Pioniertagen der Sommerfrische zeugen Villen sowie das nach wie vor hochelegante Grand Hôtel de la Mer. Der Jachthafen wurde vor Jahren vergrößert, so daß Morgat zusehends ein Ankerplatz für Segler wird.

Von Morgat aus läßt sich das **Cap de la Chèvre** 19 in einer Tagestour umwandern. Der gelb markierte Küstenwanderweg beginnt an der ersten Hafenmole und verläuft am kleinen Leuchtturmhäuschen vorbei immer oberhalb der ockergelben Klippen zum Kap. Dichter Kiefernwald erlaubt am Anfang nur ab und zu den Blick auf den türkis und königsblau leuchtenden Atlantik. Farn und Brombeersträucher wuchern hüftbis schulterhoch. Auf verwunschenen Felsvorsprüngen läßt sich herrlich rasten, an der Pointe de St-Hernot mit der vorgelagerten Ile Vierge auch gefahrlos baden. Kilometer auf Kilometer hat die Landschaft ihre urtümliche Schönheit bewahrt. Kurz vor dem Kap windet sich der Weg durch die überwucherten Ruinen einer verlassenen Siedlung. Am Cap de la Chèvre weicht die üppige Vegetation nacktem Fels mit spärlichem Heidewuchs. Der Leuchtturm setzt den 100 m hohen Klippen noch eins drauf. Über die Bucht von Douarnenez ist der gewaltige Felsrücken der Pointe du Raz gut auszumachen. Die abgeschiedenen Dörfer hinter dem Leuchtturm sind längst fest in der Hand von Ferienhausbesitzern, haben von ihrem Charme jedoch nichts eingebüßt. Aus grob behauenem Granit gebaut, ducken die Häuschen sich ins Gras. Hecken schützen vor dem Wind, der unablässig an Hortensien, Petunien und Geranien zurrt.

Auf der Westseite des Kaps erstreckt sich mit der endlosen Dünenlandschaft der **Plage de la Palud** 20 der schönste Strand der gesamten Halbinsel. Vorsicht, am kilometerlangen Sand ist das Baden wegen Unterströmungen und hoher Wellen nicht ganz ungefährlich. Nach Norden baut sich die Küste erneut zu hohen Klippen auf.

An der **Pointe de Dinan** 21 haben die heftigen Kräfte der Erosion einen Bogen aus dem Fels gehöhlt, der so wie von Menschenhand geschaffen wirkt – weshalb man die Formation Château de Dinan getauft hat. Quer durch das Kap führt die Tageswanderung über in Mulden getauchte Dörfer und Felder nach Morgat zurück.

Ménez-Hom

Östlich von Morgat schließt die Plage de l'Aber mit einer Sandbank und einem Sumpfgebiet an, in dem man eine Reiherkolonie beobachten kann. Es lohnt sich, bei der Weiterfahrt in Richtung Châteaulin statt der D 887 die kleine Nebenstrecke an der Küste zu wählen. Hafenidyllen wie die von **St-Nic,** abgelegene Strände und unberührte Natur entschädigen für den Umweg. Ein letzter Schlenker führt zur einsam kurz vor der Küste gelegenen **Kapelle St-Côme** sowie einem Heilbrunnen in der Nähe und zurück auf die D 887.

Das Ziel steht unübersehbar fest. Mit 330 m ist der **Ménez-Hom** 22 ein Gigant unter den bretonischen Bergen. Auf seinen kahlen Gipfel, dessen Höhe immerhin ausreicht, um Wolkenbänke aufzustauen, führt eine Straße. De Gaulle nutzte den ersten Tag seines Ruhestands zur Besteigung des Ménez-Hom, der zu den heiligsten Orten der Bretagne zählt. Der Panoramablick in alle Himmelsrichtungen zählt zweifelsfrei zu den ergreifendsten Momenten jeder Reise in den tiefen Westen des Landes. Zum Meer breiten sich die Halbinseln von Crozon und Plougastel sowie die Pointe du Raz im Blau des Atlantiks aus, zur Landseite die Höhenzüge der Monts d'Arrée und der Montagnes Noires im dunklen Grün von Wäldern und Farn.

Am Fuß des kargen Plateaus zerteilt die Straße nach Châteaulin das anheimelnde Ensemble von **Ste-Marie du Ménez-Hom** 23. Ein Barocktor kündigt den umfriedeten Pfarrbezirk an, dessen Zugang zur einen Seite wie so oft eine Steinschwelle erschwert: So glaubte man früher, böse Gnomen und Zwerge abzuhalten.

Mit 330 m ist der Ménez-Hom ein Gigant unter den Erhebungen der Bretagne

Châteaulin und Ste-Anne-la-Palud

In **Châteaulin** 24 bestimmt die Aulne das Bild der 6000-Einwohnerstadt. Die Zeit scheint still zu stehen oder an Châteaulin schlicht vorbeizugehen. Bäume spenden auf beiden Ufern Schatten. Der Rest ist das Beispiel ansehnlicher Provinz, hübsch in einer Aulne-Schleife gelegen. Es gäbe sonst wenig über den Ort zu sagen, wäre da nicht die ebenfalls unter schattigen Bäumen gelegene Chapelle Notre-Dame samt Beinhaus, an die ein paar schmucke Natursteinhäuser rücken. Etwas höher läßt sich die ehemalige Burg anhand einiger Ruinen nur noch erahnen.

Über die Dörfer Cast und Plonévez-Porzay geht es zurück ans Meer nach **Ste-Anne-la-Palud** 25 (s. S. 300), dem Endpunkt dieser Tour zwischen Bergen und Meer. Zur schmucklosen Kapelle auf einer Wiese in der Nähe des Weilers pilgern am letzten Augustsonntag Tausende Gläubige wie auch Schaulustige. Innen steht eine Statue der hl. Anna von 1548. Die Wallfahrt zählt zu den höchsten kirchlichen Feierlichkeiten der Bretagne, gilt doch Anna als Schutzheilige der gesamten Provinz. Den Rest des Jahres herrscht dafür Ruhe. Die majestätischen Sandstrände bieten Platz genug, um die Urlauber der Campingplätze ringsherum ohne Enge zu verteilen.

Soviel freie Luft hat 1856 Jean-Marie Le Bris zu ersten Segelflugversuchen animiert, bei denen ein Pferd das selbstgebastelte Fluggefährt wie einen Drachen zog. Ein Denkmal zu Ehren des Flugpioniers erinnert an die kühne Tat.

CM 231642
CM 185160

Kontraste auf dem Weg nach Süden

Frankreichs äußerster Westen: Von Douarnenez zur Pointe du Raz

80 km, 1 Tag

Immer geradeaus: Amerika. Im Rücken: der gesamte alte Kontinent Europa. Ringsherum: nackter Fels und Heidekraut, durch das abgesteckte Fußwege die Besucherscharen kanalisieren. An der Pointe du Raz, Frankreichs wildestem Westkap, wurde in den letzten Jahren kräftig aufgeräumt. Boutiquen und Hotels mußten der Abrißbirne weichen. Der hehre Titel *»Grand Site National«* verpflichtete zu den durchgreifenden Maßnahmen, denn das Cap Sizun leidet unter seiner spektakulären Lage am Ende der Welt. Kaum ein Bretagne-Besucher fährt an der berühmten Landspitze vorbei. Im Gegenzug entvölkert sich vor allem die rauhe Nordflanke, wo mittlerweile weniger als 50 Menschen pro km² leben. Höfe, die bei mageren Böden durchschnittlich ganze 7 ha groß sind, bieten keinen Lebensunterhalt mehr. Der Weg zum nächsten Arbeitsplatz ist weit. Die Kleinstädte Audierne und Pont-Croix können bei weiten nicht alle Wegziehenden aufnehmen. Im Winter verfallen beide in tiefen Schlaf. Nicht so Douarnenez: Der größte Ort dieser Etappe lebt das ganze Jahr über hauptsächlich vom Fischfang. Für Reisende bedeutet das Cap Sizun trotz einiger Bilderbuchbuchten erst in zweiter Linie Badefreuden. Hauptattraktion ist der Gang über schroffe Klippen. So ungezähmt ist selbst die Bretagne selten. Brutkolonien seltener Seevögel steigern das Naturerlebnis. Mit etwas Glück sieht man Tölpellummen und Papageientaucher.

◁ *Die Hafenmole von Camaret*

Locronan

1 (s. S. 273) Eine geballte Ladung Kultur steht vor dem Naturerlebnis am Cap. Locronan, das nicht einmal 1000 Einwohner zählt, stieg im 15. Jh. zur reichen Tuchhändlerstadt auf. 300 Jahre lang liefen die Geschäfte mit Segelstoffen bestens. Am Hauptplatz entstand ein solider Bürgerpalast neben dem anderen. Als die Flaute den Tuchhandel traf, blieb die Stadt das stolze Ensemble aus grauem Granit. Seit den 60er Jahren diente Locronan mehrmals als Filmkulisse. Den Dreharbeiten für Roman Polanskis Film »Tess« verdankt die Stadt, daß seit 1979 keine Stromleitungen das Idyll verunzieren. Der Regisseur ließ die störende Technik in der Erde neu verlegen. Locus (lat. Ort) und Ronan, der Name eines irischen Mönchs, der im 10. Jh. am Rand des dichten Névet-Waldes die Einsamkeit suchte, ergeben Locronan. Die Intrigen eines eifersüchtigen Bauernweibs verscheuchten den frommen Eremiten wieder. Als er bei St-Brieuc starb, stritten gleich drei Territorialfürsten um die Ehre, dem heiligen Mann das Begräbnis auszurichten. Ein Ochse, der vor den Leichenkarren gespannt wurde, fällte schließlich die Entscheidung. Das Rindvieh rührte sich in der Forêt de Névet nicht mehr vom Fleck. Locronans Geburtsstunde schlug. Durch weitere Wunder angelockt, besiedelten immer mehr Pilger den Weiler.

Locronan ist heute erneut ein vielbesuchter Ort. Um den Ansturm auf die Kopfsteinpflaster- und Granitfassadenheimeligkeit zu verkraften, wurde der Verkehr ausgesperrt. Vom Parkplatz sind

Die Kirche St-Ronan in Locronan

es jedoch nur wenige Schritte bis zur Place de l'Eglise. Am schönsten ist die Ankunft über die Rue du Prieuré, die auf die beiden Portale der **Kirche St-Ronan** und der **Chapelle du Pénity** zuläuft. Die Kirche mit dem weithin unübersehbaren Turm entstand 1420–44. Seine Spitze verlor das Gotteshaus 1808 durch einen Blitzeinschlag, was den viereckigen Turm um so klobiger wirken läßt. Als der Bau aus dunklem Granit fertig war, blieb anscheinend noch immer genug Geld, um eine Grabkapelle für die sterblichen Überreste des hl. Ronan neben die Kirche zu setzen. Beide Bauten sind miteinander verbunden. Zusammen ergeben sie ein vollendetes Beispiel bretonischer Hochgotik. Gleich in der Vorhalle empfängt eine Statue des Heiligen. Innen stößt Ronan selbst im Tode noch kraftvoll auf das Böse ein: Die auf das Grab dahingebettete Steinfigur des Heiligen erledigt mit dem Krummstab einen Drachen. An der hölzernen Kanzel erzählen bunt bemalte Medaillons wie ein Comic-Strip das Leben des hl. Ronan. Ein weiteres Bilderbuch ist das Hauptfenster aus dem

Im Museumshafen von Douarnenez

15. Jh. Es teilt sich in 18 Szenen aus der Passionsgeschichte Christi auf.

Die Häuser an der **Place de l'Eglise** sind zwar an die 300 Jahre jünger als die Kirche, bei ihrem Bau wurde jedoch derselbe dunkle Granit benutzt. Der Brunnen stammt erst aus dem 19. Jh. Es liegt vor allem am Stein, daß das Ganze dennoch wie aus einem Guß wirkt. Boutiquen für Seemannspullover und bretonisches Kunsthandwerk nehmen Haus für Haus in Beschlag, halten sich jedoch mit Schildern und Auslagen dezent zurück. Zur **Kapelle Notre-Dame-de-Bonne-Nouvelle** gelangt man über die abschüssige Rue Moal. Neben der Kapelle ragt ein Kalvarienkreuz in den Himmel. Brunnen und Waschhaus ergänzen den hübschen kleinen Platz. Im beschaulichen **Museum** beim Office du Tourisme sind Werke von Malern ausgestellt, die sich Locronan zum Thema gemacht haben. Eine originalgetreu eingerichtete Weberstube erinnert an die Blütezeit des Städtchens.

Einmal im Jahr wiegt die Zahl gläubiger Bretonen die der aus aller Welt anreisenden Touristen auf. Zur **Petite Troménie** Mitte Juli sind Tausende auf den Beinen, um den mit 30 Figuren geschmückten Parcours des hl. Ronan abzuschreiten. Die Reliquien und Banner voran, geht es durch Felder und Wälder. Alle sechs Jahre wird das Pardon zum Großereignis, der **Grande Troménie.** Der 12 km lange Parcours zeichnet den lokalen Wirkungskreis des Heiligen nach; Höhepunkt ist die Besteigung der 285 m hohen Montagne de Locronan im Osten. Für die stimmige Inszenierung des farbenfrohen Umzugs zeichnen seit Generationen dieselben Familien verantwortlich. Ihnen obliegt es, Hindernisse wegzuräumen und 40 Hütten aufzustellen, die die Schicksalsetappen des hl. Ronan markieren.

Douarnenez

2 (s. S. 261) Eine andere Welt als die im betulichen Locronan tut sich in der 18 000 Einwohner zählenden Hafenstadt auf. Es riecht nach Teer und Fisch, Möwen krächzen über den fabrikgroßen

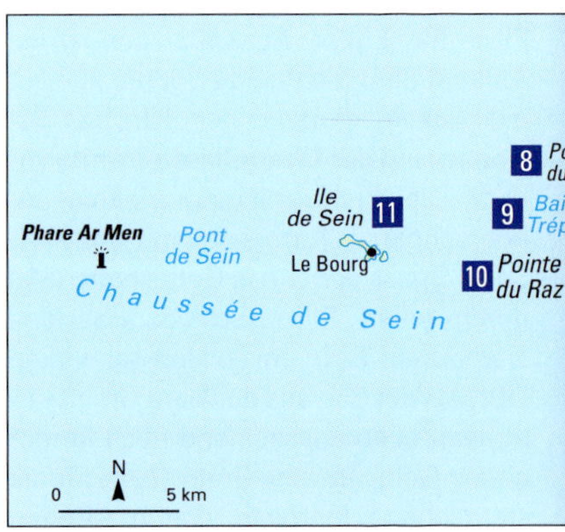

Fischhallen am Port du Rosmeur. Douarnenez galt vor 100 Jahren als der größte Sardinenfischereihafen Europas. Die gesamte Stadt östlich der Rivière de Port Rhu war damals Hafenzone, während sich westlich des Flusses im Stadtteil Tréboul Sommerfrischler vergnügten. Im großen und ganzen blieb es dabei. Um den alten Fischereihafen Port du Rosmeur und die Ile Tristan an der Mündung der Rivière de Port Rhu liegen überall Netze zum Trocknen aus. Gleich daneben kommen am neuen Fischereihafen Werften und Konservenfabriken hinzu. Drei Fischfabriken verarbeiten jährlich 25 000 t Fisch, Schalentiere und Jakobsmuscheln; Douarnenez ist damit Frankreichs fünftgrößter Fischereihafen.

Die Gassen oberhalb des Port du Rosmeur wirken karg und streng. Atmosphäre findet man vor allem in den Stichgassen hinter den Quais du Grand und du Petit Port. Die Rue du Port Rhu führt vorbei an der **Chapelle St-Michel** zur Place de l'Enfer. Die Decke des barocken Kirchleins schmücken 52 buntbemalte Holztafeln. Zum Quai du Port Rhu öffnet sich die **Place de l'Enfer** mit Kneipen, Crêperien. Der Platz und die Kais beherbergen mit dem **Musée du Bateau** zudem die größte touristische Attraktion von Douarnenez. Ein Schiffsrumpf zeigt an, was man im Museum, einer ehemaligen Konservenfabrik, bestaunen darf: Schiffe aus allen seefahrenden Kulturen. Als schwimmendes Anschauungsmaterial kommt die Sammlung alter Schiffe im Museumshafen des Port Rhu hinzu. Ein Eisensteg, über den man zum Ortsteil Tréboul samt Jachthafen und dem weißen Sandstrand Les Sables Blancs spazieren kann, riegelt das Hafenbecken ab. Will ein Schiff heraus, hebt die Passerelle ihr Mittelstück wie Krebsscheren in die Luft. Auf einige der historischen Segelschiffe sowie ein Feuerschiff und einen Thunfischkutter darf man zur Besichtigung an Bord gehen.

Vor der Hafeneinfahrt liegt die dichtbewaldete **Ile Tristan** malerisch im Wasser. Sie ist mitsamt des feudalen Herrenhauses am Ufer Privatbesitz. Der Name verweist auf die allseits bekannte Sage, laut der der mittelalterliche Held nach dem unglücklichen Ausgang seiner Liebe zur holden Isolde auf dem Inselchen gelandet sei. Sollte die Geschichte wahr sein, wäre Tristan nicht der einzige prominente Besucher der Insel. Verbürgt ist die Geschichte des Banditen La Fontelle. Bevor er 1602 nach der Festnahme aufs Rad geflochten wurde, verschanzte sich der Schrecken

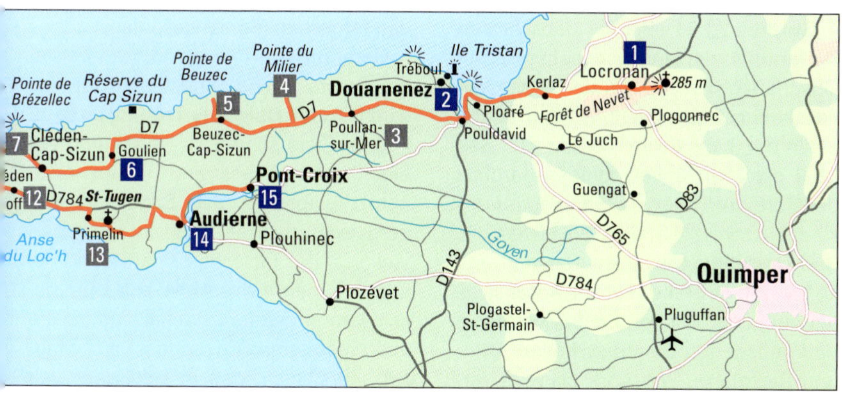

der gesamten Region auf der Ile Tristan.

Hoch über der Rivière de Port Rhu verbindet der **Grand Pont** Douarnenez und Tréboul. Das Stahlgitterkonstrukt auf Steinstelzen ist ein Glücksfall für jeden Hobbyfotografen. Nichts steht der Linse im Weg. Das Panorama umfaßt den Museumshafen, die Ile Tristan und die grünen, von Schiffswracks gesäumten Ufer der Rivière de Port Rhu.

Cap Sizun und die Pointe du Raz

Die gesamte Nordflanke des Cap Sizun franst zum Meer in unzähligen Felsvorsprüngen und Kaps aus. Um so erstaunlicher sind die anfangs friedlich-ländlichen Bilder, die auf der Fahrt über Poullan-sur-Mer und Beuzec-Cap Sizun vorbeiziehen. Hecken schirmen Weiden und Felder ab, Wiesen bedecken Mulden und Hügel. Ortsnamen wie Kermenhir deuten auf tief im Land versteckte Dolmen und Menhire hin. An der Kirche von **Poullan-sur-Mer** 3 bezeugen die in Stein gehauenen Schiffe, daß die Bewohner des Cap Sizun traditionell auf den Fischreichtum des Atlantiks vertrauten. Auf der **Pointe du Milier** 4 warnt ein Leuchtturm die nach Douarnenez einlaufenden Schiffe. Dramatischer ist der Blick von der **Pointe de Beuzec** 5.

Goulien 6 ist eins der hübschesten Dörfer unter den ansonsten eher kargen Ortschaften des Cap. An der Kirche stehen einige kleine Menhire, von denen einer mit Längsrillen verziert ist. Seit 1959 die 70 m hohen Klippen nördlich des Dorfs zur *Réserve ornithologique* erklärt wurden, gilt Goulien als Mekka des Birdwatching. Ein 2 km langer und knapp 300 m breiter Feuchtwiesenstreifen längs der Klippen bietet Zugvögeln und gefiederten Dauerbewohnern Brut- und Rastplätze. Von April bis Juni verleiht die Verwaltung des Vogelschutzgebiets Fernrohre zur Beobachtung nistender Tordapinguine, Dreizehenmöwen oder Haubenkormorane. Mehr sieht man jedoch auf einer der geführten Birdwatching-Wanderungen der Maison de la Réserve.

Cléden-Cap Sizun 7 lohnt wegen der Dorfkirche einen kleinen Umweg. Über dem Südportal von St-Clet betonen Schiffchen erneut die enge Verbundenheit mit dem allgegenwärtigen Meer.

Die Pointe de Brézellec übertrifft an Wildheit alle bisherigen Felsnasen an der Nordflanke des Cap Sizun, muß freilich ebenso wie die Pointe de Castelmeur vor den 65 m hohen Klippen der **Pointe du Van** 8 zurückstecken. Ein großer Parkplatz läßt keinen Zweifel daran, daß ein Höhepunkt am Cap Sizun erreicht ist. Nach Westen rückt die Pointe du Raz, der westlichste Zipfel Frankreichs, in den bedrohlich nachtblauen Atlantik. Ein betörend schöner Wanderweg verbindet die beiden Hauptattraktionen des Kaps. In knapp 2 Std. streift der Pfad die wie ein letztes Mahnmal für die Ohnmacht des Menschen dicht an die Klippen gesetzte Chapelle St-They. Am steingefaßten Brunnen etwas weiter konnten sich die für ihre Männer bittenden Fischersfrauen den trockenen Mund ausspülen.

Gerahmt von den grandiosen Felsen der Pointe du Raz und Pointe du Van liegt bald die **Baie des Trépassés** 9 zu Füßen. Zwei schmucke Hotels und ein einladender Sandstrand lassen noch beim Ausbreiten des Badehandtuchs vergessen, daß die Bucht ihren Namen vielleicht der Tatsache verdankt, daß besonders viele Ertrunkene ans Ufer geschwemmt wurden. Zweifel sind bei soviel Seemannsgarn angebracht. Möglich wäre auch, daß in keltlischer Zeit

Im Vogelreservat von Cap Sizun

Verstorbene von hier auf kleinen Barken zur letzten Reise auf See geschickt wurden. Wie auch immer, die Baie des Trépassés ist ein unvergleichlich schöner Platz.

Bleibt die **Pointe du Raz** 10. Das Besucherzentrum, ein Komplex aus Informationsbüro, Boutiquen, Cafés und Crêperien, versteckt sich unter begrünten Dächern und hinter Mauern aus Naturstein. Wer die Füße schonen möchte, kann in den Pendelbus zum Signalturm einsteigen. Alle anderen motorisierten Fahrzeuge sind seit 1997 vom Grand Site National verbannt. Verschwunden sind ebenfalls ein Restaurant, ein Hotel in absoluter Ende-der-Welt-Lage, ein Brei aus Ramschboutiquen und schludrigen Cafés sowie eine gähnende Parkplatzbrache. Sorgsam wird die Fläche renaturiert. Schon sprießen Ginster und Heide wieder üppig. Damit das so bleibt, legte man Fußwege an, die die vorher in alle Himmelsrichtungen ausufernden Trampelpfade ersetzen. Geblieben sind der Signalturm und die Beobachtungsbasis der Armee sowie die pathetische Statue von Notre-Dame-des-Trépassés. Wenige Meter weiter endet Europa in Felstrümmern. Die äußerste Kapspitze hat der brodelnde Atlantik in einen Haufen Granitbrocken zerschmettert. Bei Sturm läuft das Wasser Amok gegen die Klippen. In den Strudeln behaupten sich die Leuchttürme Phare de la Vieille und Phare de la Plate. Nur bei klarer Sicht erblickt man den 20 km vor der Küste aus den Fluten ragenden Phare d'Ar Men.

Ile de Sein

11 (s. S. 301) Der Volksmund kennt kein Pardon: *»Qui voit Sein, voit sa fin«* (Wer Sein erblickt, sieht seinem Ende entgegen). Die Überfahrt auf das nur 1,5 m aus den Fluten ragende Eiland bedeutete früher ein hohes Risiko. Tückisch säumen Felsen und Riffe die Passage zwischen der Pointe du Raz und der Insel. Mehrmals in der Geschichte Seins

Abriß eines Symbols: Warum das Hôtel de l'Iroise verschwinden mußte

Niemals« warf Madame Le Coz bis zum bitteren Ende ihres Hotels jedem entgegen, der den Weg an die Spitze des Cap Sizun zurücklegte, um sich nach dem Datum ihres Wegzugs zu erkundigen. Ende 1996 war es dann doch soweit. Alle Klagen waren abgeschmettert, diverse Fernsehauftritte hatten zwar die öffentliche Meinung auf Seiten der wackeren Bretonin geschlagen, den Gang der Verwaltungsdinge jedoch nicht aufgehalten. »Das Hotel ist mein Leben«, grollte die Greisin ein letztes Mal in laufende Kameras, dann rollte der Bagger an. So wie die Boutiquen- und Restaurantbesitzer an der Pointe du Raz mußte auch die aus dem nahen Lescoff stammende Hotelbesitzerin weichen.

1950 hatte das Ehepaar Le Coz das 8-Zimmer-Hotelchen mitten zwischen Heidekraut und Ginster gepflanzt. Beim Bau entschied man sich für traditionelle Vorgaben: weiß getünchte Wände, ein Schornstein an jedem Giebel, Schieferdach und Sprossenfenster, voilà. Das fertige Hotel war so schön anzusehen, daß später ein Bild des »Iroise« in keinem Bretagneführer fehlen durfte: Eine Ikone der Bretagne wurde geschaffen. Die Zimmer waren schlicht und günstig, Stammkunden über Jahrzehnte treu. Darunter befanden sich etliche Deutsche, die Madame Fotos vom Hotel bei jeder nur erdenklichen Witterung überließen. Die fand Madame ganz hübsch, wenn auch die Bildästhetik der deutschen Gäste sich von der ihren unterschied: »Das Haus ist zu weit weg auf den Fotos.«

Die schmucken Mauern mit nichts als karger Natur und unendlich viel Blau rundherum gefielen zudem Werbefachleuten, die das Hôtel de l'Iroise ohne Erlaubnis seiner Besitzerin für ganzseitige Anzeigen ablichteten. Sie alle verklagte die seit langem verwitwete Madame Le Coz. So auch eine deutsche Versicherungsgesellschaft, die noch 1994 im Wochenmagazin »Der Spiegel« mit ihrem Besitz warb.

Madame hatte längst Übung im Prozessieren. Seit 1989 drohte ihr die Küstenschutzbehörde mit Räumung. Zum einen fehlte die Baugenehmigung, zum anderen war die Pointe du Raz mittlerweile zum »Grand Site National« erklärt. Frankreich hatte den Umweltschutz entdeckt und legte den Finger auf landschaftliche Wunden. Zwar gaben selbst die Küstenschützer zu, daß das »Iroise« sich ausgesprochen gut auf der Pointe du Raz mache, allein das Gleichheitsprinzip ließ keine Ausnahme zu. Das Hotel – dank Fensehund Presseberichten so berühmt wie das Ritz in Paris oder das Negresco in Nizza – ist nicht mehr. Nur ein paar zertrümmerte Steine im Erdreich erinnern noch solange an das »Iroise«, bis Heide und Ginster wieder alles überwuchert haben.

rollte der Atlantik über die 2 km lange und 800 m breite Insel hinweg, zuletzt 1897, als die Insulaner auf dem Kirchdach zusammengepfercht überlebten. Weizenfelder und Kartoffeläcker wurden längst aufgegeben. Es blieben die schachbrettartig angeordneten Mäuerchen, mit denen einmal der Wind abgehalten werden sollte. Weit und breit gedeiht weder Strauch noch Baum. Der einzige Ort **Le Bourg** legt sich im Halbkreis um die Hafenkais. Dicht an dicht sind die weißgekälkten Häuser wie eine Trutzburg gegen die Bedrohungen der Natur gebaut. Gassen sind just so breit, daß ein Faß hindurch gerollt werden kann. Fischfang ist der traditionelle Lebenserwerb, Tourismus gewinnt daneben zusehends an Terrain. Dennoch entvölkert sich Sein; im Winter zählt man kaum mehr als 300 Köpfe.

Stolz ist man auf die erste Erwähnung der Insel Sena durch den römischen Geographen Pomponius Mela im Jahre 43 n. Chr., noch stolzer jedoch darauf, im Juni 1940 von de Gaulle zu ›einem Viertel Frankreichs‹ erklärt worden zu sein. Auf den Appell des Generals an alle Franzosen, sich nach der Niederlage auf der Stelle nach England zu begeben, verließen zwei Schiffe mit Insulanern den Hafen von Le Bourg. Beim Zusammenschluß der ersten 600 Freiwilligen in London fragte de Gaulle jedes Mitglied der soeben gegründeten France libre-Verbände nach dessen Herkunft. An die 150mal lautete die Antwort: »Sein«. Des Generals Folgerung ging in die Geschichtsbücher ein: »Sein ist also ein Viertel Frankreichs!«

Auf Höhe der schmalsten Landstelle, wo die Insel gerade mal ein paar Meter breit ist, erinnert das von General de Gaulle eingeweihte Monument des Sénans libres an die heroischen Ereignisse.

Westlich von Le Bourg beherbergt die **Kirche St-Guenolé** eine Marienstatue, die zu Prozessionen über die Insel getragen wird. Ein Gemälde ruft die Rettung der Matrosen des im Januar 1918 torpedierten englischen Kriegsschiffs »War Song« in Erinnerung. Ihren Ruf als wackre Retter von Schiffbrüchigen hatten sich die Insulaner bereits zuvor erworben. Der **Leuchtturm St-Corentin** im äußersten Westen der Insel weist seit 1838 den Weg durch Klippen und Riffs der berüchtigten Chaussée de Sein. Daß sein Feuer kein Garant für eine sichere Passage ist, erwies sich 1976 als besonders bitter: Beim Untergang eines Tankers flossen 10 000 t Öl aus, die die Krabben- und Hummerbestände um Sein vernichteten.

Audierne und Pont-Croix

Plogoff 12 wäre nur eins der vielen sich gegen Wind und Wetter behauptenden Straßendörfer auf der Südseite des Cap Sizun, hätten die staatlichen und allmächtigen Elektrizitätswerke EDF sich 1976 nicht den Zorn der Dorfbewohner zugezogen. Die erfuhren nämlich aus der Presse, daß Paris ein Atomkraftwerk zwischen dem Dorf und der Pointe du Raz plane. Der Widerstand erwies sich als ebenso mächtig wie die Gezeiten am Kap. »Nuklel? Nann Trugarez!«, bretonnisierte es aus den Katen. Auf der Welle des Protests schwammen Hunderttausende von Anti-Atomkraftgegnern mit. Keine Landprobe verlief fortan ohne Sabotageakte. Der Staat gerierte sich à la française, mithin obrigkeitsstaatlich. Die Wellen schlugen um so höher. Erst 1981 ließ der frischgewählte Präsident François Mitterrand das Vorhaben ad acta legen. Plogoff hatte sich als moderne Variante des Asterix-Dorfes bewährt. Die ›Hölle von Plogoff‹ hat mit den Ereignissen nichts zu tun. Es handelt sich vielmehr um tiefe Felseinschnitte und Grotten an der Nordseite der Pointe du Raz, die das Meer besonders kräftig aufschäumen lassen.

Bei **Primelin** 13 schlagen die Wellen ausnahmsweise nicht auf Granit, sondern auf den Sand der kleinen Loc'h-Bucht. Neben Badefreuden spricht für Primelin die Chapelle St-Tugen. Der Heilige rangiert ganz oben in der Skala bretonischer Erlöser. Von Zahnschmerz Geplagte und von tollwütigen Hunden Bedrohte können sich vertrauensvoll an Tugen wenden. 1535 begann man mit dem Bau der Kapelle, die im Barock zweimal erweitert wurde. Zum ummauerten Pfarrhof gehören Triumphtor, Friedhof und Kalvarienkreuz sowie ein Brunnen außerhalb der Mauern. Die Apostel erscheinen auf dem Tympanon des Südportals. Geistig Verwirrte und von der Tollwut Befallene, die die am dritten Julisonntag abgehaltene Prozession störten, wurden im sogenannten ›Gefängnis des hl. Tugen‹ im Chor eingeschlossen. Ein Katafalk mit den Statuen von Adam und Eva, Ex-Voto-Schiffchen und kunstvolle Barockmalereien verwandeln die Kapelle in ein prunkvolles Schmuckkästchen.

Audierne 14 (s. S. 242) ist Hafenstadt und dann erst Sommerfrische, wenn sich die Verhältnisse auch allmählich kippen. Die 3000-Seelen-Stadt breitete sich ursprünglich in einer Uferbucht des Goyen kurz vor dessen Mündung aus, hat sich jedoch bis zum offenen Meer vorgearbeitet. Paradestrand ist die Plage du Pouldou im Süden, die zur Stadt ein Leuchtturm begrenzt, während auf der anderen Seite die Fähren zur Ile de Sein ablegen. Auf dem Weg zur Stadt folgt hinter der Raoulic-Mole Audiernes größte Attraktion. Unter recht unscheinbaren, leicht gewölbten Betondächern tummeln sich Langusten, Hummer und Seespinnen in den Zuchtbecken der Vi-

Im Hafen von Audierne

viers d'Audierne. Wer genau wissen will, was außer der Farbe die rote Languste vom blauen Hummer unterscheidet, ist im Genossenschaftsbetrieb an der richtigen Adresse. Wer neben der Besichtigung fürs Abendessen einkaufen möchte, tue dies direkt aus den Bekken. Frischer geht's nicht, und das passende Rezept gibt es gratis dazu. Der Goyen bietet einen geschützten Ankerplatz für die Fischflotte. Hinter den Kais staffeln sich enge Gassen das sanft ansteigende Ufer hoch. Flußabwärts sinken stillgelegte Konservenfabriken in sich zusammen.

In **Pont-Croix** 15 (s. S. 286) endet der gezeitenabhängige Mündungsabschnitt des Goyen, hier wird der Fluß zum Bach, der leicht zu überschreiten war. Daß die Schiffe einst bis hierher den Fluß hochfuhren, zeigt der schlichte Hafen, von dessen Kai aus steile Gassen in den Ort führen. Eine davon ist die Grande-Rue-Chère mit etlichen alten Häusern. Am Hauptplatz zieht das filigrane Südportal von Notre-Dame-de-Roscudon alle Aufmerksamkeit auf sich. Der spitze Hauptgiebel des um 1400 an die ursprünglich romanische Kirche gesetzten Eingangs erinnert mit seinen gotischen Rosetten an englische Kathedralen. Stile und Epochen gehen harmonisch ineinander über. Schiff und Chor blieben vom romanischen Bau, das Taufbecken stammt aus der Renaissance, der Altar prunkt barock. Mit konfessionellen Schulen und katholischen Altersheim mitten im Ort übt die Kirche weiterhin Präsenz.

Das Bigouden-Land

80 km, 1 Tag

Südöstlich von Audierne wechselt die Bretagne schlagartig ihr Gesicht. Schwindelerregende Klippen weichen flachen Stränden, deren Dünen und sacht anhebende Ufer dem Atlantik kaum etwas entgegenzusetzen haben. Wie kaum eine andere bretonische Region trägt das Bigouden-Land ein klares Profil, das sich deutlich vom rauhen Felspanorama des Cap Sizun im Westen und der lieblichen Parklandschaft der Cornouaille im Osten unterscheidet. Alles ist eben und geduckt, Wiesen wie Häuser. Längs der Bucht von Audierne ragen allein die berühmten Spitzhauben der Frauen in die Höhe. Der dank viel Stärke gegen jeden Wind gefeite Kopfschmuck zeugt vom Stolz und Eigenwillen der Menschen in diesem ärmlichen Landstrich.

Bis zur Pointe de la Torche bleiben Äcker und Felder karg, setzen Baum und Strauch seltene Akzente. Für das kontrastlose Hinterland entschädigt die Bucht von Audierne mit endlosen Dünenstränden, die zu den schönsten der gesamten Region gehören. Östlich der Pointe de la Torche ändert die Landschaft zunächst zögernd ihr Gesicht. Zwischen Felsen gekeilte Naturhäfen reihen sich bis zum Odet auf. Man lebt vom Fischfang. Überall tauchen Felsen aus dem Wasser auf, die bei Flut oft nur als weiße Gischthauben auszumachen sind. An den Ufern des Odet scheint das rauhe Leben im Bigouden-Land vergessen. Prächtige Herrensitze und Ferienpaläste lugen aus Kastanien- und Kiefernwäldern hervor. Ein Hauch Riviera liegt über Bénodet: Der Bikini siegt endgültig über die Bigouden-Haube.

Von Pors-Poulhan zur Pointe de la Torche

In **Pors-Poulhan** 1 beginnt eine Uferstraße, die bis Penhors der Küste folgt. Pors-Poulhan bleibt der einzige halbwegs bedeutende Hafen bis zur gut 30 km entfernten Pointe de la Torche. Hier verläuft die Grenze zum Bigouden-Land, was die Statue einer haubengekrönten Bigouden-Frau unmißverständlich zu verstehen gibt. Den Hafen schützt die Pointe de Souch vor dem ungehemmt anrollenden Atlantik. Weiße Häuschen, die in ihrer Bescheidenheit wie aus dem Legoland wirken, machen den herben Charme der Küstendörfer aus. Hecken wachsen schräg nach dem Wind, die wenigen Baumkronen sind windzerzaust. Dann und wann steht ein Menhir verloren in der Landschaft. Spröder ist kein Landstrich der Bretagne. Sand- und Kieselstrände wechseln. Beim Baden sollte man wegen der brachialen Wellen und gezeitenbedingten Strömungen aufpassen und sich auf die in der Hauptsaison bewachten Strände beschränken. **Plozévet** 2 ist der einzige größere Ort im Hinterland. Zwischen Äckern und Wiesen gab eine Quelle den Ausschlag für die Gründung des Dorfs. Sie sprudelt ganz in der Nähe des Südportals der Pfarrkirche St-Démet.

Kurz vorm Weiler Keristenret weicht das Küstensträßchen vom Wasser ab. Im ausgesparten Knick erhebt sich ein **Menhir** 3 am Meer, den eine Inschrift ziert. Ein englischer Major namens Pipon ließ die Buchstaben 1840 zum Gedenken an den Schiffbruch der »Droits de l'Homme« einmeißeln. Pipon war 1797 an Bord des französischen Schiffs, das von einer Reise an die irische Küste zurückkam. Dort sollte die Besatzung den gegen die britische Krone aufständischen Iren Unterstützung leisten. Das Unternehmen mißlang wegen miserablen Wetters. Bei der Rückkehr lauerten englische Kriegsschiffe der »Droits de l'Homme« auf, die nach erbitterter Gegenwehr am Strand von Canté auf Grund lief. 43 Jahre später ließ er eine Inschrift zum Gedenken an seine Rettung in den Menhir hämmern.

Der Hafen von **Penhors** 4 ist so bescheiden wie das kaum drei Dutzend Häuser zählende Dorf. Die Kapelle Notre-Dame-de-Penhors liegt beschaulich an einem Teich. Einmal im Jahr wird der Ort von Gläubigen überschwemmt, die zur Prozession zu Ehren der Muttergottesstatue in der Kirche herbeipilgern. Ansonsten bleibt Penhors ein Hort saumseliger Ferienfreuden. Der Blick auf Kiesel- und Sandstrände lädt zum Verweilen auf einer Caféterrasse ein.

Plovan versteckt sich im sumpfigen Umland des Etang de Kergalan knapp 2 km hinter der Küste. In der Nähe des Teichs taucht die Straße in ein kleines Tal ein. An einer Hügelflanke liegt die 1795 abgebrannte **Kapelle von Languidou** 5. Die Ruine des im 13. Jh. begonnenen Kirchleins macht sich ausgesprochen malerisch vor dem satten Rasen ringsherum. Harmonisch fügen sich die dachlosen romanischen Bögen in die grüne Talsenke ein. Schmuckstück ist eine gotische Chorrosette, deren filigranes Netzwerk Wind und Wetter im Lauf der Jahrhunderte angegriffen haben. Wuchernde Moose und Flechten auf dem Stein machen den Materialverlust jedoch wett.

In Tréguennec kreuzt die D 156 die Route. Sie endet nach 3 km über flaches Land an den Dünen der **Plage de Tréguennec** 6. Außer ein paar im Atlantik allmählich versinkenden Bunkern, die die Deutschen zurückließen, stört kein Bauwerk im makellosen Sand. Bei Ebbe weitet sich der Strand ins Endlose.

Notre-Dame-de-Tronoën

Schüchtern kauert das St-Vio-Kapellchen am Ufer des nächsten Bachtals, das wie schon zuvor in einem Teich kurz vor der Küste endet. Ein Aussichtsplateau weist den Weg zur **Maison de la Baie d'Audierne** 7 direkt am langgezogenen St-Vio-Teich. Über 250 Zugvogelarten bieten die Sumpfwiesen hinter den Dünen Rast- und Nistplätze. Das in einem ehemaligen Gehöft untergebrachte Informationsbüro gibt Auskunft über die ornithologische Vielfalt und die Flora der Schilfflächen.

Die **Kapelle Notre-Dame-de-Tronoën** 8 ist die meistbesuchte Attraktion an der gesamten Bucht. Nur außerhalb der Saison kommt man mit etwas Glück in den Genuß, die einsam zwischen mageren Wiesen gelegene Kirche in der ihr gebührenden Stille zu besichtigen. Bei der Anfahrt empfiehlt sich ein kleiner Umweg. Wer von Osten aus Richtung St-Jean-Trolimon auf Notre-Dame-de-Tronoën zufährt, begreift, welchen Eindruck der langsam aus den sachten Hügeln auftauchende Bau auf Pilger gehabt haben muß. Wie Neptuns Dreizack sticht der von zwei Seitentürmchen flankierte Hauptturm in den Himmel. Erst kurz vor der Ankunft schälen sich ein Gehöft und der berühmte Calvaire aus der Landschaft. Durch eins der beiden hochgotischen Südportale gelangt man in die Kirche, deren größter Schmuck die aufstrebenden Pfeiler und Gewölbe sind.

Gegen den **Calvaire** hat die Kirche jedoch keine Chance in der Besuchergunst. Über einem schlichten, aus Granitblöcken zusammengesetzten Sockel spulen in Augenhöhe zwei Reliefetagen die Leidensgeschichte Christi bis zur Kreuzigung ab. Szene um Szene wird en détail erzählt, wenn auch etliche Feinheiten in den Gesichtern der Figuren bis zur Unkenntlichkeit verwaschen sind. Seit mindestens 1450 trotzt das Granitmonument der salzhaltigen feuchten Luft und den Steinflechten. Der Calvaire gilt als der älteste der gesamten Bretagne. An der von Wind und Wetter abgewandten Nordseite blieb der Figurenschmuck nahezu unversehrt erhalten. Hier räkelt sich Maria geradezu wohlig und gar nicht schamhaft mit entblößter Brust im Wöchnerinnenbett, während das Jesuskind mit der Weltkugel in der

Das Bigouden-Land

Hand seine Herrschaft antritt. Die deutlich zu klein geratenen Heiligen Drei Könige wohnen der Szene bei. Einmalig, weil sonst an keinem anderen Calvaire zu finden, ist das Erscheinen des auferstandenen Heilands im Gärtnerkostüm bei Maria Magdalena. Wegen der Schäden schwer zu erkennen sind dagegen die meisten anderen Szenen. Selbst die drei Kreuze auf dem Calvaire scheinen sich im Laufe der Jahrhunderte vor den Kräften der Natur verneigt zu haben. Engel fangen auf dem Mittelkreuz das Blut Christi in Kelchen über den Köpfen Marias und des Heiligen Johannes auf.

Das breite Sandband der Plage de Tronoën reicht bis zur **Pointe de la Torche** 9. Surfer und Funborder kommen an den Sandstränden zu beiden Seiten auf ihre Kosten. Ein Pfad umrundet die Spitze, deren exponierte Lage zu keltischer Zeit als Grablege gewählt wurde. Ein Langgrab mit Seitenkammern auf der Felshöhe darf besichtigt werden. Der Wehrmachtsbunker bleibt hingegen verschlossen.

Während der Sommermonate breiten sonnengegerbte Bigouden-Frauen Stickarbeiten zum Verkauf auf den nackten Felsen aus. Apropos: Zum Höhensturm schwang sich der um 1950 bis zu stolzen 35 cm aufgetürmte Kopfputz erst gegen Ende des 19. Jh. auf. Ursprünglich war die *Coiffe bigoudène* ein bescheidenes Wäschehäubchen, dessen schnabelförmige Vorder- und Rückspitze (bretonisch *bigou*) ein Kinnband auf dem Kopf hielt. An Sonn- und Feiertagen kann man die letzten stolzen Haubenträgerinnen beim Kirchgang bewundern. Wer die Gelegenheit verpassen sollte, darf auf die Werbeblöcke im französischen Fernsehen hoffen. Dort preist Jeanne Guéguen mit apfelrundem Gesicht und frisch gestärkter Haube Jakobsmuscheln aus der Konserve an. 1994 wählte man die hochbetagte Bigouden-Frau in Paris zur Miss Bretagne. Die Reise in die Hauptstadt hat die joviale alte Dame mit verrenktem Hals gemacht. Wegen der Haube paßte sie aufrecht in kein Auto, ohne das Schmuckstück auf dem Kopf loszufahren, lehnte sie strikt ab.

Pointe de Penmarc'h

In **St-Guénolé** 10 (s. S. 296) ist die wuchtige Tour Carrée alles, was von der Kirche des Ortspatrons St-Guénolé übrigblieb. Am Hafen, den eine zur felsigen Ile Conq greifende Betonmole schützt, stehen die Hallen von Konservenfabriken, in denen Sardinen und Thunfisch verarbeitet werden. Am Kai dümpelt eine beträchtliche Flotte moderner Kutter, deren bunte Anstriche kräftig mit den Grautönen von Felsen, Beton und Stahlbauten kontrastieren. Um die gefürchteten Rochers de St-Guénolé im Norden wütet unablässig der Atlantik. Das Musée préhistorique im Osten ist leicht zu finden: Vor dem Bau hat man Menhire, Dolmen und Langgräber aufgereiht. Innen sind Fundstücke aus mehreren keltischen Perioden ausgestellt.

Auf dem Weg nach St-Pierre taucht auf dem schmalen Landstreifen am Meer die **Kapelle Notre-Dame-de-la-Joie** 11 auf. Der schwerfällig wirkende graue Granitbau zeigt eine fensterlose Westfassade zum offenen Meer. Moos und Flechten sprenkeln das Mauerwerk.

Schmuck wie am ersten Tag ist der **Phare d'Eckmühl** 12. Man darf den 1897 vollendeten Leuchtturm besteigen, vorausgesetzt, der Wärter hat gerade Zeit aufzuschließen. Ein bißchen Warten lohnt sich allemal. Von der Balustrade des 65 m hohen Turms reicht der Blick fast über alle 37 Kommunen des Bigouden-Lands. Schiffe im Hafen sehen aus

Frau mit traditioneller Bigouden-Haube

wie ordentlich in die Schublade sortiertes Besteck, die weit im Meer verteilten Felsen wie ein steinerner Irrgarten vor der Küste. Über 300 Stufen winden sich durch den mit babyblauen Fliesen gekachelten Turm. Vom holzvertäfelten Saal an der Balustrade auf gleicher Ebene geht es über eine schnörkelverzierte Eisentreppe hoch in die Kuppel. Stets auf Hochglanz gewienert glänzen Messing und Glas des original erhaltenen Leuchtfeuers. Die altertümliche Anlage könnte fast aus der Verfilmung eines Jules Verne-Romans stammen. 49 Meilen weit reicht der Schein auf See. Gespendet hat das Bauwerk die Marquise de Blocqueville. Madame gedachte damit, an dieser besonders gefährlichen Stelle ihrem Vater General Davout, alias Fürst von Eckmühl aus Bayern, ein Denkmal zu setzen. Penmarc'h und Eckmühl verbindet übrigens eine Städtepartnerschaft.

Die tückischen Felsen bei Penmarc'h hatten bereits vor der großzügigen Spende der Marquise de Blocqueville den Bau eines freilich bedeutend kleineren Leuchtturms erfordert. Im Schatten der beiden Türme unter geht die Chapelle St-Pierre aus dem 15. Jh., der ein modernes Leuchtfeuer vor den eckigen Turm gesetzt wurde. Geradezu beschaulich im Vergleich mit der Vier-Türme-Silhouette nimmt sich der Hafen von **St-Pierre** 13 aus. Granitgepflasterte Molen, ein winziger Sandstreifen, eine ins offene Meer gesetzte Schutzmauer, Bötchen, die auf dem Wasser schunkeln.

Nach **Kérity** 14, dem Hafen von Penmarc'h, führt ein kurzer Küstenwanderweg. Mit Betonmolen wurde dem Atlantik ein Schutzbecken für die Schiffe abgetrotzt, die sich bei der Ausfahrt durch ein Chaos mörderischer Felsen lavieren müssen.

Penmarc'h 15 (s. S. 281) ist ein Dorf ohne viel Schnickschnack: schlichte, gradlinige Häuser, magere Gärten, schmucklose Gassen. Um so mehr überrascht die gewaltige Pfarrkirche St-Nonna. Anfang des 16. Jh. spendeten Reeder die hochgotische Kirche. Damit die edle Tat nicht vergessen werde, ließ man neben dem Hauptportal Schiffe in den Granit meißeln. Auf der Südseite des Turms erinnern Fische im Innern des Portals, daß die Fischer ebenfalls ihr Teil beigesteuert haben. Kabeljau- und Seeaalfang sowie die Verschiffung von Bordeaux-Weinen nach England und Flandern füllten die Kassen. 1595 war damit Schluß. La Fontanelle suchte mit seiner Bande Penmarc'h heim. Alle in die Kirche Geflüchteten ließ der Räuber nach der Plünderung des Orts umbringen.

Die Straße verläuft in sanftem Bogen um die Plage du Steir nach **Le Guilvinec** 16 (s. S. 266). Unter Feinschmek-

Die Felsküste von Penmarc'h

kern gerühmt wird das Dorf wegen seiner Langusten, auf deren Fang sich ein Großteil der 500 Fischer spezialisiert hat. Dafür adelte der höchstoffizielle Conseil National des Arts Culinaires den Ort zum »Site remarquable du Goût«, ein Titel, den etwa auch Guérande für sein Salz, Le Riec-sur-Belon für seine Austern oder Pont-Aven für seine Galettes führen. Viel Atmosphäre macht den Reiz des Hafens aus. Ein kleiner Mündungsarm trennt Le Guilvinec von **Léchiagat** 17, dessen Häuser am Uferkai Schlange stehen. In den Werften werden Boote repariert, viel Atmosphäre auch hier. **Treffiagat** 18 schließt im Norden an. Am Ortsrand verbergen sich im Wäldchen von Quélarn (Richtung Plobannalec) acht Dolmen und ein Menhir, die zu einem im Mittelalter als Steinbruch ausgebeuteten Cairn gehören.

Über ein Sträßchen geht es immer hinter den weißen Dünenstränden lang nach **Lesconil** 19 (s. S. 272). Unterwegs ragt auf Höhe des Weilers Le Reun und des Centre nautique ein stattlicher Menhir empor. Mächtige Seekiefern bilden mit ihren Kronen einen grünen Tunnel über der Straße. Vor Lesconils ausgesprochen hübschem Dorfkern wurde der Platz am Hafen mit Neubepflasterung und modischem Straßenmobiliar auf Sommerfrische getrimmt. Das emsige Treiben im Hafen geht derweil seinen gewohnten Gang. Lesconil liegt an der Mündung des Steir, auf dessen linkem Ufer die weiße Plage des Sables Blancs anschließt.

Ferienhäuser übersäen die letzten Küstenkilometer bis **Loctudy** 20 (s. S. 274), das früher als andere Orte im Bigouden-Land von Sommerfrischlern entdeckt wurde. Schloßgroße Villen von der Plage de Langoz bis zur Mündung der Rivière de Pont-l'Abbé waren Domizile einer schwerreichen Fin-de-Siècle-Klientel. Daneben bewährt sich das 3000-Seelen-Städtchen als siebtgrößter Fischereihafen Frankreichs. Wer will, kann bei der Criée (Versteigerung normalerweise gegen 17 Uhr) zuschauen. Eine Kordel trennt Anbieter und Käufer von den Zuschauern. Kistenweise gehen Langusten, Rochen und Sardinen in schnellem Tempo an den Mann. Loctudys Pfarrkirche täuscht mit der barocken Westfassade über ihr Alter hinweg. Dahinter verbirgt sich ein romanischer Bau, dessen Chor mit drei Apsiden zu den schönsten bretonischen Sakralbauten aus dieser Zeit zählt. Um 1120 wurde mit der dreischiffigen Kirche begonnen, deren Säulenkapitelle im Chorumgang keltische Motive – abstrakte Blumen und geometrische Motive – aufnehmen. Im sandigen Boden um die Kirche versinken zum Teil prächtige Grabmäler allmählich im Erdreich. Hinter der Kirche ragt eine 2 m hohe, mit Längsrillen verzierte keltische Grabstele empor. Die kleine Chapelle Notre-Dame-de-Porz-Bihan begrenzt nach Südosten den Totenacker.

Landeinwärts und zu den dichtbewaldeten Ufern des **Mündungsdeltas der Rivière de Pont l'Abbé** verabschiedet sich das Bigouden-Land. Eine Reihe von Inseln liegen in der Mündung, die sich zu einem kleinen Golf verbreitert. Als begehrte Wohnlagen wurden die Ile Chevalier, Ile Garo und Ile Queffen früh okkupiert, wie feudale Herrenhäuser an den Ufern zeigen. Bei Ebbe treten Sand und Schlick ans Tageslicht, die die amphibische Landschaft zum verwirrenden Labyrinth zwischen festem Ufer und gurgelnden Prielen verwandelt.

Pont-l'Abbé und Ile-Tudy

An der D 2, die schnurstracks von Loctudy nach Pont-l'Abbé führt, bietet das **Château de Kérazan** 21 die Möglichkeit zur Besichtigung. Das Ensemble vereinigt Bauten vom 16. und 18. Jh., in denen neben originalem Interieur Gemälde und Zeichnungen des 19. Jh. zu sehen sind.

Mit 8000 Einwohnern ist **Pont-l'Abbé** 22 (s. S. 286) nicht nur Hauptstadt, sondern auch größte Stadt des Bigouden-Lands. Kein Wunder, daß zwei Museen sich der Lokalgeschichte annehmen. Auf dem Schloß fand neben dem Rathaus das **Musée Bigoudène** ein Zuhause. Im wuchtigen Donjon werden natürlich Hauben gezeigt. Hinzukommen auf vier Etagen Trachten, Möbel und Schiffs-Ex-Votos. An der Straße nach Loctudy vermittelt das **Ecomusée** auf dem Kervazégan-Gehöft einen Eindruck vom bäuerlichen Alltag vergangener Tage.

Pont-l'Abbé verdankt seinen Namen einer Brücke, die die Pfarrer aus Loctudy an dieser Stelle gebaut haben sollen. Der Fluß staut sich vor dem Schloß zu einem See auf. Am Schloß beginnt die Rue du Château Rue du Général-de-Gaulle, die Hauptstraße der laut Flaubert »kleinen, sehr friedlichen Stadt«. Zum Fluß zweigt links die Rue Marceau ab. Bis zur Eglise des Carmes von 1383 sind es nur ein paar Meter. Der imposante Bau mit schiefergedecktem Belfried blieb als Relikt eines zerstörten Karmeliterklosters übrig. Zum Ufer stößt man im Park des Bois St-Laurent auf das Denkmal »Aux Bigoudens«. Bronzereliefs erzählen Szenen aus der keltischen Mythologie. Auf der rechten Seite der Rue du Château-Rue du Général-de-Gaulle weitet sich die Place de la République. Intimer macht sich die mit Bäumen bepflanzte Place Gambetta aus.

Ile-Tudy 23 liegt auf einer engen Halbinsel. Das verschachtelte Dorf blieb von Ferienhaussiedlungen weitgehend verschont. Wasser zu drei Seiten und die Lage erweisen sich als die besten Garanten für die Bewahrung des heimeligen Ortskerns. Seit der Verkehr an der äußersten Spitze aus den Gassen ausgesperrt ist, sitzt man auf den Terrassen der Place de la Cale um so ruhiger. Der Blick auf Loctudy und die Inseln im Mündungsbereich der Rivière de Pont-l'Abbé machen das Aufbrechen schwer.

Der Hafenkai im Nachbarort **Ste-Marine** 24 belohnt den Elan. Vom Café schweift der Blick über den Odet. Auf der gegenüberliegenden Flußseite funkelt das weitaus mondänere Bénodet (s. S. 246) mit eleganten Hotels, sehr viel Trubel und allen gängigen Freizeitangeboten, die das Urlauberherz erfreuen. Weitaus stiller ist es an den kilometerlangen Stränden zwischen Ile-Tudy und Ste-Marine.

Die Glénan-Inseln

25 (s. S. 264) Knapp 20 km vor der Küste bringen acht Hauptinseln und eine Vielzahl unbenannter Inselchen Farbe in den tiefblauen Ozean. Türkis leuchtet das seichte Wasser auf dem blendend weißen Sand der Glénan-Inseln. Eine Armada schnittiger Segelboote sprenkelt weiße Tupfer um den Archipel, auf dem außer Gras und einigen raren Feigenbäumen nichts wächst. Aus der Luft erinnern die Glénan-Inseln an die Karibik. Beim Eintauchen ins Wasser merkt man aber schnell, wie Bilder täuschen können.

Erste Bewohner gingen zu keltischer Zeit an Land. 1885 erreichte die Insulanerzahl mit 85 Seelen absoluten Höchststand. Heute sind es im Winter ganze 3, die die Leuchttürme warten. Verwaltungstechnisch gehört der Archipel zu Fouesnant. Einige Inseln sind Privatbesitz. Mit der Fähre kommt man auf die 22 ha große Ile St-Nicolas. Paradiesische Badebuchten, allerdings ohne Schatten, zwei Bars, ein Vivier für Hummer und andere Schalentiere, der seine köstliche Ausbeute seit 1850 an das Pariser Nobelrestaurant Prunier liefert, dazu Seevögel, doch vor allem das Gefühl, hoch auf See ins Wasser zu gehen, sind Grund genug für einen Tagesausflug. Von der Fähre oder vom Strand zu sehen sind die Ile de Penfret mit Leuchtturm und einer Dependance des Centre nautique des Glénans inmitten wilden Spargels; das Fort Cigogne auf einem nackten Fels; die Ile du Loc'h mit den Ruinen einer Mühle, eines Wachturms, und einer stillgelegten Pottaschebrennerei. Strom bekamen die Inseln erst 1973. Einige Inseln sind als Vogelschutzgebiete ausgewiesen, wie etwa Kastell-Bras mit einer Kolonie von Haubenkormoranen oder Kurunenn-Sabl wegen einer Dreizehenmöwenpopulation.

Stilleben am Rande der Straße

Richtig Reisen Tip

Centre nautique des Glénans

Auch Surfer müssen navigieren lernen

Frankreichs vielleicht renommierteste Segelschule verteilt sich auf vier Inseln des Archipels: Penfret, Bananec, Cigogne und Drenec. Die Passagen zwischen den Inseln und das geschützte Becken der Chambre-Lagune bilden ein hervorragendes Übungsfeld, um das Navigieren mit dem Surfbrett oder auf dem Katamaran zu lernen. Seit der Gründung 1948 werden die mindestens 18 Jahre alten Schüler auf dem Archipel im schuleigenen Heimen untergebracht. Hinzu kam das Centre International de la Plongée auf der Ile St-Nicolas, das Tauchlehrgänge veranstaltet. Fischreiche Tauchgründe und eine bizarre Unterwasserwelt von Felsen und Riffs bei zudem glasklarem Wasser sorgen dafür, daß das Centre International de la Plongée über Schülermangel nicht klagen kann. Beide Institutionen machen die Glénan-Inseln zu einem Mekka des Wassersports, dessen Ruf seit Jahrzehnten weltweit gilt.

Le Centre nautique des Glénans, Ile de Penfret, 29170 Fouesnant, ✆ 02 98 97 14 84.

Le Centre International de la Plongée, Ile St-Nicolas, 29170 Fouesnant, ✆ 02 98 50 57 02.

Die Cornouaille

Ca. 140 km, 2–3 Tage

Die Cornouaille kommt mit Tälern, Hügeln, Bächen und Seen, dichten Wäldern und gekonnt in Sichtachsen plazierten Herrenhäusern wie eine englische Parklandschaft daher. Im Westen begrenzt der Odet die Region. Nach Osten entspricht die Grenze ungefähr der des Departement Morbihan.

Das mediterrane Flair in Form von Palmen und Blumen lockte früh Sommerfrischler an. In touristischer Hinsicht ist der grünste Landstrich der Bretagne eine bewährte, gutgeölte Maschinerie. Von Wildheit und Weltabgekehrtheit dank Hochgeschwindigkeitszug und Autobahn keine Spur. Kleinstädte wie Quimperlé und Pont-Aven strahlen bürgerlichen Wohlstand aus.

Cornwall heißt die Cornouaille auf englisch. Die Bewohner der englischen Halbinsel stammen vermutlich wie die der bretonischen Cornouaille von denselben Kelten ab. Ihre Sprachen weisen etliche Übereinstimmungen auf. König Gradlon, der laut Überlieferung um das Jahr 500 Quimper gegründet haben soll, stammte aus England. Beim traditionellen Festival de Cornouaille in Quimper ist die Beteiligung von Folklore- und Tanzgruppen von der anderen Seite des Kanals selbstverständlich. Zum Herzogtum der Bretagne kam das zuvor unabhängige Königreich der Cornouaille 1066 durch Einheirat.

Quimper

1 (s. S. 289) Brest und Quimper konkurrieren um den Rang als führende Stadt im Departement Finistère: Im Norden die Großstadt mit Hafen, Marinebasis und modernem Gesicht, im Süden die beschauliche Bischofsstadt, deren holprige Gassen und gebeugte Fachwerkfassaden wie ein Freilichtmuseum der Bretagne wirken. Wie so oft täuschen die Bilder. Die Präfektur hat ihren Sitz in Quimper, dessen Kernstadt ganze 60 000 Einwohner zählt. Dank Eingemeindungen und einer ganzen Reihe von Kleinstädten im Umfeld erreicht Quimpers Wirkungskreis jedoch 300 000 Menschen. In alle Himmelsrichtungen stiebende Schnellstraßen und der Speckgürtel von Fabriken, Fachmärkten und riesigen Supermärkten bezeugen die wirtschaftliche Potenz der Verwaltungsmetropole. Erfolgsnamen wie Armor Lux (Textilien) und Henriot (Fayencen) sind mit Quimper verbunden.

Wo die Flüsse Steir und Odet zusammenfließen, hat erstmals ein gallischer Stamm gesiedelt. Ihnen folgten Römer, denen die Lage in einem tiefen Tal zusagte. Vom Mont Frugy, dem heute zur Parkanlage umgewandelten Hausberg Quimpers, ließ sich das Geschehen unten am Fluß bestens kontrollieren. Hier lag ein römisches Militärlager. Der bewaldete Berg bleibt der beste Platz für einen Blick über Quimper. Schiffe von der Küste können mühelos den breiten Odet bis ins Stadtzentrum hochschippern. Quimpers Werdegang als Hafenstadt im sicheren Hinterland der Cornouaille war damit vorgezeichnet. Ein knappes Dutzend filigraner Stege und sechs Brücken verbinden die Ufer. Am Fluß wächst zudem viel Grün, was den Eindruck einer Parkanlage bestärkt.

Hoheitsvoll überragt das spitzengeklöppelte Steinwerk der **Kathedrale St-**

Die Kathedrale St-Corentin in der Altstadt von Quimper

Corentin die Altstadt. Obwohl aus bleigrauem Granit erbaut, streben die Mitte des 19. Jh. vollendeten Türme wie schwerelos in den Himmel. 600 Jahre zuvor hatte man mit dem Kirchenbau begonnen. Erst 1424 setzte Bischof Bertrand de Rosmadec den Grundstein für die Fassade des Westwerks. Daß der aus der ersten Bauphase stammende Chor ohne allzu gravierende Brüche mit den Turmspitzen harmoniert, liegt an der konsequenten Verfolgung der gotischen Baupläne. Wer durch das Portal schreitet, muß seit Jahren hinnehmen, daß der elegante Raum nur zum Teil zu besichtigen ist. Es wird kräftig restauriert, das Ende der Arbeiten immer aufs Neue verschoben. Daß der mittlerweile wieder freigegebene Chor im leichten Linksschwung abdriftet, soll aus Rücksicht auf die Apsidialkapelle eines Vorgängerbaus vom Architekten so gewollt sein. Nur durch die Linksdrehung von Schiff und Chor ließ sich die Kapelle integrieren. Den Zerstörungen der Revolutionäre entgangen ist die barocke Bischofskanzel mit geschnitzten Szenen aus dem Leben des hl. Corentin. An den Fresken der Chorkapellen scheiden sich die Geister. Sie sind vom bretonischen Maler Yan' Dargent, der im 19. Jh. mit phantastischen Grenreszenen Furore machte.

Mit Streifen zum Erfolg: Armor Lux

Erfunden wurde der weiße Ringelpulli mit blauen Querstreifen 1858 in den Büros der Marine Nationale, zur Verbreitung an Land verholfen hat ihm hingegen 80 Jahre später ein gewisser Monsieur Walter Hubacher. 1938 gründete der findige Unternehmer in der Hauptstadt des Departements das Trikotagenwerk Armor Lux. Der Name bürgt seither für klassische Strand- und Segelbekleidung. Markenzeichen ist die *Marinière,* wie der beliebte Pulli offiziell heißt. Feste Baumwolle in nahezu windundurchlässiger Qualität, U-Bootkragen und enge Ärmel ohne Manschetten, damit der Wind nicht durchpfeift, lautet das Erfolgsrezept des allein in Quimper pro Jahr 300 000mal genähten Kultstücks.

Hubachers Werdegang als Textilfabrikant begann mit der Fertigung von derber Unterwäsche, die bei der bretonischen Landbevölkerung gut ankam. Als Geniestreich sollte sich dabei eine Erfindung des Schweizer Bauernsohns herausstellen: Interlock heißt der Stoff, bei dessen Fertigung Baumwollfäden in s- oder z-Form miteinander verwoben werden. Einlaufen ist fast unmöglich!

Als Uniform der königlichen Marine eroberte die *Marinière* zuerst nur die bretonischen Küsten, bevor sie mit den 60er Jahren Einzug in die Kleiderschränke von Paris hielt. Der momentanen Hausse gingen harte Jahre voraus, in denen gerade mal 10 000 Stück das Werk an der Rue de l'Hippodrome verließen. Billigkopien aus Asien setzten Armor Lux immer mal wieder zu. Während der Klassiker aus Quimper 170–250 FF kostet, gehen Plagiate für nicht einmal ein Drittel des Preises auf den Markt. Rettung kam 1993 durch die Bretonen Jean-Guy Le Floc'h und Michel Guéguen. Sie übernahmen das Werk, erweiterten die Produktpalette auf 500 verschiedene Modelle. Modemacher wie der Japaner Zucca bringen die Jahreskollektionen seither auf den neuesten Stand. Zum Ringelklassiker sind längst dem Zeitgeist angepaßte Schnitte hinzugekommen. Nur der Stoffqualität und dem Thema Marine bleibt sich Armor Lux bedingungslos treu. 2,5 Mio. Artikel schickte die auf beiden Ufern des Odet angesiedelte Fabrik 1996 in den Handel – vor 15 Jahren waren es ganze 16 000. 450 Angestellte arbeiten in Quimper für Armor Lux, 25 eigene Läden und etliche Kaufhäuser mit Spezialabteilungen vertreiben die Seemannskleidung aus Quimper (Werkbesichtigungen: ✆ 02 98 90 05 29, Madame Derrien. Mit Werksverkauf).

Fast gleichzeitig mit dem Bau der Kathedrale erhielt Quimper Stadtmauern. Ein übriggebliebenes Stück schützt die Stadt zum Odet. Zwischen Bollwerk und Kathedrale gesetzt wurde 1664 der Bischofspalast, in dem seit 1911 mit dem **Musée départemental breton** das wichtigste volkskundliche und archäologische Museum des Finistère residiert. Einige Gebäudeteile stammen von Vorgängerbauten des 16. Jh. Nach der jüngsten Modernisierung des Museums wirkt die Sammlung prähistorischer bis neuzeitlicher Stücke entschieden weniger angestaubt als zuvor. Lichte Säle und der geschickt in die Ausstellung integrierte Palast gestalten den Rundgang zum kurzweiligen Erlebnis.

Auf der Nordseite der Kathedrale beherrschen Rathaus und **Musée des Beaux-Arts** die im letzten Jahrhundert gestaltete Place Laënnec. Seinen außergewöhnlichen Reichtum verdankt das 1872 eröffnete Kunstmuseum dem Mäzen Jean Marie de Silguy. Er hinterließ Quimper eine umfangreiche Gemäldesammlung, die nach Renovierung des pompösen Baus in dem ihr gebührenden Glanz erstrahlt. Neben Boudin und Corot darf Yan' Dargent mit den typischen anklägerischen Sujets nicht fehlen. Das bekannteste Werk, »Les lavandières de la nuit«, eine düstere Essenz symbolistischer Verfolgungstraumata, fand 1861 auf dem Salon de Paris großen Anklang. Heiter wird es im Obergeschoß mit einigen beschwingten Œuvres von Fragonard und Boucher sowie gesetztem Barockpathos von Meynier und Perrin. Ein ganzer Saal ist allein dem Meer gewidmet, das je nach Maler furchterregend schäumt oder still glänzt.

An der Place St-Corentin beginnt das von Touristen am meisten besuchte Viertel um die **Rue Kéréon.** An der ehemaligen Straße der Schusterzunft kragen die prächtigsten Fachwerkhäuser der Stadt aus. Heiligenstatuen an den Fassaden dürfen in der zutiefst katholischen Bretagne nicht fehlen. Der Blick vorbei an herausgeputzten Bürgerhäusern auf die Kathedrale gehört zu den Höhepunkten jedes Stadtrundgangs. Erhaben wächst St-Corentin über das geschäftige Treiben hinweg. Bei aller mit Geranienkästen leicht überstrapazierten Gassenromantik bleiben die Rue Kéréon sowie die Gassen rundherum ein quirliges Viertel, das sich nur in zweiter Linie als Postkartenmotiv versteht.

Die modernen **Markthallen** am Quai du Port au Vin sowie eine Vielzahl von Boutiquen beleben jeden Flecken. Der Kai verweist auf den Verlauf des Steir, der unter seiner Überdecklung nicht mehr sichtbar ist. An der **Place Terre au Duc,** wo sich das Fachwerk spätmittelalterlicher Handwerkerhäuser gefährlich zur Seite beugt, taucht das Flüßchen unter dem Pont Médard wieder ans Tageslicht. An der Brücke, wo die Stadtmauer einst die Stadt nach Westen begrenzte, erinnert ein **Wachturm** an die Befestigungen. Über die Rue des Gentilshommes gelangt man in die Gassenidyllen der **Rue du Sallé** und **Rue des Boucheries.** In der Rue du Guéodet zieht die **Maison des Cariatides** alle Aufmerksamkeit auf sich. Fratzen und kuriose Gestalten sind in den Granit des mittelalterlichen Baus gemeißelt. Die **Place au Beurre** gehört mit Crêperien und Cafés zu den einladensten Winkeln des Quartiers.

Einige Bauten aus den frühen 30er Jahren überraschen am **Boulevard Amiral de Kerguélen.** So etwa das Ty Kodak-Gebäude von 1933, die Citroën-Garage von 1934 oder das Restaurant Folle Blanche von 1932, in dem sich ursprünglich ein Geschäft für Sakralkunst befand. Max Jacob zählte zu den Bewunderern der entschlossen modernen Architektur. Vom Hinterraum aus malte der Poet die Kathedrale.

Auf dem linken Odet-Ufer versucht die kolossale Präfektur der Kathedrale Paroli zu bieten. In der Rue Ste-Catherine heißt es wie schon in der Rue Kéréon ›Fotoapparat raus!‹: Am Ende

An der Mündung des Odet in Bénodet

der Straße thront St-Corentin wie durch eine Schlucht über Fachwerkfassaden.

1,5 km flußabwärts steht die romanische **Kirche Notre-Dame-de-Locmaria.** Im Schatten der ehemaligen Kirche eines um 1030 gegründeten Benediktinerklosters sollen die ersten Bischöfe residiert haben. Vom Kloster blieben nach der Auflösung 1792 nur wenige romanische Bögen.

Gegenüber der schmucklosen Kirche hat sich die über 200 Jahre alte **Faïencerie Henriot** im Laufe ihrer Geschichte kräftig ausgebreitet. Erste Fayencen aus Quimper entstanden 1690 unter Anleitung des aus der Provence zugewanderten Baptiste Bousquet. Die bunten Keramikartikel mit folkloristischen Motiven sind auch heute noch beliebte Souvenirs. Das Werk kann besichtigt werden.

Gleich nebenan werden im neuen Musée de la Faïence zerbrechliche Exponate aus allen Epochen und Stilrichtungen ausgestellt.

Bénodet, Beg-Meil, Fouesnant

Den schönsten Blick über den trubeligen Badeort an der Odet-Mündung hat man vom Pont de Cornouaille: Jachten setzen weiße Tupfer aufs blaue Meer. Am linken Ufer lugen weiße Hauswände und graue Schieferdächer aus dem lichten Wald. Hinter dem Ort säumt ein gelbes Sandband das Ufer. Zu guter Letzt setzt der Leuchtturm Phare de la Pyramide dem Urlaubstableau noch eins drauf, dann folgt am Horizont der unendlich blaue Ozean. Die Wirklichkeit sieht beim Näherkommen schnöder aus. **Bénodet** 2 (s. S. 246) entpuppt sich im Sommer als überlaufene Touristenhochburg, in der der Charme bretonischer Häfen längst baden ging. Kasino und Umkleidekabinen am Strand bürgen fürs perfekt organisierte Urlaubsvergnügen, bei dem nur eins fehlt: Stille.

Ins Wasser gingen die ersten Sommerfrischler hier schon vor der Jahrhundertwende. Der Ort selbst hat an Sehenswürdigkeiten wenig zu bieten. Überzeugender sind die zum Teil grandiosen Villen und Ferienschlösser, die längs der Corniche de l'Estuarie vornehm auf der Hügelkante thronen. Überzeugend bleibt ebenfalls die Lage. Nach Osten schließt sich mit der Anse du Groasguen eine Lagune mit dem poetischen Namen La Mer Blanche an. Tatsächlich schimmert das Wasser über dem weißen Sand milchig hell, was einen hübschen Kontrast zu den tiefgrünen Wäldern ergibt. In den Glanzzeiten des Seebads besuchten der Dichter Apollinaire und der Pascha von Marrakesch Bénodet. Letzterer residierte im noblen Hotel Le Minaret, dessen Alhambra-Art-déco-Fassade von vergangener Exklusivität zeugt. Fini, die Plage du Coq an der Odet-Mündung, die 500 m Sand der Plage du Trez sowie die Dünen des Mousterlin-Lidos werden von Hotels, Ferienhäusern und Campingplätzen begleitet.

Östlich der sparsam bebauten Pointe de Mousterlin folgt **Beg-Meil** 3, dessen Besucherliste einige illustre Namen führt. Sarah Bernhardt, der ägyptische König, Proust gaben dem kleinen Ort am Rand der Bucht von La Forêt die Ehre. Sandstrände ohne Ende auch hier, dazu viel Grün von Zypressen und Pinien, die südliche Gefilde vortäuschen. Der schwere Jahrhundertsturm von 1987 hat die Wälder böse gelichtet. Langsam wachsen die Lücken zu. Die Breschen, die Kreisverkehr und breite Landstraßen oberhalb von Fouesnant geschlagen haben, werden dagegen so schnell nicht verschwinden. Um des wachsenden Verkehrs Herr zu werden, ist die D 44 großzügig ausgebaut worden und zerschneidet die dichten Wälder.

Fouesnant 4 (s. S. 263) rühmt seinen Cidre als ›besten Apfelwein der Welt‹. Die Zeiten, in denen Cidre dem 7000 Seelen zählenden Städtchen zu Wohlstand verhalf, sind jedoch vorbei. Die Produktion sank auf 3000 hl, nicht zuletzt, weil der Sturm von 1987 fast zwei Drittel aller Apfelbäume entwurzelte. Seitdem wird freilich wieder nachgepflanzt, wobei die Partnerstadt Meerbusch nach Kräften spendete. Man dankte es den Rheinländern mit einer Rue Meerbusch am Sportplatz. Einzige Attraktion im Ort ist die romanische Pfarrkirche St-Pierre, die trotz späterer Umbauten die Formreinheit ihrer Kapitelle und Innenmaße bewahren konnte. Mehr als der Ort selbst spricht die Lage für Fouesnant. Hohlwege führen vorbei

an Apfelwiesen und verwunschenen Wäldern zur Bucht von La Forêt.

Bereits im Namen signalisiert **La Forêt-Fouesnant** 5 (s. S. 263), was es zu bieten hat: viel Wald. Kurz vor der spätgotischen Pfarrkirche fällt ein Sträßchen zum alten Hafen ab. Ein bescheidener Anleger, zwei Cafés und die Viviers der Fischereigenossenschaft ergeben ein stimmiges Ensemble. Im Schutz von Cap Coz und der kleinen Landspitze von Kerleven baute man 1972 weiter östlich einen Jachthafen mit 800 Plätzen.

Concarneau

6 (s. S. 257) Hinter Beg-Ménez schlittert die C 7 mit 15 % Gefälle in eine Talsohle mit üppig grünen Gärten hinab. Malerisch verfallen Schiffswracks am Ufer eines sumpfigen Wasserlaufs. Die Hafenstadt Concarneau kündigt sich an. Feine Sandstrände haben im Nordwesten des Zentrums um die Jahrhundertwende eine Ferienstadt wachsen lassen, in der nur ein Leuchtturm, die Kapelle Notre-Dame-de-Bon-Secours mit schönen Schiffs-Ex-Votos sowie ein Gedenkmenhir für auf See verschollene Seeleute daran erinnern, daß Concarneau vor allem ein Fischereihafen ist. In den 90er Jahren wurden 900 Mio. Francs in die Modernisierung des Hafens gesteckt.

Wahrzeichen der 18 000-Einwohner-Stadt ist der **Belfried mit Sonnenuhr** am Eingang der *Ville close.* Dahinter liegt die im 16. Jh. ins Wasser gebaute,

Fischerfest in Concarneau

später von Vauban veränderte Festungsstadt. Eine Brücke verbindet das Bollwerk mit der Neustadt. Auf der 400 mal 100 m großen Fläche reiht sich Boutique an Restaurant, gegen die der Charme von Granitfassaden und Stichgassen verblaßt. Eine Alternative ist der Gang über die Mauern mit Blick ins Gewühl. Außer dem **Musée de la Pêche** lohnt in der *Ville close* die **Place St-Guénolé** einen Besuch. Den dreieckigen Hauptplatz der Festungsstadt ziert ein gußeiserner Brunnen, auf dem sich ein fischverschlingendes Krokodil breitmacht.

Am Ende der *Ville close* setzt eine hutschachtelgroße Fähre zur Place Duquesne über. Vorbei an Werften geht es um den **Hafen** zur Criée und dem Port de Pêche. Knapp 2000 Seeleute finden auf den schwimmenden Fabriken in den typischen Farben Nachtblau und Rostrot Arbeit. Concarneau ist damit Frankreichs drittgrößter Hafen und für den Thunfischfang in Europa Nummer 1.

In der Neustadt stellt die 1997 nach Abriß eines Jahrhundertwendebaus neuerrichtete **Kirche St-Guénolé** alles andere in den Schatten. Das Kirchenschiff in Form eines hochgestellten Hufeisens gilt schon jetzt als neues Wahrzeichen von Concarneau. Die Terrassen rund um den Markt auf der **Place Jean Jaurès** bieten den Blick auf pulsierendes Leben. Hier ließ Georges Simenon seinen Kommissar Maigret vom Caféstuhl am Grand Hôtel de l'Amiral über die Sitten der Provinzbourgeoisie räsonnieren.

Immer am Kai und dem Jachthafen lang geht es anschließend zur Place de la Croix am Südende des Vorhafens. Das **Marinarium** sieht von außen nicht sehr einladend aus. Vor der Tür gammeln Walfischknochen in den Beeten. Das 1859 gegründete Institut gehört jedoch zum elitären Collège de France, was für Anspruch bei der Präsentation der Meeresfauna in den Aquarien bürgt.

Nach Pont-Aven

Zwischen Concarneau und dem Aven blieb die Küste von größeren Bauprojekten bislang verschont. Die Landschaft ist weniger lieblich als um die Bucht von La Forêt. Orte wie **Névez** verheißen dafür die trägen Wonnen der Provinz. Von der Pointe de Trévignon über das Strandidyll von **Raguénez** und den ausgesprochen malerischen Hafen **Port Manec'h** 7 durchquert man das »Pays des pierres debouts«, das Land der aufrechten Steine. Am Ufer des Aven arbeiteten um 1900 um die 100 Steinmetze, die den Granit aus den nahen Steinbrüchen zu 2 m hohen Blöcken bearbeiteten. Als Baumaterial für Häuser und Umfriedungen sieht man die *pierres debout* vor allem im Umkreis von Névez. Bei Port Manec'h münden Bélon und Aven ins Meer. Gepflegte Villen trumpfen im Jubelburgstil der Belle-Epoque über den weißen Umkleidehäuschen auf. Östlich von Névez lohnen dasFischerdorf **Kerdruc** und das **Château de Hénant** den Umweg ans Ufer des Aven. Das herrschaftliche Schloß beschützte im 15. und 16. Jh. die Dörfer am Aven vor Piraten.

Wo der Aven sich zum Mündungstal verbreitert, entstand früh eine Brücke samt Ort: **Pont-Aven** **8** (s. S. 286), »La Cité des Peintres« tönt es auf blau-weißen Kacheln am Ortseingang, denn nicht die zauberhafte Lage des tief in ein grünes Tal getauchten Städtchens lockt, sondern Gauguin, Sérusier, Seguin oder Lacombe. Deren Bemühungen um reine Farben und vereinfachte Formen resultierten in einem Stil, der in den 1880er Jahren als Ecole de Pont-Aven Aufsehen erregte. Gauguins farbkräftige, großflächige Bilder bretonischer Bäuerinnen nehmen spätere Südseesujets vorweg. Im städtischen Museum hängt leider kein einziger Gauguin. Im Sommer quält sich dennoch eine Blechlawine kultursüchtiger Bretagne-Urlauber durch das Nadelöhr Pont-Aven. Galerien und Cafés wechseln einander beiderseits der Brücke ab. Vor der Pension von Marie-Jeanne Gloanec studieren ehrfürchtige Gesichter die kleine Plakette, mit der an die Einquartierung Gauguins in einer Mansarde gedacht wird. Frau Wirtin hatte mit dem mittellosen Künstler ein Einsehen und stun-

Die ville close *von Concarneau*

»Bretonische Landschaft mit Heuhaufen« von Paul Gauguin (1848-1903); leider gibt es im Museum von Pont-Aven keinen einzigen Gauguin zu sehen

dete zur Not die Miete. Von den ehemals 14 Mühlen in Pont-Aven sind einige am Ufer des Aven erhalten. Der Moulin de Grand Poulguin kann besichtigt werden. Im Moulin de Rosmadec befindet sich ein Feinschmeckerrestaurant. Beim Spaziergang am Aven entdeckt man einige große Felsblöcke, von denen der ›Schuh des Gargantua‹ der bekannteste ist.

Riec-sur-Bélon, Le Pouldu, Quimperlé

Austernbänke im gezeitenabhängigen Bélon haben das bescheidene **Riec-sur-Bélon** 9 bis in Pariser Feinschmeckerrestaurants bekannt gemacht. Die hiesigen Austern sind eine besonders flache Spezies. Die ersten Jahre verbringen die Schalentiere zwar nicht mehr im Bélon, sondern werden woanders großgezogen. Damit der nussige Geschmack erreicht wird, wandern die Austern mit drei Jahren zurück in den Bélon.

Auf der Weiterfahrt nach Le Pouldu liegt die Chapelle St-Roch-et-St-Philibert in **Moëlan-sur-Mer** 10 am Weg. Wer zuviel Austern gegessen haben sollte: Am umfriedeten Pfarrhof gilt das Heilwasser aus dem Brunnen der Fontaine St-Roch als Wundermittel gegen Blähungen und Magendrücken.

Le Pouldu 11 (s. S. 288) war um 1885 ein Mekka der Maler. Im Hafenstädtchen, dessen Kai hübsch an der Mündung der Laïta liegt, hat man in letzter Zeit ohne Rücksicht auf die Kleinteiligkeit des Orts geklotzt. Eine Bettenburg am oberen Ortsteil Pouldu-Plage verschandelt den Strand. Belanglose Ferienhäuschen bügeln den Fauxpas nicht aus. Zum Glück bleibt weiter westlich in Richtung Doëlan noch reichlich unverbauter Sand.

Auf dem Weg von Le Pouldu nach Quimperlé verschwindet die D 49 im dichten Forst der Domaine de Carnoët. Über die D 224 gelangt man in Richtung Le Guidel zurück ans Ufer der Laïta. Kurz vor der Brücke über den Fluß weist ein Schild zur **Klosterruine St-Maurice** 12. Im Schatten mehrhundertjähriger Linden, Eiben und Sequoia-Bäumen verbergen sich die Reste eines gotischen Kapitelsaals sowie ein bretonischer Herrensitz, der vor 300 Jahren als Logis des Abts errichtet wurde. Der hl. Maurice hat die Zisterzienserabtei 1177 gegründet. Die Laïta bildet vor dem Ensemble aus überwucherten Ruinen eine Bucht, in deren Unberührtheit sich ganze Schwärme von Seevögeln sicher fühlen. Die verwunschene Flußlandschaft verschmilzt mit den dem Zerfall überlassenen Gebäuden zu einem der romantischsten Plätzchen der Cornouaille. Weiter flußabwärts stößt man mit den Ruinen des **Château de Carnoët** auf eine weitere romantische Inszenierung aus schönem Zerfall mit berstendem Grün.

Quimperlé 13 (s. S. 291) ist ein Paradebeispiel französischer Provinz, die mit der Mischung aus Markthalle, romanischer Kirche, barockem Kloster, krummgiebeliger Gassenidylle und bürgerstolzen Fassaden verfängt. Der Stadtname geht auf das bretonische *kemper* für ›Zusammenfluß‹ zurück. In Quimperlé treffen Isole und Ellé zusammen, um fortan als Laïta in Richtung Küste zu gluckern. Die Oberstadt auf dem St-Michel-Hügel wird durch die Laïta säuberlich von der zwischen Isole und Ellé gelegenen Unterstadt getrennt.

Quimperlés Keimzelle lag in der **Unterstadt.** Von der prächtigen Rue Brémond d'Ars mit den noblen Fassaden barocker Palais schreitet man auf die romanische **Kirche Ste-Croix** zu. Der mächtige Kuppelbau ist ein seltenes Beispiel einer kreisrunden Kirche. Man betritt die über 17 m hohe Rotunde durch das Westportal, auf dessen Innenseite ein Renaissance-Altar die gesamte Wand verkleidet. 1862 stürzte der Glokkenturm auf die Kirche. Beim Wiederaufbau hat vor allem der riesige Innenraum viel von seiner Ursprünglichkeit verloren. Krypta und Chor aber blieben von der Katastrophe verschont. Im Funzellicht der spärlichen Kryptabeleuchtung ruhen zwei Äbte in Steinsärgen. Unter dem hinteren Sarg kann man durchkriechen, um die wundersame Strahlung des hl. Gurloës besser aufzufangen. Vom Pont Fleuri hat man den schönsten Blick auf den anmutigen Chor von Ste-Croix.

Quimperlés hübscheste Gassen liegen hinter der Markthalle. An der Rue Dom Morice beugen sich die Fassaden. Hier steht mit der Maison des Archers das malerischste Fachwerkhaus der Stadt.

Steil steigt die Rue Savary von der Laïta in die **Oberstadt** an. Auf dem Hügel thront Notre-Dame-de-l'Assomption. Zur Stadtseite flankieren windschiefe spätmittelalterliche Häuser das einer Burg nicht unähnliche gotische Gotteshaus. Hinter der Kirche wurde die weite Place St-Michel neugepflastert und mit Palmen und Magnolien bepflanzt. Moderne Kunst, hier ist es rostender Stahl in Form einer Sichel, darf nicht fehlen. Etwas im Abseits des Platzes dient das barocke Ursulinenkloster als Schule und Ausstellungsraum. Glockengiebel der Kirche und Blattgold an der Decke sind ein Paradebeispiel aus der Zeit Ludwigs XIV.

Rund um die Reede von Lorient

Ca. 90 km, 2–3 Tage

Lorients modernes Stadtbild steht in krassem Gegensatz zu keltischen Denkmälern und bretonischer Fachwerkheimeligkeit. In den Kopf kommt den meisten Franzosen bei der Nennung des Stadtnamens die ›Poche de Lorient‹. Im ›Kessel von Lorient‹ ging der Zweite Weltkrieg erst am 10. Mai 1945, fast ein Jahr nach der Landung der Alliierten in der Normandie, zu Ende. ›Oriant er goant‹, das schöne Lorient, war nach fast zwei Jahre andauernden Kämpfen gänzlich dem Erdboden gleichgemacht, die umliegenden Kleinstädte Hennebont und Port-Louis schwer beschädigt. Stadt und Land haben sich längst von dem Desaster erholt. Zum offenen Meer schützt die Ile de Groix die Passage vor Lorient. Weiter südlich bildet die Wasserwelt der Ria d'Etel einen Gegenpol zur stark bebauten Reede von Lorient. Unzählige Inseln und Inselchen liegen unberührt im Wasser. Die Austernzuchten haben das Naturparadies kaum verändert.

Von Guidel nach Larmor-Plage

Guidel-Plages 1 (s. S. 266) heißt die erste Badestation im Departement Morbihan. Der familiäre Strandort wirbt mit seiner Lage am linken Ufer der Laita-Mündung sowie den Dünen weiter südwärts. Von hier führt die D 152 immer an der Wasserkante lang bis Larmor-Plage. Auf der Landseite reiht sich Teich an Teich; zur Seeseite wechseln Felsen mit Sandstränden. Die Hinterlassenschaften des Zweiten Weltkriegs gehören wie Ferienhäuschen und Hafenkais zur Landschaft. Unförmige Bunker versinken im Sand, Betonsockel für Gefechtsstände krönen Klippen und Felsnasen. Die Deutschen waren jedoch nicht die ersten ›Burgenbauer‹. Der lebendige Badeort **Fort-Bloqué** 2 verdankt seinen Namen einer 1745 auf die wasserumspülten Felsen gesetzten Befestigungsanlage. Vom Strand betrachtet wirkt die Militäranlage heute allerdings eher wie eine Aufforderung zum harmlosen Sandburgenbauen.

In **Kerroc'h** spielt der kleine Strand am Port Blanc nur eine untergeordnete Rolle. Hier leben größtenteils Fischer, genauso wie in **Le Pérello** hinter der Pointe du Talut. Der Hafen von **Lomener** ist für Hummer bekannt und lockt zudem wegen der Strände im Sommer Urlauber an. Der weite, größtenteils unbebaute Strand von **Kerguélen** reicht bis nah an **Larmor-Plage** 3 (s. S. 272). Ans beschauliche Fischerdorf erinnert kaum noch etwas. Die Erschließung als Hausstrand von Lorient begann um die Jahrhundertwende, wovon etliche Villen zeugen. Vor allem am Wochenende, wenn *tout Lorient* sich die jeden Quadratcentimeter Sand streitig macht, platzt Larmor-Plage aus allen Nähten. Aus dem 15. und 16. Jh. stammt Notre-Dame-de-la-Clarté. Auf dem Turm der spätgotischen Kirche wird jedesmal, wenn ein Kriegsschiff die Reede von Lorient verläßt, die Nationalflagge gehißt. Im Gegenzug grüßt das Schiff mit drei Salutschüssen. Für die Plage de Toulhars im Ortsteil La Nourriguel spricht nicht nur der feine Sand, sondern ebenfalls die Aussicht auf die Reede von Lorient und Port-Louis gegenüber.

Rund um die Reede von Lorient

Lorient

4 (s. S. 274) Die zu einem tiefen See aufgestauten Wasser des Ter trennen Larmor-Plage von Lorient. Die Hafenstadt mit dem programmatischen Namen ›Der Osten‹ liegt am Ufer einer geschützten Reede. Wo Blavet und Scorff zusammenfließen, ordnete Ludwig XIV. vor gut 300 Jahren den Bau einer Stadt an, die dank unternehmerischer Dynamik zu Frankreichs Tor nach Übersee aufstieg. Die strategisch günstige Lage an der Reede wurde der Stadt im Zweiten Weltkrieg zum Verhängnis. 1945 waren 85 % aller Häuser buchstäblich pulverisiert. Wie Brest ist die in den 50er Jahren völlig neu erstandene Stadt keine Liebe auf den ersten Blick. Im Schachbrettmuster um den innerstädtischen Jachthafen gezogene Straßenzüge, breite Boulevards, moderne Wohnblöcke und Kirchen aus Beton wirken wenig anheimelnd. Die Bilder täuschen. Lorient hat sich den unternehmerischen Esprit seiner Gründerväter bewahrt. Jeden August wandelt sich die Stadt zum größten Festsaal der Bretagne. An die 5000 Musiker aus Wales, Irland, Cornwall, von der Isle of Man und aus Galizien spielen zum Festival Interceltique auf. 200 000 Besucher hören ihnen zu.

Eine Stadt aus der Retorte war Lorient von Anfang an. Als sich im Europa des 17. Jh. alle seefahrenden Mächte auf den lukrativen Überseehandel mit Gewürzen, Edelsteinen, Stoffen, Porzellan oder Tee stürzten, wollte die französische Krone die historische Chance nicht verpassen. Auf Betreiben von Colbert befahl Ludwig XIV. 1664 die Gründung einer »Compagnie des Indes« in Port-Louis. Das eng auf eine Landnase gestauchte Städtchen erwies sich bald als zu klein für das große Geschäft. Zwei Jahre später entstanden mit königlichem Wohlwollen auf dem gegenüberliegenden Ufer Werften und bescheidene Unterkünfte. Noch hieß der Ort Le Faouëdic. Bis 1732 schnellte die Einwohnerzahl in der ›Boomtown‹ auf über 20 000 hoch. Im selben Jahr wählte die Compagnie des Indes den geschäftigen Ort als Hauptsitz. L'Orient sollte das Stadt-Unternehmen fortan heißen. Keine alteingesessene Bourgeoisie, keine dünkelbeladene Provinzaristokratie störte die Expansion. Nach Lorient ging, wer sein Glück machen wollte. Die Goldgräbermentalität wurde durch die enormen Gewinne mit dem Handel von Sklaven und Kolonialwaren angeheizt. Das Ende kam plötzlich. 1757 besetzten die Engländer Kalkutta. 1759 nahmen sie die Karibikinsel Guadeloupe ein. 1760 verlor Frankreich die kanadischen Besitzungen. Als weitere überseeische Handelsköpfe nach und nach verlorengingen, brach die Compagnie des Indes zusammen.

Lorients tiefer Fall wurde 1770 mit der Gründung eines Arsenals für die Reparatur der königlichen Kriegsflotte abgefedert. Napoleon forcierte schließlich den Ausbau zum Kriegshafen und stellte damit die Weichen für die Zukunft. Im Zweiten Weltkrieg bauten die deutschen Besatzer Stadt und Reede als U-Boot-Stützpunkt aus. Wenn in Lorient heute von *›la cathédrale‹* die Rede ist, meint man damit den 1941 an die Pointe de Keroman geklotzten U-Boot-Bunker. Das Monstrum hat bis 1943 über 900 000 t Beton verschlungen. Heute nutzt die französische Marine die ›Kathedrale‹ für ihre U-Boote. Das Militär bleibt wichtigster Arbeitgeber von Lorient. Im Stadtbild ist davon wenig zu spüren. Lorient hat zudem die Wiederaufbausünden früherer Jahre ausgebügelt. Fast alle Fassaden strahlen in weißem Anstrich. Pastelltöne bei Fensterrahmen und Brüstungen bringen eine nahezu mediterrane Heiterkeit ins Stadtbild.

Herz der Stadt ist der **alte Hafen.** Hier legen die Fähren zur Ile de Groix ab, hier flanieren bei schönem Wetter Jachtbesitzer und *jeunesse dorée,* hier entpuppt sich Lorient als eine der beschwingtesten Städte der Bretagne. Mit der **Maison de la Mer** setzte die Stadt einen neuen architektonischen Akzent, der ihre ursprüngliche Bestimmung betont. Unter dem segelförmigen Dach der lichten Konstruktion informiert eine Ausstellung über den Hafen und alle mit dem Meer verbundenen Aktivitäten.

Am gegenüberliegenden **Quai des Indes** überdauerten einige Reederpaläste aus dem 18. Jh. die Vernichtung der Stadt. Vom Besuch des **Arsenal de la Royale** etwas weiter sind Ausländer ausgeschlossen. Nur Franzosen in Besitz eines gültigen Personalausweises haben Zugang zum Sitz der Admiralität im 1740 errichteten Hôtel Gabriel sowie dem vier Jahre jüngeren Aussichtsturm Tour de la Découverte und den Werften der Kriegsmarine. Die Einschränkung gilt ebenfalls für die schon erwähnte *›cathédrale‹* – Eintritt nur für Franzosen, ohne Fotoapparat!

Für jedermann offen ist dagegen der **Abri 400 Places** unter der Place Alsace-Lorraine. Erst 1993 entdeckte man den Bunker samt Ausstattung wieder. Der 1941 von der deutschen Wehrmacht in Beton gegossene Koloß ist eine Gedenkstätte für die zerstörte Stadt. Auf dem Platz versprüht **Notre-Dame-de-Victoire** mit flacher Kuppel auf klotzi-

Eine widersprüchliche Ansicht: Jachthafen und U-Bootbunker in Lorient

gem Schiff den zweifelhaften Charme der frühen Aufbaujahre. Daß Lorient eine ganze Reihe überzeugender **Bauten der Moderne** aufweisen kann, lehrt ein Faltblatt des Office de Tourisme. Zu nennen sind etwa die Art-déco-Wohnhäuser am Boulevard du Général Leclerc, das im Halbkreis gebaute Ensemble de la Banane bei den St-Louis-Markthallen, die 70 Jahre alte Industrie- und Handelskammer am Quai des Indes oder die Wohnbauten der 30er Jahre zwischen Place Jules-Ferry und dem granitverkleideten Nachkriegsbau des Hôtel de Ville.

An der benachbarten **Place Aristide-Briand** laden die Cafés zu einem Glas an Lorients umtriebigsten Platz ein. Hier endet die Fußgängern vorbehaltene Einkaufsmeile der **Rue de l'Assemblée Nationale**. In allen Seitenstraßen herrscht geschäftiges Treiben. Über die Avenue Anatole-France erreicht man das Merville-Viertel. Markantes Wahrzeichen ist eine kreisrunde Markthalle.

Mit dem Ausbau von Lorients Fischereihafen begann man nach dem Ersten Weltkrieg. Heute mißt das Gelände an der Keroman-Spitze im Süden der Innenstadt 65 ha. An den insgesamt über 2 km langen Kais endet die Besichtigungstour: Gleich daneben bleiben die düsteren Betonmassen der *›cathédrale‹* neugierigen Blicken verschlossen.

Hennebont, Port-Louis und die Ria d'Etel

Wo der Blavet noch nicht eins mit der Reede von Lorient geworden ist, gründeten Territorialfürsten im 11. Jh. eine Burg. Der Fluß ließ sich an dieser Stelle leicht überqueren. Eine Brücke wurde gebaut, die Stadt **Hennebont** 5 (s. S. 267) folgte. Die Stadtmauern der *ville close* nutzen Hennebont im Zweiten Weltkrieg nichts. Die Altstadt fiel 1944 einer Feuersbrunst zum Opfer. Von den schweren Zerstörungen ist in der 14 000 Einwohner zählenden Kleinstadt nichts mehr zu sehen. Als Wahrzeichen gilt das Bro-Erec'h-Stadttor aus dem 13. Jh. Die schmale Durchfahrt bewachen links und rechts zwei behäbige Rundtürme. Eine Treppe führt hinter dem Tor auf die Mauerkrone der Bollwerke. Um die spätgotische Basilika Notre-Dame-du-Paradis blieben einige ansehnliche Häuser erhalten. Ebenfalls im Schatten des 72 m hohen Turms steht ein 300 Jahre alter Brunnen mit schönem schmiedeeisernen Aufsatz.

Weit über die Bretagne hinaus bekannt ist das Städtchen wegen des staatlichen Gestüts, das 1857 in die ehemalige Abtei von La Joie-Notre-Dame zog. Paradepferd des Gestüts ist der Trait-Breton, ein massiges Zugtier. Zur traditionellen Schau der Kaltblüter im September reisen Pferdefreunde aus ganz Europa an. Von den Gebäuden der Zisterzienserabtei (13. Jh.) überstand das Haus des Abts den Wandel in ein Gestüt.

Über die breit ausgebaute D 781 geht es am linken Ufer des Blavet durch Weiden und Wälder nach **Port-Louis** 6 (s. S. 287). Das Schicksal der Festungsstadt Port-Louis ist seit den Tagen der Compagnie des Indes mit dem von Lorient verbunden. Hier unterhielt deren Vorläuferorganisation, die Compagnie de Madagascar, ihren Sitz. Im Zweiten Weltkrieg erlitt der kleine Hafen als Nachbar des hart umkämpften U-Boot-Stützpunkts schwere Schäden. Die Fähre schippert in 10 Min. von Lorient zur Halbinsel von Port-Louis. Zwischen Anleger und Zitadelle erinnert ein Denkmal

Die Festung Port-Louis

an die Erschießung von Widerstandskämpfern im Mai 1944.

Vor der ummauerten Stadt ragt die Zitadelle im Wasser. Eine Brücke führt durch einen Vorbau auf das ursprünglich von Spaniern begonnene Bollwerk. Die im 17. Jh. auf eine kleine Insel gesetzte Festung diente lange Zeit als Gefängnis für politisch Mißliebige. 1871 waren es Mitglieder der Pariser Commune, während der deutschen Besatzung Résistance-Kämpfer. Seit 1984 zeigen fünf Museen im komplett restaurierten Gemäuer ihre Bestände. Die beiden wichtigsten sind das Musée de la Marine und das Musée de la Compagnie des Indes, das die abenteuerliche Seehandelsgeschichte anhand von Waren aus China, Afrika und dem Indischen Ozean nachzeichnet. Hinzu kommen Stiche, Seekarten, Möbel und ein Modell von Lorient zur Zeit der Compagnie des Indes. Von den wie Enterhaken ins Meer vorpreschenden Mauern schaut man bis zur Ile de Groix und über die Reede.

Viele Häuser in Port-Louis stammen aus der Nachkriegszeit, doch links und rechts der Grande Rue finden sich noch immer malerische Ecken. Durch ein Tor in den Stadtmauern gelangt man zum Hausstrand. Immer an der Mauer lang trifft der Weg unweigerlich auf den Anleger von Lohic an der Nordseite der *ville close*. Von hier pendelt die Fähre ins zum Greifen nahe **Gâvres** 7 rüber. Angelegt wird im Fischerhafen Ban-Gâvres. Dahinter folgt das zur Reede gewandte Dorf mit dem Goerem-Strand.

Der Weg nach Riantec führt ans **Petite Mer de Gâvres** 8, einen langgezogenen Binnenarm der Reede. Zum Atlantik schirmen 4 km Sanddünen das ›kleine Meer‹ ab. An manchen Stellen platscht das Wasser links und rechts der Straße durch die Dünen fast an die Reifen. Surfer und Badende müssen sich das Strandparadies mit der Armee teilen, die am Petite Mer einen Übungsplatz unterhält. Auf der Nordseite liegt vor dem hübschen Dorf **Riantec** 9 das Kerner-Inselchen. Bei Ebbe tauchen rund um das Vogelparadies Austern- und Venusmuschelbänke auf dem Wasser auf.

Eng wie ein Flaschenhals ist die Zufahrt in die weite Fluß- und Seenlandschaft der **Ria d'Etel** 10. Klippen und Sandbänke der Barre d'Etel bilden an der 300 m breiten Einfahrt in das Binnenmeer ein mörderisches Hindernis. Meterhohe Wellenbrecher sind keine Seltenheit. Trotz Signalfeuer am rechten Ufer kommt es immer wieder zu Schiffbrüchen. Zweimal täglich drücken Ebbe und Flut bedrohlich gurgelnd Millionen Kubikmeter Wasser in und aus der Ria. Vom Pont Lorois, der bei Plouhinec über das Binnenmeer führt, hat man den eindrucksvollsten Blick über die reißende Strömung. 20 km tief reicht das Wasser ins Hinterland. Die Ria d'Etel entstand, nachdem sich der Atlantik in grauer Vorzeit seinen Weg durch die Dünen in das tiefgelegene Küstenhinterland gebahnt hatte. Heute werden hier vor allem Austern gezüchtet. Das Dorf **Etel** 11 (s. S. 263) ist nicht viel mehr als eine Hauptstraße am Ostufer. Im Café Breton aber unterzeichnete am 7. Mai 1945 der Befehlshaber der deutschen Truppen in der Poche de Lorient endlich seine Kapitulation. Am Hafen legen Schiffe für eine Rundfahrt in die Inselwelt der Ria ab. Zu den schönsten Eindrücken zählt das Dorf **St-Cado** 12 mit dem gleichnamigen Inselchen und einer romanischen Kapelle. Reiher, Kormoran und Möwe sind in den weitverzweigten Seitenarmen die einzigen Begleiter. An den Ufern der stillen, abgeschiedenen Wasserwelt machen etliche Dolmen und Menhire der Côte des Mégalithes Ehre. **Locoal-Mendon** 13, das sich zwischen Halbinseln, Seitenarmen und Landzungen verliert, brüstet sich damit, die Gemeinde mit den meisten keltischen Stelen der gesamten Bretagne zu sein. Den Menhir bei der romanischen Dorfkapelle von **Locoal** 14 haben religiöse Eiferer mit einem eingravierten Kreuz christianisiert.

Ile de Groix

15 (s. S. 265) 8 km vor der Küste liegt Groix. Gleich bei der Ankunft in **Port-Tudy** zeigt die Insel sich von ihrer charmantesten Seite. Hübsch aufgereiht stehen die Häuser am Hafenkai Spalier. Auf den Caféterrassen harren Seebären und Sommerfrischler ob der Neuankömmlinge, die da kommen. Vor allem im August sind es ganze Heerscharen, die über die 8 mal 3 km große Insel herfallen. Daß trotzdem kein Hotel mit zuviel Beton oder Stockwerken aus der Reihe tanzt, gehört zu den vielen Wundern, mit

Die gesamte Südküste bietet schöne Strände

denen Groix angenehm überrascht. Dank Mikroklima scheint die Sonne erheblich öfter über der Insel als über dem Kontinent. »Qui voit Groix, voit sa joie«, frohlockt es aus dem bretonischen Sprichwortschatz (Wer Groix erblickt, schaut in sein Glück).

Oberhalb von Port-Tudy steigt die Küste zum Hauptort **Le Bourg** an, dessen Kirche statt Wetterhahn ein blecherner Thunfisch krönt. Der Ort kam im 18. Jh. als Unterschlupf für die Seeleute der Compagnie des Indes zu Wohlstand – schließlich liegt die Reede mitsamt Scorff- und Blavet-Mündung vor der Haustür. Um die Jahrhundertwende galt Groix als führender Thunfischhafen mit einer 300 Schiffe starken Flotte – daher der seltsame Kirchturmschmuck. Im Ecomusée von Port-Tudy wird an passendem Ort die Glanzzeit des Thunfischfangs nacherzählt. Ursprünglich kamen hier Sardinen und Thunfisch in die Dose.

Höchster Punkt von Groix ist mit 36 m der Weiler **L'Apéritif.** Ringsherum wellt sich ein sanftes Weide- und Wiesenland. Feldwege und Hecken durchziehen wie grüne Bänder die Landschaft. Die bukolische Stille täuscht. Groix ist eine Hochburg keltischer Lebensfreude. In der Taverne Irlandaise im 10-Häuser-Weiler Keranpoulo und im legendären Ty Beudeff in Port-Tudy sind die Nächte nicht nur feucht, sondern vor allem lang.

Neben dem Fahrrad läßt sich die Insel am besten zu Fuß erkunden. Ein **Küstenrundweg,** den geübte Wanderer an einem Tag bewältigen können, beginnt in Port-Tudy. Im Osten erreicht man – immer mit Blick auf das Festland – die weiße Sandnase der Plage des Grands Sables. Der konvexe Strand verliert durch den unzähmbaren Atlantik leider Jahr um Jahr an Sand. Les Sables Rouges heißen die anschließenden Strände. In den Fels eingelagerter roter Granat verursacht die ungewöhnliche Färbung. Abgesehen von einem Feriendorf und einem Sommercafé sind beide Strände unbebaut.

Vor **Locmaria,** dem zweitgrößten Ort nach Le Bourg, breitet sich ein halbkreisförmiger Sandstrand aus; ansonsten sind an der gesamten Südküste Badegelegenheiten selten. Der Weg kreuzt regelmäßig schmale Bachtäler, in denen

Richtig Reisen *Tip*

Mit dem Museumssegler um die Insel

Leinen los im Hafen von Port-Tudy! Mit an Bord des 40 Jahre alten Fischerboots »Kenavo«: Hummerkörbe, Netze und ein Mitarbeiter des Ecomusée, der beim Tagesausflug um die Insel darauf achtet, daß die Segel richtig gesetzt sind. Die Boote aus der Flotte des Museums sind in liebevoller Arbeit restauriert und technisch aufgerüstet worden. Bei Flaute springt der Dieselmotor ein. Beim Törn geht es vorbei an den 40 m hohen Klippen von Pen-Men, die vom Meer noch gewaltiger als an Land wirken. Auf der Südseite heißt es anpacken. Unter fachkundiger Anleitung des Skippers werden am Vortag ausgelegte, dank Boje leicht wiederzufindende Netze und Körbe eingeholt. Die Sache sieht leichter aus, als sie ist: Kieselsteine beschweren die Netze. Auch die Beute hat ihr Gewicht. 10 kg schwere Seeaale sind keine Seltenheit, und ein halbes Dutzend Taschenkrebse hat es auch in sich. Pause im Hafen von Locmaria. Friedlich liegt das Boot in der hufeisenförmigen Bucht. Auf der Rückfahrt um die Ostspitze von Groix winken Badegäste vom weißen Sand der Plage des Grands Sables herüber. Abends in Port-Tudy sind die Arme lang. Als Lohn für die Mühen wird der Fang am Kai verteilt. Merke, nichts schmeckt besser als ein mit eigenen Händen an Bord gezogener Fisch. Reservierung über das Ecomusée, ✆ 02 97 86 84 60.

Baum und Strauch Schatten spenden. Dazwischen liegen Abschnitte über kahle Klippen mit schwindelerregenden Blicken in die Tiefe. Felsklüfte wie das **Trou de l'Enfer,** in die der Atlantik tosend einfällt, entschädigen für nicht vorhandene Bademöglichkeiten. An der Westspitze weist der **Leuchtturm von Pen-Men** den Weg. Über kahle Felsen und krautige Wiesen pfeifft der Wind ungehindert hinweg. Erst an der Nordküste verschwindet der Wanderweg in mannshohen Brombeersträuchern und Farn. Winzige Sandbuchten locken über halsbrecherische Abstiege in die Tiefe. Geradezu lieblich macht sich im Vergleich **Port-Lay** aus. Am Bilderbuchhafen steht das Gebäude der ersten Fischereischule Frankreichs, die 1895 gegründet wurde.

Für geologisch Interessierte ist die Insel ein veritables Mekka, für die Fachwelt ein Begriff. Seit 1983 schützt die *Réserve nationale minéralogique* auf der Südseite die mineralogische Vielfalt. Steine ganz anderer Art bezeugen Groix' erste Siedler, die etliche Spuren hinterlassen haben. Von den keltischen Pionieren zeugen zwei Dolmen oberhalb von Kerohet, zwei weitere im Süden von Kerlard, ein Langgrab bei Port-Mélite, ein stattlicher Menhir bei Clavezic sowie die ausgegrabenen Reste eines gallischen Lagers an der Pointe du Château de Kervedan.

An der Südküste

Menhire und Thalassotherapie: Carnac und die Halbinsel von Quiberon

Ca. 65 km, 2 Tage

Dolmen und Menhire gaben der Côte des Mégalithes den Namen. Mit jedem Schritt weiter südlich nehmen die tonnenschweren Kultobjekte aus grauer Vorzeit zu. Um Carnac stehen gleich ein paar Tausend Hinkelsteine ordentlich in Reih und Glied. Die endgültige Erklärung für die Häufung und Anordnung der Steine steht noch aus. Warum die Côte des Mégalithes zu den beliebtesten Zielen der Bretagne zählt, ist hingegen für jeden Laien leicht zu erklären. Neben den Stränden von Carnac und La Trinité verheißt die 14 km weit in den Atlantik vorpreschende Halbinsel von Quiberon Badefreuden ohne Ende. Phantastische Sandstrände wechseln mit rauhen Klippen. Hinzu kommt ein bemerkenswert sonniges Mikroklima. Soviel Standortvorteile überzeugten die bretonische Radrennlegende Louison Bobet davon, in den 60er Jahren an der Südspitze der Halbinsel ein Thalassotherapie-Zentrum zu eröffnen. Das luxuriöse Etablissement hat erheblich zu Quiberons Prestige als vornehmem und feinem Seebad beigetragen. Hier aalen sich Frankreichs Spitzenpolitiker, Konzernmanager und Filmstars im molligwarmen Meerwasser. Die Saison verlängert sich dank Algenpackungen und beheizten Außenpools bis in den Winter. Anders als in Carnac sind die Menhire auf der Halbinsel von Quiberon nur pittoreske Staffage. Mehr beachtet werden kleine, hochkarätige Steine.

◁ *Einige der berühmten Menhire von Carnac*

Von der Ria d'Etel nach Quiberon

Die D 781 zerschneidet respektlos die Alignements von Kerzerho, die es immerhin auf zehn Steinreihen mit über 1100 Menhiren bringen. Einige davon messen 6 m Höhe. Das Dorf **Plouharnel** **1** ist zu einem Verteilerkreuz für die Halbinsel von Quiberon und Carnac herabgesunken. Rund um Plouharnel lohnt eine ganze Reihe prähistorischer Denkmäler eine Stippvisite. Unweit der Alignements beim Dörfchen Ste-Barbe sind dies der Dolmen von Rondossec mit drei in die Erde getriebenen Gängen, der bescheidenere Dolmen von Mané Croac'h sowie der imposante Dolmen von Crucuno. Wenn im Sommer unter dem Ansturm von *juilletistes* und *aoûtiens* (Juli- und Augusturlauber) die D 768 über die Halbinsel von Quiberon dem Pariser Périphérique zur Stoßzeit ähnelt, ist man gut damit beraten, in Plouharnel auf den *›tire-bouchon‹* (Korkenzieher) umzusteigen. So nämlich heißt der kleine Zug, der ohne lästiges Staustehen die zwei heißen Monate lang zwischen Plouharnel und Quiberon pendelt.

Die **Halbinsel von Quiberon** hat es nicht nötig, um Kundschaft zu buhlen. Das schlagendste Argument liegt von Meteorologen berechnet schwarz auf weiß vor und hat sich herumgesprochen. Die Sonne scheint im Jahresmittel 2000 Std., was mit den Werten an der Côte d'Azur konkurrieren kann. Nur allzu oft, wenn sich über dem Kontinent Wolken ballen, strahlt der Himmel über der sonnenverwöhnten Halbinsel azurblau.

Carnac und die Halbinsel von Quiberon

Es kam, wie es kommen mußte: Seit Anfang der 60er Jahre hat sich die Zahl der Ferienhäuschen verfünffacht. Oft hat man sich bemüht, Türen und Sprossenfenster mit schwerem Granit einzumauern und ein Schieferdach draufzusetzen, um lokales Ambiente vorzutäuschen. Hinzu kommt ein großes Angebot von Hotelzimmern, vor allem im gehobenen Segment. Fazit: Quiberon zählt zu den teuersten Adressen an der bretonischen Südküste, zumindest in der Saison. Aber keine Angst! Vor dem dicken Ende in Quiberon-Stadt verblüffen auf der Westseite der Halbinsel die endlosen Sandstrände von Penthièvre und zutiefst romantischen Klippen der Côte Sauvage.

Den Auftakt zur Halbinsel macht kurz hinter Plouharnel eine Galeone, die am Straßenrand gestrandet ist. Der überkitschte Nachbau eines 300 Jahre alten Schiffes stellt sich als simple Bar heraus. Bald darauf prangert das bescheidene **Musée de la Chouannerie** 2 die 1795

Die Felsenküste von Quiberon

blutig niedergeschlagene Revolte königstreuer Bretonen und Emigranten an. Auf den folgenden Kilometern schrumpft die Halbinsel zu einem schmalen Sandband zusammen, das ganze 3 m über dem Meeresspiegel liegt. Links und rechts der Straße spenden hochgewachsene Kiefernwälder Schatten. Wo die Wälder enden, zweigen Feldwege zu großen Dünenstränden ab. Die nördlichen Abschnitte sind bei Ebbe fest in der Hand kühner Strandsegler, die in ihren tollen Kisten mit Höllengeschwindigkeit über die festen Sandpisten rasen. Die einzige Bebauung weit und breit sind Betonbunker aus dem Zweiten Weltkrieg. Erste Siedler nahmen die Westküste jedoch schon in grauer Vorzeit in Besitz. Auf dem kleinen Téviec-Archipel vor der Küste fanden Archäologen 1924 prähistorische Gräber, die älter als die Menhire sind.

Das **Fort Penthièvre** 3 dient heute als Kaserne. Vor der martialischen Silhouette der alten Festung üben sich Surfer in der steifen Brise. Weht der Westwind kräftig genug, schaufelt er sogar Sandhügel auf den Asphalt.

Im hübschen Hafendorf **Portivy** 4 lotst die Route de la Côte an die Klippen. Von den beiden Landspitzen Beg-en-Aud und Pointe de Percho scheint Belle-Ile zum Greifen nah. Die Strecke bis Quiberon folgt der wildromantischen **Côte Sauvage** 5, deren fast 40 m hohe Granitklippen allen Westwinden trotzen. In unermüdlichem Einsatz hat der Atlantik Tunnel gegraben, Schächte vorangetrieben und Grotten ausgehöhlt. Wo bis ins Mittelalter Wälder standen, spenden heute weder Baum noch Strauch Schatten. In der kahlen Landschaft über den Klippen schlingert die Küstenstraße zwischen tiefen Mulden und Hügelkuppen auf und ab. Wer Lust aufs Beinevertreten bekommt, kann längs der Küste wandern. Der Fernwanderweg GR 341 und einige weitere ausgeschilderte Rundwege bieten sich an. Baden ist überall strikt verboten. Plötzlich einsetzende Wellen entwickeln eine mörderische Sogkraft. Auf Höhe des ehemaligen Fischerdorfs Manémeur und der Landspitze Beg-er-Goalennec verpflichtet die Terrasse des **Cafés Le Vivier** 6 zum Anhalten. Die Lebendbecken, auf die der Caféname hinweist, erbringen reichlich Schalengetier. 1993 konnten 48 Restaurateure aus Quiberon am Hafen die größte Meeresfrüchteplatte aller Zeiten anrichten: 3000 kg Austern, 1000 kg Taschenkrebse, 800 kg Meerschnecken.

Ein Speckgürtel mehr oder minder banaler Ferienhäuser kündigt **Quiberon**

7 (s. S. 288) an. Als Kontrastprogramm zeichnet sich einer Fata Morgana gleich die verspielte Silhouette des Château Turpeau auf dem Beg er Lan-Felsen ab. Quiberons Hafen Port-Maria hat seine Karriere als Ankerplatz einer bedeutenden Sardinenfischerflotte lange, lange beendet. Eine letzte Fischkonservenfabrik, die »Belle-Iloise«, kann besichtigt werden und gehört zum touristischen Pflichtprogramm. Die von einer Mauer vor der Brandung geschützten Kais leeren und bevölkern sich heute im Takt der Fähren zu den Inseln Houat, Hoëdic und Belle-Ile. Am Hausstrand Grande-Plage bekommt man zur Hochsaison kein Bein an den Boden. Sehen und gesehen werden, lautet die Spielregel. Im Städtchen ist von Mitte Juli bis Mitte August der Teufel los. Zu besichtigen gibt es nichts, so daß alle Welt sich ruhigen Gewissens auf die essentiellen Fragen des Bräunens und der richtigen Bademode konzentrieren darf. Vorbei an Kongreßzentrum und Kasino, ohne das ein auf mondäne Vergnügungen pochender Badeort wie Quiberon nicht auskommt, schlendert man ostwärts zur Pointe de Conguel. Am Weg liegen das exklusive Thalassotherapie-Zentrum sowie ein paar kleine Strände. Die letzten paar hundert Meter um die Südostspitze der Halbinsel von Quiberon sind ausschließlich Fußgängern vorbehalten. Nicht mal die Badehose muß eingepackt werden. An den durch Felsen windgeschützten Stränden dürfen alle Hüllen fallen.

Auf der Ostseite der Halbinsel ist **Port-Haliguen** 8 im Kern ein schmukker kleiner Hafen geblieben. Der Bau

Heilende Kräfte als touristische Attraktion – Die Thalassotherapie

Thalasso nannten die Griechen des Altertums das Meer. Rund um die bretonischen Küsten taucht das Wort wieder auf. In St-Malo, Perros-Guirec, Roscoff, Douarnenez, Quiberon, Carnac und La Baule entstanden seit Anfang der 60er Jahre Thalassotherapie-Zentren, so daß die französische Zeitung »Le Figaro« der Bretagne den Titel ›Wiege der Thalassotherapie‹ verlieh. Die Rückkehr zum Meer als dem Urelement allen Lebens schlechthin ist allen Zivilisationen seit der Antike gemein. Die Meerwassertherapie in der Bretagne bietet mit ihrer erprobten Kombination aus ozeanischem Klima, Balneotherapie, einer ganzen Skala spezieller Anwendungen sowie der Heilgymnastik eine Möglichkeit, auf natürliche Art das Gleichgewicht zurückzugewinnen.

Ihre Geschichte begann Mitte des 18. Jh., als der englische Arzt Richard Russell den Gebrauch von Meerwasser bei bestimmten Leiden anpries. In Dieppe eröffnete 1788 das erste französische ›Meerbadeetablissement‹ seine Pforten für die noble, kränkelnde Klientel. Drei Jahre später nahm im englischen Margate das erste ›Meereskrankenhaus‹ den Betrieb auf. Es dauerte ein weiteres Jahrhundert, bis die Bedeutung der Thalassotherapie dank des französischen Biologen Quinton bei einem größeren Publikum Beachtung fand. Quinton folgte der These, wonach alle Lebewesen aus dem Meer stammen, und stellte Analogien zwischen den Bestandteilen des menschlichen Körpers und der Zusammensetzung des Meerwassers fest: So seien nicht nur die Salze des Blutplasmas mit denen des Meerwassers identisch, sie seien zudem in identischen Proportionen und sogar in derselben Reihenfolge vorhanden. Die Grundidee der Thalassotherapie war geboren.

Es bedurfte jedoch noch eines populären Verbreiters. Der kam mit dem dreifachen Tour de France-Sieger Louison Bobet wie gerufen. Bobet, dessen Radrennkarriere ein schwerer Autounfall beendet hatte, erfuhr die heilenden Kräfte des Meeres bei einer Kur im bretonischen Roscoff. Nach seiner Genesung eröffnete er 1965 ein eigenes Thalassotherapie-Zentrum in Quiberon: »Selbstverständlich hätte ich an jedem Punkt der französischen Küste von Dünkirchen bis Menton ein Institut für Thalassotherapie gründen können. Mit Quiberon aber fand ich den am besten geeigneten Ort. In technischer Hinsicht bietet die 14 km ins Meer reichende Lage Quiberons genau die Bedingungen.«

Da das Meerwasser nach seiner Entnahme binnen 24 Std. zur Behandlung genutzt werden soll, muß ein Thalassotherapie-Zentrum unmittelbar in Küstennähe liegen. Im Gegensatz zu den wegen ihrer klimatischen Situation ›hyperstimulierenden‹ Kurorten der Nordseeküste und den eher ›sedativen‹ Kurorten des Mittelmeers können die ›stimulierenden‹ Zentren der Bretagne dank des temperierten Klimas auf eine breiter gestreute Kurklientel bauen. Rheumatische Krankheitsbilder, orthopädische und neurologische Leiden sowie Kreislaufstörungen, Disfunktionen des vegetativen Nervensystems und Stoffwechselprobleme finden in der Bretagne die adäquate medizinische Antwort. Auch zur postoperativen Behandlung und Rehabilitation ist die Thalassotherapie geeignet. Doch sind es vor allem Zivilisationskrankheiten – Stichwort Streß –, die die Zentren füllen. Sprudelbäder, Feinperlbäder, Hydromassagen, kräftige Strahlduschen, lokal angesetzte Duschen, Algen-, Meerschaum- und Tonpackungen sowie Gymnastik im Meerwasserschwimmbad bilden die zentralen Elemente jeder Kur. In touristischer Hinsicht ist das Konzept ein voller Erfolg. »In Carnac trägt die Thalassotherapie heute mehr zum Renommee des Badeorts bei als die berühmten Steinreihen«, analysierte »Le Figaro«.

zweier großer Jachtanleger hat das Dorf jedoch umgekrempelt. Port-Haliguen kokettiert mit internationalem Flair, das mit den Seglern aus vieler Herren Länder ins Dorf weht. Die Historie ist nur noch eine genehme Anekdote zur Färbung des verblichenen Lokalkolorits. Wie auch immer: 1795 landeten 5000 königstreue Emigranten in Carnac. Drei Wochen später zwang General Hoche die Konterrevolutionäre in die Knie. Nach blutigen Gemetzeln kam es zur Kapitulation in Port-Haliguen, woran das Monument des Emigrés südlich des Hafens erinnert. Die Wassertemperatur bei Port Haliguen liegt 2–3 °C höher als an der Côte Sauvage – entsprechend belegt ist jeder Quadratmeter Sand.

Insgesamt hinterläßt die sanfte Ostküste den Eindruck munter dahinplätschernder Badefreuden vor ruhiger See. Im Weiler **Beg Rohu** 9 hat die prestigeträchtige Ecole Nationale de Voile ein großzügiges Domizil bezogen. Strand reiht sich an Strand; im Gegensatz zur geschützten Côte Sauvage im Westen durfte hier anscheinend bauen, wer immer wollte. Das Ergebnis ist ein fast nahtlos von Beg Rohu bis nach St-Pierre-de-Quiberon wabernder Ferienhausbrei. »Endlich Platz!«, wirbt Plouharnel in großen Plakatlettern bei Verlassen der Halbinsel. Stimmt – mit einem Schlag sind die Strände entschieden leerer.

Carnac

10 (s. S. 254) Das 4500-Einwohner-Städtchen hat sich in den letzten 20 Jahren gehörig gemausert; rund um die **Pfarrkirche St-Cornély** wirkt es nach der Neugestaltung der Place de l'Eglise geradezu geleckt. Eine buntbemalte Statue des Heiligen, den Rom übrigens nie anerkannt hat, segnet über dem Haupt-

portal Land und Leute. Zu beiden Seiten des Heiligen hängen zwei ebenso bunte Bilder, auf denen Rindviecher vor Menhiren und Dolmen posieren. Cornély gilt als Beschützer allen horntragenden Viehs. Kein Wunder also, daß bei der Kirche zu Ehren des Schutzpatrons nicht geknausert wurde. Viel prachtvoller als das Hauptportal ist der säulenflankierte Seiteneingang auf der Nordseite, den ein opulenter Granitbaldachin krönt. Innen nimmt die verspielte Pracht kein Ende. Das gesamte Tonnengewölbe ist farbkräftig mit Szenen aus dem Leben des hl. Cornély bemalt. Der Barockaltar aus mehrfarbigem Marmor reicht bis ans Gewölbe. Die in Eisen geschmiedete Kanzel und Chorschranke sind bemerkenswert elegant, die Orgel ein kleines barockes Wunderwerk.

Im Schatten des achteckigen Kirchturms leistete sich Carnac in den 80er Jahren ein neues Rathaus. Gleich daneben stimmt das **Musée de la Préhistoire** auf die berühmten Steinalleen von Carnac ein. Die ›Hauptstadt der Megalithkultur‹ nimmt ihren Titel ernst. Im Museum wird eine der weltweit führenden Sammlungen zur Vorgeschichte gezeigt; viele Stücke stammen aus Carnac. Initiator der Sammlung waren Ende des 19. Jh. der schottische Archäologe Jean Miln und Zacharie Le Rozic, ein Sohn der Stadt. Anhand von knapp 7000 Exponaten passiert die Geschichte der Côte des Mégalithes von der Altsteinzeit bis ins frühe Mittelalter Revue.

In Carnac erreichte der neolithische Kult mit exakt 2935 Menhiren seinen Höhepunkt. Hinter dem frühgeschichtlichen Titanenwerk steht wahrscheinlich ein ausgeklügeltes System zur Berechnung von Sonnenauf- und -untergängen zu bestimmten Daten im Jahreszyklus. Soviel ist sicher: Gemeinsam ist allen Alignements die Ost-West-Ausrichtung. Oft begrenzt ein Cromlec'h die Anlage. Den Rest wissen die steinzeitlichen Götter. Gustave Flaubert löste das Erklärungsdilemma auf seine Weise: »Wenn man mich nach so vielen Ansichten fragt, welche meine sei, so werde ich eine unwiderlegliche, unabweisbare, unwiderstehliche aussprechen ... und diese Ansicht ist: Die Steine von Carnac sind große Steine ...«

Eins der ältesten steinzeitlichen Denkmäler ist der **Tumulus St-Michel** am Nordostrand von Carnac. Gebückten Hauptes geht es durch die Felsgänge des 6000 Jahre alten Hügelgrabs. Im 125 m langen und 60 m breiten Hügel wurden 1862–64 zwei große Grabkammern freigelegt. Tongefäße, eine Bronzeglocke, etliche Steinbeile, Schmuckketten und Ohrgehänge sprechen dafür, daß hier hochrangige Fürsten begraben wurden. Auf dem 12 m hohen Hügel steht das bescheidene St-Michel-Kapellchen. Vom verwitterten Steinkreuz an der Kapelle schaut man über Heidekraut und Hohlwege hinweg bis zu den Steinreihen im Norden sowie den Dächern von Carnac-Ville und den Kiefernwäldern von Carnac-Plage im Süden.

Hinter dem Belle-Epoque-Hotel Le Tumulus führt ein Feldweg zwischen lauschigen Hecken und Hausteinmäuerchen zum Weiler **Kermario.** An einer Landstraße liegen zehn Menhiralleen mit insgesamt 1029 Exemplaren. Den Zutritt zum 1 km langen Steinfeld versperrt ein Zaun. Der berühmte Dolmen im südwestlichen Zipfel läßt sich zwar vom Straßenrand betrachten, doch vorbei sind die Zeiten, da man zwischen den Hinkelsteinen frei wandeln durfte. Über die Gründe der Absperrung unterrichtet ein Lehrfilm im Besucherzentrum. Immer mehr Steinkolosse kamen unter dem Besucheransturm ins Wanken. Farn, Heidekraut und Ginster, die für Stabilität sorgten, wurden buchstäblich niedergetrampelt, die natürlichen Fundamente der Menhire damit zerstört. Die Folge: Stein um Stein fiel auf die Nase. Hammerbewafffnete Besucher, die ein Stück Menhir für daheim abklopften, und waghalsige Kletterer erforderten schließlich drastische Maß-

Mehrere tausend Menhire bevölkern die Landschaft um Carnac

nahmen. Das umzäunte Feld von Kermario läßt sich nur noch von einer erhöhten Holzplattform überblicken. Schilder bitten um Verständnis für die ›natürliche Restaurationsmethode‹.

Im Nordosten geht es vorbei am 6,50 m hohen ›Gigant von Manio‹ und einem rätselhaften, von Menhiren eingefaßten Quadrat *(le quadrilège)* zum nächsten Steinfeld. Ein Cromlec'h mit 39 im Halbkreis angeordneten Steinen kündigt die auf 13 Reihen verteilten 555 Menhire von **Kerlescan** an. Mit der mythischen Aura der Alignements von Kermario kann Kerlescan bei weitem nicht mithalten. Erst in **Le Ménec** verfängt der Zauber wieder. Das Dorf im Westen von Carnac hält den Rekord unter den Alignements – 1099 Steine. Wieder schützen Zäune die elf Reihen. Im Dorf stößt man auf etwa 70 Steine, die im Halbkreis zwischen den Häusern versteckt stehen. Seit 1991 stellt das nahe hypermoderne **Archéoscope** die wichtigsten Thesen über Sinn und Ursprung der Megalithkultur in technisch aufwendigen audiovisuellen Vorführungen zur Diskussion.

Carnac-Plage entstand an einer Lagune, die zuvor zur Salzgewinnung genutzt wurde. Zwischen der spiegelglatten Wasserfläche, aus deren Mitte das Salines-Inselchen auftaucht, und dem alten Fischerhafen Port en Drô liegt das Thalassotherapie-Zentrum mit Hotelpark. 2 km blendend-weißer Sand an der Grande Plage, risikoloses Baden an der zahmen See und ein mildes Mikroklima sorgen dafür, daß der Boulevard de la Plage im Sommer einem Rummelplatz gleicht. Auf die 4000 Dauereinwohner Carnacs kommt das Zehnfache an Ur-

Strand in La Trinité

laubern. Kiefern kaschieren einige dahingeklotzte Appartementhäuser, doch im großen und ganzen bleibt Carnac-Plage ein gepflegter Strandort mit schmucken Ferienhäusern, sehr viel Belle-Epoque-Charme und noch mehr Grün.

Ruhiger als die Grande Plage und die Plage de Ty Bihan ist die Plage de St-Colomban im Westen. Das gleichnamige Dorf hinter dem Strand lohnt eine Stippvisite wegen der eng um die spätgotische Kirche gescharten Granithäuser. Adelige Gefangene haben während ihrer Gefangenschaft 1795 im Gotteshaus ein Wandbild mit drei Schiffen geschaffen. An das Schicksal der später Erschossenen mahnt das steinerne Kreuz der Emigranten an einer Kreuzung in Richtung Carnac-Ville. Von **St-Colomban** gelangt man weiter zur stillen Anse du Pô. Die Dörfer an der Bucht haben sich der Austernzucht verschrieben.

Über La Trinité nach Locmariaquer

»Muschelsammeln verboten«, gebieten Schilder auf dem Weg nach La Trinité, ohne auch nur die geringste Wirkung zu zeitigen. Bei Ebbe schwärmen ganze Heerscharen mit Eimerchen und Harke vom Men-Dû-Strand aus. Bis zur unbewohnten Ile de Stuhan wird der Schlick nach eßbaren Schalentieren durchfurcht. **La Trinité** 11 (s. S. 304) liegt hinter der bewaldeten Pointe de Kerbihan, um die ein Wanderweg immer am Strand lang führt. Nicht annähernd so mondän wie Carnac sucht das Städtchen an der Rivière de Crac'h sein Auskommen auf zwei Standbeinen. Der enorm ausgebaute Jachthafen bringt reichlich Geld in den Stadtsäckel. Austernzucht und Fischfang aber sind nach wie vor wichtiger, wie der Bau einer neuen Fischhalle am Kai betont. Wahrzeichen der Hafenstadt sind die Bögen des Pont Kérisper über den Crac'h, dessen im Krieg zerstörten Vorgängerbau Gustave Eiffel 1901 konstruiert hat. Den schönsten Blick auf die Hafenfront gewinnt man von der anderen Seite des Crac'h bei einer Schleife um die St-Philibert-Halbinsel.

Der unprätentiöse Badeort **Locmariaquer** 12 liegt am Ende einer Halbinsel, die die Einfahrt zum Golf von Morbihan in die Zange nimmt. Nicht weit von der Pfarrkirche Notre-Dame-de-Kerdo entfernt liegt der Welt größter **Menhir Mané Er Hroec'h** daniedergestreckt in vier Bruchstücken. Niemand wagt zu erklären, wie das 350 t schwere und 20 m hohe Ungetüm errichtet wurde. Gebrochen wurde er an der Côte Sauvage von Quiberon. Wie aber hat man den Stein bis nach Locmariaquer geschafft? Gern zitiert wird ein Vergleich, demzufolge für die Aufstellung des wesentlich kleineren Obelisken auf dem Petersplatz zu Rom 800 Mann sowie 70 Pferde ein Jahr benötigten. Die Monumentalität setzt sich bei der nahen **Table des Marchands** fort. Der gigantische Dolmen mißt 130 m Länge. Im Innern der Kammer sind etliche Steine reich verziert. Teile des Ganggrabs finden sich auf der Ile Gavrinis im Golf von Morbihan wieder, so etwa das Fragment einer Platte mit eingraviertem Ochsen. Wurde die Table des Marchands von späteren Megalithgenerationen als Steinbruch benutzt? Drei Tumuli, ein weiterer Dolmen sowie die Allée couverte des Pierres Plates am Strand der Pointe de Kerpenhir bürden den Forschern andere schwere Rätsel auf. Menhir her, Dolmen hin, an den Terrassen um die Place Dariorigum geht das Leben mit Blick auf den Anleger seinen saumseligen Gang.

Der Golf von Morbihan

Ca. 180 km, 2–4 Tage

Als einziges bretonisches Departement trägt der Morbihan einen keltischen Namen. Mor bihan bedeutet ›kleines Meer‹. Gemeint ist damit der 12 000 ha große Golfe du Morbihan. Das südbretonische Binnenmeer entstand vermutlich im Tertiär als Folge einer gewaltigen Erdabsenkung, die der Atlantik mit seinen Fluten aufgefüllt hat. Eine 900 m breite Zufahrt zwischen Locmariaquer und Port-Navalo verbindet den Atlantik und die 25 mal 20 km weite Wasserfläche. Durch die flaschenhalsschmale Öffnung pressen sich unter dem Diktat der Gezeiten alle sechs Stunden einige hundert Millionen Kubikmeter Wasser. Die Strömung erreicht dabei 10 Knoten. Im Sog wird der Golf so kräftig durchgespült, daß er weder verlandet noch sein Salzgehalt zu sehr steigt. Gut ein Drittel des Grundes liegt bei Ebbe im Trockenen. Zum Wirrwarr von angeblich 365 Inseln und Inselchen – für jeden Tag eine, behauptet die Lokalfama – gesellen sich Felsen, Sandbänke, Priele und Schlick. Bewohnt sind nur einige wenige Inseln, die jedoch seit Urzeiten, wie etliche Megalithdenkmäler beweisen. So mancher Cromlec'h oder Menhir ist in den Fluten versunken, denn im Laufe der Jahrtausende hat sich die Topographie des Golf ständig verändert. Im Norden münden Flußzuläufe in das ›kleine Meer‹, die die 200 km Ufer zerfransen.

An ihnen entstanden mit Auray und Vannes die wichtigsten Städte. Fischfang spielt im Golf keine große Rolle mehr. Wichtiger ist die Austernzucht, noch wichtiger der Tourismus. Bis auf zwei Ausnahmen sind alle 40 bewohnten Inseln in Privatbesitz. Im Umfeld von Vannes und auf der Rhuys-Halbinsel haben sich während der vergangenen 20 Jahre Tausende Häuslebauer ein Feriendomizil hingesetzt. Die Zersiedelung aufhalten soll die 1990 erfolgte Einstufung des Golfs als ›nationales Naturerbe von internationalem Wert‹. Ornithologische Schutzzonen sind ein weiterer Schritt zugunsten der Natur. Allein zwischen Ostern und den Herbstferien nutzen an die 400 000 Besucher die Schiffslinien zum *island hopping*. Im Winter, wenn Scharen von Zugvögeln im Golf überwintern, wird es still. Erst dann erschließt sich die eigentümliche Magie des ›kleinen Meeres‹.

Auray

1 (s. S. 243) Die 10 000-Einwohner-Provinzidylle ist mit allem gesegnet, was Besucherströme anzieht. Ein Fluß, ein malerischer Hafen, herausgeputztes Fachwerk, erbauliche Kirchen, ein lebendiger Markt. Zum Meer ist es nicht weit, und nicht zuletzt der TGV-Anschluß und eine Schnellstraße in Autobahnformat sorgen dafür, daß an Auray kein Mensch vorbeifährt. Kurzum, hier brummt's.

Postkartenmotiv Nummer 1 ist der **Hafen** vor der Unterstadt St-Goustan. Schöner als um die Kaimauern der Place St-Sauveur können sich alte Balken, Granit und Schiefer nicht gruppieren. Am anderen Ufer liegt ein marineblaues Museumsschiff vor Anker, auf dessen picobello restaurierten Planken die Hafengeschichte rekapituliert wird. Schifffahrtsgeschichte auch in der **Kirche St-Goustan,** wo das 3 m große Ex-Voto-Schiff Orion hinter Schutzglas ausgestellt wird. Die Unterstadt St-Goustan verläßt man über eine alte Steinbrücke in Richtung Oberstadt.

Paradeplatz der Oberstadt ist die **Place de la République,** in deren Mitte das von einem Belfried gekrönte Rathaus nebst Markthallen und Gericht steht. Geschäftig geht es in der **Rue Barré** zu, der drei Herbergen schon im 17. Jh. Leben einhauchten, darunter das »Cochon fidèle« in der Nr. 1. Durch die ebenfalls geschäftige **Rue du Lait,** wo das Office de Tourisme in ein barockes Kirchlein gezogen ist, geht es zur Place G. Dehayes. Aurays größte Kirche, **St-Gildas,** beherrscht den Platz. Unter dem wuchtigen Turm des 1623 begonnenen Baus tragen Renaissance und Barock einen unentschiedenen Kampf aus. Wie bei allem Unentschiedenen wirkt die Stilmischung wenig überzeugend.

Sehenswerter ist die **Commanderie du St-Esprit** aus dem 13. Jh. im Osten der Stadt. Von dort gelangt man über die von Touristen kaum frequentierte Place aux Roues zum **Parc des Sports.** Vom Belvédère der Parkanlage und der darunter liegenden Promenade du Loch fällt der Blick auf die Unterstadt St-Goustan.

Ein Wallfahrtsort der besonderen Art ist das **Mausoleum für Georges Cadoual,** den Helden des Chouans-Aufstands. Der Kuppelbau gegenüber seines Geburtshauses im südwestlichen Stadtteil Kerléano ist ein Muß für jeden patriotisch denkenden Bretonen. 1793 kämpfte der aus gutsituierter Familie stammende Achtzehnjährige auf Seiten der Royalisten. Der Hitzkopf wird gefangengenommen, kann fliehen und macht den Revolutionstruppen zehn Jahre lang den Umsturz schwer. Mit 25 Jahren wird er Anführer aller royalistischen Ver-

Im Hafenviertel von Auray

bände. Ein Attentat gegen Napoleon mißlingt. Cadoual wird festgesetzt und im Juni 1804 mit einem Ave Maria auf den Lippen in Paris enthauptet. Das Skelett verblieb zu Anschauungszwecken in der Anatomie der Universität, bevor es nach der Restauration der Monarchie im 19. Jh. Eingang in das klassizistische Mausoleum fand.

Von Ste-Anne d'Auray zur Ile d'Arz

6 km nördlich von Auray lockt **Ste-Anne d'Auray** 2 (s. S. 300) Heerscharen von Pilgern an. Ziel der Verehrung ist die hl. Anna, Mutter Marias und Schutzheilige der Bretonen. Eines denkwürdigen Tages Anno 1624 soll die ganz in Weiß Verhüllte dem Bauern Yves Nicolazic erschienen sein, um ihm den Bau einer Kapelle an just dem Platz abzuverlangen, wo 924 Jahre zuvor bereits das erste Gotteshaus der Bretagne gestanden haben soll. Nach einigem Weh und Ach nahm die Sache unter bischöflichem Schutz ihren Lauf. Eine erste Kapelle wurde gebaut, zu der fortan an jedem 26. Juli, dem Tag der Erscheinung, die Gläubigen strömten. Seit 1866 ersetzt die zwischen Neorenaissance und Neogotik protzende Basilika die lange zuvor abgebrannte Barockkapelle. Zum Aufmarschplatz des Glaubens, den die Legionen mit dem Bus angereister Rentner bevölkern, gehören im Umfeld der monströsen Basilika das bescheidene Haus des Bauern Nicolazic, bretonisches Trachtenmuseum, Wachsfigurenkabinett, Monumentalbrunnen, Denkmal für die Gefallenen des Ersten Weltkriegs sowie die Scala Santa aus dem 17. Jh., deren Stufen Tiefgläubige auf den Knien erklimmen. Ebenfalls noch aus dem 17. Jh. stammt das Kloster hinter der Basilika. Neueste Attraktion im bretonischen Lourdes ist die Dallage de la Foi, ein gepflastertes Areal,

Der Golf von Morbihan und die Halbinsel von Rhuys

das für den Papstbesuch im September 1996 angelegt wurde. Dank Bildchen, Video, Tassen und Kerzen kann in den Devotionalienläden jeder sein Stück vom Ereignis erstehen. In den Bäckereien von Ste-Anne d'Auray geht übrigens der ›Jésuite‹ wie warme Semmeln weg, ein leichter, aufgeblasener Kuchen.

Zurück an den Golf. **Le Bono** 3 liegt an der Mündung des gleichnamigen Flusses in die Rivière d'Auray. Seit die alte, von Gustave Eiffel konstruierte Hängebrücke gesperrt ist, endet das Dorf als malerische Sackgasse am Ufer. Über Baden erreicht man **Larmor-Baden** 4, ein kleines Austernzüchterdorf, das vor allem als Sprungbrett auf die **Ile Gavrinis** 5 (s. S. 264) bekannt ist. Die Überfahrt lohnt nicht nur wegen des bedeutendsten Hügelgrabs der Bretagne, sondern auch wegen des Ausblicks auf die Zufahrt in den Golf. Bei einsetzender Ebbe oder Flut entwickelt der Wassersog des Courant de la Jument reißerische Kräfte, die die kleine Fähre gehörig schunkeln lassen. Der 8 m hohe Tumulus von Gavrinis verdankt seine Berühmtheit den Steingravuren einer 14 m langen Megalith-Galerie. Zu erkennen sind neben Farnblättern, Äxten und Schlangen abstrakte Motive, konzentrische Kreise und Spiralen etwa. Die Platte ist Teil der berühmten Table des Marchands aus Locmariaquer (s. S. 195) an der Einfahrt zum Golf: Beim Tumulus von Gavrinis wurde also auf älteres Baumaterial zurückgegriffen. Auf der gegenüberliegenden Ile d'Er Lannic (Vogelschutzgebiet) sind zwei Cromlec'h auszumachen, deren Menhire im Wasser versinken.

In **Port-Blanc** 6, wo die Nähe zu Vannes durch allzuviele Neubauten bereits spürbar ist, blieb zumindest der Blick auf die **Ile aux Moines** 7 (s. S. 275). Mit 6 km Länge ist die Ile aux Moines die Größte, mit Kiefernwäldern, Mimosen, Palmen, dem größten Cromlec'h der Bretagne, Stränden, berückenden Fischerkaten und einem reizenden Hotel auch die Schönste im Golf. Der Name geht auf ein Kloster in Redon zurück, dessen Mönche die Insel von 852 an mit Bohnen und Getreide belieferten.

Arradon 8 hat den einst dörflichen Charme in seiner neuen Bestimmung als betuchte Landhaussiedlung von Vannes verloren. Villen säumen das dichtbewaldete Ufer. Von der Pointe d'Arradon schaut man auf das nächste Inselziel, die **Ile d'Arz** 9 (s. S. 242). Das 3,5 mal 1 km große Inselchen bleibt von der großen Touristeninvasion verschont. Die Kapitäne von Arz waren einmal gesuchte Seeleute. Mitten auf der Insel liegt das hübsche Dorf. Einige Herrenhäuser sprechen für früheren Wohlstand. Bögen und Kapitelle der Dorfkirche stammen noch aus dem 12. Jh.

Seit über 100 Jahren bindet ein Straßendeich die **Ile de Conleau** 10 ans Festland. Der Blick über den Golf läßt die im Nacken sitzende Hauptstadt des Departements vergessen. Einige weitere Inseln sind relativ einfach zu erreichen. So etwa Tascon, zu dem man bei Ebbe zu Fuß gehen kann. Andere sind strengbewachte Privatbesitze wie Stibiden oder Lerne, noch andere Vogelschutzgebiete wie die Ile aux Oiseaux. Auf Bailleron schließlich laborieren Studenten und Dozenten der Universität Rennes in einem meeresbiologischen Institut. Um alles zu sehen, hilft nur eins: Nichts wie aufs Ausflugsboot.

Vannes

11 (s. S. 305) Als Sitz von Präfektur und Conseil Général hat Vannes in administrativen Dingen die Nase vorn. Mit 50 000 Einwohnern liegt die Departementshauptstadt nur knapp hinter Lorient, kann dafür als Hafen und Wirtschaftsmacht mit der dynamischen Konkurrentin im Nordosten aber nicht mithalten. Der Keim des Wettkampfs wurde 1664 gelegt, als entgegen ersten Plänen die Compagnie des Indes nicht am Golf von Morbihan, sondern auf Wunsch Ludwigs XIV. in Port-Louis vor den Toren von Lorient gegründet wurde.

Vannes gibt sich konservativ, lebt gut von seinen braven Beamten und Angestellten sowie dem Tourismus. Etwa die Hälfte des mittelalterlichen Mauerrings entging der Erneuerungswut des 19. Jh. Die Altstadt *intra muros* zählt zu den anheimelndsten urbanen Ensembles der gesamten Bretagne. Als erste Bewohner der Stadt auf der Nordseite des Golfs von Morbihan sind die Veneter in Cäsars »De Bello Gallico« überliefert. 56 v. Chr. fügte die römische Eroberungsarmee dem gallischen Stamm die entscheidende Niederlage zu. Vermutlich an der Mündung des Golfs machte eine plötzlich einsetzende Flaute die Segelschiffe der Einheimischen manövrierunfähig. Die römischen Boote hatten hingegen Ruder und nahmen Boot um Boot der Veneter in die Zange. Rom verging, die Kelten kamen. Zerstörungen und Wiederaufbau wechselten in den nächsten 1000 Jahren einander mehrmals ab. 1532 war Vannes Schauplatz der »immerwährenden Union des Herzogtums der Bretagne mit dem Königreich Frankreich.« 350 Jahre später avancierte Vannes zur Hochburg der Royalisten, so wie der gesamte Golf ein Rückzugsgebiet der gegen die Revolutionsregierung in Paris agierenden Chouans war.

An Vannes' einstige maritime Berufung erinnern allenfalls die schnittigen Boote im Jachthafen. Ein Schleusensystem erlaubt die Ausfahrt durch einen Kanal in den Golf von Morbihan. Wer mit dem Auto die Kanalmündung passieren möchte, beachte die Leuchtschriften in der Stadt, die anzeigen, wann die Brücke von Kerino geöffnet ist.

Die halbkreisförmige **Place Gambetta** (1) mit ihren Cafés und klassizistischen Fassaden ist ein schwungvoller Auftakt zum Stadtrundgang. Durch das barock geprägte Stadttor **Porte St-Vincent** (2), von dem eine buntbemalte Statue des Heiligen den Finger zum Hafen hebt, betritt man die Altstadt. Links geht es zur Fischmarkthalle. Durch die **Rue de la Poissonnerie** (3) zieht man vorbei an Fischhandlungen – der Name verpflichtet nun einmal – zur Place du Poids Public. Je nach Saison türmen sich Artischocken, Kirschen, Kartoffeln oder Kohl in den Auslagen. Beim Traiteur gibt's *Bœuf bourguignon* oder ofenfertige Jakobsmuscheln. Alles deutet auf die großen Mittwochs- und Samstagsmärkte hin, die auch die gesamte **Place des Lices** (4) vereinnahmen. Vannes größter Altstadtplatz diente im Mittelalter als Austragungsort von Ritterturnieren. Stolze Stadtpalais reihen sich mit spätmittelalterlichem Fachwerk und Steinfassaden des 18. und 19. Jh. um das geschäftige, halbovale Areal, das zur Place Laroche leicht ansteigt.

Auf der Ostseite steht eine weitere Markthalle, die zur Zeit auf ihre Renovierung wartet. Hinter ihr verläuft parallel zur Stadtmauer die Rue des Remparts. An ihr springt die einer Burg ebenbürtige, jüngst renovierte **Tour du Connétable** (5) ins Auge. Die Rue des Remparts mündet auf die Place Laroche, wo ein Neubauklotz das Gesamtbild empfindlich stört. Durch die Rue Rogue

Die alten Waschhäuser in Vannes sind ausgesprochen malerisch

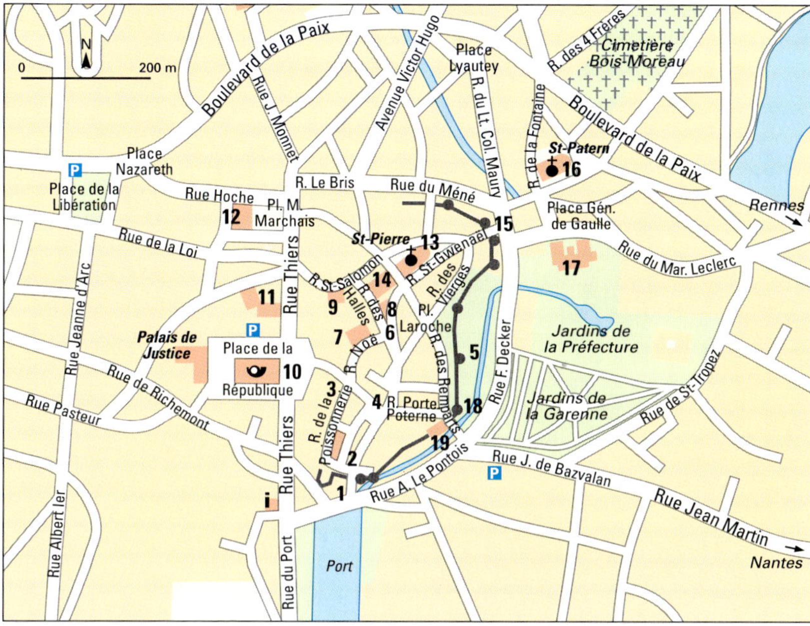

Vannes *1 Place Gambetta 2 Porte St-Vincent 3 Rue de la Poissonnerie 4 Place des Lices 5 Tour du Connétable 6 Place Valencia 7 Château-Gaillard 8 Maison de Vannes 9 Rue St-Salomon 10 Place de la République 11 Hôtel de Limur 12 Rathaus 13 Kathedrale 14 Markthalle La Cohue 15 Porte Prison 16 St-Patern 17 Präfektur 18 Waschhäuser 19 Château de l'Hermine*

dringen wir in das Gassengeflecht der Altstadt vor. Rechts öffnet sich die verwinkelte **Place Valencia** (6), wo in Haus Nr. 17 der aus Valencia stammende Missionarsprediger Vincent Ferrer 1419 verstarb. Links fällt in der Rue Noë das prachtvolle **Château-Gaillard** (7) mit einem herrlichen Eckturm ins Auge. In ihm zeigt das Archäologische Museum Ausgrabungsschätze.

Die Rue des Halles ist eine schmalbrüstige Händlergasse mit auskragenden Fachwerkfassaden und nobel zurückgezogenen Palais, in der Restauranttische den Weg verbarrikadieren. Ganzer Stolz der Bürger ist das Eckhaus **Maison de Vannes** (8), dessen derb grinsende, wohlgenährte Holzfiguren als ›Vannes et sa femme‹ (Vannes und seine Frau) verehrt werden.

Von der Rue des Halles zweigt links die **Rue St-Salomon** (9) mit wunderschönen Fachwerkhäusern ab. Zu schauen gibt es reichlich. Von geschnitzten Balken herunter ziehen Löwen und Fabeltiere hämisch Grimassen. Manche Bauten drücken ihre Fachwerklast auf fein gearbeitete Erdgeschoßsäulen aus Stein.

Mit einem Mal steht man an der verkehrstosenden Rue Thiars, die als schnurgerade Achse die Altstadt im Westen schient. Wenig einladend wirkt nach all der Gassenheimeligkeit die maßlos weite, zur Rue Thiars aufklaffende **Place de la République** (10). Aber weder das Hauptpostamt noch der

Die Stadtmauer von Vannes

Palais de Justice sind gelungene Antworten auf die wunderschöne mittelalterliche Altstadt.

Neben dem Palais de Justice führt eine Treppenstiege in der Mauer zu einem stillen Park. Von den Grünanlagen schaut man auf die Rückseite des imposanten, leider arg ramponierten **Hôtel de Limur** (11), einem Barockpalast, der es mit denen im Pariser Marais aufnehmen kann.

Ebenfalls zur Rue Thiars richtet sich die Place Maurice Marchais aus. Das bombastische **Rathaus** (12) von 1866 am Platz ist ein Paradebeispiel für den Repräsentationswahn des Second Empire. Dem menschlichen Maß eher angepaßt ist die Rue Burgault gegenüber. Sie trifft auf Vannes' bezauberndste Altstadtecke, an der sich Place Henri IV und Place St-Pierre verhaken. Mit jeder Etage scheinen die ausladenden Fachwerkbauten weiter aufeinander zu zu kippen.

Dem Fachwerkgetürme entgegen stellt sich die steinerne Masse der **Kathedrale** (13). Unbedarft haben die Baumeister im Laufe der Jahrhunderte beim Granitbau Stilelemente vom 12. bis zum 19. Jh. verquickt. Von außen fällt am linken Seitenschiff die kreisrunde Renaissancekapelle St-Sacrement auf, in der der schon erwähnte Vincent Ferrer beigesetzt ist.

Gegenüber der Kathedrale erhebt sich ein stattlicher gotischer Bau. Es handelt sich um die alte **Markthalle La Cohue** (14), in der das Musée des Beaux-Arts, du Golfe et de la Mer neben Gemälden von Goya, Corot oder Delacroix Exponate zur regionalen Seefahrtsgeschichte präsentiert.

Die sehenswerten Altstadtgassen Rue des Chanoines und Rue St-Gwenaël leiten links und rechts an der Kathedrale vorbei zur lauschigen Place Brûlée und der dahinter auftrumpfenden **Porte Prison** (15). Die von einem Turm flankierte Doppeltorburg aus dem 13. Jh. hat Gefangene jeder Couleur gesehen. Kleine Läden kleben an dem Gemäuer.

Außerhalb der Mauern mausert sich das St-Patern-Viertel zur Ausgehmeile. Die Fachwerkhäuser des ehemaligen Kleine-Leute-Quartiers fallen eine Nummer kleiner als um die Kathedrale aus. Wahrzeichen ist der Barockgiebel der Pfarrkirche **St-Patern** (16), deren Turm wie auf die offene Kuppelvorhalle gepfropft wirkt. Grandios fällt die **Präfektur** (17) an der nahen Place Général de Gaulle aus. Die dreiflügelige Anlage erinnert eher an ein Schloß als an den Sitz eines gewählten Staatsdieners. Auf die Gärten der Präfektur folgt der Parkhügel der Jardins de la Garenne. Ihm zu Füßen fließt längst der Stadtmauer die Marle. Von den Grünanlagen hat man den schönsten Blick auf die abends beleuchteten Bollwerke.

Napoléone de Bretagne

Auf einer um 1867 entstandenen Daguerreotypie schaut sie drein wie dereinst der berühmte Onkel. Finsterer Blick, die Augenbrauen zornig zusammengezogen, der Körper ganz Haltung. Die Ähnlichkeit der alternden Princesse Bacciochi mit Napoleon verblüffte seinerzeit die Zeitgenossen. Mit ihm teilte sie ebenfalls den Namen: Napoléone. Die 1806 im italienischen Lucca als Tochter der Napoleonschwester und Großherzogin der Toskana Elisa Geborene beendete ihr Leben 20 km nördlich von Vannes. In Colpo liegt sie seit 1869 begraben. Fünf Jahre zuvor hatte die Cousine von Napoleon III., an dessen glanzvollem Hof sie unerwünscht war, Colpo gegründet. Am Rathaus von Colpo breitet der kaiserliche Adler seine Schwingen aus. Den Raubvogel findet man ein zweites Mal am Sarkophag der Prinzessin in der Kirche, der die verkleinerte Kopie von Napoleons Grablege im Pariser Invalidendom ist – inklusive kaiserlicher Bienen und den lorbeerbekränzten Initialen.

Napoléones Weg nach Colpo war lang. Nach dem Debakel von Waterloo zog die Familie von einem europäischen Exil ins nächste. Napoléone erbte vom gestürzten Onkel das aufbrausende Temperament. 1831 beschimpfte sie in Wien auf offener Straße ihren Cousin Aiglon, weil dieser in österreichischer Uniform daherstolzierte. Die spätere Unbeliebtheit am Hofe des Zweiten Empire und der Selbstmord ihres Sohnes ließen sie über Umwege die Bretagne entdecken. ›Ihren‹ Bretonen zu helfen, lautete fortan das Lebensziel. Ganz nach Sitte der Bonapartes ging die Prinzessin als große Strategin ans Werk. Nach dem Bau der Villa Korn-er-Houët gründete sie die ersten Landgenossenschaften Frankreichs, stiftete Modellgehöfte, für die sie Cousin Napoleon III. das nötige Geld abschwatzte, entwarf vorbildhafte Landarbeiterhäuser und Viehställe, versuchte sich mit dem Anbau von Tabak und Palmen. Ließ zudem die Halbinsel von Quiberon aufforsten und spendete Geld für einen Leuchtturm auf Ouessant. Auch die flache Auster aus dem Golf von Morbihan fand in Prinzessin Bacciochi eine Fürstreiterin. 15 000 Bretonen folgten 1869 ihrem Sarg. Musterhäuser und Stallungen gehören heute zu einem Feriendorf der staatlichen Elektrizitätswerke EDF. Napoléones Villa ist in Besitz einer Versicherungsgesellschaft. Sie steht leer und harrt ihrer Bestimmung. Geplant ist ein Museum über die bretonische Bonaparte.

Die Rue Porte Poterne führt über eine Brücke auf das gleichnamige Stadttor zu. Rechts machen sich die alten **Waschhäuser** (18) vor akkurat gezogenen französischen Beeten ausgesprochen malerisch. Links fügt sich das 1387 errichtete **Château de l'Hermine** (19) in die Befestigungsanlagen ein.

Die Halbinsel von Rhuys

Das ehemalige Fischerdorf **Sené** 12 zählt zu den beliebtesten Bauplätzen weit und breit. Vorbei ist die Ära der archaisch anmutenden Fischerboote von Séné, der sogenannten Sinagots. Markante Erkennungsmerkmale sind der schwarze, abgestumpfte Rumpf und zwei rotbraune Segel. Einige wenige Exemplare liegen noch vor Anker, doch zum Fischfang fährt seit 1961 keins mehr aus. Die »Solveig« steht sogar unter Denkmalschutz.

Östlich von Séné kommen Naturfreunde in der *Réserve ornithologique* von **Falguérec** 13 auf ihre Kosten. Auf dem 1979 zum Vogelschutzgebiet erklärten Gelände einer Saline spektakeln und gründeln Brandgans, Silberreiher, Rotschenkel, großer Brachvogel und Ringelgans. Über 50 Vogelarten nutzen den Golf von Morbihan als Zuflucht. Je nach Jahreszeit machen 70 000–130 000 Zugvögel an den seichten Gewässern Zwischenstation.

Eingebettet in flaches Ackerland empfängt **Surzur** 14 als ›Tor zur Halbinsel von Rhuys‹. 20 km erstreckt sich die Halbinsel zwischen Golf und offenem Atlantik. Wir fahren zunächst an die Atlantikküste. Die D 195 endet am winzigen Austernhafen **Pen-Cadenic** 15. Vom Ufer schaut man über die für ihre Austernbänke bekannte Rivière de Penerf.

Über Banastère schweift die Straße durch flaches Land nach **Penvins** 16. Sommertags herrscht im Dorf Remmidemmi. Caféterrassen, Kneipen, Restaurants, der Campingplatz am Château de la Madone und ein, zwei große alte Hotels finden ihre Daseinsberechtigung an der Gréve de Penvins, einem sichelförmigen, langen Sandstrand. Als pittoresker Tupfer krönt eine achteckige Kapelle die äußerste Spitze der Landzunge.

Ein Landsträßchen führt durch Eichenalleen vorbei an Gehöften und Wallhecken zur Märchenburgsilhouette des **Château de Suscinio** 17. Malerisch liegt das Dorf zu Füßen des Jagdschlosses der bretonischen Herzöge. Auf den Wassergräben rund ums Schloß schwimmt Entengrütze. Der helle Stein läßt das trutzige Gemäuer kein bißchen düster wirken. Donjon und Kapelle stammen aus dem späten 13. Jh., als die Herzöge Johannes I. und Johannes II. im angrenzenden Wald auf die Jagd gingen. 1965 kaufte das Departement die Ruine, renovierte und lädt heute zur Besichtigung ein. Unvergeßlich ist der Blick vom Strand hinter dem Dorf auf die sechs übriggebliebenen Türme. Im Schutz hohen Schilfs stolzieren Reiher im flachen Salzsee. Das Dorf versteckt sich unter tiefgrünen Kiefern, über deren Wipfeln die wuchtige Masse der Burg gluckt.

Weitaus bescheidener gibt sich der **Manoir de Kerguet** 18 im Nachbardorf. Im Herrenhaus zeigt das Musée des Métiers et des Commerces, wie um 1930 eine Schulklasse aussah, was ein Schmied früher alles konnte, aber auch wie ein Café in einer Kneipe der 50er Jahre mundet.

Sarzeau 19 (s. S. 301) ist ein Provinzstädtchen par excellence: Supermärkte, Autowaschanlage und sozialer Wohnungsbau am Ortsrand, weiter Hauptplatz mit großer Kirche und respekteinflößendem Bürgermeisteramt, noble Honoratiorendomizile und Caféterrassen.

An **St-Gildas-de-Rhuys** 20 (s. S. 296) sollte kein Weg vorbeiführen. Im Jahre 530 gründete der hl. Gildas die Abtei, deren ältester Teil die im 11. Jh. erbaute Klosterkirche ist. Vor den romanischen Bau wurde später ein Barockportal gesetzt, doch Chor samt Abtgräbern und das Querschiff blieben unangetastet.

Crêpes kann man fast immer essen

Andere Klostergebäude schirmt ein vergittertes Tor ab. In den düster wirkenden Mauern leben die Schwestern der Communauté de la Charité de St-Louis. Am Platz mit einsamer Linde auf der Nordseite der Kirche laden Cafés zum Verschnaufen ein. Ideal zum Surfen ist der Strand hinter den hohen Sanddünen der Pointe de Grand Mont, noch schöner zum Baden die Plage de Kervert, wo hochgewachsener Mischwald an die Dünen schließt.

Port du Crouesty 21 ist die Ferienmaschine der Halbinsel von Rhuys. Zur touristischen Großtat zählen Thalassotherapie-Zentrum, Luxushotel in Schiffsbugform und eine aus dem Boden gestampfte Ferienstadt, deren Betonfassaden mit entsprechenden baulichen Zitaten bretonische Altstadt vorgaukeln.

Auch im nahtlos anschließenden **Port Navalo** 22 gibt der Fremdenverkehr den Ton an, der jedoch mit Belle-Epoque-Villen und dem schnuckeligen Hafenkai von Port-Lenn vergleichsweise altbacken ausfällt. Port Navalo liegt am Eingang zum Golf von Morbihan. Der gefürchtete Sog zwischen Atlantik und Golf liefert mit beträchtlichem Wellengang im 6-Stunden-Takt ein Naturschauspiel, das man vom Wanderweg um die Landnase bewundern kann. Auf der gegenüberliegenden Seite der Einfahrt scheinen die Sandstrände von Locmariaquer zum Greifen nah. Eine Fähre pendelt zwischen beiden Orten des Golfs.

Im touristischen Strudel hat **Arzon** 23 jeglichen dörflichen Charme verloren. Das Zentrum zeigt der ungelenk wirkende Kirchturm an. Die gesamte Golfseite der Halbinsel von Rhuys steht im Zeichen der Auster. Bei Ebbe tauchen die Zuchtbänke aus dem Wasser auf. Von der kaum verbauten Küste schweift der Blick auf die Inselvielfalt im ›kleinen Meer‹. Das grüne, parkähnliche Ufer wird von Schlössern und Herrensitzen gesäumt. Wahre Entdeckungen sind die Dörfer **Brillac, Fournevay** und **St-Martin,** um deren idyllische Gemäuer der Trubel einen Bogen macht. Das Stibiden-Inselchen vor Brillac gehört der Grande Dame des französischen Films, Danielle Darrieux. Bei Bénance reicht die feudale Pracht von Mauern und Gartenanlagen des Château de Truscat bis ans Wasser. Ein zweites Schloß, das Château Le Néret, liegt in unmittelbarer Nähe. Auf Anfrage beim Marquis de Gouvello besichtigt werden kann das Château de Kerlévenan. Der italienisch anmutende Bau aus hellem Loire-Tuff zitiert das Kleine Trianon von Versailles. Er hütet eine exquisite Gemäldesammlung mit Werken von Tintoretto, Rubens und Poussin. Im Park versprühen Liebestempel und Chinapavillon den rokokoketten Geist des 18. Jh. Zum Stöbern in alten Büchern und nostalgischem Hausrat verleiten die Boutiquen von **St-Colombier** 24. Das Dorf ist fest in der Hand von Trödel- und Antiquitätenhändlern.

La Route de l'Huître

Auch Austernzucht – hier bei Cancale – prägt die Bretagne

Austern stehen seit der Frühgeschichte auf dem Speiseplan der Anrainer des Golfs du Morbihan. Zu kulinarischer Reputation gelangten die Austernbänke im Golf durch die *huître plate.* Gezüchtet werden die Schalentiere seit Mitte des 19. Jh., als die natürlichen Belon-Vorkommen ausgebeutet waren. Für das Jahr 1863 sind erstmals künstliche Austernbänke verbrieft. Der Löwenanteil des 1500 ha großen Austernparks liegt auf der Golfseite der Rhuys-Halbinsel. In den 70er Jahren verschwand die krankheitsanfällige Belon fast völlig zugunsten der robusteren *huître creuse.* Im Jahresdurchschnitt produzieren die Austernzüchter hier an die 4000 t der begehrten Schalentiere. Mit der Route de l'Huître machen Züchter, Restaurantbesitzer und Kommunen Werbung für die Austern. Wer durch den Besuch beim Züchter auf den Geschmack gekommen ist (Stiefel oder Gummilatschen mitbringen!), kann sich an einer schlichten *Bar à huîtres* verköstigen. Zum halben Dutzend Austern mit Zitrone, Brot und Butter mundet ein Glas Muscadet. Für den großen Appetit empfiehlt sich eines der auf Austern und ihre vielfältigen Zubereitungsformen spezialisierten Restaurants zwischen St-Armel, La Tour-du-Parc und Port Navalo.

Information: Le Toure de l'Huître, Association Ostréane, ✆ 02 97 42 05 16 und in den Office de tourisme von Arzon, Sarzeau, St-Colombier und Damgan.

Belle-Ile, Houat und Hoëdic

4–5 Tage

Der Name ›schöne Insel‹ ist Programm. Ein Chansonnier hat Belle-Ile besungen und den Vergleich mit karibischen Inselparadiesen nicht gescheut. Das Fremdenverkehrsamt der 14 km vom Kontinent entfernten Insel legt Wetterdaten auf den Tisch, die dank durchschnittlicher Jahresminima von 9 °C mit denen von Marseille konkurrieren können. Es bedarf solcher Zahlen nicht. Schon der erste Blick bei der Ankunft verfängt. Ein pastellfarbenes Legolandstädtchen schmiegt sich um das Hafenbecken, fast zu idyllisch, um wahr zu sein. Kein Mißton im Gesamtbild von Le Palais, auch das graue Bollwerk der Zitadelle wirkt wie aus dem Sandkasten. Das Idyll hat seinen Preis. Happige 30 % Aufschlag auf das in der Bretagne übliche Preisniveau müssen einem soviel Schönheit schon wert sein. Preise und Prominenz haben Belle-Ile den Ruf eines bretonischen St-Tropez eingebracht. Seit den Tagen der großen Sarah Bernhardt nämlich treibt es die Pariser Crème auf die sonnenverwöhnte Insel.

Überdreht gibt sich die ›schöne Insel‹ dennoch nicht. Letztendlich können die für zwei Sommermonate über die Kais getragenen Chanel-Miniröcke und Gaultier-Bustiers einen Seemann nicht erschüttern. Der quittiert den eitlen Tanz höchstens mal mit einem spitzen Pfeiffen durch seine Zähne. Bedrohlich wird der Kult um Belle-Ile nur, wenn, wie in einigen Sommern geschehn, am Wochenende die Rekordmarke von 55 000 Besuchern erreicht wird, denen nur knapp 5000 Insulaner gegenüberstehen. Belle-Ile ist die vielleicht schönste, mit Sicherheit jedoch größte Insel der Bretagne. Das 8400 ha große Schieferplateau mißt 17 km Länge, zwischen 5 und 9 km Breite und ragt an die 60 m aus den Fluten.

Belle-Ile

1 (s. S. 245) Mit Ausnahme der Sommermonate, wenn die Fähre auch den Hafen von Sauzon anläuft, führen alle Wege zunächst nach **Le Palais,** den Hauptort der Insel. Unübersehbar dräut die Festung über der Einfahrt zu den hinteren Hafenbecken. Heinrich II. ließ 1549 mit dem Bau der Anlage auf den Felsen beginnen, doch erst Frankreichs begabtester Festungsbauer Vauban vollendete das Werk und faßte Le Palais mit Mauern ein. Das Städtchen wird durch den sternförmig ausgebauten Zitadellbau bewacht. Die Botschaft war eindeutig: Wir hier oben, ihr da unten. Hinter den aufgetürmten Bollwerken befindet sich das Inselmuseum mit einer Sarah-Bernhardt-Sammlung inklusive güldener Theaterkronen und Straußenfederfächer. Von der Anhöhe der Bastionen und Grünanlagen schaut man über die Meeresenge nach Quiberon sowie zu den Nachbarinseln Houat und Hoëdic.

Auf der anderen Seite des Hafenbekkens schlängeln sich pastellfarbene Häuserzeilen längs der Kais. Einige hundert Meter weit reichen die Anleger für Jachten und Fischkutter ins Land. Am Quai L. Le Blanc filettierten Fischerfrauen den Fang ihrer Männer. Allmählich brechen die alten Rollen auf. Auf Belle-Ile gibt es bereits eine Fischerin, die die rauhe See auf der Suche nach Schalentieren befährt. Auf den Terrassen der Place de la République werden die Neuankommenden begutachtet. Le Palais ist seinem doppelten Mauerring längst entwachsen, doch alles Wichtige spielt sich *intra muros* ab. Es wurde lange an der Befestigung weitergebaut, der Schreck einer zweijährigen Besatzung durch die Engländer von 1761–63 saß tief. Erst seit 1862 schützt die Porte de Bangor zusammen mit der Porte Vauban die südliche Zufahrt in die Stadt.

Im Nordwesten macht **Sauzon** Le Palais den Ruf als schönster Ort der Insel strittig. Alles im adretten Hafen scheint wie aus einem Bilderbuch zusammengesetzt. An einer bei Ebbe wasserleeren Ria entlang fällt die Straße in den 600-Seelen-Ort ab. Weiß schimmert der putzige Leuchtturm an der Hafenmole, hübsch flankiert von Häuschen in Pistazie, Rosa und Flieder. Ordentlich gestapelte Hummerkörbe wirken neben den mit der Blechschere zu Beach-Sprintern zurechtgestutzten R 4 wie malerische Staffage. Nonchalant täuschen die bunten Fassaden von Sauzon über die von der Verwaltung in Le Palais genau reglementierte Farbskala für Wände und Fensterläden hinweg. Ganz im Nordwesten der Insel wartet mit der **Pointe des Poulains** eine dramatische Kulisse. Bei Ebbe kommt man trockenen Fußes auf ein der Landspitze vorgelagertes Inselchen. Der Blick nach Süden auf die Côte Sauvage, vor der der Atlantik brodelt, ist grandios, »wagnerisch«, wie Sarah Bernhardt befand, die sich hier eine Villa bauen ließ.

Wie Millionen aufeinandergeschichteter Austernschalen glitzern die geriffelten Schieferfelsen der Côte Sauvage. Zu den Attraktionen an den Klippen zählt die **Grotte de l'Apothicairerie,** in deren Nischen eine Haubenkormorankolonie in bis zu 40 m Höhe nistet. Ein Hotel und Parkplatzbrachen weisen

Die bretonischen Fischer sind für ihre Hartnäckigkeit bekannt

Richtig Reisen *Tip*

Hôtel du Phare in Sauzon – Wohnen auf Belle-Ile

Es gibt weitaus komfortablere Zimmer auf Belle-Ile, doch stimmiger kann kein Hafenblick sein: rechts der Leuchtturm auf der Mole, nach vorn die Hafeneinfahrt, unter dem Fenster Netze und Körbe. Kein Wunder, daß das 15 Zimmer zählende Haus zu den beliebtesten Postkartenmotiven der Insel gehört.

An der Ursprünglichkeit hat der Ruhm nicht gekratzt. Um die kleine Bar rücken Sauzons Seebären zum Apéritif eng zusammen, während auf der Terrasse Urlauberpaare das Händchenhalten zum Knacken von Taschenkrebs und Garnelen unterbrechen. Die Zimmer sind nicht sehr groß, dafür aber äußerst ordentlich und günstig. Am besten ist es ohnehin, bei lauen Temperaturen jede freie Minute auf der Terrasse zu nutzen.

Abends wirft das Logis de France-Schild ein spärlich grünes Licht auf die geweißelten Mauern. Wenn die letzten Restaurantgäste nach dem Essen den Saal verlassen haben, fällt Stille über die Kais. Nur die Möwen krächzen dann und wann.

Hôtel du Phare, F–FF, 56360 Sauzon, Quai Guerveur, ✆ 02 97 31 60 36.

den Weg zur Grotte. Der Abstieg über die in den Fels geschlagene Treppe ist mittlerweile verwehrt. Gischt macht die Stufen glitschig, und Windböen pusten kräftig um die Felsen, doch der Grund ist ein anderer. Die Kormorane, deren in Längsstreifen wie Apothekenfläschchen aufgereihte Nester der Grotte den Namen gaben, sind von den Besuchern nicht sonderlich erbaut und suchen mehr und mehr nach Ausweichquartieren. Weit fliegen müssen die Vögel nicht. Gleich neben der Grotte schließt in Richtung der Pointe du Vieux Château ein Vogelschutzgebiet an.

Ein Wanderweg führt in entgegengesetzter Richtung weiter nach Port de Donnant. Er streift die Ruinen eines Priesterseminars, das während der erst am 10. Mai 1945 nach erbitterten Kämpfen aufgehobenen deutschen Besatzung zerstört wurde. **Port de Donnant** ist für einen schönen, aber nicht ganz ungefährlichen Sandstrand bekannt. Oberhalb des Orts liegen die Menhire Jean und Jeanne an der die Insel in ihrer Länge durchschneidenden D 25. Ein böser Zauber soll die im Liebesspiel Versunkenen versteinert haben. Belle-Ile bekam so ein unverwüstliches Romeo und Julia-Monument.

Zu den Wahrzeichen der Insel gehört der große **Leuchtturm** im Hinterland von Port Coton und Port Goulphar. Seit 1835 überragt er die Côte Sauvage, die mit den gischtumschäumten, gezackten Felsnadeln von **Port Coton** ihrem Namen alle Ehre macht. Gezähmter wirkt **Port Goulphar,** wo das elegante Zentrum für Thalassotherapie eine be-

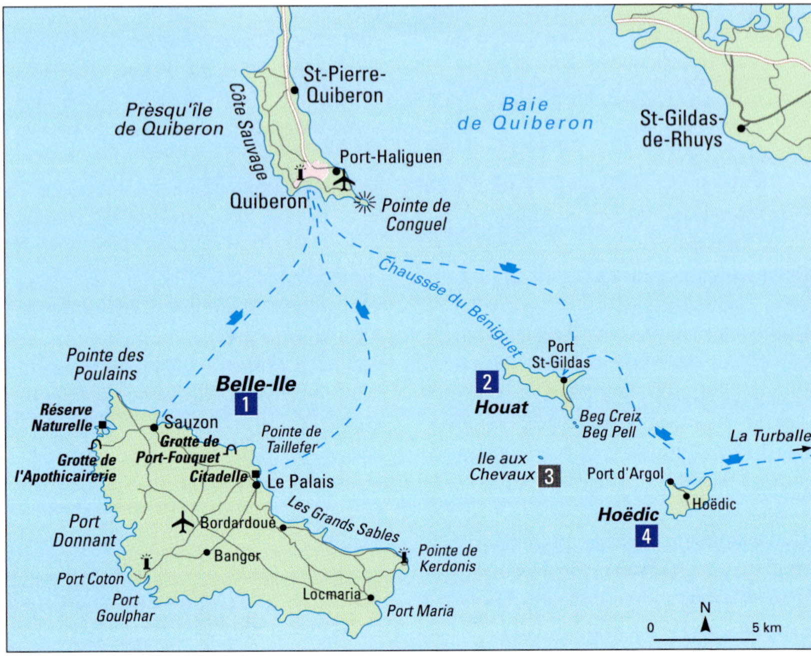

Belle-Ile, Houat und Hoëdic

tuchte Klientel an die tiefe, zum Meer von Felsen und Riffen gerahmte Bucht lockt. Früher lebten die Insulaner vom Sardinenfang, dann von Schalentieren, heute zunehmend vom Wellnesstrend. Unweit von Port Goulphar verbrachte Monet im Weiler Kervilahouen den Herbst 1886 und malte 36 Bilder vom Küstenabschnitt, fasziniert vom unablässigen Wechsel des Lichts. So einsam wie auf seinen Werken ist Belle-Ile noch immer – in der Nachsaison.

In **Bangor,** dem einzigen wirklichen Dorf im bukolischen Inselinnern, lohnt die Dorfkirche mit romanischem Schiff und gotischem Chor einen Blick. Auf den Weiden ringsherum käuen Rindviecher. Sandige Feldwege verschwinden in Weißdornhecken. Aus einer Talmulde lugt ein weißes Gehöft, dem eine Palme einen Hauch Exotik verleiht. Aus Ginsterbüschen torkelt ein Rebhuhn hervor und stiebt in die wogenden Kornfelder davon.

Die Kirche in **Locmaria** ist wesentlich jünger als die von Bangor und stammt von 1714. Im Ort siedelten sich 1765 etliche der 78 Familien aus den an England abgetretenen Besitzungen in Kanada an. Mit ihnen soll die Kartoffel nach Enez Ar Ger Veur gekommen sein, wie Belle-Ile damals noch urbretonisch hieß. Vom Kirchturm führt ein Sträßchen zum nicht mehr benutzten Hafen von **Port Maria:** Bei Ebbe kann man hier kommod am kleinen Strand liegen.

Die **Pointe de Kerdonis** markiert den östlichsten Punkt der Insel, den selbstverständlich ein Leuchtturm krönt. Ein jedes Touristenherz erweichendes Drama spielte sich in der Nacht des 18. April 1911 in den Mauern ab. Der Leuchtturmwärter Matelot starb unerwartet, doch Tochter Marie und Filius Charles hielten die Stellung und bedienten eigenhändig das Leuchtfeuer. Vom Turm schaut man auf die Nachbarinseln Houat und Hoëdic.

Die Nordküste wartet mit Badefreuden ohne Ende auf. Den Auftakt macht die **Plage Les Grands Sables,** mit fast 2 km Dünen der längste Strand von Belle-Ile. Immer an den Stränden der flachen Nordküste entlang verläuft die Route des Défenses-Côtières, die im 17. Jh. als Verteidigungslinie befestigt wurde. Zweimal landete der Feind an diesem Küstenabschnitt, 1674 die Niederländer, 1761 die Engländer, trotz etlicher Verteidigungsanlagen. Verlassen sind heute Forts und Batterien am Weg. Vorbei an der bei Surfern und Wellenreitern beliebten **Plage de Bordardoué** gelangt man zum Réservoir de Belle-Fontaine, einem Wasserspeicher, an dem sich bis 1914 Schiffe mit Süßwasser versorgten. Mit der **Plage de Ramonette** ist Le Palais wieder erreicht, die ›Inselmetropole‹.

Houat und Hoëdic

Zwei Inseln liegen im Windschatten von Belle-Ile, die erst allmählich von Bretagne-Reisenden entdeckt werden. Beide leben noch mehr vom Fischfang als vom Tourismus. Ganze 5 km lang und 1 km breit ist die 390 Seelen-Insel **Houat** 2 (s. S. 268), bretonisch für Ente, die 12 km vor der Nordostflanke von Belle-Ile aus dem Wasser ragt. Die Insel ist ein länglicher Granitfels in Verlängerung der Halbinsel von Quiberon.

Hauptattraktion für die Tagestouristen sind die weiten Sandstrände von Tréac'h er Salus im Südwesten und Tréac'h er Goured im Osten. Beide unterstehen der nationalen Küstenschutzbehörde, denn hinter den Dünen gedeihen Meereslilien, eine Art, die nur hier vorkommt, Dünennelken und wilde Zwergrosen. Für alle gilt: Pflücken verboten! Ein Küstenwanderweg umrundet das Eiland. Besonders schön anzusehn sind die der Südspitze vorgelagerten Felsen Beg Creiz und Beg Pell. Zum Kontinent erschwert die Chaussée du Béniguet mit einer Vielzahl unbewohnter Winzinseln und Felsen, die Vogelschutzgebiet sind, die Durchfahrt.

In der Inselmitte thront ein Fort, im Jahr 1693 von Vauban entworfen, in dem 1795 königstreue Aufständische vom nahen Festland Zuflucht fanden. Die Strafe für deren Aufnahme war hart.

Fischernetze

Prominente auf der Insel – Sarah Bernhardt und Gefolge

Für die göttliche Bernhardt (1844–1923) war Belle-Ile Liebe auf den ersten Blick. Nach dem Taumel ging die Theaterdiva strategisch vor. Außerhalb von Sauzon erstand sie 1893 die Bastion de Basse Hiot am Westende der Insel. Nach und nach kamen weitere Grundstücke an der Pointe des Poulains in ihren Besitz, darunter auch ein stattliches Gut, die Domaine de Penhoet, neben dem sie eine luxuriöse Villa mit dem hochtrabenden Namen »Les Cinq parties du monde« errichten ließ. Damit nicht genug, baute Madame schließlich noch die Villa »Lysiane«. Ein loses Gattertor gibt heute den Weg frei zu den 1940 von deutschen Besatzern zerstörten Gebäuden. Verwilderte Yuccapalmen und Mimosen erschweren das Vorankommen zu einem mediterran inspirierten Gemäuer. Etwas tiefer trutzt die maurisch schlichte Burg der Bernhardt Wind und Wetter. Die in Paris und damit der Welt gefeierte Tragödin liebte das »wagnerische« Szenario, das so ganz ihrem Temperament entsprach. Letzteres bekam ein Hutmacher an der Seine zu spüren, der ihr einen sage und schreibe 85 cm weiten Hut für die bre-

Unter dem Vorwand, auf Houat grassiere das Gelbfieber, ließ Paris die Insel unter strengste Quarantäne stellen. Näherte sich ein Boot von Houat dem Festland, wurde es sofort unter Beschuß genommen.

Alle Wege führen unweigerlich ins Dorf mit dem erst 1956 durch eine L-förmige Mole geschützten Hafen Port Gildas sowie einem Hausstrand. Weißgekälkte Häuser mit schwarzem Schieferdach drängeln sich um die Kirche. Straßennamen und Hausnummern sucht man vergebens. Autos sind bis auf wenige Ausnahmen verbannt. 40 Trawler zählt dafür die Fischerflotte. Blaue und schwarze Fangkörbe stapeln sich längs der Kais: Etwa doppelt soviele Fischer stechen früh morgens in See. Weit geht die Fahrt nicht. In einem Umkreis von etwa neun Seemeilen werden Seeaal, Garnelen, Seespinne, Krebs und Hummer an Bord gezogen.

Ein hypermodernes Centre marin, das Eclosarium, erforscht 1 km außerhalb des Dorfs die Konditionen, unter denen Fisch und Schalentiere am besten gedeihen. Besucher sind willkommen, die Ausstellung zum fragilen Ökosystem Meer zu besichtigen. Prächtig entwickelt sich allemal der Fremdenverkehr. In der Hauptsaison verzeichnet Houat bis zu 4000 Tagestouristen – die auf Dauer mehr als der Atlantik einbringen könnten. Noch gilt das Wort von Bürgermeister Jo Le Hyaric: »Die Fischerei ist der Spinat und der Tourismus die Messerspitze Butter dazu.«

Die letzten Pferde haben die auf halben Wege zwischen Houat und Hoëdic

Sarah Bernhardt (1844-1923)

tonische Sommerfrische verpaßt hatte – eine denkbar undankbare Kopfbedeckung für die windgeschüttelte Belle-Ile. Es hagelte böse Worte, die im Museum auf der Zitadelle von Le Palais nachzulesen sind.

Außer Sarah Bernhardt kamen Flaubert, Marcel Proust, Alexandre Dumas, Colette, die Arletty, Monet, Matisse und Vasarely, unfreiwillig ebenfalls Marschall von Bülow als Kriegsgefangener des Ersten Weltkriegs sowie Ende der 50er Jahre die auf der Insel festgehaltenen Köpfe der algerischen Unabhängigkeitsbewegung. Die Arletty besaß ein Haus bei Port de Donnant, da, wo auch Monet für ein paar Herbstmonate residiert hatte, und drehte sogar einen Film, »L'Ile des Enfants perdus«. Romy Schneider, die als Ferienwohnsitz Quiberon vorzog, zuckelte regelmäßig mit dem Schiff herüber. Mitterrand war Belle-Ile ebenfalls zugetan und genoß hier in Ruhe ein paar Algenpackungen.

gelegene **Ile aux Chevaux** 3 längst verlassen. Das unbewohnte Eiland nutzten die beiden Inselgemeinden früher als Weidegrund ihrer Ackergäule. Landwirtschaft spielt jedoch auf beiden Inseln kaum noch eine Rolle, und die Zeiten, da jeder Fischer ein paar Kühe auf heimischer Scholle hielt, gehören der Vergangenheit an.

Hoëdic 4 (s. S. 268), bretonisch für Entchen, ist mit 2,5 km Länge und 800 m Breite deutlich kleiner als Houat. Eine Viertelstunde auf der Fähre trennt die Inseln, deren Geschichte eng miteinander verbunden ist. Passage des Sœurs heißt die Wasserenge zwischen den Inseln bezeichnenderweise. Auch Hoëdic traf Anfang des 19. Jh. der Quarantäneerlaß aus Paris. Als Folge bildeten die Insulaner eine eingeschworene Gemeinschaft, auf die sich die 140 Bewohner noch heute verlassen können. Das Dorf liegt in der flachen, waldlosen Inselmitte, von wo ein Sträßchen zum Hafen Port d'Argol führt. Ganze 12 Fischerboote sind registriert. Auf dem Kirchturm von St-Goustan zeigt statt eines Wetterhahns ein Seebarsch die Windrichtung an. Der Pausenhof der Schule wird vom Meer begrenzt.

Kurz hinter dem Dorf steht das obligatorische Fort: Immerhin schließt Hoëdic die Bucht von Quiberon nach Südosten. Rund um die nur 15 m aus den Fluten ragende Insel findet man kleine, feinsandige Strände. In den Sümpfen auf der Südseite lebt eine nur auf Houat existierende Krötenart. Dem Feuchtbiotop vorgelagert ist der unter Seglern beliebte Port de Croix.

Von der Loire ins Landesinnere

Von der Vilaine in die Sümpfe der Grande Brière

Ca. 170 km, 2–3 Tage

Plötzlich ist das Licht ein anderes. Südlich der Vilaine wirkt der Himmel wie dahingetuscht. Die Sonne verrät südliche Kraft. Statt aus Granit sind die Häuser nun weißgetüncht. Bunte Fensterläden und Türen setzen mediterrane Akzente. Wir nähern uns der großen Klima- und Kulturscheide Loire. Um die Mündung des Stroms wird das Land flach. Vor uns liegen die Salzwiesen von Guérande und die Sümpfe der Grande Brière. Mühlen setzen mit ihren pilzförmigen Silhouetten Fluchtpunkte fürs Auge, doch sind die meisten in ausgefallene Feriendomizile umgewandelt. An der Küste leuchtet das Wasser smaragdgrün. Bienvenue an der Côte d'Amour, die mit La Baule den nobelsten Badeort der Bretagne hervorgebracht hat. Zur Bretagne aber zählt das Departement Loire-Atlantique seit der französischen Regionalreform in den 70er Jahren nicht mehr. Zusammen mit der ehemaligen bretonischen Hauptstadt Nantes wurde das Land zwischen Vilaine und Loire-Mündung dem Verwaltungskonstrukt Pays de la Loire einverleibt. Verfechter der bretonischen Sache hindert die von Paris dirigierte Umverteilung nicht, ihre Post weiterhin mit »Nantes-en-Bretagne« zu adressieren.

Von der Vilaine zur Riviera von La Baule

Es ist stiller in **La Roche-Bernard** 1 (s. S. 293) geworden, seit eine Umgehungsstraße am Kern der schmucken mittelalterlichen Stadt vorbei auf die neue Brücke über die Vilaine führt. Von der alten Brücke, die 1944 von den Deutschen gesprengt wurde, blieben nur die Stümpfe. Als Festungsstadt geplant, thront La Roche-Bernard auf einem Fels oberhalb der Vilaine. Zentrum ist die dreieckige Place du Bouffay. Von der guten Stube, in der einige Bürgerhäuser im Renaissance-Stil erhalten blieben, fällt eine kaum karrenbreite Gasse zum Jachthafen herunter. Über das Leben der Flußschiffer in vergangenen Tagen informiert das Musée de la Vilaine maritime in den schmucken Mauern des 400 Jahre alten Château des Basses-Fosses.

Südlich von La Roche-Bernard verläuft die Grenze der Departements Morbihan und Loire-Atlantique. Zwischen Assérac und St-Molf glitzern flache Salzseen. Ein Geflecht kleiner Deiche unterteilt die Wasserflächen – ein Bild, das uns später bei Guérande noch einmal begegnen wird. In St-Molf ausgeschildert ist die dicht am Wasser schlängelnde Küstenstraße nach **Piriac** 2 (s. S. 282). Der beschauliche Hafen kommt wie der Schauplatz eines Eric Rohmer-Films daher. Das sommerliche Treiben spielt sich zwischen den beiden Eckpolen am Kai, den Hôtels du Port und de la Pointe ab. Rund um die Kirche reihen sich hübsche Renaissance-Fassaden. Ein Strand darf natürlich nicht fehlen. Er liegt im Westen und hat im 19. Jh. immerhin Flaubert, Zola und Daudet gesehen.

La Turballe 3 (s. S. 304) hat auf den ersten Blick weniger Charme. Der Hafen entstand erst im frühen 19. Jh. und hat dank weiter Sandstrände einen schwindelerregenden Aufstieg als Sommerfe-

◁ *Saline bei Le Croisic*

Von der Loire in die Grande Brière

rienstadt hinter sich. Trotz der vielen Ferienhäuser behauptet sich La Turballe als wichtigster Fischereihafen des Departements Loire-Atlantique. Wie von den Terrassen am Quai St-Pierre leicht zu verfolgen ist, schaffen die Fischer im Jahresmittel um die 13 000 t Fisch an Land, allem voran Sardinen, die *à la turballaise* in Butter fritiert werden. Ebenso beliebt: Fisch in einer *croûte de gros sel* gegart, schließlich kaufen die Frauen aus Turballe das nötige Salz vor der Haustür. Südlich des Hafens schließen unberührte Sandstrände an, gesäumt von Kiefernwäldern, die zur Landseite auf die Salzsümpfe von Guérande stoßen. Die Fahrt endet an der **Pen-Bron-Spitze** 4, wo eine Furt den Atlantik mit den Salzsümpfen verbindet. Auf der sandigen Landspitze eröffnete bereits 1887 eine Meeresheilklinik.

Von La Turballe wuselt sich ein kurvenreiches Sträßchen durch die Salzsümpfe. Durch die Salzgewinnung wurde die Gegend im Mittelalter steinreich. Das weiße Gold wird auf schachbrettartig unterteilten Wasserflächen gewonnen. Kanäle speisen die flachen Salinen mit Meerwasser, das die kräftige Sommersonne verdunsten und das Salz kristallisieren läßt. Etwa 1 m hohe Salzhaufen reihen sich nach der Ernte am Rand der Salinen. Mit Holzrechen wird die erste Schicht, die kostbare Fleur de Sel, abgezogen. Das darunter liegende graue Salz ist reich an Mineralien und wird am Wegesrand als »Gros Sel de Guérande« angeboten. Auf etwa 100 kg weißes kommt etwa zwölfmal soviel grobkörniges Grausalz. Dank Subventionen halten sich die letzten *paludiers* (Salzbauern) über Wasser. Ihre Arbeit erhält eine einmalige Kulturlandschaft, die etlichen Vogelarten – der Reiher ist die sichtbarste – ein ideales Terrain bietet. Über den komplizierten Prozeß der Salzgewinnung und seine Bedeutung für den Landschaftsschutz unterrichten im Weiler **Saillé** die Maison des Paludiers sowie die Maison du Sel im benachbarten **Pradel** 5.

»La Médiévale« nennt sich die Festungsstadt **Guérande** 6 (s. S. 266). Guérande igelt sich seit 1343 hinter seinen fast 1,5 km langen Festungsmauern ein. Der Ortsname bedeutet ›weiße Stadt‹, was sich nicht auf die Granitmauern beziehen kann, sondern auf die Salzgewinnung anspielt. Haupteingang zum mittelalterlichen Kern der 12 000-Einwohner-Stadt ist die Torburg Porte St-Michel. In den beiden Rundtürmen residierte einst der königliche Gouverneur. Heute ist sie das Heimatkundemuseum. Die geschäftige Rue St-Michel verbindet die Torburg mit der Place St-Aubin. Schon außerhalb der Mauern wird die spitze Schieferhaube des Kirchturms von St-Aubin sichtbar. Die spätgotische Stiftskirche ist das Herz der Altstadt.

Mit **La Baule** 7 (s. S. 245) scheinen alle Mühen von Fischfang bis Salzgewinnung vergessen. Die Urlaubsstadt am angeblich ›schönsten Strand Europas‹ erstand erst, nachdem 1883 720 ha angepflanzte Kiefern die Sanddünen zusammenhielten und die Wälder das berühmte Mikroklima schufen. Dann ging alles ganz flott. Die Eisenbahn kam, Villen schossen aus dem Sand, Grandhotels folgten. Bis 1920 war der Ruf von La Baule als internationaler Tummelplatz der *beau monde,* der Schönen und der Reichen, gemacht. La Baule ist immer noch *très chic.* Fast Food? Fehlanzeige! Dafür florieren Austernbars. Von der modernen Uferfront sollte man sich nicht vergraulen lassen. Immerhin

Schon in den 20er Jahren war La Baule ein internationaler Tummelplatz

Auch das ist La Baule

wurde selbst in der von Immobilienhaien angenagten ersten Reihe die Traufhöhe im Zaum gehalten und auf qualitätvolle Architektur geachtet.

Prunkstücke des alten La Baule bleibt das Dreieck der Hotellegenden »Royal«, »Castel Marie Louise« und »Hermitage«. Vor der hoheitsvollen Fassade des Letzteren ist die Uferpromenade für einen langen Abschnitt sogar nur Flaneuren vorbehalten. Dahinter wechseln Jugendstilvillen mit Art-déco-Chalets und schnieken 60er Jahre-Glasbungalows. Rolls Royce, Bentleys und Ferraris surren durch die Straßen. Alleen und der Kiefernwald lockern die großzügig verstreute Bebauung auf, zu der drei noble Thalassotherapie-Zentren gehören. Rund um das Kasino liegen die vornehmsten Villen. Um die Markthalle hat La Baule sogar dörflichen Charme. Öffentliche Bauten wie der Bahnhof aus den 30er Jahren, das Rathaus von 1974 oder die moderne Kirche Ste-Thérèse sind nicht immer Meisterwerke, ragen jedoch durch ihre exzentrische Architektur aus dem Mittelmaß heraus. Im Süden schließt das nicht ganz so elegante **Pornichet** nahtlos an, im Nordwesten begrenzt Le Pouliguen die 8 km lange sichelförmige Sandbucht.

Le Pouliguen 8 sieht man auf den ersten Blick an, daß der Hafen schon vor der Erfindung der Sommerfrische existiert hat. Längs eines Wasserkanals reiht sich Terrasse an Terrasse, auf denen es deutlich bodenständiger zugeht als in La Baule.

Côte Sauvage heißt das Stück Felsküste zwischen Le Pouliguen und Batz. Im Vergleich zu den kiefernbeschatteten Hotelgärten der Riviera Bauloise stimmt das Etikett, im Vergleich zu den Felsküsten von Quiberon oder Crozon nehmen sich die Miniaturklippen eher putzig aus. Die Höhen reichen allemal, um im von Wind und Wetter rauh geriffelten Gestein ein geschütztes Plätzchen zu finden. Die Gezeiten haben Grotten in den porösen Fels getrieben, von denen die bekannteste die Grotte des Korrigans ist. Winzige Buchten laden zum Baden ein.

Im Hafen von Le Croisic

Das Ortsschild von **Batz** 9 (s. S. 244) gibt den Ortsnamen auch auf bretonisch an. Um die Besuchergunst geworben wird mit der 1496 anläßlich einer Pestepidemie errichteten Kapelle Notre-Dame-du-Mûrier und der Pfarrkirche St-Guénolé. Die Kapelle ist längst eine blumenbeetverzierte Ruine. Sorgsam wiederaufgebaut wurde hingegen der Kirchturm der Pfarrkirche nach einem Blitzeinschlag 1677. Vom Turm hat man einen unvergleichlichen Rundblick über die Salzsümpfe von Guérande und die Halbinsel von Le Croisic. Die schnuckelige Plage St-Michel nimmt eine Mole in Schutz. Zur Landseite stößt Batz auf die ersten Salinen des Salzbauerndorfs Kervalet, über deren Aktitiväten das Musée des Marais salants von Batz unterrichtet.

An der weiten Plage Valentin vorbei umrundet die Uferstraße D 45 die Landspitze der Pointe du Croisic. **Le Croisic** 10 (s. S. 258) war einmal ein steinreicher Hafen. Etliche der Reeder- und Händlerdomizile aus dem 16.–18. Jh. dürfen sich getrost Palais nennen. Salzgewinnung, strategische Bedeutung als Flottenhafen der bretonischen Herzöge und Fischfang haben das stattliche Stadtbild finanziert. An den Kais und Hafenbecken zur Binnenseite des Grand Traict herrscht reges Treiben. Kurz vor dem Bahnhof wurde der aus Schiffsbalast auf 30 m angewachsene Mont St-Esprit in eine Grünanlage mit Aussicht auf die Salzsümpfe verwandelt. Die Hafenbecken, *chambres* genannt, sind allesamt künstlich angelegte Ankerbecken des 16. und 17. Jh. Die ehemalige Criée an der Place Boston nimmt es an Pracht mit den Fassaden an den Kais auf. Die neue Criée steht weiter nordwärts in der Nähe der Grünanlage des Mont-Lénigo. Besonders schön sticht die Rue du Pilori mit einigen Fachwerkfassaden heraus. Als geradezu feudal fällt das Rathaus ins Auge. Korinthische Säulen zieren das Portal. Es handelt sich um den barocken Herrensitz Hôtel d'Aiguillon, in dem auch ein Museum zur Seefahrtsgeschichte von Le Croisic untergebracht ist. Notre-Dame-de-la-Pitié verdankt den stolzen Glokkenturm dem Umstand, daß es galt, den von Batz zu übertreffen. Bis ins 18. Jh. war die Pfarre dem wesentlich kleineren Batz unterstellt, so mußte wenigstens der Kirchturm höher sein.

An der Loire-Mündung

In die Ferien mit Monsieur Hulot? In **St-Marc** 11 (s. S. 298), dem Drehort von Tatis berühmten Film, kein Problem. Der Badeort im Westen von St-Nazaire liegt an der Loire-Mündung und hat sich seit den Dreharbeiten zu den »Ferien des Monsieur Hulot« Anfang der 50er Jahre kaum verändert. Alteingesessene erinnern sich, wie sie als Kinder mit Eis für kleine Rollen entschädigt wurden. Das Hôtel de la Plage aus dem Film steht noch. Volleyball wird auf dem feinen Loire-Sandstrand ebenfalls noch gespielt, die weißen Badehütten daneben erfreuen sich wie eh und je großer Beliebtheit. Vom Strand, den Felsen rahmen, schaut man auf Ozeanriesen, die vom Überseehafen St-Nazaire-Nantes auf große Fahrt auslaufen.

St-Nazaire 12 (s. S. 298) macht einen nüchternen Eindruck. Die Stadt wurde als strategisch wichtiger Hafen im Zweiten Weltkrieg zerbombt. Wiederaufbau in Reißbrettmuster prägt das moderne Stadtbild. Einen Besuch lohnt indessen der Hafen mit dem ehemaligen U-Boot-Stützpunkt. Im Ecomusée wird die Stadtgeschichte anhand von Plänen und Modellen lebendig. Höhepunkt des Besuchs ist die Espadon, die als erstes französisches U-Boot den Nordpol untertaucht hat. Mit 3356 m ist der Pont de St-Nazaire die längste Brücke Frankreichs. Von seiner Höhe, die bis zu 60 m über den Spiegel der Loire reicht, hat man einen phantastischen Blick über die Hafenterminals von Montoir-de-Bretagne und Donges sowie die Werften von Alsthom-Atlantique. Zwischen St-Nazaire und Donges hat sich das rechte Loire-Ufer zu einer riesigen Industrielandschaft verwandelt, die auch der auf die Öltanks von Elf Aquitaine gemalte Himmel in kein heiteres Licht setzt.

Grande Brière

13 (s. S. 250) In unmittelbarer Nachbarschaft zu Raffinerien, Flughafen und Werften entführt der **Parc Régional de Brière** in Frankreichs zweitgrößtes Sumpfgebiet nach der Camargue. Ein Mosaik von Kanälen, Teichen, weiten Schildflächen, Feuchtwiesen, Auwäldern bedeckt die 40 000 ha des Naturparks. Wenn Nebel die Übergänge von Wasser und Land verschleiert, liegt eine melancholische Stimmung über der Brière. Still ist es dabei nicht. Die Vielzahl an Süßwasserfischen, Zugvogelarten und gefiederten Dauerbewohnern ist spektakulär. Im Sommer quaken Heerscharen von Fröschen in den abendlichen Himmel. Lebten die Einwohner der 21 angrenzenden Kommunen früher von Torfabbau, Riedverarbeitung, Fischfang und Viehzucht, so sind diese klassischen Erwerbsquellen nahezu verschwunden. Tourismus spielt eine zusehends größere Rolle für die, die ihre zwischen je nach Jahreszeit an- und abschwellenden Wasserflächen gelegenen Dörfer nicht verlassen.

Von St-André-des-Eaux stößt eine Straße über den Weiler Marland, wo erste riedgedeckte und weißgekälkte Katen vom typischen Baustil der Brière zeugen, nach **La Chaussée Neuve** vor. Der Weg endet am kleinen Hafen. Gänse und Enten schnattern aus torfbraunen Tümpeln und sumpfigen Weiden. Fla-

Im Naturpark Grande Brière

che Barken stehen für Exkursionen auf eigene Faust durch die Kanäle bereit. Wer's lieber organisiert mag, steigt auf eines der größeren Boote mit Führer oder in eine Kutsche um. Ähnliche Bilder in **Bréca,** wohin es durch eine Eichenallee geht. Es riecht nach Pferdeäpfeln und Brackwasser. Vom Busparkplatz steigen Besuchergruppen auf Boote und Kutschen um.

Kerhinet ist eins der Aushängeschilder des Naturparks. 18 riedgedeckte Katen, die *chaumières,* gruppieren sich zum lebendigen Freilichtmuseum mit Sommermarkt, Handwerkerstuben, zu festen Zeiten rauchendem Backofen und Heimatkundemuseum. Autos bleiben in der inszenierten heilen Welt ausgesperrt. In **St-Lyphard** spielt sich das Dorfleben um den blumenbepflanzten Kreisverkehr ab. Vom Kirchturm hat man den schönsten Blick der ganzen Brière über die amphibische Landschaft. Über einen Abstecher zur mächtigen Burgruine des **Château de Ranrouët** vor den Toren von Herbignac geht es weiter nach **La Chapelle-des-Marais.** Hier unterhält der Parc Régional ein mit Plänen und Programmen gutbestücktes Informationsbüro. In der Nähe des Dorfs thront an der D 2 der jüngst freigelegte Dolmen von Riholo auf einem Hügel.

Die D 50 durchquert auf einer Länge von 16 km die tischtuchflache Brière. Wirkliche Inseln im Schilfmeer sind die kreisrunde **Ile de Mazin** und die sehr sehenswerte **Ile de Fédrun.** Hier sind die eindrucksvollsten Chaumières des Parks zu bewundern. Ein Ringkanal umschließt die Inseldörfer. Zu jedem Haus gehört ein Gemüsegarten sowie ein Anleger mit dem obligatorischen Nachen. In der Maison de la Mariée kann man die Brautkronen aus künstlichen Orangenblüten bestaunen, die die Frauen der Brière zur Hochzeit trugen und ebenfalls zum Verkauf in ganz Frankreich aus in Wachs getauchtem Stoff bastelten. Die museale *chaumière briéronne* zeigt von der geduckten Stube bis zum Dachboden, wie der Alltag auf der Ile de Fédrun einmal aussah. Auf den Wiesen um das Inseldorf tummeln sich Pferde, Gänse und Enten. Die bretonische Puszta gibt sich von ihrer idyllischsten Seite. Im Weiler **Rosé** führt der **Parc animalier** auf einem knapp 2 km langen Spaziergang in die geflügelte Fauna der Brière ein, wohingegen die Räume im ehemaligen Schleusenwärterhaus, der Maison de l'Esclusier, den Fischen, Angeltechniken und dem Torfabbau gewidmet sind.

Die alte bretonische Hauptstadt: Nantes

1 Tag

(s. S. 277) Träge wälzt sich die Loire auf ihren letzten Kilometern vor der Mündung durch das Pays Nantais. Ihre Ufer flachen auf der Höhe von Nantes ab. Lange vor der Ankunft macht sich die Stadt dank ihres modernen Wahrzeichens, dem Hochhaus Tour de Bretagne, sichtbar. Frankreichs ehemaliges Tor zu den Antillen und Amerika hat seine Bedeutung als Überseehafen verloren, doch die prächtigen Reederspaläste in der Stadt sind steinerne Zeugen eines Goldenen Zeitalters im 18. Jh.

Die siebtgrößte Stadt Frankreichs und ehemalige Hauptstadt der Bretagne wirkt seltsam zerklüftet. Des Rätsels Lösung für die breiten Schneisen liegt unter dem Pflaster. Wo heute die mehrspurigen Cours liegen, flossen bis zu ihrer Überdecklung vor 70 Jahren Erdre und Loire. Der Cours des 50 Otages zerschneidet der Länge nach die gesamte Innenstadt. Das Ergebnis sind zwei Zentren, aus denen ein Gewusel von Einbahnstraßen jeden Ortsunkundigen auf die vierspurige Magistrale zurückkatapultiert. Um die beiden auseinanderdriftenden Zentren aneinander zu kitten, wurde der Cours verkehrsberuhigt. Poller, deren Design an Haifischzähne erinnert, und Kreisverkehranlagen, die nichts als Verwirrung stiften, drosseln das Tempo. Nach jahrzehntelanger Pause surrt die Straßenbahn wieder über die durchgestylte Schneise. Linie 2 in Richtung Universität ist immer rappelvoll. An die 20 000 Studenten sorgen in der ansonsten auf ihre bürgerlichen Traditionen stolzen Stadt für Umtriebigkeit.

Fenster am Château des Ducs de Bretagne

Ein Traum ging bei der Neugestaltung endgültig den Bach herunter: der, den Cours wieder zu fluten. Bis zum Zweiten Weltkrieg wälzte sich die Erdre da, wo heute der Verkehr nicht mehr rollen soll. Mit ein paar weiteren Seitenarmen der Loire mäanderte der Fluß durch die Stadt. Brücken und Stege schufen damals Nantes' Ruf als ›Venedig des Westens‹. Doch die Stadt war auf Loire-Sand gesetzt, und an den Kais sackten die barocken Reederspaläste ab. 1926 fiel der Beschluß, die Erdre umzuleiten und ihr altes Becken sowie ein paar weitere Flußarme zur Stabilisierung der Kais zuzuschütten. Ironie der Geschichte: Die Häuser sacken immer weiter ab.

Die Geschichte des Cours kennt schlimmere Kapitel. Ein deutsches Un-

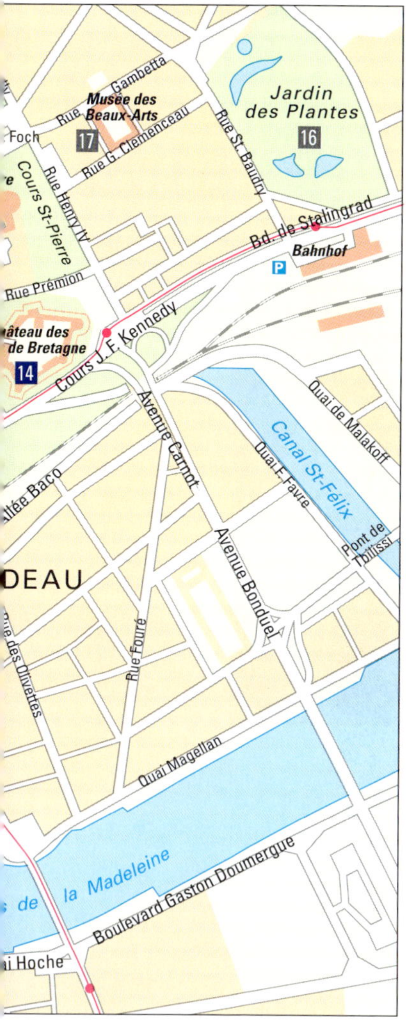

ternehmen führt die Arbeiten als Reparationsleistung für den Ersten Weltkrieg aus. Der leitende Ingenieur Karl Hortz kam 1940 als Feldkommandant nach Nantes zurück, wo ihn ein Résistance-Kämpfer 1941 erschoß. Zur Vergeltung ließ die Wehrmacht 50 Nantaiser hinrichten. Nach ihnen wurde Hortz' Werk schließlich benannt, Cours des 50 Otages, der Cours der 50 Geiseln.

Nantes

1 Place Royale 2 Rue Crébillon
3 Passage Pommeraye
4 Place Graslin, Oper 5 Brasserie La Cigale
6 Cours Cambronne 7 Musée Dobrée
8 Place du Commerce 9 Ile Feydeau
10 Musée Jules Verne 11 Quai de la Fosse
12 Ile Beaulieu 13 Ste-Croix
14 Château des Ducs de Bretagne
15 St-Pierre 16 Jardin des Plantes
17 Musée des Beaux-Arts

Die runde **Place Royale** 1 ziert ein monumentaler Brunnen, der die Loire samt ihrer Zuflüsse symbolisiert. Zwischen der Place Royale und der eleganten Place Graslin reihen sich auf der edlen **Rue Crébillon** 2 die Filialen aller einschlägigen Pariser Edelboutiquen. Krönender Höhepunkt aller Einkaufsbummel aber ist die über 150 Jahre alte **Passage Pommeraye** 3. Weiter geht es zur **Place Graslin** mit der **Oper** 4 und der Jugendstil-**Brasserie La Cigale** 5, die allein wegen des operettenhaften Dekors bunter Kacheln und alter Tapeten einen Besuch wert ist. Gleich neben der Cigale lohnen ein paar Schritte in die Rue Piron, an der sich die Empire-Wohnanlage des **Cours Cambronne** 6 öffnet.

Nicht weit davon entfernt lohnt das **Musée Dobrée** 7 in der Rue Voltaire den Besuch. Die bedeutende Privatsammlung des Reeders Thomas Dobrée wird in einem eigens dafür errichteten Palais im Stil italienischer Romanik gezeigt. Schwerpunkte sind das Mittelalter, die Vendée-Kriege und die Französische Revolution.

Die **Place du Commerce** 8 entwikkelt sich dank FNAC, Caféterrassen und Kinos zum belebtesten Platz der Stadt. Auf der anderen Seite des breiten Cours Roosevelt erhebt sich das ehemalige Reedersviertel der **Ile Feydeau** 9, früher eine Loire-Insel. Wie ein Schiffsbug liegt das *quartier des négriers* im Häusermeer. Längs der Rue Kervégan zeigen die Maskarons von Antillenschönheiten, daß die Ile Feydeau die bevorzugte Adresse der *négriers,* der Sklavenhändler, war. »Man sieht eine beträchtliche Anzahl Neger, die durch die Straßen streichen. Jeder reichen

An der Place Graslin liegt die Jugendstil-Brasserie La Cigale

Dame folgt ein Neger, oder auch mehrere«, beobachtete der Dichter Desforges Maillard um das Jahr 1730. Der sogenannte Dreieckshandel mit Sklaven zwischen Europa, Afrika und Amerika fand im Nantes des 18. Jh. einen Stützpunkt an der Atlantikküste. Man gab sich gleichwohl aufgeklärt. Ein Schiff im Hafen, mit Rousseau »Contrat Social« getauft, mit Sklaven vollgepfercht, kein Paradox in der damaligen Handelswelt.

Am 8. Februar 1828 erblickte Jules Verne hier das Licht der Welt. Vom großelterlichen Haus sah der Knabe die Segelschiffe auslaufen. Im Jardin des Plantes kannte er Duft und Wuchs jedes tropischen Baums. Als Elfjähriger schlich sich *petit Julien* auf den Dreimaster »Coralie«. Papa vereitelte den Ausreißversuch. »Von jetzt an werde ich nur noch in meiner Vorstellung reisen« – der Schwur an die Mama wurde literarisches Programm. Fortan entrann Verne der bürgerlichen Enge auf dem Papier. An den Nantaisern, die Verne als kleinliche Bourgeois in windschiefen Häusern verspottete, ließ er in späteren Jahren kein gutes Haar. Hoch oben auf dem Ste-

Anne-Hügel zeigt das **Musée Jules Verne** 10 in einem Großbürgerhaus Erinnerungsstücke und Erstausgaben.

Neben dem Museum segnet die hl. Anna jedes Schiff, das unten auf der Loire zum Meer entschwindet. Viele sind es nicht mehr. Nantes hat als Hafenstadt ausgedient. Im Sommer 1997 verschwanden die letzten Hangars am **Quai de la Fosse** 11. Verschwunden auch die Rotlichtbars, in denen der in Nantes aufgewachsene Regisseur Jacques Demy 1960 Anouk Aimée als »Lola« an der Liebe der Matrosen verzweifeln ließ. Neuverlegtes Kopfsteinpflaster und die gläserne Mediathek ersetzen düstre Winkel und schlüpfrige Etablissements. Vom Quai de la Fosse schaut man über die Loire zur **Ile Beaulieu** 12. Auf den Werften der Insel ste-

Richtig Reisen *Tip*

Croisière-Dîner auf der Erdre

Ablegen im goldenen Abendlicht mitten in der Stadt. Der Champagner perlt im Glas, das Piano klimpert. Vor den Panoramascheiben des Boots ziehen feudale Landhäuser und Schlösser auf sattem Grün vorbei. Mit jedem Kilometer weiter flußaufwärts verabschiedet sich die Stadt, um Auwälder und makellos gepflegte Parks folgen zu lassen. An den Ufern der Erdre verschwendeten die betuchten Reeder und Überseehändler von Nantes einst ihre Vermögen, um statusträchtige Landschlösser, die »Folies«, zu bauen. Die extravaganten Domizile zu besichtigen, gelingt nur vom Fluß aus. Was zur Straße durch hohe Mauern und Hecken abgeschirmt bleibt, öffnet sich durch Sichtachsen zum Ufer. Knapp zwei Stunden, drei Menügänge, 13 Schlösser und etliche Wasserreiher später wendet das Schiff im verträumten Flußdorf Sucé-sur-Erdre, um zum Café ins nächtlich illuminierte Nantes zurückzugleiten.

Bâteaux nantais, Quai de la Motte Rouge/Place Waldeck-Rousseau ✆ 02 40 14 51 14, Fax 02 40 14 51 00. Croisière-Dîner 19–23 Uhr, Ostern–Sept. Tagsüber ebenfalls Flußtouren.

hen die Kräne still. Durch die meisten Hallen zieht nur noch der Wind. Ein paar schräge Szene-Bars wie das St-Domingue sorgen nachts für Remmidemmi, über den sich garantiert kein Concierge beschwert. Bislang jedenfalls, denn die Pläne für die Erschließung sind in Arbeit. Noch vor der Jahrtausendwende soll Jean Nouvels neuer Justizpalast am Quai Fernand Crouan bezugsfertig sein.

Der Glockenturm von **Ste-Croix** 13 steht im Zentrum des heimeligsten Viertels von Nantes. Verkehrsberuhigte Gassen, das ein oder andere Fachwerkhaus, Cafés und Restaurants ohne Ende machen den Charme des Quartier Bouffay aus. An der Kirche beginnt die mittelalterliche Rue de la Juiverie, die verlängert durch die Rue de l'Emery schnurstracks auf das Schloß der bretonischen Herzöge zuläuft. Das **Château des Ducs de Bretagne** 14 beherbergt ein bretonisches Volkskunde-Museum und das Musée Salorges zur See- und Wirtschaftsgeschichte von Nantes. Der Zugang über die Zugbrücke zum Innenhof ist frei. Schmuckstück ist die Ostfassade des Schlosses mit reich verzierter Loggia in Flamboyant-Gotik. Auch der Wehrgang auf den Mauern ist frei zugänglich. Anne de Bretagne heiratete hier Ludwig XII. und besiegelte damit die Einverleibung des Herzogtums in die Besitztümer der französischen Krone. Das Edikt von Nantes wurde hier signiert.

Nördlich des Schlosses erstreckt sich die baumbestandene Platzanlage des Cours St-Pierre, dem die Kathedrale ihren Chor zuwendet. **St-Pierre** 15 erweist sich als gotisches Gotteshaus in

Ein Besuch der Passage Pommeraye ist der Höhepunkt eines Einkaufsbummels durch Nantes

bemerkenswert einheitlichem Stil. Im lichten Innern besticht vor allem das spätgotische Grabmal für François II. und Marguerite de Foix.

»Il pleut sur Nantes«, hat Barbara, die schwarz gekleidete Grande Dame des französischen Chansons, einmal gesungen. Das Chanson hat wie immer nicht ganz unrecht. Die Loire ist eine Klimagrenze, an deren Verlauf sich eine eigenartige Wetterlage breitmacht. Auf stecknadelkopffeinen Regen aus dem Norden, den berüchtigten bretonischen *crachin,* kann urplötzlich praller Sonnenschein folgen. Im Süden schiebt sich die Vendée, Frankreichs sonnenreichstes Departement, an die Stadtgrenze, im Osten das liebliche Anjou. Anfang des 18. Jh. brachten Kapitäne aus Nantes frostempfindliche Magnolien und Kamelien vom Mississippi mit. Die ältesten Exemplare stehen im **Jardin des Plantes** 16, zu dem man durch die Rue Clemenceau gelangt. In der Straße bietet die düstre Fassade des Lycée Clemenceau dem pompösen **Musée des Beaux-Arts** 17 Paroli. Die herausragende Sammlung umfaßt Werke von De la Tour, Ingres und »Seerosen« von Monet.

Die grüne Mitte: Vallée de l'Oust und Forêt de Paimpont

Ca. 170 km, 2–3 Tage

Am Wasser orientiert sich auch fernab der Küste das Leben. Vilaine, Oust und eine Vielzahl kleiner Nebenflüsse sind die Lebensadern in Argoat, dem Land der Wälder, wie die innere Bretagne bei den Kelten hieß. An den Ufern stehen trutzige Burgen. Städte und Dörfer erblühten durch den Handel auf dem Wasser. Mit der Vollendung des Kanals von Nantes nach Brest 1840 bekam das Geschäft nochmals kräftig Auftrieb. Geplant war, die drei großen bretonischen Häfen Brest, Lorient und Nantes durch ein Binnenwassersystem zu verbinden. Das Resultat ist heute einer der attraktivsten Reisewege in die grüne Mitte der Bretagne. Lastkähne tuckern nicht mehr über dem Kanal. Im Gegenzug wuchs die Flotte der Hausbooturlauber. Für Radfahrer und Wanderer bieten die Treidelpfade einen Parcours zur Erkundung der Stille.

Wo die Fee Viviane im vom Zauberer Merlin gebauten Schloß Lancelot großgezogen haben soll, finden sich New-Age-Anhänger, selbsternannte Artus-Ritter, Gralssucher, Druiden und Barden zusammen. Im Wald von Paimpont, dem mythischen Zauberwald von Brocéliande, zog König Artus einst gegen das Böse ins Feld. Die Legende konnte Unheil vom Wald nicht abhalten. Ein Orkan hat die Forêt de Paimpont Ende der 80er Jahre dramatisch ausgedünnt, ein Großbrand 1990 weitere 200 ha Bäume gefällt. Es wird kräftig aufgeforstet, damit das Herz der Bretagne so bleibt, wie es sich seit keltischer Zeit gehört – grün.

Redon

1 (s. S. 291) Die Zukunft rauscht mehrmals täglich in Redon ein, silbrig glänzend und auf Hochtouren. Die Kleinstadt liegt an der TGV-Linie von Paris nach La Baule. Die Hochgeschwindigkeitstrasse schlitzt die Stadt der Länge nach auf. Mit Blumenkübeln versucht man die Schienenstränge zu kaschieren, eine Methode, die sich schon bei der Verschönerung der Ufer des Canal Nantes–Brest bewährt hat. Redons Rolle als Verkehrsknotenpunkt hat Tradition – Vilaine, Oust und der Kanal fließen hier zusammen.

Dem kuriosen Stadtbild mit Eisenbahnviaduktstelzen und Schleusen setzt die alles beherrschende **Kirche St-Sauveur** noch eins drauf: Der gotische Westturm der ehemaligen Abteikirche steht vom Rest des Gotteshauses getrennt allein im Wind. 1780 hat eine Brandkatastrophe das romanische Bauwerk zerstört. Beim Wiederaufbau fehlte das Geld zur Schließung der Lücke zwischen Turm und Langhaus. Als Krönung romanischer Architektur in der Bretagne gilt der wuchtige Vierungsturm. Der Wechsel von Buntsandstein und grauem Granit belebt die drei Arkadenstockwerke. Gotischer Chor und romanisches Schiff wirken dagegen eher düster. Das angrenzende barocke Kloster ist heute Gymnasium.

Von der Place St-Sauveur zweigt die **Rue Grande** ab, Redons wichtigste Geschäftsmeile mit einigen schönen Fachwerkhäusern. Sie überquert den Canal Nantes–Brest und heißt nun Rue du Port. Parallel dazu verläuft der **Quai Du-**

guay-Trouin mit stolzen Reederdomizilen des 17. und 18. Jh., die zur Rue du Port freilich nur ihre Rückseite zeigen. Auf der anderen Straßenseite folgen die im Gegensatz zum feudalen **Hôtel de Carmois** (Nr. 6) nüchternen Fassaden ehemaliger **Salzspeicher,** in denen im 17. Jh. das begehrte Salz aus Guérande gelagert wurde. Am Ende der Straße fallen vor Kopf zwei herrschaftliche Anwesen ins Auge, das **Château du Mail** und das **Hôtel de Richelieu** mit quadratischem Eckturm.

Auf der dahinterliegenden, von Vilaine und Jachthafen in die Zange genommenen Halbinsel widmet sich das **Musée de la Batellerie** dem Alltag der Flußschiffer. Den Eingang zum Jachthafen markiert auf der Landspitze die Croix des Marins. Vom Kreuz der Seemänner schaut man stadtauswärts auf das Feuchtgebiet des Marais de Redon. 1995 stand, soweit das Auge reicht, alles unter Wasser. Redon war infolge sintflutartiger Regenfälle, die alle sieben Flüsse im Umkreis von 10 km über die Ufer treten ließen, von der Außenwelt abgeschnitten.

Durch das Marais von Redon nach Questembert

Yves Rocher heißt der mächtigste Mann im Sumpf von Redon. Im Weiler **La Gacilly** 2, dessen Bürgermeister Yves Rocher ist, liegt das Ausstellungsgelände zur Firmengeschichte in allerbester Lage am Ufer des Aff. Ein botanischer Garten vor dem Firmensitz weist den Weg in die ökologisch unbedenkliche Schönheit. Blumenkästen, Arboretum und Kunsthandwerker schnuckeln das kleine Dorf zur Freilichtmuseumsidylle auf.

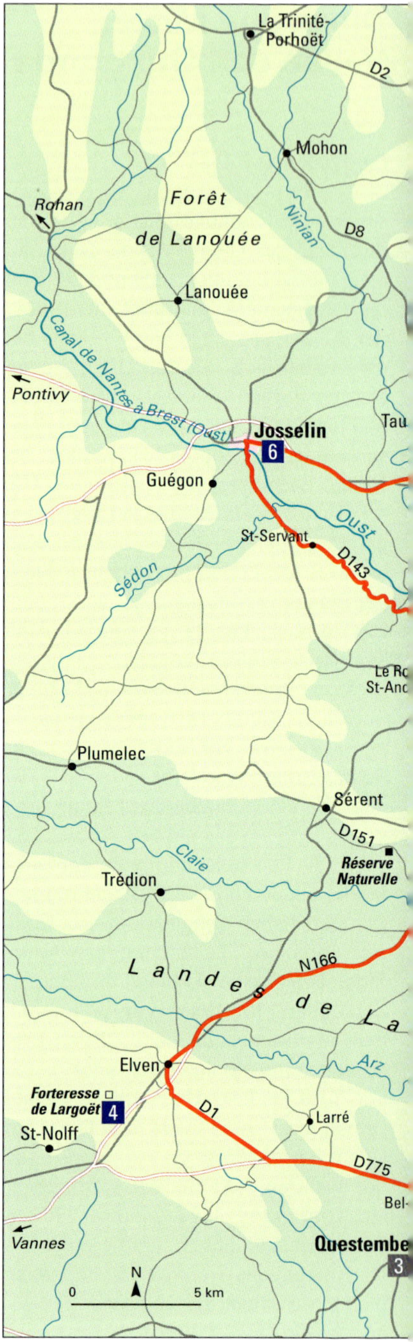

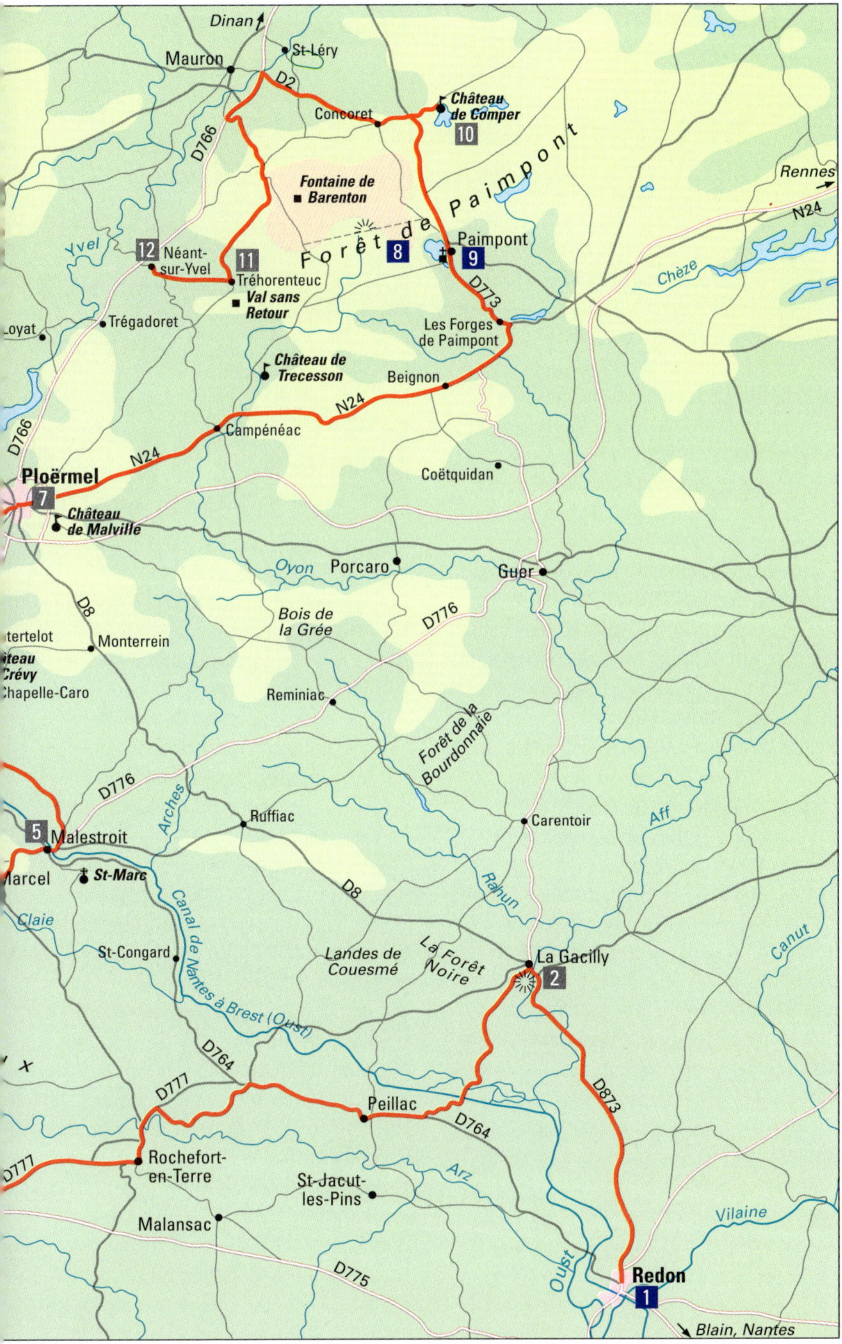
Dinan
Mauron
St-Léry
D2
Château de Comper
10
Concoret
D766
Fontaine de Barenton
Forêt de Paimpont
Rennes
N24
Paimpont
8
9
Yvel
12
Néant-sur-Yvel
11
Tréhorenteuc
Val sans Retour
Chèze
D773
Les Forges de Paimpont
Loyat
Trégadoret
Château de Trecesson
Beignon
N24
Campénéac
D766
N24
Ploërmel
7
Château de Malville
Coëtquidan
Oyon
Porcaro
Guer
D8
Bois de la Grée
D776
Monterrein
Reminiac
Forêt de la Bourdonnaie
D776
Arches
Ruffiac
Carentoir
Aff
5
Malestroit
St-Marc
Rahun
D8
Claie
Canal de Nantes à Brest (Oust)
St-Congard
Landes de Couesmé
La Forêt Noire
La Gacilly
2
Canut
D764
D777
Peillac
D764
D873
Rochefort-en-Terre
D777
Arz
St-Jacut-les-Pins
Malansac
Vilaine
Oust
D775
Redon
1
Blain, Nantes

Mit dem Hausboot über den Canal Nantes–Brest

Gackernde Hühner sind in Malestroit die erste Begegnung mit lebenden Wesen, sobald das Hausboot auf dem stetig steigenden Wasserpegel des Schleusenbassins in Nasenhöhe mit der Mauerkante wippt. Am Kai der Schleuse unweit von La Gacilly humpelt ein invalider Jagdhund vorbei, bei der nächsten Schleuse zischen die Gänse zum Deck hinunter. Ein Zweites gehört auf den Etappen der vorhergegangenen Tage zum vertrauten Bild: Hinter den Gardinen des schmucken Schleusenwärterhäuschens drängelt sich die Familie des Schleusenwärters, der auf französisch *éclusier* heißt. Mal kommen Kind und Kegel mit heraus, mal ein paar zufällig anwesende Nachbarn. Kein Zweifel, eine *pénichette,* ›kleiner Kahn‹, ist mit Ausnahme von Orten wie Malestroit oder Josselin, wo die Hobbykapitäne mittlerweile zum Stadtbild gehören, noch immer für einen kleinen Auflauf gut.

Die in Fleisch und Blut übergegangene Schleusenprozedur ist längst Routine. Zwei Besatzungsmitglieder springen von Bord und befestigen ihre Leinen an den gußeisernen Pollern. Wieder geht die Kurbelei los, um Schleusentore zu öffnen und zu schließen, während an Bord die Taue nachgezogen werden. Sind die Wasserstände vor und hinter den Toren auf gleicher Höhe, werden die Schleusenflügel zur Talseite geöffnet, die Anbindetrosse gelockert und die von Bord gesprungene

Mannschaft eingesammelt. Einen Führerschein braucht man in Frankreich am Ruder eines Hausboots nicht. Vor der Abfahrt weist der Verleiher kurz in die wichtigsten Regeln ein. Neben dem Steuerrad liegt die Karte des Kanals, auf der Untiefen, Schleusen und Ankerplätze eingezeichnet sind. Dann heißt es *Bon voyage!*

Wer sich für die zweiwöchige Tour von Redon über La Gacilly, Malestroit, Josselin bis Pontivy und zurück entscheidet, hat 242 Flußkilometer und 174 Schleusen vor sich. Durchschnittlich müssen 5,5 Stunden pro Tag gefahren werden, um das Pensum zu schaffen. Bleibt also genug Zeit, mit dem Fahrrad auszuschwärmen oder mal einen Tag an Land zu verbummeln. Wer nur eine Woche an Bord verbringen möchte, kann beispielsweise in entgegengesetzter Richtung über Blain-Nort-sur-Erdre und Sucé bis Nantes und zurück tukkern, immerhin 188 km, die bei nur 30 Schleusen jedoch bequem in sieben Tagen zu schaffen sind. Die Entscheidung für Redon als Ausgangspunkt unter neun weiteren Punkten am Canal Nantes–Brest, an denen Hausboote angeboten werden, fiel beim Blick auf die Landkarte: Die Stadt liegt konkurrenzlos günstig an der Kreuzung der 600 km langen Wasserstraßen, die die Bretagne in alle Himmelsrichtungen durchziehen.

Geplant war der Canal Nantes–Brest seit dem 16. Jh., ohne daß die Arbeiten voranschritten. Erst die Kontinentalsperre brachte den Kanal wieder auf den Plan, doch bis Baubeginn saß Napoleon längst im Exil auf Elba. 1824 begannen die Arbeiten nach Entwürfen des Ancien Régime. 16 Jahre später konnte Bürgerkönig Louis-Philippe den 360 km langen Kanal als Erfolg seiner Regierung verbuchen. Wo Segel nicht zum Einsatz kamen, zogen Pferde die Kähne anfangs vom Treidelpfad den Kanal hoch. Motorisierte *péniches* (Kähne) folgten. Bis kurz nach dem Zweiten Weltkrieg lief der Transport von Sand, Schiefer, Getreide, Holz und Düngemitteln über das Wasser. Erst die Eisenbahn und später der Lastwagen setzten der Flußschiffahrt bis zur Unrentabilität zu. 1923 wurde der Kanal auf der Höhe von Mur-de-Bretagne zum Lac de Guerlédan aufgestaut. Die Ingenieure versprachen seinerzeit 17 Schleusen, um die Passage weiterhin zu garantieren. Darauf warten die Bretonen bis heute. Am Staudamm heißt es: Ende einer Bootsfahrt.

Im Herzen der sogenannten armorikanischen Alpen nordwestlich von Redon schneiden Oust und Kanal Schluchten in den Granit und Sandstein. Steil fallen die Heideflächen und Moore zum Wasser ab. In den Felshängen krächzt und pfeift es aus den Brutkolonien gefiederter Talbewohner, für die das Feuchtbiotop ein reich gedeckter Tisch ist. In der eindrucksvollsten Schlucht bei der Ile-aux-Pies versuchen Freeclimber ihr Geschick am Fels.
Es folgen von ruhigen Alleen gesäumte Abschnitte. Mal schießen die Stämme kathedralhoch in den Himmel, mal wuchert das Ufer so zu, daß die Äste ins Wasser pitschen. Enten und Teichhühner lassen sich durch die Boote ebensowenig aus der Ruhe bringen wie Bisamratten. Dann und wann hallt das Platschen eines aufspringenden Fisches durch die Stille. Dann flachen die Ufer ab, Felder reichen bis ans Wasser, Mühlen und Herrenhäuser säumen den Kanal. Bei einer Geschwindigkeit von 6 km/h zieht die Landschaft gemächlich vorbei. Um Angler nicht zu stören, drosselt man die Geschwindigkeit. Ein stummes Handzeichen sagt alles – *Silence!* – sonst beißen die Fische nicht.

Jeder Ankerplatz entfaltet seinen eigenen Charme. Bei Le Roc-St-André führt der Weg von der Bogenbrücke und einer in den Fels geschlagenen Kapelle steil zum Dorf hoch. Das Château de Crévy lockt mit einer Trachtensammlung hinter bröckelndem Gemäuer ans Ufer. An der Schleuse von Montertelot reizt der Bouleplatz an der Kirche zu einer Partie Kugelklacken. Kurz vor Rohan zwingt eine Schleuse erneut zum Abbremsen – eine gute Gelegenheit, einen würzigen Trappistenkäse in der nahen Zisterzienserabtei Notre-Dame-de-Timadeuc zu kaufen. Wer an Bord bleibt, macht schon mal den Cidre zum Picknick auf dem Sonnendeck auf. (Informationen: Boote auf dem Canal Nantes–Brest bei Locaboat plaisance, Ludwigstr. 1, 79104 Freiburg, ✆ 07 61-2 07 37 37, Fax 2 07 37 73. Basis in Redon, mit Möglichkeit in vier Himmelsrichtungen aufzubrechen. Zweite Basis in Lyvet bei Dinan, von wo aus man über die Vilaine nach Rennes fahren kann. Von Ende März–Mitte Okt.).

Die Burg von Josselin

Flüßchen und Bäche durchkreuzen das bäuerliche Umland, in dem eine Vielzahl von naturbelassenen Feuchtgebieten erhalten blieb. Aff-Tal und unteres Oust-Tal, an das sich die D 764 schmiegt, zählen zu den berückendsten Landschaften, die die innere Bretagne zu bieten hat.

Etwas ab vom Weg lohnt das Städtchen **Questembert** 3 (s. S. 288) den Schlenker nach Westen wegen seiner gewaltigen, über 300 Jahre alten Markthalle aus Holz.

Noch beeindruckender ist weiter im Nordwesten die **Forteresse de Largoët** 4 beim Dorf Elven. Frankreichs höchster Donjon ragt als 44 m hohe Ruine aus dem Wald. Der achteckige Bau aus dem 14. Jh. spiegelt sich neben einem massiven Rundturm im stillen Wasser eines kleinen Teichs. Das Anwesen, in dem Englands zukünftiger König Heinrich VII. schmachtete, gehörte einmal den Herren von Malestroit.

Malestroit und der Canal Nantes–Brest

Mit **Malestroit** 5 (s. S. 275) erreicht man eine der hübschesten Siedlungen am Oust. Schleusen zwingen Freizeitkapitäne zum Halt im über tausendjährigen Flußdorf. Schmucke Kais und Brükken sprechen für sich. Rund um die von Fachwerk und Natursteinfassaden gesäumte Place du Bouffay laden die Gassen zum Flanieren ein: Zu bestaunen sind Sinnsprüche im Gebälk, spätmittelalterliche Schnitzarbeiten wie etwa an der Maison des Singes, die romanische, in der Renaissance veränderte Pfarrkirche St-Gildas oder die 1795 bei einem Chouans-Massaker niedergebrannte Benediktinerkirche La Madeleine. Reich war Malestroit einmal. 1462 konnten sich die Bürger einen Schutzwall leisten, doch vom Niedergang während der Religionskriege hat sich der Ort nicht erholt. Das vorzeigbare historische Erbe könnte dies nun ändern. An der ›Perle des Oust‹ schippert kein Hobbykapitän vorbei. Wanderer auf dem Treidelpfad mögen den Ort als Etappenhalt.

Josselin und Ploërmel

Ziemlich genau in der geographischen Mitte der Bretagne liegt **Josselin** 6 (s. S. 269), das dank des Adelsgeschlechts derer von Rohan nicht nur in der bretonischen Geschichte eine zentrale Rolle gespielt hat. Gegründet wurde die weitverzweigte Dynastie im 12. Jh. von einem Mitglied des Hauses Porhoët, der um das Jahr 1000 eine Kapelle hier am Oust bauen ließ. Der Name des 3000 Seelen zählenden Städtchens geht auf den Vornamen eines Porhoët-Sprosses zurück. Im 15. Jh. verließen die Rohan ihren Sitz 20 km weiter entfernt, um eine gewaltige Burg am Oust zu errichten. Wer mit dem Boot ankommt, wird von der ungeheuren Steinwand der Burg beeindruckt sein. Drei Rundtürme fassen das massive Bollwerk, das die Stadt zum Fluß abriegelt. Auf der Rückseite zeigt der Innenhof eine ganz andere architektonische Seite. Fein gegliedert empfängt die Hoffassade, deren spätgotisches Zierwerk mit Balustraden, Galerien, Fialen, Friesen und Lukarnen ein Meisterwerk des Flamboyant-Stils ist. Ein großes gekröntes A fällt sowohl an der Außenseite als auch im zur Besichtigung freigegebenem Erdgeschoß auf: Die Rohan erwiesen damit Anna von Bretagne ihre Reverenz. Etwas abseits steht einsam im Schloßpark der dicke Gefängnisturm. Ein Zweig der Rohan residiert noch immer auf der Burg. Dessen männliche Vertreter stellen den Bürgermeister von Josselin, während die Damen Puppen sammeln, deren stattliche Kollektion in den ehemaligen Pferdeställen ausgestellt ist – die festen Burgmauern sind in vielerlei Hinsicht ein Hort der Tradition.

Das an der Uferflanke aufsteigende Städtchen wirkt aufgeräumt. Fast alle Fassaden sind gut restauriert, jedes krumme Gebälk geschickt in Szene gesetzt. Die Pfarrkirche Notre-Dame-du-Roncier verlor während der Revolution ihren kostbarsten Besitz: 1789 verbrannten Aufgebrachte kurzerhand ein wundertätiges Marienbildnis, das ein Bauer im 9. Jh. unter einem immergrünen Dornenstrauch gefunden haben soll. Gläubige konnten ein paar verkohlte Reste aus der Glut zerren, die weiterhin Pilgerscharen zur großen Prozession im September anlocken. Ein Reliquienschrein neben dem romanischen Chor birgt die Überreste. In einer Seitenkapelle des gotischen Schiffs ruhen Olivier und seine Gattin Marguerite de Rohan unter einem aufwendigen Grabmal aus schwarzem und weißen Marmor.

Doppelt soviele Einwohner wie Josselin zählt **Ploërmel** 7 (s. S. 283), kann jedoch weder mit einer Burg noch

Boule-Spieler

romantischer Lage am Fluß aufwarten. Im Zweiten Weltkrieg kam das Städtchen schwer zu Schaden. Geblieben sind ein paar prachtvolle Fassaden, darunter die Maisons des Marmousets und des Ducs de Bretagne in der Rue Beaumanoir. Hauptanziehungspunkt ist die spätgotische Pfarrkirche St-Armel mit einem reich geschmückten Renaissance-Portal und Grablegen von Adeligen.

Technikfreunde kommen im Innenhof des katholischen Stifts Jean-Marie de La Mennais auf ihre Kosten. Hinter Glas rotieren die Zahnräder einer mehr als mannshohen astrologischen Uhr, die ein Mönchsbruder in den 1850er Jahren schuf. Neben Uhrzeit und Datum gibt das mechanische Wunderwerk Wissenswertes wie den Stand der Gestirne über Ploërmel oder das jeweils gültige Tierkreiszeichen bekannt.

Paimpont und die Forêt de Brocéliande

Willkommen bei Merlin, Viviane und den Rittern der Tafelrunde. Der illustre Kreis hat 40 km westlich von Rennes in den Tiefen der **Forêt de Paimpont** 8 sein Zuhause. Die Wälder bedecken ein knapp 7000 ha großes Gebiet, sind jedoch nur der kümmerliche Überrest der sagenhaften Forêt de Brocéliande, die einmal die gesamte innere Bretagne mit einem dichten grünen Dach beschirmte. Unter den Eichen- und Buchenblättern war gut Munkeln, und so ging die Artussage von Ohr zu Ohr. Hüfthoher Farn, undurchdringlicher Ginster, Stechpalmen, Efeu sowie Heidegestrüpp liefern die Kulisse. Magische Quellen und düstre, tiefgrüne Tümpel plätschern Wasser auf die Mühlen der Phantasie. Mag sein, daß Keltenkönig Riothamus, der sich im 5. Jh. n. Chr. wacker gegen die Angelsachsen schlug, am Anfang der Artussage stand, für die detailverliebte Ausschmückung seines Kampfs und das Weiterspinnen der Geschichte kann er nichts. Das besorgte Geoffrey of Monmouth im 12. Jh. mit dem »Leben des Merlin«, 1803 von Dorothea Schlegel als Tribut an die Romantik ins Deutsche übertragen. Keltische Einwanderer sollen die Sage über den Ärmelkanal in die Bretagne gebracht haben, wo sie sich im Wald von Paimpont verwurzelte.

Der Reihe nach und ohne Anspruch, die definitive Version zu liefern: Artus, englischer König von Gottes Gnaden und durch die Hilfe seines Ziehvaters, des Zauberers Merlin, verschafft sich beim Turnier die tödlichste Waffe im Reich, das Schwert Excalibur. Andere Thronprätendenten werden damit ebenso vernichtet wie die anstürmenden Sachsen. England geht es zwölf Jahre gut. Der König tafelt mit 38 Getreuen, darunter Lancelot, Iwein und Parzival an einem runden Tisch, den Merlin ihm ans Herz gelegt hat. Als Ritter der Tafelrunde sorgen die Krieger für Recht und Ordnung im Lande, während Artus' Angetraute Guinevra daheim den Sitz Camelot hütet. Nicht zu vergessen die Fee Viviane. Sie verdreht Merlin den Kopf und zieht Lancelot am Boden des Sees von Comper auf.

Zum Glück fehlt freilich noch der Gral, in dem Joseph von Arimathia das Blut Christi auffing. Über Verbleib der verschleppten Reliquie weiß man nichts Genaues nicht. Nur so viel: Der beste aller Ritter wird ihn eines Tages zurückerobern. Eines Tages macht Parzival die damit 40 Köpfe zählende Tafelrunde entgegen aller Warnungen Merlins komplett. Prompt nimmt das Unheil seinen Lauf. Lancelot nährt eine *amour fou* für Guinevra, muß jedoch davon ausgehen, daß Artus wenig von einer *ménage à trois* hält. Er sucht konsequenterweise

Buchmalerei des 13. Jh., die König Artus und die Ritter der Tafelrunde zeigt

das Weite. Andere Ritter folgen oder sterben im Kampf. Artus' Neffe Mordred, ein Fiesling, wie er in der Sage steht, nutzt die Abwesenheit des Königs zum Umsturz. Artus marschiert mit dem Gefolge letzter Getreuer zum aussichtslosen Kampf gegen den mit abtrünnigen Herzögen verschworenen Neffen auf. Mordred fällt, aber Artus verliert die Schlacht. Letzter Akt auf Avalon, der Todesinsel im Atlantik. Ihr entgegen segelt der schwerverletzte Artus. Merlin ist mit von der Partie. Aber eines Tages kehrt Artus zurück. Wehe dann allen Bösen.

Tief im Wald, aber dennoch gut ausgeschildert, ist Merlins letzte Ruhestätte zu besichtigen. Andere Attraktionen sind die steingefaßte heilige Quelle von Barenton sowie ein Teich mit dem poetischen Namen Feenspiegel im Tal ohne Wiederkehr, wo die böse Fee Morgane untreue Ritter gefangenhielt – allesamt auf Wanderwegen zu erreichen. Bizarre rote Felsen leuchten aus dem Grün. Auf kleinen Plateaus haben Wind und Wetter den Fels nacktgefegt, während in Mulden kein Durchkommen im Gebüsch ist. **Paimpont** 9 (s. S. 281) selbst ist das größte Dorf des Waldes. Karge Schieferhäuser, ein Teich und die Ruinen einer Abtei versprühen spröden Charme. Im Süden bildet Les Forges mit ehemaliger Schmiede, zwei Teichen und Kapelle ein stimmiges Ensemble.

In **Comper** 10 bröckelt eine Burg malerisch am See, auf dessen Grund Merlin im Liebestaumel für Viviane ein Kristallschloß gezaubert haben soll. Heute tagt hier das Centre de l'imaginaire arturien. Touristen werden mit einer Dia-Show über die hehre Gesinnung des Keltenfürsten unterrichtet.

Die gleiche Lektion erteilt die Ausstattung der Dorfkirche von **Tréhorenteuc** 11 an der Pforte zum Val sans Retour. Mitten im Krieg entstanden 1943 die Fensterbilder mit Darstellungen der Tafelrunde. Artus taucht auch auf dem Altar und beim Kreuzweg auf. Zwei deutsche Kriegsgefangene schufen die Werke nach 1945 auf Geheiß des Dorfpfarrers. Der Name des Nachbardorfes **Néant-sur-Yvel** 12 geht auf das keltische *nian* (›Ort der Heilung‹) zurück. Viele Heilquellen und insgesamt 14 Teiche und Seen sprudeln hier im Wald.

Pointe du Van ▷

Information
Unterkunft
Camping
Restaurants
Sehenswert
Aktivitäten
Einkaufen
Feste
Nachtleben
Bus
Fährverbindung
Flugverbindung

Serviceteil

Serviceteil

So nutzen Sie den Serviceteil richtig

▼ Das erste Kapitel, **Adressen und Tips von Ort zu Ort**, listet die im Reiseteil beschriebenen Orte in alphabetischer Reihenfolge auf. Zu jedem Ort finden Sie hier Empfehlungen für Unterkünfte und Restaurants sowie Hinweise zu den Öffnungszeiten von Museen und anderen Sehenswürdigkeiten, zu Festen, Unterhaltungsangeboten etc. Piktogramme helfen Ihnen bei der raschen Orientierung.

▼ Die **Reiseinformationen von A bis Z** bieten von A wie ›Anreise‹ bis Z wie ›Zeitungen‹ eine Fülle an nützlichen Hinweisen – Antworten auf Fragen, die sich vor und während der Reise stellen.

Bitte schreiben Sie uns, wenn sich etwas geändert hat!
Alle in diesem Buch enthaltenen Angaben wurden vom Autor nach bestem Wissen erstellt und von ihm und dem Verlag mit größtmöglicher Sorgfalt überprüft. Gleichwohl sind – wie wir im Sinne des Produkthaftungsrechts betonen müssen – inhaltliche Fehler nicht vollständig auszuschließen. Daher erfolgen die Angaben ohne jegliche Verpflichtung oder Garantie des Verlages oder des Autors. Beide übernehmen keinerlei Verantwortung und Haftung für etwaige inhaltliche Unstimmigkeiten. Wir bitten dafür um Verständnis und werden Korrekturhinweise gerne aufgreifen:
DuMont Buchverlag, Postfach 10 10 45, 50450 Köln
E-Mail: reise.dumont@t-online.de

Inhalt

Adressen und Tips von Ort zu Ort

Die Hotels sind wie folgt eingestuft: FFFFF = 2200–3000 FF, FFFF = 600–1500 FF, FFF = 350–660 FF, FF = 250–350 FF, F = 80–250 FF. Preise jeweils für ein DZ. Zu anderen Kategorisierungen, z. B. Logis de France, Relais de Silence etc. s. Unterkunft (S. 319).

Ile d'Arz (56840)

Hôtel-Restaurant L'Escale en Arz, FF, am Anleger, ✆ 02 97 44 32 15, Fax 02 97 44 30 59. Einziges Hotel der Insel mit Terrasse zum Anleger. Schön gelegen, aber etwas teuer angesichts der schlichten Ausstattung.

Fähre ab Conleau, stdl., ✆ 02 97 66 92 06.

Arzon, Port Navalo, Port du Crouesty (56640)

Office de tourisme, Maison du Port, Port du Crouesty, ✆ 02 97 53 69 69.

Le Miramar, FFFF, Port du Crouesty, ✆ 02 97 67 68 00, Fax 02 97 67 68 99. Modernes Luxushotel in Form eines Schiffsbugs. Flaggschiff des Thalassotherapie-Zentrums.
Pierre & Vacances, FF–FFF, Port du Crouesty, ✆ 02 97 53 85 35, Fax 02 97 53 91 80. Ferienwohnanlage zwischen Strand und Hafen mit Direktzugang zum Thalassotherapie-Zentrum. Gut ausgestattete Ferienwohnung vom Zweipersonen-Studio bis zur geräumigen Bleibe für 6–7 Personen.
Hôtel de la Plage, F, Port Navalo, ✆ 02 97 53 75 92. Einfaches Hotel mit stürmischer Bar an der Grande Plage. Dusche z. T. über den Flur.

Camping Municipal de Port Sable, Port Navalo, ✆ 02 97 53 71 98. Zweisterne-Platz, den ein paar Kiefern beschatten. Oberhalb der Grande Plage und der Einfahrt zur Bucht von Port du Crouesty.

Le Grand Large, Port Navalo, ✆ 02 97 53 71 58. Feinschmeckeradresse, bei der alles stimmt: bretonischer Hummer, Meeresfrüchte aus eigenen Becken. An der äußersten Spitze von Port Navalo. Panoramablick auf die Einfahrt zum Golf.
Chez Popeye, Port Navalo, boulevard de la Rade, ✆ 02 97 53 66 82. Schmackhafte Fischgerichte zu erschwinglichen Preisen. Ungezwungene Atmosphäre. Blick auf den alten Hafen.

Fähre nach Locmariaquer, stdl., Vedettes Lez V, Port Navalo, ✆ 02 97 53 99 25 oder 02 97 53 72 63. Fähre nach Belle-Ile (Juli–Aug.) und Touren in den Golf von Morbihan (Juni–Sept.), Navix, La Criée, Port Navalo, ✆ 02 97 53 74 12.

Audierne (29770)

Office de tourisme, place de la Liberté, ✆ 02 98 70 12 20.
Maison de la Baie d'Audierne, in St-

Vio im Süden der Bucht von Audierne, ✆ 02 98 82 61 76. Informationen zu Fauna (Zugvögel) und Flora (Schilf) der Küstensümpfe und Teiche (Führungen).

Le Goyen, FF–FFF, place Jules Simon, ✆ 02 98 70 08 88, Fax 02 98 70 18 77. Neubau am Hafen, der auf den ersten Blick wie ein altes Grand Hôtel wirkt. Begrünte Terrasse, blaue Balkone und luxuriöse Zimmer.
Le Roi Gradlon, FF–FFF, 3, boulevard Manu-Brusq, ✆ 02 98 70 04 51, Fax 02 98 70 14 73. Auf den makellosen Sandstrand gebautes blendend weißes Haus. Komfortable, kürzlich renovierte Zimmer mit Meerblick, sehr guter Service.
L'Horizon, F–FF, 40, rue Jean-Jacques Rousseau,✆ 02 98 70 09 91, Fax 02 98 70 01 49. Nicht gerade schöner Bau zwischen Ort und Strand, aber ordentliche Zimmer und Blick aufs Wasser.

Camping de Kerivoas, route de la Pointe du Raz, ✆ 02 98 70 26 86. 25 Plätze, westlich in Richtung Esquibien. Supermarkt gegenüber.

Le Roi Gradlon (s. Hotel). Aufmerksamer Service, phantastischer Blick, schöner Saal und vor allem exzellente Küche. Günstiges *menu du terroir* mit Spezialitäten des Cap Sizun. Kurzum: ein erstklassiger Tip.
Le Goyen (s. Hotel). Edles Ambiente, Gourmetküche mit einem Michelin-Stern. Meeresfrüchte, dazu ein weißer Burgunder ... allerdings auch entsprechend teuer.

Les Viviers d'Audierne, rue Amiral Guepratte, ✆ 02 98 70 10 04. Mo–Fr tgl. 9–12, 14–18 Uhr. Lebendbecken der Genossenschaft der Meeresfrüchtezüchter. Krabben, Langusten, Hummer zum Kaufen direkt aus dem Becken. Rezepte gibt's dazu!

Centre Nautique de la Baie d'Audierne, plage de Ste-Evette, Esquibien, ✆ 02 98 70 21 69. Surfen und Segeln unter fachmännischer Anleitung. 3 km westlich von Audierne.

Auray (56400)

Office de tourisme, 20, rue du Lait, ✆ 02 97 24 09 75, Fax 02 97 50 80 75.

Hostellerie Abbatiale Le Manoir de Kerdrain, FFF, Le Bono, ✆ 02 97 57 84 00, Fax 02 97 57 83 00. 5 km südlich von Auray beim Dorf Le Bono. Wohnen in einem Herrenhaus des 14. Jh. Großer Park, Schwimmbad, Tennis. Auch Zimmer im Neubautrakt.
Hôtel du Loch, FF–FFF, 2, rue Guhur, ✆ 02 97 56 48 33, Fax 02 97 56 63 55. Gepflegtes Logis-de-France-Haus im Ortsteil La Forêt. Garten. Wie der Name schon sagt: nahe am Ufer des Loch.
Hôtel de la Mairie, F–FF, place de la République, ✆ 02 97 24 04 65. Zentraler geht's nicht. Angenehmes, gutbürgerliches Hotel beim Rathaus.
Le Marin, F, 1, place du Rolland, ✆ 02 97 24 14 58. Urige Adresse in St-Goustan, Fachwerkhaus mit Hafenblick.
Le Bretagne, F, 1, place aux Roues, ✆ 02 97 50 78 37, Fax 02 97 24 09 96. Einfaches Hotelchen an verstecktem Altstadtplatz.

La Closerie de Kedrain, 14, rue Louis-Billet, ✆ 02 97 56 61 27. Romantisches Schlößchen mit kleinem

Park, in dem man bei schönem Wetter die raffinierte Küche genießen kann.
Auberge La Plaine, rue du Lait, ✆ 02 97 24 09 40. Die sichere Adresse für traditionelle französische Küche in der Einkaufsmeile von Auray. Günstiges kleines Menü.
L'Eglantine, place St-Sauveur, ✆ 02 97 56 46 55. Hinter der rosa getünchten Fassade am meistbesuchten Platz der Stadt wird erfolgreich gegen den Nepp rundherum angekocht.

La Goelette St-Sauveur, Museumsschiff im alten Hafen von St-Goustan, Quai Martin, Ostern–Sept. 10–19 Uhr.

Markt Mo und Fr morgens, place de la République.

Bahnhof Place Dautry. TGV nach Paris. Direktverbindungen nach Marseille, Bordeaux, Lille, Brüssel ... Ende Juni–Aug. Auray–Quiberon, 10mal tgl. 5.30–21 Uhr, Fahrradtransport gratis.

Linie Vannes–Auray–Ste-Anne-d'Auray–Quiberon, Société Cariane, ✆ 02 97 47 29 64. Linie Auray–Quiberon via Locmariaquer, Société Le Bayon, ✆ 02 97 24 26 20.

Tagestouren durch den Golf von Morbihan, Ende Juni–Mitte Sept., Navix, Port de St-Goustan, ✆ 02 97 56 59 47.

Batz, Ile de Batz (29253)

Office de tourisme, am Anleger, ✆ 02 98 61 75 70.

Chambres d'hôte Marie-Pierre Prigent, FF, Ty Va Zadou, Le Bourg, ✆ 02 98 61 76 91. Stille Zimmer mit bäuerlichen Möbeln. Altes Granitgemäuer im Dorf. 10 Min. vom Anleger.
Grand Hôtel Morvan, F, Le Port, ✆ 02 98 61 78 06. Die größte der drei bescheidenen Inselherbergen. 40 Zimmer, hell und einfach. Terrasse mit Blick aufs Meer.

Erkundungsfahrten auf dem ehemaligen Fischkutter »Brigitte« in der Bucht von Morlaix. Auberge de jeunesse maritime, ✆ 02 98 61 77 69.

Fähre nach Roscoff, Compagnie Armein, ✆ 02 98 61 77 75 oder CFATM, ✆ 02 98 61 79 66.

Batz-sur-Mer (44740)

Maison du tourisme, 25, rue de la Plage, ✆ 02 40 23 92 26.

Le Derwin, route de Côte sauvage, ✆ 02 40 23 90 06. 3 km außerhalb in Richtung La Baule. Traumhafte Lage auf den Klippen. Der rostige Anker auf dem Parkplatz zeigt, was gekocht wird: Fisch.
La Roche-Mathieu, 28, rue du Golf, ✆ 02 40 23 92 12. Crêperie, Salon de thé und Restaurant unter einem Dach: Solche Mischungen könnten mißtrauisch machen. Die Langusten auf der Südterrasse des von einem Turm flankierten schönen alten Hauses munden indes.

Musée des Marais Salants, 29 bis, rue Pasteur. Juni–Sept. tgl. 10–12, 15–19 Uhr, Sa und So 15–19 Uhr. Museum über die Salzgewinnung.
Le Grand Blockhaus, Côte sauvage, April–Okt. 10–19 Uhr; Di geschl.,

Juli/Aug. tgl. 10–19 Uhr. Museum über den Kessel von St-Nazaire in einem Bunker des Zweiten Weltkriegs.
La Tour du Bourg, Panoramablick vom Kirchturm über die Salzsümpfe, tgl. 10.30–12, 14.30–18.30 Uhr.

La Baule (44500)

Office de tourisme, 8, place de la Victoire, ✆ 02 40 24 34 44.

L'Hermitage, FFFF–FFFFF, 5, esplanade Lucien Barrière. ✆ 02 40 11 46 46, Fax 02 40 11 46 45. Nobler geht's nicht! Feudaler Hotelpalast aus La Baules besten Tagen, an der autofreien Uferpromenade.
La Mascotte, FFF, 26, avenue Marie-Louise, ✆ 02 40 60 26 55, Fax 02 40 60 15 67. Gepflegtes Relais de Silence in renoviertem Belle-Epoque-Hotel. Lage in lauschiger Allee und in prominenter Nachbarschaft – das berühmte Hôtel Hermitage liegt eine Straße weiter zum Strand.
Saint-Christophe, FFF–FFFF, place Notre-Dame, ✆ 02 40 60 35 35, Fax 02 40 60 11 74. Drei Villen der Jahrhundertwende im Landhausstil, 150 m vom Strand. Terrasse und Garten, antikes Mobiliar.
Le Paris, FF, 138, avenue des Ondines, ✆ 02 40 60 30 53, Fax 02 40 60 83 76. Ruhiges und nettes Haus in der Nähe des Bahnhofs. Nichts Besonderes, aber erschwinglich.

La Mascotte (s. Hotel). Gepflegte regionale Küche in ebensolchem Ambiente. Das alles hat seinen Preis – und ist es wert.
Le Castel Marie-Louise, 1, avenue Andrieu, ✆ 02 40 11 48 38. Michelin-besterntes Gourmet-Mekka in fürstlichem Schloß der Jahrhundertwende. Hummerlasagne in Vouvray-Wein, exzellente Weinkarte. Sündhaft teuer.
Le Lutétia-Rossini, avenue Evens, ✆ 02 40 60 25 81 13. Art-déco-Interieur für eine aufgeräumt frische Küche. Gehobenes Preisniveau.
Chez L'Ecailleur, 37, avenue des Ibis, ✆ 02 40 60 87 94. Zünftiges Bistro, nur mittags geöffnet. Austern und ein Gros Plant zu akzeptablen Preisen.

La Croisette, 31, place Maréchal Leclerc. Schicke Brasserie in coolem Design. Zum Vorführen der aktuellen Sommermode!

Bahnhof Escoublac an der place Rhin et Danube. Tgl. bis zu sieben TGV nach Paris, ✆ 08 36 35 35 35.

Belle-Ile (56360)

Bangor

Castel-Clara, FFFF, Port Goulphar, ✆ 02 97 31 84 21, Fax 02 97 31 51 69. Luxuriöses Relais et Châteaux mit Thalassotherapie. Direkt an der Küste. Tennis, geheiztes Meerwasserschwimmbad.

Le Palais

Office de tourisme, quai Bonnelle, Le Palais, ✆ 02 97 31 81 93.

Le Clos Fleuri, FFF, route de Sauzon, ✆ 02 97 31 45 45, Fax 02 97 31 45 57. Außerhalb des Hauptortes wartet das mit englischen Möbeln und viel Gehäkeltem ausgestattete Hotel auf Gäste, die Ruhe und Komfort zu schätzen wissen.

Vauban, FFF, 1, rue des Remparts, ✆ 02 97 31 45 42, Fax 02 97 31 42 82. Neubau im oberen Teil der Altstadt. Herrlicher Blick über die Bucht. Sehr komfortable Zimmer.
La Frégate, F, quai de l'Acadie, ✆ 02 97 31 54 16. Zehn Zimmer mit z. T. wenig Komfort, dafür aber mit Blick auf den Hafen.

Camping Les Glacis, ✆ 02 97 31 41 76. 100 Plätze oberhalb des Hafens, im Ort. Einfach.

La Saline, route du Phare, ✆ 02 97 32 84 70. Einer der besten Tische der Insel versteckt sich am Ende des Hafenbeckens hinter einer blumengeschmückten Fassade. Innen herrscht gehobenes Bistroambiente vor. Exquisite Meeresfrüchte und Fisch zu günstigen Preisen.
L'Odyssée, quai Vauban, ✆ 02 97 31 43 24. Schmackhafte Fischmenüs. Spezialität: *fondue de mer.* Seit Jahren gleichbleibende Qualität.

Sauzon

Hôtel du Phare, F–FF, quai Guerveur, ✆ 02 97 31 60 36. Nomen est omen, das Hotel liegt direkt am Leuchtturm des Bilderbuchdörfchens. Schlichte Zimmer in stimmiger Lage, Seebären unten in der Bar.

Camping Le Pen Prad, am östlichen Ortsrand, ✆ 02 97 31 64 82 (Juli–Aug.), sonst ✆ 02 97 31 62 79 (Rathaus). 100 Plätze und zwölf Bungalows in einer Senke mit Sicht auf die Bucht.

Hôtel du Phare (s. Hotel). Die schönste Terrasse der Insel mit Blick auf den malerischen Hafen von Sauzon. Meeresfrüchte und Fisch.

Le Roz-Avel, rue du Lieutenant Riou, ✆ 02 97 31 61 48. Elegantes Ambiente, raffinierte Küche, so z. B. Rochen in Kapernsauce und Lachstartar.
Le Contre Quai, rue St-Nicolas, ✆ 02 97 31 60 60. Feinschmeckertempel, in den man wegen der überbackenen Taschenkrebse und Galettes mit warmen Austern pilgert.

La Citadelle, mit Museum und Bleisoldatensammlung. April–Juni 9–18, Juli/Aug. tgl. 9–19, Sept./Okt. 9.30–18, sonst 9.30–12, 14–17 Uhr.

Association Maison de la Nature, rue des Remparts, Le Palais. Dauerausstellung über die insulare Fauna und Flora. Exkursionen, ✆ 02 97 31 41 06.

Fährverbindung mit Quiberon, Compagnie Morbihannaise et Nantaise de Navigation, ✆ 02 97 31 80 01. Ganzjährig. Im Sommer ebenfalls Fähren nach Vannes, Port Navalo, La Trinité-sur-Mer mit Navix, ✆ 02 97 46 60 00 und La Turballe, Le Croisic mit La Garcie-Ferrande, ✆ 02 51 55 45 42.

Flüge ab Lorient und Quiberon mit Insul'air, ✆ 02 97 31 41 14.

Bénodet (29950)

Maison de tourisme, 51, avenue de la Plage, ✆ 02 98 57 00 14, Mitte Juni–Mitte Sept. Sonst im Rathaus, place Général de Gaulle, ✆ 02 98 57 05 46.

Hôtel de la Pointe de Mousterlin, FFF, Mousterlin-Plages, ✆ 02 98 56 04 12, Fax 02 98 56 61 02.

Einsame Lage am weiten, unbebauten Strand: Vor dem Fenster rauscht das Meer. Komfortable Zimmer im Gebäude der Jahrhundertwende oder im Neubautrakt.
Le Minaret, FF–FFF, corniche de l'Estuaire, ✆ 02 98 57 03 13, Fax 02 98 66 23 72. Exzentrischer Art-déco-Bau im Stil eines maurischen Palasts. Tropischer Garten. Große Zimmer, z. T. mit Alhambra-Ambiente. Blick auf die Odet-Mündung.
Les Bains de Mer, FF, 11, rue de Kerguélen, ✆ 02 98 57 03 41, Fax 02 98 57 11 07. Familiäres Hotel an der Straße zum Hafen. Renovierte Zimmer. Sauna und Schwimmbad.

Camping du Letty, Le Letty, ✆ 02 98 57 04 69, Fax 02 98 66 22 56. Direkt am Strand mit Blick auf die Sandnase des Lido. Hecken und Bäume. Viersterne-Komfort.
Camping La Mer Blanche, route de Fouesnant, ✆ 02 98 57 00 75, Fax 02 98 57 25 04. Inmitten von Wiesen und Feldern in der Nähe zum Meer und Lido. Einige Bäume. Zweisterne-Platz.

L'Alhambra im Hôtel Le Minaret. Mittags Brasserie-Betrieb mit gutem Menü und günstigen Preisen, abends elegantes Speisen im Saal, z. B. Seewolffricassee und Entenbrust in Cidre.
La Ferme du Letty, Le Letty, ✆ 02 98 57 01 27. Schmuckes altes Langhaus mit edel-rustikalem Saal. *Grande cuisine* und ein ausgesuchter Service. Ein Michelin-Stern für bretonischen Hummer und Lachs mit Speck.

Verbindungen nach Pont-l'Abbé, Quimper, Concarneau. Transports Verney, ✆ 02 98 90 88 89.

Fähren zu den Glénan-Inseln (s. Glénan).
Bootsausflüge auf dem Odet nach Quimper. Abfahrt am Hafen, Juni–Sept. Les Vedettes de l'Odet, ✆ 02 98 57 00 58.

Brasparts (29190)

Office de tourisme, 18, rue de la Mairie, ✆ 02 98 81 47 06. Juli–Aug. Sonst Rathaus, ✆ 02 98 81 41 25.

Auberge rurale de Meilh Squiriou, F, an der D 21 Richtung Le Faou, ✆ 02 98 81 12 29. Dichte Wälder, tiefstes Land: Versteck für Zivilisationsmüde und Wanderer-etappe. Mit gutem Restaurant.

Auberge Chez Maurice, 1, place St-Antoine, ✆ 02 98 81 41 55. Dorfrestaurant, das die Regionalküche pflegt: Wild, geräucherte Forelle, Andouille.

Markt jeden ersten Mo des Monats.

Große Wallfahrt am 15. August (Maria Himmelfahrt).

Bréhat, Ile de Bréhat (22870)

Syndicat d'initiative, Le Bourg, ✆ 02 96 20 04 15.

La Vieille Auberge, FFF, Le Bourg, ✆ 02 96 20 00 24, Fax 02 96 20 05 12. 14-Zimmer-Hotel im Dorf, ordentlich, wie es sich für ein Logis de France gehört, teuer, wie es sich für Bréhat gehört. Grünberanktes

Granitsteingemäuer. Mit gutem Restaurant.

Bellevue, FFF, Port-Clos,
✆ 02 96 20 00 05, Fax 02 96 20 06 06. Das erste Haus am Platze ist bei der Ankunft unübersehbar. Direkt am Anleger befindet sich das auf etlichen Postkarten verewigte Haus – von den Zimmern Blick auf die Pointe de l'Arcouest und aufgeregte Besucherscharen inklusive. Mit gutem Restaurant (Terrasse).

La Potinière, plage de Guerzido, ✆ 02 96 20 00 29. Von Port-Cros hält man sich immer rechts (Richtung Osten), bis man zufrieden bei Austern oder Muscheln im Schatten einer riesigen Atlantikkiefer sitzt. Einfach und unaufgetakelt.

Markt Juli/Aug. tgl. im Dorf.

s. Pointe de l'Arcouest.

Brest (29200)

Office de tourisme, place de la Liberté, ✆ 02 98 44 24 96, Fax 02 98 44 53 73.

Océania, FFF, 82, rue de Siam, ✆ 02 98 80 66 66, Fax 02 98 80 65 50. Stattliches und komfortables Hotel an der Haupteinkaufsstraße, was nach einer Verkehrsberuhigung jetzt kein Handikap mehr ist.

Hôtel des Voyageurs, FF–FFF, 2, rue Yves Collet, ✆ 02 98 80 31 80, Fax 02 98 46 52 98. Schwungvoller Wiederaufbau in opulenter Architektur der späten 40er Jahre. Das erste Haus am Platz in zentraler Lage in der Nähe der Place de la Liberté.

France, FF, 1, rue Amiral Reveillère, ✆ 02 98 46 18 88, Fax 02 98 44 44 33. Von den meisten Zimmern des 50er-Jahre-Hotels schaut man auf den Jardin Président Kennedy. Zentral und korrekt.

Astoria, F, 9, rue Traverse, ✆ 02 98 80 19 10, Fax 02 98 80 52 41. Der Charme der 50er Jahre entfaltet sich in aller Ruhe in den Fenstern zum Hof. Vorne hält die Doppelverglasung den Straßenlärm halbwegs ab. Freundliche Zimmer.

Le Vauban, 17, avenue Clemenceau, ✆ 02 98 46 06 88. Die Brasserie des gleichnamigen Hotels gegenüber dem Kulturzentrum Le Quartz serviert solide Kost zu erschwinglichen Preisen. Interieur in (neuem) Belle-Epoque mit viel poliertem Holz!

La Maison de l'Océan, 2, quai de la Douane, ✆ 02 98 80 44 84. Auch nach der Renovierung ist das nun deutlich schickere Restaurant der originellste Tisch in Brest. Auf zwei Etagen erstklassiger Fisch und Meeresfrüchte zu akzeptablen Preisen. Mit Blick auf den Port de Commerce und viel Stimmung.

Le Ruffé, 1, rue Yves Collet, ✆ 02 98 46 07 70. Der schwungvolle blaue Neonzug über der Markise verheißt allerbeste Qualität aus dem Atlantik zu gehobenem Preis. Eins der Lieblingsrestaurants einheimischer Gourmets. Ungezwungen elegant.

Ma Petite Folie, Port de Plaisance de Moulin Blanc, ✆ 02 98 42 44 42. Der ehemalige Langustenschoner lief 1992 östlich der Stadt für immer auf Sand. An Bord auf dem Strand von Moulin Blanc servieren Madame und Monsieur Fer stilgerecht Fisch und Meeresfrüchte. Innovatives wie Petersfisch in Anisbutter und Krabben-Rillettes.

Musée de la Marine, Château de Brest. Schiffsmodelle, Seekarten, Galionsfiguren zur Geschichte der französischen Marine. In der von Vauban umgebauten Festung Spuren römischer Mauern. Tgl. außer Di 9.15–12, 14–18 Uhr.

Musée des Beaux-Arts, 22, rue Traverse. Malerei vom 16. Jh. bis zur Gegenwart. Viele Sujets um Seefahrt und Meer. Tgl. außer Di 10–11.45, 14–18.45 Uhr. So nur nachmittags.

Musée du Vieux Brest, Tour Tanguy, square Pierre Péron. Dioramen von Brest zu verschiedenen Epochen im mittelalterlichen Turm der Feudalgerichtsbarkeit. Juni–Sept. tgl. 10–12, 14–19 Uhr. Sonst Mi/Do 14–17, Sa/So 14–18 Uhr.

Le Mémorial du Finistère, allée Bir Hakeim, route du Conquet. Museum zum Zweiten Weltkrieg in Louis XVI-Festung (im Westen, Buslinie Iroise 11–12). Juli/Aug. tgl. 14–18 Uhr, Okt.–März Sa geschl.

Arsénal. Der Kriegshafen kann nur von Inhabern eines französischen Passes besichtigt werden. Juli–Mitte Sept. Führungen 9–11, 14–16 Uhr.

Océanopolis, Port de Plaisance du Moulin Blanc. Die Weltmeere in all ihrem Reichtum. Juni–Aug. tgl. 9.30–18 Uhr, sonst Mo 14–17, Di–Fr 9.30–17, Sa/So 9.30–18 Uhr.

Au Col Bleu, 2, rue de la Porte. Alles für den Seemann, vom Seesack über Schlaghose bis zum Matrosenhemd.

Les Jeudis du Port. Open Air-Fest jeden Do abend Juli/Aug. Konzerte, Seemannsgesänge, Straßentheater. Port de Commerce.

Le Quartz, 2–4, avenue Clemenceau. Hypermodernes Kulturzentrum mit Theater- und Konzertprogramm. ✆ 02 98 44 08 07.

Grande Fête des Bâteaux. Große Windjammerparade, Regatta, Sonderausstellungen zu Leuchttürmen, U-Booten etc. alle vier Jahre. Nächster Termin im Jahr 2000, Titel »Brest 2000«.

Rundfahrten in der Reede von Brest. An Bord des Schlepperseglers »Notre Dame de Rumengol«. Max. 27 Personen, ganzer Tag 250 FF. Association An Test, ✆ 02 98 20 06 58.
Oder mit dem modernen Ausflugskatamaran »Azénor«, 1,5 Std. ab Port de Plaisance du Moulin-Blanc, Juli/Aug. ab Port de Commerce. 80 FF pro Person. ✆ 02 98 41 46 23.

Um die 450 Kneipen und fast 30 Diskotheken garantieren lange Nächte! Die besten Adressen liegen am Port de Commerce, rund um die Rue de Siam und im Viertel St-Martin.

Pub des Fauvettes, 38, quai de la Douane. Englisch angehauchtes Pub mit rekordverdächtiger Bierkarte: 600 Sorten.

Les Quatre Vents, 18, quai de la Douane. Innen wie ein Schiffsdeck. Kneipe für junge Leute.

Café Le Triskell, 31, rue Massillon. Einmal im Monat freitags Cabaret in bretonischer Hochburg mit skurriler Anti-Ferien-Dekoration.

Bahnhof an der place du 19ème R.I.C., ✆ 02 98 31 51 29. Acht Züge tgl. nach Paris, davon fünf TGV via Rennes. Regionalzüge nach Landerneau, Morlaix, Roscoff, Quimper.

Gare Routière am Bahnhof, ✆ 02 98 44 46 73. Linien nach Quimper, Lesneven, St-Pol-de-Léon, Aber Wrac'h, Lorient, Camaret, Crozon, Le Conquet ...

Fährverbindung zu den Inseln Ouessant, Molène und Sein sowie nach Le Conquet. Compagnie Pen Ar Bed, 1er Eperon, Port de Commerce, ✆ 02 98 80 24 68.

Aéroport International de Brest Guipavas, ✆ 02 98 32 01 00. U. a. Flüge auf die Ile d'Ouessant mit Finist'Air, ✆ 02 98 84 64 87, mit Air Inter nach Paris, ✆ 02 98 84 73 33.

Brière (La Grande Brière)

Maison de tourisme, 38, rue de la Brière, 44410 La Chapelle-des-Marais, ✆ 02 40 66 85 01.

Auberge du Parc La Mare aux oiseaux, FFF, 162, Ile de Fedrun, 44720 St-Joachim, ✆ 02 40 88 53 01, Fax 02 40 91 67 44. Vier individuell eingerichtete, geräumige Zimmer mit viel Komfort und Geschmack.
Les Chaumières du Lac, FF–FFF, Lac de St-Lyphard, 44410 St-Lyphard, ✆ 02 40 91 32 32, Fax 02 40 91 30 33. Neues Hotel in Form mehrerer riedgedeckter Häuser. Innen viel Pastelltöne und große Blumendekors.
Auberge de Kerhinet, FF, Village de Kerhinet, ✆ 02 40 61 91 46. Sieben Zimmer im Museumsdorf. Wenn die Besucher abends fort sind, herrscht himmlische Ruhe im Logis-de-France-Hotel.

Auberge du Parc La Mare aux oiseaux (s. Hotels). Feinschmeckeradresse. Jungstar Eric Guerin zaubert zum Menü »La Mare aux oiseaux« *foie gras* mit Muscadet und Zanderfilet mit anisgewürzter Möhrensauce auf den Tisch. Sehr schönes Ambiente. Ein großes Vergnügen zu entsprechendem Preis!
Auberge de Kerhinet (s. Hotels). Das Reetdach bedeutet, daß hier regional gekocht wird. Aal in Roquefort, Froschschenkel, als Dessert eine *motte briéronne* mit viel Schokolade. Schöne Außenterrasse.
Auberge du Haut-Marland, Le Haut-Marland, St-André-des-Eaux, ✆ 02 40 01 29 00. Brière-typische Herberge mit Rieddach und altem Gebälk. Auf der Karte Aal, Froschschenkel, Ente.

Château de Ranrouet, 44410 Herbignac. Mitte April–Sept. Di–Sa 14.30–18.30, So 14–19 Uhr. Juli/Aug. tgl. 10–19 Uhr. Imposante Burgruine.
Le Village de Kerhinet, 44410 St-Lyphard. Museumsdorf mit Musée du Chaume (Reetmuseum), Mai, Okt.–Dez. So 14.30–18.30, Juni–Sept. tgl. 10.30–13, 14.30–18.30 Uhr, sonst nur nachmittags, und Kunsthandwerkern, Ende Juni–Anfang Sept. Markt am Do.
La Chaumière briéronne, 308, Ile de Fédrun, 44720 St-Joachim. Juni–Mitte Sept. tgl. 10.30–13, 14.30–18.30 Uhr. Heimatmuseum in Reetkate mit Vorführung eines 50 Jahre alten Films über die Grande Brière.
Ker Anas, Le Village des Canards, La Maisonneuve, 44117 St-André-des-Eaux. März–Juni, Sept. tgl. 14.30–17.30, Juli/Aug. 10–19 Uhr. Okt.–Feb. Mo, Fr geschl. 90 Entenarten auf 3 ha.
Clocher de St-Lyphard, Okt.–März Mi, Fr, Sa stdl. 11–12, 14–17 Uhr, April–Juni, Sept. Mo–Sa halbstdl. 10.30–12, 13.30–17 Uhr, Juli/Aug. halbstdl. 10–12, 13.30–18 Uhr. Vom Kirchturm gibt's den schönsten Panoramablick über die Grande Brière.

Ausfahrten im Holznachen. Jeweils mehrere Veranstalter in La Chaussée-Neuve, Bréca, Les Fossés-

Blancs, Ile de Fédrun. Einstündige begleitete Touren auf einem Gruppenboot oder in einem kleinen Boot zum Paddeln auf eigene Faust. In La Chaussée-Neuve und Bréca auch Kutschfahrten.

Brignogan-Plages (29890)

Office de tourisme, 2, rue Goulven Pont, ✆ 02 98 83 41 08.

Hostellerie Castel Régis, FF–FFF, Le Bourg, ✆ 02 98 83 40 22, Fax 02 98 83 44 71. Charmantes Haus in außergewöhnlich schöner Lage auf einem Felsvorsprung am Ostende der Hafenbucht. Mit Meerwasserschwimmbad, Tennis und Sauna.

Camaret (29570)

Office de tourisme, 15, quai Kléber, ✆ 02 98 27 93 60, Fax 02 98 27 87 22.

Thalassa, FFF, Quai du Styvel, ✆ 02 98 27 86 44, Fax 02 98 27 88 14. Das neueste und, was den Komfort angeht, erste Haus am Platz (veredelter IKEA-Stil!). Mit Sauna, Fitneßraum und Schwimmbad.
France, FF–FFF, quai Gustave Toudouze, ✆ 02 98 27 92 74, Fax 02 98 27 88 37. Neubau im Charme der 70er Jahre, der sich in Hafenzeile einpaßt. Sehr ordentliche und komfortable Adresse.
Vauban, F, 4, quai du Styvel, ✆ 02 98 27 91 36, Fax 02 98 27 96 34. Properer Altbau direkt am Hafen. Nach vorn etwas laut, nach hinten kleiner Garten.
Bellevue, F, Rue Abri du Marin. Rezeption über das Hôtel de France, ebenfalls ✆ 02 98 27 92 74, Fax 02 98 27 88 37. Bröckelndes Jahrhundertwendehotel fürs kleine Budget – billiger geht es nicht. Ordentliche Zimmer mit Panoramablick auf den Hafen. Gemeinschaftsdusche und WC. Sauber.

Camping de Lambézen, nordöstlich von Camaret beim Dörfchen Lambézen, ✆ 02 98 27 91 41, Fax 02 98 27 93 72. Luxuriöser Viersterne-Platz auf heidekrautbewachsenem Hügel oberhalb der Küste.

La Voilerie, 7, quai Toudouze, ✆ 02 98 27 99 55. Kleines Restaurant mit Hafenblick, in dem Anne-Marie und Philippe Miard köstlich zubereiten, was ein paar Meter weiter frisch vom Kutter kommt.
Hôtel de France (s. Hotel). Bester Tisch in Camaret. Wie alle Logis-de-France-Mitglieder, bietet das Haus ein *menu du terroir* mit regionaltypischen Speisen zu erschwinglichem Preis an – hier natürlich Fisch und Meeresfrüchte.

Tour Vauban, Festungsturm auf dem natürlichen Hafendeich. Innen kleines Schiffahrtsmuseum sowie Bücher des Dichters Saint-Pol-Roux. Mitte Juni–Sept. tgl. 10–12, 14–19, Juli/Aug. durchgehend von 10–19 Uhr.

Les Lundis Musicaux, klassische Musik an jedem Mo abend im Juli/Aug. Chapelle Notre-Dame-de-Rocamadour, ✆ 02 98 27 90 49. Prozession zu Ehren von Notre-Dame-de-Rocamadour mit Segnung des Meeres am ersten So im Sept.

Vor allem am Wochenende feuchtfröhliches Treiben in den irisch-bretonischen Kneipen und Rock-Bars am Hafen.

Club Léo-Lagrange, Tauchen, Segeln, Surfen, Kajak in Kursen, aber auch Materialverleih, ✆ 02 98 27 90 49.

Verbindungen nach Brest und Quimper, Les Cars Douguet, ✆ 02 98 27 02 02.

Fähren nach Molène und Ouessant Mai–Sept. Finist'Mer, ✆ 02 98 89 16 61 oder Penn-Ar-Bed, ✆ 02 98 80 24 68, beide quai Téphany.

Cancale (35260)

Office de tourisme, 44, rue du Port, ✆ 02 99 89 63 72, Fax 02 99 89 75 08. Im Sommer Zweigstelle am Hafen.

Les Rimains, FFFF, 52, rue des Rimains, ✆ 02 99 89 77 57. Edles, traumhaft schönes Sechszimmerhaus, eins der beiden Hotels des Starkochs Roellinger: Die Zimmer heißen Vanille, Zimt, Koriander ...
Hôtel de la Pointe du Grouin, FFF, La Pointe du Grouin, ✆ 02 99 89 60 55, Fax 02 99 89 92 22. Ordentliche Zimmer hinter Natursteinwänden. Die Lage an der weit ins Meer ragenden Felsnase macht's. Tagsüber können die vielen Ausflügler allerdings etwas stören.
La Houle, FF, 18, quai Gambetta, ✆ 02 99 89 62 38, Fax 02 99 89 95 37. Kleines Hotel direkt am Hafen mit entsprechendem Ausblick.

Camping Municipal Le Grouin, Av. de la Côte d'Emeraude, ✆ 02 99 89 63 79, Fax 02 99 89 84 01. Großer Platz nördlich von Cancale mit Blick aufs Meer.

Le Herpin, 5, quai Gambetta, ✆ 02 99 89 86 42. Am Hafen. Die Besitzer sind Austernzüchter. Schalentiere zum Mitnehmen oder zum direkt auf der Terrasse verzehren. Bodenständige Adresse und Preise.
La Bisquine, 4, quai Gambetta, ✆ 02 99 89 61 30. Meeresfrüchte und Fisch vom Grill, die Lage am Hafen verpflichtet! Vom ersten Stock Blick aufs Meer.
Le Saint-Cast, route de la Corniche, ✆ 02 99 89 66 08. Etwas außerhalb an der Küstenstraße. Hummer mit hausgemachten Bandnudeln, und dazu schimmert der Ozean vor der Panorama-Terrasse. Das hat zusammen seinen Preis!
La Maison de Bricourt, 1, rue du Guesclin, ✆ 02 99 89 64 76. Olivier Roellinger hat sein Geburtshaus – einen vornehmen Herrensitz – zum besten Restaurant der Bretagne gemacht. Besser kann man Austern nicht zubereiten, köstlicher mundet der Petersfisch nirgends. Eine schöne Art, sich zu ruinieren. Unbedingt reservieren!

Musée de l'Huître, du Coquillage et de la Mer (La Ferme marine), Les Parcs St-Kerber, L'Aurore, route de la Corniche. Mitte Feb.–Okt. Führungen Mo–Fr 15 Uhr, Mitte Juni–Mitte Sept. auch 11 und 17 Uhr. Alles über Austernzucht am lebenden Objekt. Dazu ein Museum über Schalentiere.
Musée des Arts et Traditions, place St-Méen, Juli/Aug. tgl. 10–12, 14.30–18.30 Uhr außer Mo morgens. Juni und Sept. Do–So nachmittags. Lokalgeschichte in einer umgebauten Kirche.

Le Voile-Aviron, Regatta von Fischerbooten alle zwei Jahre im

Juni, die nächste 1999. Information über das Office de tourisme.
Segeltörns auf der »Cancalaise«, einer nachgebauten Bisquine (traditioneller Zweimaster). Halber Tag in die Bucht von St-Malo bis hin zu einwöchigen Kreuzfahrten zu den Kanalinseln. Association Bisquine Cancalaise, Port de la Houle, ✆ 02 99 89 77 87.

Le Café du Port, 2, place du Calvaire. Das Bistro der Fischer und Austernzüchter mit viel Lokalkolorit und – mit etwas Glück – inklusive bretonischen Fischergesangs.

Cap Fréhel (22240)

Syndicat d'initiative, ✆ 02 96 41 53 81, Fax 02 96 41 59 46.

Bellevue, F, pointe du Fort-La-Latte, Plevenon, ✆ 02 96 41 41 61. Kleine, hübsche Zimmer in familiärem Haus kurz vor dem Fort. Sehr ruhig und grün. Von zwei Seiten Blick aufs Meer.

Crêperie Ushuaia im Hôtel Bellevue. Neben Crêpes auch köstliche Fischgerichte. Ehrliche Küche in angenehm unaufgetakeltem Haus. Günstig!

Fort La Latte, mittelalterliche Seefeste auf einer Felsnase. Juni–Sept., Osterferien tgl. 10–12.30, 14.30–18.30 Uhr. Sonst So und Schulferien 14.30–18.30 Uhr.
Leuchtturm am Cap Fréhel, Juni–Sept. tgl. 14–18 Uhr. Von oben Fernblick bis Jersey.

Carantec (29660)

Office de tourisme, 4, rue Pasteur, ✆ 02 98 67 00 43, Fax 02 98 67 07 44.

Le Pors-Pol, F–FF, 7, rue Surcouf, ✆ 02 98 67 00 52, Fax 02 98 67 02 17. Schieferdachgekröntes neues Haus in Strandnähe. Mit Garten und Wanderweg gleich um die Ecke. Größtes und bestes Hotel von Carantec.
Hôtel de la Falaise, F–FF, 20, rue de Kélenn, ✆ 02 98 67 00 53. Putziges Hotel der Jahrhundertwende auf einer Klippe, 50 m zum Strand. 12 von 24 Zimmern mit Meerblick.
Ty an Héol, F, 41, rue Foch, ✆ 02 98 67 06 16. Elf Zimmer in schlichtem Hotel an der Kirche. Bar mit Terrasse, 300 m zum Strand.

Camping Les Mouettes, route de la Grande Grève, ✆ 02 98 67 02 46, Fax 02 98 78 31 46. Luxuriöser Viersterne-Platz mit Bäumen und Aqualand, ganz nah am Meer gegenüber der Ile Callot.

Le Cabestan, Le Port, ✆ 02 98 67 01 87. Brasserie für ein einfaches Menü und Feinschmekkerrestaurant unter ein- und derselben Führung. Schollenfilet mit Blick auf den Hafen.

Pardon zur Kapelle auf der Ile Callot am 15. August.

Linien nach St-Pol-de-Léon, Roscoff, Morlaix. Les Cars du Kreisker, St-Pol-de-Léon, 2, rue Albert de Mun, ✆ 02 98 69 00 93.

Carhaix-Plouguer (29270)

Office de tourisme, rue Brizeux, ✆ 02 98 93 04 42.

Le Gradlon, FF, 12, boulevard de la République, ✆ 02 98 93 15 22, Fax 02 98 99 16 97. Größtes und bestes Haus am Platze. Modern, zentral, nicht ganz leise.
Chambres d'hôte Manoir de Prévasy, FF, außerhalb im Süden in Richtung Gourin-Quimper, ✆ 02 98 93 24 36. 400 Jahre altes Herrenhaus mit vier liebevoll möblierten Zimmern.

Auberge du Poher, 4 km außerhalb im Süden in Port de Carhaix, ✆ 02 98 9 51 18. Stattliches zweiflügeliges Gebäude mit bewährter Küche und Menükarte für jeden Geldbeutel. Spezialität ist Lachs in Roquefort-Sauce.

Pardon de Notre-Dame-du-Krann, Wallfahrt am So nach Pfingsten.

Bahnhof Carhaix, ✆ 02 98 93 00 01, Züge nach Guingamp, St-Brieuc, Rennes.

Bahnhof Carhaix, ✆ 02 98 93 00 01, Linien nach Châteaulin, Morlaix, Quimper.

Carnac (56340)

Office de tourisme, 74, avenue des Druides, Carnac-Plage, ✆ 02 97 52 13 52. Zweigstelle in Carnac-Ville, place de l'Eglise.

Celtique, FFFF, 17, avenue Kermario, ✆ 02 97 52 11 49, Fax 02 97 52 71 10. Im Villenviertel von Carnac-Plage. Prachtvoller weißer Bau, alte Fassade, aber neue Zimmer.
Diana, FFFF, 21, boulevard de la Plage, ✆ 02 97 52 05 38, Fax 02 97 52 87 91. Elegantes Strandhotel direkt am Meer. Schwimmbad, Tennis und jeglicher Komfort. Park mit schönen alten Bäumen.
Hostellerie Les Ajoncs d'Or, FF–FFF, Kerbachique, route de Plouharnel. ✆ 02 97 52 32 02, Fax 02 97 52 40 36. Romantisches Anwesen in ländlicher Stille, 2 km nordwestlich von Carnac-Ville. Mit Blumenmeer vorm Sprossenfenster.
Hôtel du Tumulus, FF–FFF, 31, rue du Tumulus, ✆ 02 97 52 08 21, Fax 02 97 52 81 88. Am Rande von Carnac-Ville, am Fuße des Tumulus St-Michel. Schieferhauben-gekröntes Belle-Epoque-Hotel mit Schwimmbad und leichtem Hitchcock-Charme.
Chez Nous, F–FF, 5, place de la Chapelle, ✆ 02 97 52 07 28. Efeuberanktes Granitgemäuer in Carnac-Ville. Zehn Zimmer in familiärer Atmosphäre.

Camping Les Menhirs, allée St-Michel, ✆ 02 97 52 94 67. Luxuriöser Viersterne-Platz in Carnac-Plage. Zum Strand 300 m. Aqualand, Sauna, Restaurant, Tennis, Mini-Golf. Wenig Schatten.
Camping La Grande Métairie, route des Alignements de Kermario, ✆ 02 97 52 24 01. Bei den Menhir-Reihen von Kermario, am Kerloquen-Teich. Rundherum Wald. Wiesengrund mit Bäumen und Hecken. Viersterne-Luxus.

Crêperie Chez Marie, 3, place de l'Eglise, ✆ 02 97 52 07 93. An

der Kirche. Rustikaler, geduckter Gastraum mit Balken und Naturstein. Schlicht und ergreifend. Crêpes für jeden Geschmack.
L'Auberge de Kerank, route de Quiberon, ✆ 02 97 52 35 36. Außerhalb in Richtung Plouharnel. Fisch und Fleisch vom Holzkohlegrill. Betont rustikal: Der Saal sieht aus wie ein Folkloremuseum. Serviert wird in bretonischer Tracht.
Le Passe-Mauve, 1, rue du Tumulus, ✆ 02 97 52 35 36. Schickste Adresse in Carnac-Ville. Der Hummer kommt frisch aus dem Lebendbecken, der Fisch direkt aus dem Meer. Freundlicher Service. Exzellent: die Entenbrust aus den Landes mit Himbeeren.
La Côte du Bœuf, Kermario, ✆ 02 97 52 02 80. Familienbetrieb auf ehemaligem Gehöft direkt an den Menhiren von Kermario. Innovative Küche mit Gourmetanspruch und entsprechenden Preisen. Terrasse.

Musée de Préhistoire, place de la Chapelle, Juli/Aug. tgl. 10–18.30 Uhr. Juni, Sept. tgl. außer Di nur bis 18 Uhr. Sonst tgl. außer Di 10–12, 14–17 Uhr. Weltweit größte prähistorische Sammlung mit Objekten von 136 archäologischen Ausgrabungsorten.
Tumulus St-Michel, rue du Tumulus, Sommer tgl. 9.30–19 Uhr. Führungen mit max. 20 Besuchern im Viertelstundentakt. 6000 Jahre alter Grabhügel mit Gängen und Kammern.

Huîtres de St-Colomban, Le Gourec, ✆ 02 97 52 09 94. Austern direkt vom Züchter Jean-Pierre Guillemain an der Anse du Pô. Markt Mi und So.

Archéoscope, routes des Alignements, ✆ 02 97 52 07 49. Technikverliebtes, sehr französisches Licht- und Tonspektakel über die Megalithkultur. Vorführungen auch auf Englisch und Deutsch (11.30, 15, 16 Uhr). Im Weiler Le Ménec, Feb.–Mitte Nov.

Nach Auray, Vannes, Quiberon. Haltestelle avenue des Druides in Carnac-Plage beim Office de tourisme.

Châteauneuf-du-Faou (29520)

Office de tourisme, place Ar Segal, ✆ 02 98 81 83 90.

Le Relais de Cornouaille, FF, 9, rue Paul Sérusier, ✆ 02 98 81 75 36. Wanderer willkommen! Gepflegt und mitten im Ort.

Le Relais de Cornouaille (s. Hotel). Weithin bekannter Tisch. Deftige Küche: Entenbrust mit Pfirsich, gegrilltes Täubchen.
Le Chaland, pont du Roi, ✆ 02 98 81 78 66. Man kommt weniger wegen der ordentlichen Pizza, sondern wegen des Panoramablicks an der alten Bogenbrücke.

2- und 4stündige Fahrt auf dem Kanal Nantes-Brest an Bord der »St-Christophe«, mit Essen. Argoat Plaisance, neben dem VVF-Camping, ✆ 02 98 81 72 11.

Cléden-Cap Sizun (29770)

Mairie (Rathaus), ✆ 02 98 70 61 45.

Camping de la Baie, Lescléden, ✆ 02 98 70 64 28.

27 Plätze und zwei Sterne. Zwischen der Baie des Trépassés und Cléden am Ende der Welt.

L'Etrave, route de la Pointe du Van, ✆ 02 98 70 66 87. Auf der Höhe der Bucht von Brézellec – bretonischer Hummer mit Meerblick für den dicken, kleines Menü für den schmalen Geldbeutel. Außengastronomie.

La Réserve du Cap Sizun, Mitte März–Juni, tgl. 10–12, 14–18 Uhr, Juli/Aug. 10–18 Uhr, Juli/Aug. Mo und Do organisierte Führungen 9–12 Uhr. Vogelschutzgebiet längs der 70 m hohen Klippen und Wiesenlandschaft bei Kergulan. Von ausgeschilderten Wegen Blick auf die Brutkolonien von Baßtölpel, Schwarzschnabelsturmtaucher, Trottellumme, Tordalk, Dreizehenmöwe, Silbermöwe und Krähenscharbe.

Le Cloître-St-Thégonnec (29410)

Le Musée du Loup, 10. Juli–7. Sept. tgl. 14–18 Uhr. Bis Mitte Dez. nur So. Aus dem Leben des Wolfs: Legende und Wirklichkeit.

Combourg (35270)

Syndicat d'initiative, place Albert Parent, ✆ 02 99 73 13 93, Juni–Sept. Im Winter im Rathaus.

Hôtel du Château, FFF, 1, place Chateaubriand, ✆ 02 99 73 00 38. Sehr schönes, grün beranktes Haus mit Garten direkt am Schloßpark.

L'Ecrivain, place Saint-Guildin, ✆ 02 99 73 01 61. Exzellenter Tisch gegenüber der Kirche mit verführerisch günstigen Menüpreisen.

Château, April–Okt. 14–17.30 Uhr, Juli/Aug. zusätzliche Führung 11 Uhr. Park 9–12, 14–18 Uhr, Di geschl., Juli/Aug. tgl.

Commana (29450)

Point d'information touristique, place de l'Eglise, 1. Juli–8. Sept.

Camping Milin Nevez, Lac de Drennec, ✆ 02 98 78 05 57. Schattiger Platz am Seeufer mit guter Ausstattung.

Auberge de Kervelly, Lac de Drennec, ✆ 02 98 78 08 61. Rustikale Einkehr. Spezialitäten: mit Blauschimmelkäse gratinierte Artischockenherzen und der mächtige *far breton* mit Pflaumen.

Les Moulins de Kérouat, Ecomusée des Monts d'Arrée, Mitte März–31. Okt. tgl. 10–18 Uhr. Müllerdorf mit Mühlen des 17.–20. Jh., 19 Gebäude, 12 ha Gelände. Dauer- und Sonderausstellungen zum wirtschaftlichen Alltag der Monts d'Arrée.
Le Village de Kervelly, am Lac de Drennec. Fauna und Flora der Monts d'Arrée in mehreren Pavillons: einer für Hirsch und Reh, einer für Füchse, einer für Waldvögel ... Ostern–Sept. tgl. 10–18 Uhr, sonst So 14–18 Uhr.

Marché à l'ancienne, drittes Wochenende im Sept. Bäuerlicher Markt wie im 19. Jh.

Concarneau (29185)

Office de tourisme, quai d'Aiguillon, ✆ 02 98 97 01 44.

La Résidence des Iles, FF–FFF, 15, rue St-Guénolé, ✆ 02 98 97 30 16, Fax 02 98 50 67 88. Kleines, aber feines Hotel in der *ville close* mit Dreisterne-Niveau. Schnell ausgebucht.
Le Grand Hôtel, F–FF, avenue P. Guéguin, ✆ 02 98 97 00 28. Weißblaue Institution gegenüber der *ville close.* Schon Simenon ließ Kommissar Maigret hier absteigen.
Les Sables Blancs, F–FF, plage des Sables Blancs, ✆ 02 98 97 01 39, Fax 02 98 50 65 88. Großer Bau außerhalb der Stadt an einem Sandstrand. Gehobener Standard.
Les Petites Océanides, F, 3, rue du Lin, ✆ 02 98 97 08 61. Zentral, aber in einer untouristischen Ecke hinter den Fischhallen. Familiärer Betrieb, einfache Zimmer.

Camping Les Prés Verts, Kernous Plage, route de La Forêt-Fouesnant, ✆ 02 98 97 09 74, Fax 02 98 50 72 34. Luxuriöser Viersterne-Platz westlich der Stadt, 150 m hinter dem Strand.

Le Galion, 15, rue St-Guénolé, ✆ 02 98 97 30 16. Wie aus dem Ei gepelltes Granitgemäuer in der *ville close.* Für Steinbutt in heller Hummersauce und Langustenfricassee mit Spargel gab es einen Michelin-Stern.
Chez Armande, 15 bis, avenue du Docteur Nicolas, ✆ 02 98 97 00 76. Bewährte Bastion für Fisch und Meeresfrüchte: das Hummerbecken läßt keinen Zweifel offen. Gediegener Saal, ausgefallene Rezepte.
Le Penfret, 40, rue Vauban, ✆ 02 98 50 70 55. Aufmerksamer Service, gepflegte Küche trotz der Lage an der Hauptader der *ville close.* Breitgefächerte Karte von einfachen Crêpes bis hin zum üppigen Fischmenü.

Musée de la Pêche, *ville close,* tgl. 9.30–12.30, 14–18 Uhr, Mitte Juni–Mitte Sept. durchgehend geöffnet. Geschichte von Stadt und Hafen, Diorama zum Fischfang.
Le Marinarium, place de la Croix, Juni–Sept. tgl. 10–18.30 Uhr. Wissenschaftlich fundierte Präsentation der Meeresfauna in etlichen Becken.

Markt am Fr morgen, place Jean Jaurès.

La Fête des Filets Bleus, Hafenfest mit bretonischer Musik und Kostümen. Vorletzter So im Aug.

Thematische Hafenführungen: Besichtigung eines Kutters, nächtlicher Besuch einer Fangversteigerung, Besuch einer Jakobsmuschelkonservenfabrik. A l'Assaut des Remparts, 5, impasse de Verdun, ✆ 02 98 50 56 55. Ausflüge auf dem Odet, ✆ 02 98 97 10 31.

Gare routière am quai d'Aiguillon. Verbindungen nach Quimper, Pont-Aven, Quimperlé. Innerstädtisch mit Busco, Zentrale an der avenue du docteur Nicolas, ✆ 02 98 60 53 76.

Fähren zu den Glénan-Inseln, s. Glénan.
Fähre Beg-Meil-Concarneau, Juni–Sept. tgl. 14, 17.30, Juli/Aug. auch 10.30, 18 Uhr. Fähre *ville close*–Place Duquesne, Sommer 8–22 Uhr.

Le Conquet (29217)

Office de tourisme, parc de Beauséjour, ✆ 02 98 89 11 31.

Hôtel de la Pointe Ste-Barbe, FF, Pointe Ste-Barbe, ✆ 02 98 89 00 26, Fax 02 98 89 14 81. Von außen ein Klotz, doch vom Bett schaut man aufs Meer: Das Haus liegt auf einem Felsvorsprung.
Hôtel de Bretagne, F, 16, rue Lieutenant Jourden, ✆ 02 98 89 00 02. Zentral an der schmalen Hauptstraße. Gemütlich und einfach.
Le Relais du Vieux Port, F, 1, quai du Drellach, ✆ 02 98 89 15 91. Schlichte Zimmer mit Bad und WC über den Flur, schönem Blick auf den Hafen und eine Crêperie im Erdgeschoß.

Le Croisic (44490)

Office de tourisme, place du 18 Juin 1940, ✆ 02 40 23 00 73.

Le Fort de l'Océan, FFFF, pointe du Croisic, ✆ 02 40 15 77 77. Beneidenswerte Lage an der Côte Sauvage. Luxuriöse Zimmer in einer Burg wie aus einem Abenteuerfilm.
Le Castel Moor, FF–FFF, avenue du Castouillet, ✆ 02 40 23 24 18, Fax 02 40 62 98 90. Modernes Haus in bretonischem Stil. Zum Meer sind es nur wenige Schritte. Verbürgte Qualität eines Logis de France.

Le Castel Moor (s. Hotel). Meeresfrüchte in lichtdurchflutetem Saal mit Panoramablick. Zuverlässige Karte, gekonnter Service.
Le Bretagne, 11, quai de la Petite Chambre, ✆ 02 40 23 00 51. Die Patronne Michèle Coic versteht es, trotz Erwähnung im Guide Michelin die Preise niedrig und die Klientel bei familiärer Laune zu halten.

Océarium, avenue de St-Goustan, Juni–Aug. tgl. 10–19, sonst 10–12, 14–18 Uhr. Jan. geschl. Die atlantische Fauna und Flora zum Betrachten aus nächster Nähe. Neueste Attraktion ist ein gläserner Tunnel.

Crozon (29160)

Maison du tourisme du pays du Ménez-Hom Atlantique, boulevard de Pralognan-la-Vanoise, ✆ 02 98 26 17 18, Fax 02 98 26 21 63. Informiert über die gesamte Crozon-Halbinsel.

Le Mutin Gourmand, 1, rue Graveran, ✆ 02 98 27 06 51. Gourmet-Adresse mit mehreren heimeligen Sälen im Schatten der Kirche. Neben Fisch auch exzellente Entenbrust und Rinderfilet.

Daoulas (29460)

Point d'information, place du Valy, Juni–Aug.

Kloster und Museum (Centre Culturel), im Sommer tgl. 10.30-19.30 Uhr. Wechselausstellungen.

Dinan (22100)

Office de tourisme, 6, rue de l'Horloge, ✆ 02 96 39 75 40, Fax 02 96 39 01 64.

Le d'Avaugour, FFFF, 1, place du Champ-Clos, ✆ 02 96 39 07 49, Fax 02 98 85 43 04. Nobles Haus mit Natursteinfassade und für Ritterfräuleins drapierten Zimmern! Garten.
Arvor, FF, 5, rue Pavie, ✆ 02 96 39 21 22, Fax 02 96 39 83 09. An das Jakobinerkloster erinnert nur noch das Renaissance-Portal. Das Gebäude stammt ansonsten aus dem 18. Jh. Sehr zentral.
La Duchesse Anne, F–FF, 10, place du Guesclin, ✆ 02 96 39 09 43. Fax 02 96 85 09 76. Familiäres 9-Zimmer-Hotelchen am großen Paradeplatz der Altstadt.

Le Cantorbery, 6, rue Haute-Voie, ✆ 02 96 39 02 52. Ganz im Zentrum, ein typisches Altstadtrestaurant mit lobenswerter Küche und preiswertem Mittagsmenü unter der Woche.
Le Relais des Corsaires, 3, rue du Quai, ✆ 02 96 39 40 17. Am Hafen. Eines der stolzesten Häuser am Kai, einer der besten Tische von Dinan. Außenterrasse, hohe Preise.
Chez la Mère Pourcel, 3, place des Merciers, ✆ 02 96 39 03 80. Institution in jeglicher Hinsicht. Das Haus aus dem 15. Jh. ist unvergleichlich, die Küche wirklich außergewöhnlich (Salzwiesenlamm und Meer- oder Seeohren, *ormeaux*, eine Muschelart aus St-Malo) und entsprechend teuer.
La Grève, Le Port, St-Suliac, ✆ 02 99 58 33 83. 15 km entfernt. Im Dorf am Ostufer der Rance eines der besten und schönsten Restaurants weit und breit. Segeltuch als stimmige Wanddekoration, auf dem Teller Entenbrust in Honig oder in Salzbutter goldbraun gebratene Dorade: auf den Fluß schauen und schlemmen.

Château, Juni–Mitte Okt. tgl. 10–18.30, sonst außer Di 13.30–17.30 Uhr. Sammlung zur Lokalgeschichte. Aussicht vom Donjon auf Stadt und Tal.
Musée du Rail, im Bahnhof, Juni–Mitte Sept. 14–18 Uhr. Miniatureisenbahnen und echte Werkzeuge, Öllampen von Dampflokomotiven.

Markt, place du Guesclin, Do.

La Fête des Remparts, großes Mittelalterfest alle zwei Jahre (2000) mit Hunderten von Kostümierten und Zigtausenden von Besuchern. Letztes Wochenende im August, am So mit Eintritt.

Alles spielt sich auf der nicht einmal 100 m langen Rue de la Cordonnerie ab. In dieser Gasse u. a. das **A la truye qui file,** hemdsärmelig und mit Gitarrenklängen, sowie das **Les Templiers,** ein überraschend schräges Lokal, das die Inhaberin Maryvonne mit einer ausgesprochenen Grandeur führt.

Bahnhof, place du 11 Novembre 1918. Verbindungen nach St-Brieuc, Caen, Rennes, ✆ 02 96 39 22 39.

Regelmäßige Flußschiffe nach Dinard und St-Malo ab Hafen, Vogelbeobachtung (Reiher, Enten, Gänse ...) inbegriffen. Dauer bis zur Mündung 2,5 Std. Les Vedettes Blanches, ✆ 02 96 39 18 04.

Dinard (35802)

Office de tourisme, 2, boulevard Féart, ✆ 02 99 46 94 12, Fax 02 99 88 21 07.

Le Manoir de la Rance, FFFF, Château de Jouvente, Pleurtuit, ✆ 02 99 88 53 76, Fax 02 99 88 63 03. 7 km die Rance hoch. Nur neun Zimmer in einem Schlößchen mit Blick auf den Fluß, Park ringsherum.
Hôtel de la Vallée, FFF, 6, avenue George V, ✆ 02 99 46 94 00, Fax 02 99 88 22 47. Blütenweißes, charmantes Haus direkt am Wasser; Blick auf die Rance-Mündung und Terrasse am Kai.
Les Pins, FF, 54, rue du Haut-Chemin, ✆ 02 99 46 13 99, Fax 02 99 46 45 09. Bretonisches Hausteingehöft südwestlich der Innenstadt, oberhalb des Strandes du Prieuré. Still und viel Grün rundherum.
Printania, FF, 5, avenue George V, ✆ 02 99 46 13 07, Fax 02 99 46 26 32. Belle-Epoque-Gebäude mit Balkonen, die über dem Wasser hängen.

Camping Municipal Port Blanc, rue du Sergeant-Boulanger, ✆ 02 99 16 90 91. Sehr großer Platz mit 7 ha Land und feinem Sandstrand westlich der Innenstadt.

La Présidence, 29, boulevard Président Wilson. Vornehmes Ambiente in Lachstönen, das Casino gegenüber verpflichtet. Rochen mit Kapernsauce!
Le Prieuré, 1, place Général de Gaulle, ✆ 02 99 46 13 74. Die beste Adresse der Stadt für Meeresfrüchte und Fisch zu erstaunlich günstigen Preisen. An der Plage du Prieuré.

Musée du Site Balnéaire, 12, rue des Français libres, Ostern–Allerheiligen tgl. 10–12, 14–18 Uhr. Sa, So nur nachmittags. Bademoden und andere Verrücktheiten aus den Kindertagen der Sommerfrische in der Villa Eugénie.

Usine Marémotrice de la Rance, tgl. 8.30–20 Uhr. Führungen Mo–Fr, ✆ 02 99 16 37 14. Einziges **Gezeitenkraftwerk** weltweit an der Rance-Mündung, mit kleinem Museum.

Markt, place Crolard, Sa morgens.

Verbindungen nach St-Malo, Dinan, St-Brieuc und Dol mit T.I.V., ✆ 02 99 40 82 67.

Bus de mer (Fähre), Anleger an der promenade de Clair de lune. Mehrmals tgl. nach St-Malo, Juli/Aug. stdl. 9.30–22.40 Uhr. Eméraude Lines, ✆ 02 99 46 10 45.

Flüge nach Jersey und Guernsey ab Aéroport Dinard-Pleurtuit. 20 Min. Dauer. Aurigny Air Services, ✆ 02 99 46 70 28.

Dol-de-Bretagne (35120)

Office de tourisme, 3, grande rue des Stuarts, ✆ 02 99 48 15 37.

Grand Hôtel de la Gare, F, 17, place Chateaubriand, ✆ 02 99 48 25 75. Typisches Provinzhotel neben der Markthalle, mit Restaurant und Bar.
Chambres d'hôte La Bégaudière, F, route de St-Malo, ✆ und Fax 02 99 48 20 04. Aufgeputztes Gehöft in ländlicher Umgebung, mit Blick auf Bachlauf und Trauerweide.

Camping Municipal des Tendières, route de Dinan, ✆ 02 99 48 14 68, Fax 02 99 48 19 63. Grüner Platz am Westrand von Dol, mit Teich in der Nähe.

La Grabotais, 4, rue Ceinte, ✆ 02 99 48 19 89. In einem Haus aus dem 15. Jh. Meeresfrüchte, Fisch und Hummer direkt aus dem Becken und von Monsieur Fontaine vortrefflich gegrillt. Sehr gute Adresse.

Le Plédran, 30, grande rue des Stuarts, ✆ 02 99 48 40 80. Gegrillt wird am großen Kamin, wie es sich in einem alten Gemäuer gehört – anschließend eine Galette oder Crêpe.

Musée historique, place de la Cathédrale, Ostern–Sept. 14.30–18 Uhr. Lokalgeschichtliche Sammlungen von der Prähistorie bis ins 19. Jh.

Gotische Kathedrale aus dem 13. Jh., 9–12, 14–19 Uhr.

Douarnenez (29172)

Office de tourisme, 2, rue du Docteur Mével, ✆ 02 98 92 13 35.

Le Clos de Vallombreuse, FFF, 7, rue Estienne d'Orves, ✆ 02 98 92 63 64, Fax 02 98 92 84 98. Ein Belle-Epoque-Palast mitten in der Stadt. Mit großem Park, Schwimmbad und vielen Bäumen ringsherum, dabei nur einen Katzensprung von Strand und Hafen entfernt.

Thalasstonic, FFF, rue des professeurs Curie, ✆ 02 98 74 45 45, Fax 02 98 74 36 07. Helles, freundliches Haus mit Wellness-Programm oberhalb des Strandes Les Sables Blancs. Komfort in Pastelltönen.

Ty Mad, F-FF, plage St-Jean, Tréboul, ✆ 02 98 74 00 53, Fax 02 98 74 15 16. Auf dem linken Ufer des Port Rhu familiäres, frisch renoviertes Traditionshaus. Still. Garten. Max Ernst und Christopher Wood zählten zu den Stammgästen.

Chambres d'hôte Manoir de Kervant, F-FF, Pouldavid, ✆ 02 98 92 04 09. Südwestlich von Douarnenez vier gediegene Gästezimmer auf dem Gutshof von Madame Le Floch. Drei Ähren in der Gîtes-de-France-Klassifizierung. Ländliche Umgebung.

Camping Municipal du Bois d'Isis, Tréboul, ✆ 02 98 74 05 67. 400 m oberhalb der plage des Sables Blancs. In lichtem Wald.

Chez Fanch, 49, rue Anatole France, ✆ 02 98 92 31 77. Der beste Tisch für Fisch und Meeresfrüchte.

Crêperie du Port Rhu, Port-Musée, ✆ 02 98 92 64 41. Am Museumshafen. Für ein unkompliziertes Essen oder den Hunger zwischendurch. Crêpes in allen Variationen.

Les Arcades, 67, rue du commandant Fernand, ✆ 02 98 74 00 64. Im Stadtteil Tréboul. Restaurant des gleichnamigen Hotels, dessen Ruf vor allem auf gegrilltem Hummer und Hummerragout basiert. Gehobene Preise, rustikaler Chic.

Musée du Bateau, Port Rhu und place de l'Enfer. Tgl. außer Mo 10–12.30, 14–18, Mitte Juni–Sept. 10–19 Uhr. Schwimmendes Inventar von Europas Küsten: Langustenschoner, Leuchtturmschiff, Themse-Segler, die im Hafenbecken dümpeln. In einer ehemaligen Fischkonservenfabrik daneben Schiffe und Seefahrtstechniken aus allen Weltmeeren und mehreren Jahrhunderten.

Markt tgl. morgens in den Markthallen, place des Halles.

Librairie du Chasse-marée, rue Henri Barbusse. April–Sept. Mo–Fr 10–12.30, 14–19, Sa, So 15–19 Uhr. Zweigstelle am Kai des Museumshafens, ganzjährig Mo–Fr 9–12, 13.30–18 Uhr. Stammhaus der gleichnamigen Seefahrtszeitschrift. Bücher, Zeitschriften, Karten über alles, was die Bretagne ausmacht.

Grande Fête des Bateaux, alle vier Jahre Schiffsfest, zu dem Segelschiffe und Fischerboote in Flottenstärke herbeieilen. Informationen über das Office de tourisme.

Bahnhof, 8, rue Jean Jaurès, ✆ 02 98 90 50 50. Tgl. mehrere Züge nach Quimper.

Tgl. Verbindungen nach Audierne, Quimper, Pointe du Raz, im Sommer auch Locronan. Voyage d'Ys, ✆ 02 98 92 05 42 oder C. A. T. Verney ✆ 02 98 90 68 40.

Erquy (22430)

Office de tourisme, boulevard de la Mer, ✆ 02 96 72 30 12, Fax 02 96 72 02 88.

Chambres d'hôte Les Bruyères, FF, route des Hôpitaux, ✆ 02 96 72 31 59, Fax 02 96 72 04 68. Stille Zimmer mit Hotelkomfort hinter schmucken Natursteinwänden, oberhalb des Orts.
Hôtel de la Plage, FF, 21, boulevard de la Mer, ✆ 02 96 72 30 09, Fax 02 96 72 16 62. 25 einfache Zimmer, dafür aber nichts als Strand und Meer.
Le Beauséjour, FF, 21, rue de la Corniche, ✆ 02 96 72 30 39, Fax 02 96 72 16 30. Zweiflügeliger Altbau 100 m oberhalb von Hafen und Strand, natürlich mit Blick aufs Meer.

Camping de la Plage de St-Pabu, ✆ 02 96 72 24 65, Fax 02 96 72 87 17. Sehr gut ausgestatteter Platz an Traumstrand westlich von Erquy. Wiesengrund mit Hecken.

L'Escurial, boulevard de la Mer, ✆ 02 96 72 31 56. Nobelste und beste Adresse im Ort. Blick aufs Meer, nicht gerade preiswert.
Le Nelumbo, 5, rue de l'Eglise, ✆ 02 96 72 31 31. Sophie und Jean Marc Giorgi betreiben ihr Restaurant im Ortskern als Familienbetrieb. Schollenfilets in Anissauce.
Le Relais St-Aubin, 5 km landeinwärts in St-Aubin, ✆ 02 96 72 13 22. Rabelaissche Adresse in verwunschen wirkendem Haus. Muscheln mit Speck, Coquilles St-Jacques in allen nur erdenklichen Variationen. Gegrilltes vom offenen Kamin. Nicht preiswert, aber erstklassig.

La Poissonnerie du Centre, 12 ter, rue Clemenceau, ✆ 02 96 72 43 14. Fisch frisch aus dem Meer, Hummer und Krabben aus dem eigenen Becken, Meeresfrüchteplatte auf Bestellung.
Markt Sa morgens.

Fête de la Coquille St-Jacques, alle drei Jahre um Ostern, großes Fest, bei dem sich alles um Erquys Spezialität dreht. Nächster Termin 1999, Information über das Office de tourisme.
Ecole de Pêche, Fischen lernen mit echten Fischern, an Bord eines 16 m langen Seglers, der »Ste-Jeanne«. Juli/Aug. Information über das Office de tourisme.

Etel (56410)

Syndicat d'initiative, place des Thoniers, ✆ 02 97 55 45 77.

Le Trianon, FF-FFF 14, rue du Général de Gaulle, ✆ 02 97 55 32 41, Fax 02 97 55 44 71. Ein Logis de France der oberen Kategorie. Sehr angenehm, mit hervorragendem Service. Mitten im Dorf.

Bootstouren in die Rivière d'Etel. 1,5 Std., Anleger in Etel. Compagnie des Iles, Parc du Golfe, 56000 Vannes, ✆ 02 97 46 18 19.

La Forêt-Fouesnant (29940)

Office de tourisme, 2, rue du Port, ✆ 02 98 56 94 09.

Manoir du Stang, FFFF, an der D 783, ✆ 02 98 56 97 37. Vornehm zurückhaltender Luxus zeichnet den hochherrschaftlichen Herrensitz aus: Tennis, französischer Lustgarten, Angeln im Schloßteich, 40 ha Land ringsherum inklusive.

Le Café du Port, 32, corniche de la Cale, ✆ 02 98 56 96 67. Schnuckliges Bistro mit Hafenblick. Keine Menüs. Man wählt je nach Appetit zwischen Kleinigkeiten und großer Meeresfrüchteplatte.

Fouesnant (29170)

Office de tourisme, 5, rue Armor, ✆ 02 98 56 00 93.

A l'Orée du Bois, F-FF, 4, rue Kergoadig, ✆ 02 98 56 00 06, Fax 02 98 56 14 17. An der ruhigen Hauptstraße, hübscher Altbau, dessen freundliche Zimmer in hellen Pastelltönen renoviert sind.

L'Armorique, 33, rue de Cornouaille, ✆ 02 98 56 00 19. Restaurant des gleichnamigen Hotels. Langer Saal mit viel Holz und Blick auf grünen Innenhof. Gute Menüs. Seriöse Küche und Preise.

Fougères (35300)

Office de tourisme, 1, place Aristide Briand, ✆ 02 99 94 12 20. Im Sommer Zweigstelle am Eingang zum Schloß.

Les Voyageurs, FF, 10, place Gambetta, ✆ 02 99 99 08 20, Fax 02 99 99 99 04. Reichlich laut zur Straße, aber dennoch das erste Haus am Platze.
Le Balzac, F, 15, rue Nationale, ✆ 02 99 99 42 46, Fax 02 99 99 65 43. Hübsch gelegen in abends ruhiger Fußgängerstraße, mitten in der historischen Altstadt.

Camping Municipal Paron, route de la Chapelle Janson, etwas außerhalb des Zentrums, ✆ 02 99 99 40 81. Gehobener Standard. Hecken und Pappeln schirmen die einzelnen Plätze voneinander ab.

La Crêperie des Remparts, 102, rue de la Pinterie, ✆ 02 99 94 53 53. Unter dem halben Dutzend Crêperien in der Straße die mit dem besten Blick aufs Château ... und vor allem mit breiter Terrasse.
Le Haute-Sève, 37, boulevard Jean Jaurès, ✆ 02 99 94 23 39. Nicht ganz preiswert, für verwöhnte Gaumen.

Les Voyageurs (s. Hotels), ✆ 02 99 99 28 89. Das erste Restaurant am Platz mit entsprechendem Ruf und Preisen – Kalbsbries in Madeira und natürlich *foie gras*. Eleganter Saal in Bordeauxtönen.

Château, Mitte Juni–Mitte Sept. tägl. 9–19 Uhr. April–Mitte Juni und zweite Sept.-Hälfte 9.30–12, 14–18 Uhr. Sonst 10–12, 14–17 Uhr, Jan. geschl.
Musée Emmanuel de la Villéon (Impressionist aus Fougères), Juli–Sept. tgl. 11–12.30, 14.30–18 Uhr. Sonst nur Wochenende und Feiertage.

Wochenmarkt Sa im Zentrum. **Viehmarkt,** Fr morgens 5–10 Uhr, einer der größten im Lande mit bis zu 10 000 Rindern und Scharen von Käufern von ganz Europa. Außerhalb an der Route d'Alençon.

Le Fret (29160)

Hostellerie de la Mer, FF, quai du Port, ✆ 02 98 27 61 90, Fax 02 98 27 65 89. Dreistöckiger, schmukker Bau direkt am Hafen mit adretten Zimmern und Blick aufs Wasser.

Fähre Brest – Le Fret, von dort Bus bis Camaret. April–Okt. Les Vedettes Armoricaines, ✆ 02 98 44 44 04.

Ile de Gavrinis (56870)

Cairn von Gavrinis, nur mit Führung, begrenzte Teilnehmerzahl. April–Okt. 10–12, 13.30–17 Uhr. Eintritt in Verbindung mit dem Fährticket.

Fähre ab Larmor-Baden, Vedettes Blanches Armor, quai de Pen-Lannic, ✆ 02 97 57 15 27. Ostern–Okt.

Archipel des Glénan (29170)

Office de tourisme de Fouesnant-Glénan, 5, rue Armor, 29170 Fouesnant, ✆ 02 98 56 00 93.

Chambres d'hôte M. et Mme Castric, F-FF, ✆ 02 98 50 68 90.

Gleichzeitig Bar-Restaurant.

Rundfahrt auf dem Katamaran »Capitaine Némo«: Beobachten der Meeresfauna durch den Glasboden. Adresse s. Fähren.
Weithin bekannte Segelschule, Centre nautique des Glénan, Ile de Penfret, ✆ 02 98 97 14 84.

Fähren ab Loctudy, Bénodet, Concarneau, Beg-Meil, Port-la-Forêt von Juni–Sept., Juli/Aug. auch von Quimper. Vedettes de l'Odet, 2, avenue de l'Odet, 29950 Bénodet, ✆ 02 98 57 00 58. Informationsbüros an allen Abfahrtsorten am Kai.

Goulven (29890)

La Maison des Dunes, an der D 10 beim Weiler Keremma, ✆ 02 98 61 68 31. Alles über die einzigartige Dünenlandschaft. Geführte Wanderungen.

Bäckerei Berrou, die besten bretonischen Kuchen und Plätzchen an der gesamten Côte des Abers. Spezialität ist die apfelgefüllte *kouign amann.* Am Ortsrand an der D 10. Tgl. 8–19.30, So ab 10.30 Uhr.

Gourin (56110)

Office de tourisme, 24, rue de la Libération, ✆ 02 97 23 66 33.

Fête de la Crêpe, drittes Wochenende im Juli.

Diskothek Le Starman, 4, place de la Gare, Fr für *couples avertis* (›freizügige Paare‹), Sa Schwulen- und Lesbendisko.

Ile de Groix (56590)

Office de tourisme im Rathaus von Le Bourg, ✆ 02 97 86 53 08. Sommertags ebenfalls Pavillon am Fähranleger von Port Tudy, ✆ 02 97 86 54 96.

Hôtel de la Marine, FF–FFF, 7, rue du Général de Gaulle, ✆ 02 97 86 80 05, Fax 02 97 86 56 37. Stilvolles altes Haus im Hauptort Le Bourg. Angenehme Terrasse mit Bäumen. Untadelige Zimmer, zuvorkommender Service. Die beste Adresse der Insel.
Chambres d'hôte La Grek, F–FF, 3 place Leurthe, ✆ 02 97 86 98 85. Altbau in stillem Winkel von Le Bourg. Fünf reizvolle Zimmer. April–Sept.
Chambres d'hôte Les Cormorans, F-FF, rue du Chalutier Les 2 Anges, ✆ 02 97 86 57 67. Drei Gîtes-de-France-Ähren für die Zimmer. Terrasse. Oberhalb von Port-Tudy.
Le Ty Mad, F–FF, Port Tudy, ✆ 02 97 86 80 19, Fax 02 97 86 50 79. Das mit 32 Zimmern größte Hotel der Insel. Abgesehen von der Lage nichts Besonderes: oberhalb der Kais mit Blick auf den Hafen.
L'Auberge du Pêcheur, F, 58, rue du Général de Gaulle, ✆ 02 97 86 56 92. Sieben schlichte, propere Zimmer etwas oberhalb von Port Tudy. WC über den Flur. Preiswert und mit Familienanschluß.

Camping des Sables Rouges, Port Coustic, ✆ 02 97 86 81 32. Drei Sterne. 120 Plätze auf der Inselostseite, nah zu den schönsten Stränden von Groix.

Hôtel de la Marine (s. Hotel), Feiner Saal mit Naturstein, Hummerbecken und Kamin. Perfekter Service und eine hervorragende Meeresfrüchteplatte. Günstiges Mittagsmenü.
Chez Paule, 6, rue Port-Mélite, ✆ 02 97 86 89 72. Urgemütliche Crêperie in schmuckem Dorfhäuschen, die von den guten Crêpes und der entwaffnenden Freundlichkeit der Patronne lebt.

L'Ecomusée, Port Tudy, ✆ 02 97 86 84 60, April–Mai tägl. 10–12.30, 14–17 Uhr, Juni–Sept. 9.30–12.30, 15–19 Uhr. Sonst tgl. außer Mo 10–12.30, 14–17 Uhr. Die Geschichte des Thunfischfangs in einer ehemaligen Konservenfabrik.

La Taverne Irlandaise, route de Locmaria, Kerampoulo, ✆ 02 97 86 89 34. Uriges Pub im tiefsten Inselinnern, versteckt in dichtem Grün.
Ti Beudeff, 45, rue du Général-de-Gaulle, ✆ 02 97 86 80 73. Rappelvolles Pub mit Seebären, irischen Barden und Seglern, die Port-Tudy unsicher machen. Sommertags bis in den frühen Morgen.

Réserve naturelle François le Bail, 42 ha naturgeschütztes Land und Wasser auf der Südseite. Führungen durch die Maison de la Réserve, Le Bourg, ✆ 02 97 86 55 97. Eintägige Segeltörns rund um die Insel auf einem alten Gaffelsegler. Reservierung und Information über das Ecomusée, ✆ 02 97 86 84 60.
Fahrradverleih: Coconut Location, Port Tudy, ✆ 02 97 86 81 57.
Cycles Martin, quai Sud, Port Tudy, ✆ 02 97 86 84 17.

Fähre Lorient-Groix, 4–8mal tgl. Compagnie Morbihannaise et Nantaise de Navigation, ✆ 02 97 64 77 64. Bootstaxi rund um die Uhr, ✆ 02 97 65 52 52.

Guérande (44350)

Office de tourisme, 1, place du Bois, ✆ 02 40 24 96 71.

Les Voyageurs, F–FF, place du 8 Mai, ✆ 02 40 24 90 13, Fax 02 40 62 06 64. Zwölf Zimmer mit Blümchentapete in schmucken Haus der Jahrhundertwende auf der Ecke.
Les Remparts, FF, 14–15, boulevard du Nord, ✆ 02 40 24 90 69, Fax 02 40 62 17 99. Hübsches kleines Hotel an ruhiger Straße mit Blick auf Festungsmauern.
Roc Maria, FF, 1, rue des Halles, ✆ 02 40 24 90 51, Fax 02 40 62 13 03. Granitgemäuer aus dem 15. Jh. Komfortabel und gemütlich.

Crêperie Roc Maria (s. Hotel). Crêpes in heimeliger Atmosphäre.
Les Voyageurs (s. Hotel). Bodenständige Menüs zu ausgesprochen günstigen Preisen. Saal mit Kamin und etwas zuviel Rosa-Tönen.
Crêperie La Salorge, 12, rue Croix Sérot, Saillé, ✆ 02 40 15 14 19. Außerhalb im Salzbauerndorf Saillé. Bretonische Möbel, Naturstein und frische Farben geben den Ton an. Die Crêpes und Galettes aus biologisch angebautem Getreide bieten innovative Varianten. *Galette aux moules à la crème* oder *au fricassée breton!*

Musée du Château de Guérande, Porte St-Michel. April–Okt. 10–12.30, 14.30–19 Uhr. Heimatmuseum im passenden Rahmen der Stadttorburg.
La Maison des Paludiers, 18, rue des Prés Garnier, Saillé. Mai, Juni, Sept. tgl. 10.30–12.30, 14–18 Uhr. Juli/Aug. 10–12.30, 14.30–19 Uhr. Alles zur Salzgewinnung. Mit eigenen Teichen und Verkauf des »Gros Sel de Guérande«.

Guidel (56520)

Auberge B. Cadieu, FF–FFF, La Plage, ✆ 02 97 05 98 39, Fax 02 97 86 80 19. Stattliches weißes Hotel in bester Lage am Strand. Familiär.

Le Régalec, Sentier côtier, ✆ 02 97 32 89 14. Herzerfrischend einfaches Sommerlokal auf dem Uferweg zum Hafen. Wegen der gegrillten Sardinen kommt halb Lorient.

Le Guilvinec (29730)

La Gentilhommière, F–FF, an der D 153 Richtung Treffiagat, ✆ 02 98 58 13 29. Landestypischer Bau mit komfortablen Zimmern. Als Zugabe Park und Schwimmbad.

Le Chandelier, 16, rue de la Marine, ✆ 02 98 58 91 00. Adresse mit großem kulinarischen Renommee. Lachs-Carpaccio mit Limonen, Petersfisch mit Algensauce. Gehobene Preise.
Restaurant du Centre, rue Général de Gaulle, ✆ 02 98 58 10 44. Meeresfrüchte, was auch sonst im Hafenstädtchen? Küchenchef Serge Le Lann bringt Pfahlmuscheln und Krabben gourmetgerecht auf den gutbürgerlichen Tisch.

Guingamp (22200)

Office de tourisme, place Champ-au-Roy, ✆ 02 96 43 73 89.

Le Relais du Roi, FFF, 42, place du Centre, ✆ 02 96 43 76 62, Fax 02 96 44 08 01. Sieben komfortable Zimmer hinter Renaissance-Fachwerk. Am eleganten, verkehrsberuhigten Hauptplatz.
Hôtel d'Armor, FF, 44, boulevard Clemenceau, ✆ 02 96 43 76 16, Fax 02 96 43 89 62. Modernes Haus am Boulevard zum Bahnhof.

Camping Milin Kerhé, rue du Moulin, Pabu, ✆ 02 96 44 05 79, Fax 02 96 44 04 27. Zweisterne-Platz. Ruhiges Wiesengelände 3 km nördlich im Dorf Pabu.

Le Relais du Roi (s. Hotel). Die kulinarische Adresse von Guingamp mit Qualität und Preisen, die nicht provinziell sind.
L'Express, 26, boulevard Clemenceau, ✆ 02 96 43 72 19. Typische Bahnhofsbrasserie, Saal und Terrasse immer gut besucht, unaufgeregter Service, zuverlässige und preiswerte Gerichte.
La Roseraie, Parc Styvel, ✆ 02 96 21 06 35. Etwas außerhalb in Richtung Tréguier. Man kommt weniger für die gleichwohl akzeptable Küche zu den noch akzeptableren Preisen als für den Rahmen: schönes Landhaus mit gepflegtem kleinem Park.

Pardon Notre-Dame de Bon Secours, Prozession am ersten Juli-Wochenende.

Hennebont (56700)

Office de tourisme, 9, place Foch, ✆ 02 97 36 24 52.

Château de Locguénolé, FFF-FFFF, Route de Port-Louis, ✆ 02 97 76 29 04, Fax 02 97 76 82 35. Fürstliches Anwesen mit 2 km Uferbesitz am Blavet. Sehr verschiedene Zimmer mit Antiquitäten und höchstem Komfort. Feinschmeckerrestaurant: gegrillte Krabben mit Nüssen, gedämpfter Butt in Honigsauce.
Chambres d´hôte Le Ty Mat, FF, Pensquesten, 7 km nördlich. ✆ 02 97 36 89 26. 200 Jahre altes Landhaus in grüner Idylle. Fünf liebevoll eingerichtete Zimmer mit allen Annehmlichkeiten.

Le Restaurant du Centre, 44 rue du Maréchal-Joffre. Gekonnt zubereiteter Fisch und Meeresfrüchte zu erstaunlich günstigen Menüpreisen.

Haras National, Rue Victor-Hugo, Juni–Sept. kommentierte Führungen, ✆ 02 97 36 20 27. Staatliches Gestüt in ehemaligem Zisterzienserkloster. Kutschensammlung.

Bahnhof, rue de la Gare, ✆ 02 97 36 20 08. Verbindungen nach Vannes, Redon, Lorient, Quimper.

Ile de Hoëdic (56170)

Bürgermeisteramt (Mairie), ✆ 02 97 30 68 32.

Les Cardinaux, FF, Ile d'Hoëdic, ✆ 02 97 52 37 27, Fax 02 97 52 41 26. Das einzige Hotel der Insel. Zehn Zimmer mit Blick aufs Meer. Zehn Ferienwohnungen vom 1-Raum-Studio bis zu 5 Zimmern. Vermittlung über das Bürgermeisteramt.

Camping Municipal, Vermittlung über das Bürgermeisteramt. 150 Plätze in der Heide. Zweisterne-Niveau mit guten Sanitäreinrichtungen.

Crêperie du Vieux Port, route du Vieux Port, ✆ 02 97 30 68 40. Galettes und Crêpes von 11–24 Uhr, in allen erdenklichen Variationen.
Les Cardinaux (s. Hotel). Korrekte Küche ohne Höhenflüge.

Escale Cap Vrai, im alten Fort. Ausstellung über die Arbeit des Küstenschutzes und die Geschichte der Insel. Ende Juni–Anfang Sept. und an Frühlingswochenenden 10–12, 14–17 Uhr.

Fährverbindung mit Quiberon, Compagnie Morbihannaise et Nantaise de Navigation, ✆ 02 97 50 06 90. Ganzjährig. Dauer je nach Schiffstyp 40 Min. 1,5 Std. via Houat. Im Winter zum Teil keine Hin- und Rückfahrt am selben Tag.

Ile de Houat (56170)

Bürgermeisteramt (Mairie), ✆ 02 97 30 68 94.

La Sirène, FFF, route du Port, ✆ 02 97 30 66 73, Fax 02 97 30 66 94. Das Dreisterne-Haus hat 15 helle und kommode Zimmer.
Hôtel des Iles, FF, Le Port, ✆ 02 97 30 68 02, Fax 02 97 30 66 61. 7 schmucke einfache Zimmer am Hafen.
L'Ezenn, F-FF, Route du Vieux Port, ✆ 02 97 30 69 73. 300 m vom Strand. Sechs renovierte Zimmer über der Bar.
Résidence Pen er Sablen, ✆ 02 97 30 67 64. Zimmer, Studios und Ferienhäuschen 200 m vom Strand.

Zwei kleine Plätze, Vermittlung über das Bürgermeisteramt.

La Sirène (s. Hotel). Feinschmeckeradresse mit Hummerragout und warmen Austern. Teuer.
Le Vieux Port, route du Vieux Port, ✆ 02 97 30 68 94. Terrasse, Blick auf die Grande Plage. Gute Fischkarte.

Eclosarium, 1 km außerhalb des Orts. Der Mikroorganismus des Meeres. Mai–Sept. tgl.10–18 Uhr.

Fährverbindung mit Quiberon, Compagnie Morbihannaise et Nantaise de Navigation, ✆ 02 97 50 06 90. Ganzjährig. Dauer je nach Schiffstyp 30 Min.–1Std. Im Winter zum Teil keine Hin- und Rückfahrt am selben Tag. Während der Saison auch Fähren nach Vannes, Port-Navalo, La Trinité-sur -Mer, Navix, ✆ 02 97 46 60 00.

Huelgoat (29690)

Office de Tourisme, pl. Alphonse Penven, ✆ 02 98 99 72 32.

Hôtel du Lac, F-FF, 9, rue du Général de Gaulle,

✆ 02 98 99 71 14, Fax 02 98 99 70 91. Renovierte Zimmer mit Blick auf den See. Komfortabel.
L'Armorique, F, ✆ 02 98 99 71 24. Die Zimmer sind rudimentär, die Lage dafür zentral: vorm Fenster der Marktplatz.
Le Triskell, F, Rue des Cieux, ✆ 02 98 99 77 80. Kleines 10-Zimmer-Hotel mit Gartenterrasse. Einfach.

Camping Municipal du Lac, am See, ✆ 02 98 99 78 80. Mit Hecken und einigen Bäumen, direkt am Ufer. Pool und Tennis.
Camping La Rivière d'Argent, rue Le Berre, ✆ 02 98 99 72 50. Außerhalb in Richtung Carhaix. Viele Bäume, Bachufer. An mehreren Wanderwegen.

Restaurant du Lac (s. Hotel). Gerichte vom Holzkohlengrill: Spanferkel, gegrillter Speck, Hähnchen in Cidre.
Crêperie des Myrtilles, 26, place Aristide Briand, ✆ 02 98 99 72 66. Preiswerte Menüs. Außenterrasse zum Hauptplatz.

Miellerie d'Huelgoat, rue de la Roche tremblante, Juli/Aug. tgl. 10–18 Uhr, sonst je nach Nachfrage und auf Reservierung, ✆ 02 98 99 94 36. Alles über Bienen und Imkerei.

Ile-Tudy (56120)

Modern Hôtel, F, 9, place de la Cale, ✆ 02 98 56 43 34, Fax 02 98 51 90 70. Links Wasser, rechts Wasser, geradeaus immer noch Wasser. Das kleine Hotel an der (verkehrsberuhigten!) Spitze der Halbinsel bietet wenig Komfort, aber viel *vue sur mer*. Um 24 Uhr wird auf der Terrasse der Bar zusammengeräumt – *bonne nuit!*

Josselin (56120)

Office de tourisme, place de la Congégration, ✆ 02 97 22 36 43, Fax 02 97 22 20 44.

Hôtel du Château, FF, 1, rue Général de Gaulle, ✆ 02 97 22 20 11, Fax 02 97 22 34 09. Schmucker weißer Altbau mit Blick über den Fluß auf die Burg.
Hôtel de France, FF, place Notre-Dame, ✆ 02 97 22 23 06, Fax 02 97 22 35 78. Hübsches Haus mit geschäftiger Bar gegenüber der Kirche. Junges, freundliches Besitzerpaar, das die 20 Zimmer peu á peu renoviert hat.

Hôtel de France (s. Hotel). Gutbürgerliches Lokal mit Deckengebälk, gestärkten Servietten und Gobelinfauteuils. Günstige Preise.

Château, April/Mai Mi, Sa, So und Schulferien 14–18, Juni, 1. Sept. -Hälfte tgl. 14–18, Juli/Aug. tgl. 10–18 Uhr. Sitz der Herzöge von Rohan. Mittelalterliche Burg zur Flußseite, elegante Renaissance-Architektur zum Hof. **Musée des Poupées** in den ehemaligen Pferdeställen: 600 Puppen vom 17 Jh. bis heute.
Basilika Notre-Dame-du-Roncier, tgl. 9–18 Uhr. Turm April–Okt., Blick auf das Tal des Oust.

Große Prozession **Le Pardon des Aboyeuses**, 8. Sept.

Lampaul-Guimiliau (29400)

Maison du Patrimoine, place de l'Eglise, 15. Juni–31. Aug.

Hôtel de l'Enclos, F–FF, route de St-Jacques, ✆ 02 98 68 77 08, Fax 02 98 68 61 06. 36 Zimmer in modernem Gebäude, die teuersten mit Bad und TV.

L'Escalade, 7, place Villers, ✆ 02 98 68 61 27. *Coquilles St-Jacques à la bretonne,* Seeteufelmedaillons mit jungem Gemüse!

Große **Ste-Anne-Wallfahrt** am vorletzten So im Aug.

Landerneau (29411)

Office de tourisme, Pont de Rohan, ✆ 02 98 85 13 09.

Le Clos du Pontic, FF, rue du Pontic, ✆ 02 98 21 509 91, Fax 02 98 21 34 33. Herrenhaus mit modernem Anbau in einem Park oberhalb des Elorn. Sehr ruhig und grün, Zimmer leider im abgestandenen Charme der 70er Jahre.
L'Amandier, F–FF, 55, rue de Brest, ✆ 02 98 85 10 89. Gepflegtes Haus etwas außerhalb an der Straße nach Brest. Acht Zimmer mit schöner Ausstattung.

Camping des Berges de l'Elorn, rue du Calvaire, ✆ 02 98 21 66 59. Am Elorn-Ufer westlich der Altstadt. 42 Plätze, getrennt durch Pappeln und Hecken.

La Duchesse Anne, 9, place Charles de Gaulle, ✆ 02 98 85 12 19. Bretonischer kocht man nimmer: *Kouign amann, kig ha farz,* Meeresfrüchte. Menüs von preiswert bis gehoben, gute Qualität. In historischem Gebäude am Kai.
Restaurant de la Mairie, 9, rue de la Tour d'Auvergne, ✆ 02 98 85 01 83. Bewährte Adresse, wo in vier Sälen überbackene Muscheln, Meeresfrüchte, gegrillte Sardinen und Lamm serviert werden.
Le Clos du Pontic (s. Hotels). Feinschmeckeradresse, wo bretonische und andere Rezepte auf Cuisine-Niveau geköchelt werden: Lachsforellen-Tartar, Strauß-Carpaccio mit Basilikum, Kalbsbries mit Crevetten.

Dreieinhalbstündige Fahrten auf dem Fluß Elorn zur Reede von Brest auf altem Segelschiff. Rückkehr per Bus. Juli/Aug. Association Kann al Loar, ✆ 02 98 85 09 59.

Landévennec (29560)

Information s. Crozon.

Le Saint-Patrick, F, Rue St Guénolé, ✆ 02 98 27 70 83. Familiäres Sechs-Zimmer-Hotelchen im Ort. Hinter grünen Fensterläden helle Zimmer, gemeinsames Bad und WC auf der Etage.

Ruine der Benediktiner-Abtei und Museum, Sommer tgl. außer Di 10–19, sonst 14–18 Uhr. Ausgrabungsfunde der im 10. Jh. zerstörten Abtei.

Landivisiau (29400)

Maison du Pays des Enclos et des Monts d'Arrée, 12, avenue Foch, ✆ 02 98 68 48 84.
Office de tourisme, Pavillon du Tourisme, 14, Avenue Foch, ✆ 02 98 68 03 50.

Le Relais du Vern, FF, Zone du Vern, ✆ 02 98 24 42 42, Fax 02 98 24 42 00. Modernes 50-Betten-Hotel vor der Stadt. Reichhaltiges Freizeitangebot: Reiten, Tennis, Kinderspielplatz.
Hôtel de l'Avenue, F, 16, avenue de Coat Meur, ✆ 02 98 68 11 67, Fax 02 98 68 96 62. 22 einfache Zimmer in Zentrumsnähe.

Camping de Tiez-Nevez, am nordöstlichen Stadtrand, ✆ 02 98 68 11 65 (Maison Loisirs et Culture). 25 Plätze mit gutem Sanitärbereich. In der Nähe Tennis, Schwimmbad.

Hôtel de l'Avenue (s. Hotel). *Coquilles St-Jaques* und *tripes à la bretonne.* Mittwochs *kig ha farz!*

Markt Mi ganztägig, place de l'Eglise.

Linie Morlaix-Brest und Quimper-Brest, Gare de Landivisiau, ✆ 02 98 68 00 04.

Lannion (22300)

Office de tourisme, quai d'Aiguillon, ✆ 02 96 46 41 00, Fax 02 96 37 19 64.

Le Manoir de Crec'h Goulifern, FF–FFF, Servel, Beg-Léguer, ✆ 02 96 47 26 17. Herausgeputztes Herrenhaus aus Granit mit angenehmen Zimmern und einem Blumenmeer ringsherum. Eigener Menhir im Garten. An der Mündung des Léguer, 5 km westlich des Zentrums.
La Porte de France, FF, 5, rue Jean Savidan, ✆ und Fax 02 96 46 54 81. Ehemalige Postkutschenstation aus Haustein, mitten im Zentrum. Verblichene Zimmer.

Camping de Beg-Léguer, Beg-Léguer, ✆ 02 96 47 25 00, Fax 02 96 43 08 72. Gut ausgestatteter Platz am Meer. Tennisplätze, Surfmöglichkeit, Sandstrand. 5 km westlich des Zentrums.

Le Serpolet, 1, rue Félix le Dantec, ✆ 02 96 46 50 23. Monsieur Le Baltec'h setzt auf Qualität und altbretonisches Ambiente. Ausgefeilte Menüs, die weder Feinschmecker noch Vielesser enttäuschen.
La Gourmandine, rue Cie Roger Barbé, ✆ 02 96 46 40 55. Galettes, Crêpes und Gegrilltes in einem Haus aus dem 16. Jh. Gemütlich speisen am Kamin.
La Ville Blanche, 5 km östlich an der D 786 nach Tréguier, ✆ 02 96 37 04 28. Die Gebrüder Jaguin ziehen ihre Kräuter selber und zaubern Innovatives auf den Tisch: heißer Ziegenkäse mit Rhabarber. Sehr gute Adresse, die ihren Preis – und einen Michelin-Stern – hat.

Markt Do zwischen place du Centre und dem Kai am Aiguillon.

Orgelkonzerte Juli/Aug. Fr abends in St-Jean du Baly und in der Eglise de Brélévenez.

Bahnhof, avenue Général de Gaulle, ✆ 02 96 37 03 59. Züge nach Guingamp, im Sommer zusätzlich Direktverbindungen nach Paris.

Aéroport Lannion-Pégase, ✆ 02 96 48 42 92. Tgl. drei Flüge nach Paris.

Larmor-Plage (56260)

Office de tourisme, avenue du Général de Gaulle, ✆ 02 97 33 70 02.

Les Mouettes, FF–FFF, Anse de Kerguélen, ✆ 02 97 65 50 30, Fax 02 97 33 65 33. Neu gebautes Hotel in einsamer Strandlage. Wunderschöner Blick über Dünen und Meer.

Verleih und Ausrüstung für Surfen, Segeln, Kajak und außerdem »Seewanderungen« mit dem Katamaran. Centre nautique de Kerguélen, ✆ 02 97 33 77 78.

Laz (29520)

Domaine de Trévarez, an der Straße nach St-Goazec, Juli/Aug. tgl. 11–19, April–Juni und Sept. 13–18.30, sonst Sa, So 14–18 Uhr. 85 ha großer Park mit seltenen Azaleen, Kamelien und einem Steinlabyrinth.

Lesconil (29740)

Grand Hôtel des Dunes, F–FF, 17, rue Laennec, ✆ 02 98 87 83 03, Fax 02 98 82 33 44. Belle-Epoque-Bau mit Zauberberg-Ambiente. Blütenweiß und jüngst renoviert.

Lesneven-Le Folgoët (29260)

Office de tourisme, 14, place le Flô, ✆ 02 98 83 01 47.

Hôtel La Butte, FF–FFF, 10, rue de la Mer, ✆ 02 98 25 40 54, Fax 02 98 25 44 17. Etwas nördlich von Lesneven im Dorf Plouider eins der besten Hotels weit und breit. Frische, freundliche Zimmer, traumhafter Fernblick über die grüne Landschaft auf die zerklüftete Küste.

Le Week-End, F–FF, Pont du Chatel, ✆ 02 98 25 40 57, Fax 02 98 24 46 92. Kleines Landhotel 5 km nordöstlich im Weiler Pont du Chatel.

La Butte (s. Hotel). Exzellente Adresse für gehobene Ansprüche. Reicher Weinkeller, vornehmes, aber nicht steifes Ambiente.

Musée du Léon, 12, rue de la Marne. Die Geschichte des Landstrichs von der Frühgeschichte bis zur Gegenwart. Tgl. außer Di und Fr 14–18 Uhr.

Grand Pardon de Notre-Dame-du-Folgoët, am So, der am dichtesten an den 8. Sept. fällt. Eine der größten Prozessionen der Bretagne.

Lilia (29880)

Hôtel Kastel Ac'h, F–FF, plage de Lilia, ✆ 02 98 04 70 11, Fax 02 98 04 58 43. 29 Zimmer in modernem Haus direkt am Wasser. Still.

Leuchtturm auf der Ile Vierge. Office de tourisme in Plouguerneau, place de l'Europe, ✆ 02 98 04 70 93. Vom Hafen von Lilia fahren Fischer Sie herüber.

Locmariaquer (56740)

Syndicat d'initiative, place de la Mairie, ✆ 02 97 57 33 05.

L'Escale, F–FF, Le Port, ✆ 02 97 57 32 51, Fax 02 97 57 38 87. Die Lage macht's: Blick auf den Hafen und den Golf von Morbihan. Terrasse am Wasser. Zwölf Zimmer. Solider Familienbetrieb mit ebensolchem Restaurant.
Lautram, F–FF, place de l'Eglise, ✆ 02 97 57 31 32, Fax 02 97 57 37 87. Weißgetünchter 50er-Jahre-Bau mit bretonischer Architektur. Die Zimmer im Anbau gehen zum Garten. Mitten im Ort.

Camping La Ferme fleurie, route de Kerinis, ✆ 02 97 57 34 06. Kleiner Platz in der Nähe der wichtigsten Megalith-Denkmäler. Zwei Sterne, schöner Schatten dank vieler Bäume. Still.

Fähren nach Belle-Ile sowie Rundfahrten im Golf von Morbihan. Navix, place Frick, ✆ 02 97 57 36 78.

Locquirec (29241)

Office de tourisme, place du Port, ✆ 02 98 67 40 83, Fax 02 98 79 32 50.

Grand Hôtel des Bains, FFFF, 15 bis, rue de l'Eglise, ✆ 02 98 67 41 02, Fax 02 98 67 44 60. Aus einem altgedienten Hotel der Jahrhundertwende entstand nach der Renovierung eins der schönsten Hotels der Bretagne, raffiniert schlicht. Milde Holztöne in den Zimmern, im Speisesaal und auf den Terrassen. Vorm großzügigen Grundstück schlagen die Atlantikwellen gegen die Parkmauern.
Hôtel du Port, F, place du Port, ✆ 02 98 67 42 10. Schlicht und ergreifend. Zehn Zimmer mit Blick auf den Hafen.

Pardon de St-Jacques. Prozession mit anschließender »Fête de la mer«. Letzter So im Juli.

Locronan (29180)

Office de tourisme, place de la Mairie, ✆ 02 98 91 70 14.

Hôtel du Prieuré, FF, 11, rue du Prieuré, ✆ 20 98 91 70 89, Fax 02 98 91 77 60. An der Straße, die auf die Kirche zuläuft. Gutbürgerliches Haus mit Garten.
Hôtel du Bois du Névet, FF, route du Bois du Névet, ✆ 02 98 91 70 67. Etwas außerhalb, ebenfalls mit Garten. Ordentliche Zimmer.

Camping Municipal, rue de la Troménie, ✆ 02 98 91 87 76. Von Kiefern beschatteter Platz mit 155 Parzellen. Schöner Ausblick. Zwei Sterne. Knapp 1 km östlich.

Au Fer à Cheval, place de l'Eglise, ✆ 02 98 91 70 74. Unten Brasserie, oben Restaurant mit Sprossenfenstern und Deckenbalken. Deftige bretonische Gerichte.

Petite Troménie, 4 km lange Prozession auf den Spuren des hl. Ronan. Außer in den Jahren der Grande Troménie (s. u.) jeweils zweiter So im Juli.
Grande Troménie, alle sechs Jahre Großprozession über 12 km. Farbenfrohe Kostüme. Zweiter und dritter So im Juli, Nächster Termin 2001.
Festival de Musique classique, Konzerte in der Kirche St-Ronan. Juli.

Loctudy (29750)

Hôtel de Bretagne, FF, 19, rue du Port, ✆ 02 98 87 40 21. Gepflegter Altbau an der Straße zum Hafen. Mit viel Geschmack renoviert.

Le Relais de Lodennec, 3, rue des Tulipes, ✆ 02 98 87 55 34. Ist größer als man von außen erwartet. Exzellente Küche: Meeresfrüchte. Raffiniert: Rotbarben in Seeigelsauce. Leider läßt der Service zu wünschen übrig.

Bootsausflüge auf dem Odet, s. Bénodet, S. 247.

Lorient (56100)

Office de tourisme du Pays de Lorient, Maison de la Mer, quai de Rohan, ✆ 02 97 21 07 84.

Mercure, FF–FFF, 31, place Jules Ferry, ✆ 02 97 21 35 73, Fax 02 97 64 48 62. Großer Bau, zentral am Kopfende des Hafens. Im üblichen Dreisterne-Komfort der Mercure-Kette.
Le Victor Hugo, F–FF, 36, rue Lazare Carnot, ✆ 02 97 21 16 24, Fax 02 97 84 95 13. In relativ ruhiger Straße südlich des Hafens. Viel Komfort für wenig Geld.
Central Hôtel, F, 1, rue de Cambry, ✆ 02 97 21 10 23, Fax 02 97 84 88 89. Günstig und in Ordnung. Größer Vorteil ist die zentrale Lage am Jardin Jules Ferry.

Le Pic, 2, boulevard du Maréchal-Franchet d'Esperey, ✆ 02 97 21 18 29. Die Küche hat bis Mitternacht geöffnet, doch zu einer der ersten Adressen fürs Dîner ist das elegante Restaurant vor allem wegen seiner exzellenten Küche und der phantastischen Weinkarte geworden.
Le Clos des Vignes, 6, rue Rochambeau, ✆ 02 97 64 15 72. Lyonnaiser Küche und Pariser Bistro-Atmosphäre: Macht zusammen einen unvergeßlichen Abend mit raffiniert verfeinerter Landküche. Gehobene Preise.
Le Bistrot du Yachtman, 14, rue Poissonnière, ✆ 02 97 21 31 91. Elegantes Fischrestaurant ohne überflüssigen Schnickschnack, das zu den angesagtesten Adressen von Lorient zählt. In Hafennähe.

Mémorial de la Ville détruite, place Alsace-Lorraine, Juli/Aug. tgl. mehrere Führungen, Information über das Office de tourisme. 1941 gebauter Luftschutzbunker, der 1993 wiederentdeckt wurde.

Antiquités de la Marine, 13, rue Vauban, ✆ 02 97 21 01 02. Alte Signalfeuer, Schiffs-Exvotos, Uniformen, Liegestühle vom Luxusdampfer ... Alles, was die christliche Seefahrt in der Vergangenheit ausgemacht hat.

Le Festival Interceltique, erste Augusthälfte. Folklorefest aller keltischen Gebiete. An die 4500 Künstler aus Irland, Wales, Cornwall und der Bretagne spielen für 200 000 Zuschauer auf, 2, rue Paul Bert, ✆ 02 97 21 24 29.

Bahnhof, rue de Beauvais, ✆ 02 97 42 50 50.
Tgl. TGV-Verbindungen nach Rennes, Nantes, Paris, Metz, Bordeaux.

Fähren vom Port de Pêche nach Port Louis und Locmiquélic sowie vom quai des Indes nach Locmiquélic, Les Vedettes Transrade, ✆ 02 97 33 40 55.
Fähre zur Ile de Groix ab Gare maritime,

rue de la Cale Ory,
✆ 02 97 64 77 64. Mehrmals tgl.

Aéroport de Lann Bihoué, 10 km westlich. Tgl. mehrere Flüge nach Paris. ✆ 02 97 87 21 50.

Malestroit (56140)

Office du tourisme du Pays de Malestroit, boulevard du Pont Neuf, ✆ 02 97 75 14 57.

Camping La Deufresne, am Ufer des Oust, ✆ 02 97 75 13 33. Mai–Okt. Städtischer Platz in der Nähe des Schwimmbads und des Schiffsanlegers. Schattig. Kanu- und Kajakverleih.

Château de Crévy mit Musée du Costume im Nachbardorf La Chapelle-Caro, April–Mai und Mitte Sept.–Mitte Nov. Mi, Sa, So, Juni–Mitte Sept. tgl. 14–18 Uhr. Historische Roben im bröckelnden Gemäuer einer Burg des 14. Jh.

La Martyre (29800)

Camping du Bois Noir, ✆ 02 98 25 13 19 (Rathaus). Neun Plätze an einem Wäldchen.

Pardons am zweiten Mai- und am zweiten Juli-Sonntag.

Le Ménez-Meur (29460)

Parc Naturel Régional d'Armorique, im Weiler Hanvec, ✆ 02 98 21 90 69. Juni–Sept. tgl. 10.30–19, Okt.–April Di, Mi, So, Mai tgl. außer Sa 13.30–17.30 Uhr. Im Empfangsgebäude Dauerausstellung zum Park. Arboretum und Tierpark.

Ile aux Moines (56780)

Office de tourisme, am Hafen, ✆ 02 97 26 32 45.

Le San Francisco, FFF, rue du Port, ✆ 02 97 26 31 52, Fax 02 97 26 35 59. Zauberhaftes Granitgemäuer am Anleger mit Zimmern zum Rundumwohlfühlen. Eine der schönsten Adressen im Golf von Morbihan. Mit elegant-rustikalem Restaurant und Terrasse unter Pinien.

Fähre von Port-Blanc, Juli/Aug. 7–22, sonst 7–19.30 tgl. alle 30 Min. Izenah Croisières, ✆ 02 97 26 31 45.

Molène (29259)

Kastell An Daol, FF, Le Port, ✆ 02 98 97 39 11, Fax 02 98 07 39 92. Einziges Haus auf der Insel. Ganze zehn Zimmer, renoviert. **Privatzimmer, Ferienwohnungen** und **Zeltplätze** im Rathaus zu erfragen, ✆ 02 98 07 39 11.

Kastell An Daol (s. Hotel). Inselküche mit Spezialitäten wie Hummer und *flan aux algues.*

Musée du Drummond Castle. Kleine Sammlung hinter dem Rathaus zum Untergang des englischen Großseglers im Juni 1896. Juni–Sept. tgl. 10.30–12, 13.30–17 Uhr.

Fähre nach Brest, Le Conquet und der Ile d'Ouessant. Société Maritime Penn Ar Bed, ✆ 02 98 80 24 68 oder Finist'Mer, ✆ 02 98 89 16 61.

Morgat (29160)

Im Sommer am boulevard de la Plage, ✆ 02 98 27 29 49. Sonst s. Crozon.

Le Grand Hôtel de la Mer, FFF, rue d'Ys, ✆ 02 98 27 02 09, Fax 02 98 27 02 39. Prachtvoller Koloß der Jahrhundertwende, direkt am Meer, ohne störende Straße zwischen Hotel und Wasser.
Julia, F–FF, 43, rue de Tréflez, ✆ 02 98 27 05 89, Fax 02 98 27 23 10. Hübscher weißer Altbau 200 m vom Strand. Ruhiger Garten.

Camping de l'Aber, route plage de l'Aber, ✆ 02 98 27 02 96. In leichten Terrassen angelegter, von Hecken unterteilter Platz oberhalb der Mündung des Aber (Sandstrand).

Les Echoppes, 24, quai Kador, ✆ 02 98 26 12 63. Was das bretonische Urgestein Jéhane Gleize auf die zehn Tische der Stube bringt, zählt zu den besten Fischgerichten des gesamten Departements. Vorträge über das ABC des Fischfangs und Gespräche quer über alle Tisch inklusive. Reservieren!
Le Korrigan, plage de Postolonnec, ✆ 02 98 27 14 37. Zuerst ein Tennismatch auf dem restauranteigenen Platz, dann eine Meeresfrüchteplatte mit Blick auf den Strand.

Bötchentour in die Seegrotten. Mai–Sept., Juli/Aug. tgl. alle 15 Min. ab Hafen. Vedettes Rosmeurs, ✆ 02 98 27 10 71.

Morlaix (29203)

Office de tourisme, place des Otages, ✆ 02 98 62 14 94.

L'Europe, FF, 1, rue d'Aiguillon, ✆ 02 98 62 11 99, Fax 02 98 88 83 38. Pompöser alter Kasten, z. T. riesige Zimmer mit gestrigem Charme. Zentral.
Pension Keravec, F–FF, 3, quai du Bruly, in Locquénolé, 7 km nördlich, ✆ 02 98 72 23 40, Fax 02 98 72 21 06. Jeanne Kervavec vermietet Zimmer in ihrem schmucken Haus am Ufer der Ria de Morlaix. Wanderer willkommen.
Le Saint-Mélaine, F, 75/77, rue Ange de Guernsic, ✆ 02 98 88 08 79. Haus für wenig Anspruchsvolle in pittoresker Altstadtgasse, direkt an einem Pfeiler des Viadukts. Etwas abgewohnte Zimmer.

L'Europe (s. Hotel). Glanzvoller Belle-Epoque-Saal, klassisch-französische Küche zu korrekten Preisen. Endlose, exquisite Weinkarte – der Patron J. Feunteuna ist Weinexperte.
Les Bains-Douches, 45, allée du Poan-Ben, ✆ 02 98 63 83 83. Bistro-Küche in einem ehemaligen öffentlichen Badehaus von 1905. Austern aus Carentec, Entenbrust in grüner Pfeffer-Sauce. Günstig.
La Marée Bleue, 3, rampe St-Mélaine, ✆ 02 98 63 24 21. Nomen est omen: Eric Le Duc hat sich auf Fisch und Meeresfrüchte spezialisiert. Reizvoller Saal auf zwei Ebenen.

Musée des Jacobins, place des Jacobins. Heimat- und Kunstmuseum in säkularisierter Kirche. Mai–Okt. tgl. 10–12, 14–18 Uhr. Von Dez.–Ostern Di geschl.
Maison de la Duchesse Anne, rue du Mur. Das stolzeste Fachwerkhaus von Morlaix, in dem Anne de Bretagne

eingekehrt sein soll. April–Sept. tgl. außer So auf Anfrage, ✆ 02 98 88 23 26.
Brasserie des Deux Rives, 1, place de la Madeleine. Wo das Coreff-Bier gebraut wird, kann gleichzeitig probiert – und besichtigt (Mo, Di, Mi 10.30, 14, 15, 16 Uhr, ✆ 02 98 63 41 92) werden.

Grand Café de la Terrasse, 31, place des Otages, ✆ 02 98 88 20 25. Herrliches altes Kaffeehaus, groß und aufgeplustert. Hier machten die Radler der ersten Tour de France halt. Mit Terrasse, vor der ganz Morlaix defiliert.

Bahnhof, rue Armand-Rousseau, ✆ 02 98 63 56 24. Verbindungen nach Lannion, Guingamp, Brest.

Nantes (44000)

Office de tourisme, place du Commerce, ✆ 02 40 20 60 00. Sommer Mo–Fr 9–19, Sa 10–18 Uhr. Winter Mo–Sa 10–18 Uhr.

Grand Hôtel Mercure Nantes Central, FFF–FFFF, 4, rue Couëdic, ✆ 02 51 82 10 00, Fax 02 51 82 10 10. Luxuriös saniertes altes Grandhotel. Die Adresse für Musiker und Theaterleute. Zentral, die Cafés an der Place du Commerce liegen gleich um die Ecke.
La Pérouse, FFF, 3, allée Duquesne, ✆ 02 40 89 76 00, Fax 02 40 89 76 00. Design pur in zentraler Lage. Klares modernes Interieur, nüchtern futuristische Fassade. Ein ästhetisches Vergnügen für den, der Ungewöhnliches mag. Still. Zuvorkommender Service.
Hôtel de la Duchesse Anne, FF–FFF, 3–4, place de la Duchesse Anne, ✆ 02 51 86 78 78, Fax 02 40 74 60 20. Prachtvoller Art-déco-Bau mit Blick aufs Schloß. Renovierte Zimmer. Gepflegtes Ambiente. Zur Straße etwas laut.
Hôtel de France, FF–FFF, 24, rue Crébillon, ✆ 02 40 73 57 91, Fax 02 40 69 75 75. Jahrhundertwende-Stuckpalast in der eleganten Boutiquenmeile. Mit dem leicht verblichenen Charme des alten Frankreich.
Amiral, FF, 26 bis, rue Scribe, ✆ 02 40 69 20 21, Fax 02 40 73 98 13. Funktionales modernes Haus hinter der Oper. In der Fußgängerzone (eigene Garage) nahe zu allen Sehenswürdigkeiten, Kneipen und Restaurants.
Saint-Daniel, F, 4, rue Bouffay, ✆ 02 40 47 41 25, Fax 02 51 72 03 39. Passable Zimmer, familiär geführtes Hotel. In der Fußgängerzone des mittelalterlichen Ste-Croix-Viertels. Ringsherum viele Bars und Restaurants für Studenten – im Sommer kann's deswegen nach vorn heraus laut werden.

La Cigale, 4, place Graslin, ✆ 02 51 84 94 94. Günstiges Mittagsmenü (69 FF), abends gehobenere Preise für Meeresfrüchte und den Fang des Tages, z. B. gegrille Sardinen mit Thymian sowie Nantaiser Küche, z. B. Entenbrust. Denkmalgeschützte Jugendstil-Brasserie. Der Prunk verpflichtet: Nach 23 Uhr soupieren die Besucher aus der Oper gegenüber.
Le Petit Flore, 1, rue des Vieilles Douves, ✆ 02 40 48 24 88. Günstiges Mittagsmenü und Brunch. Köstlich: *confit de canard* (65 FF), diverse *tartes salées.* Bistro mit unkonventioneller Karte und schicker Klientel. Nachmittags Teekarte und Kuchen, die die charmante Patronne persönlich backt.
Chez l'Huître, rue des Petites Ecuries, ✆ 02 51 82 02 02. Fr und Sa bis 2 Uhr früh. Austern, Blinis, Baltischer Teller mit geräuchertem Fisch. Winziges Eck-

lokal mit langen Bänken und kleiner Terrasse: Hier kommt man sich näher. Austern aus allen französischen Zuchtgebieten. Chansons aus den 40er und 50er Jahren.

Le Bouchon, rue Bossuet, ✆ 02 40 20 08 44. Lauschiges Gartenlokal, der richtige Ort für einen kulinarischen Sommernachtstraum. Innen Natursteinwände. Gepflegte französische Küche, freundliche Bedienung. Entenlebersalat mit Avocado, gegrillter Zander in Butter.

Le Chiwawa, 6, place Eugène Livet, ✆ 02 40 69 01 65. Preiswertes Mittagsmenü, doch abends wird es teuer. Lachs-Carpaccio, tgl. wechselnde Fischkarte. Elegantes Restaurant an kleinem Platz. Gourmet-Küche, hervorragender Service. Mittags der Treffpunkt der Nantaiser Journaille, deren spitze Federn Küchenchef Claude Vallée nicht fürchten muß.

Les Petits Saints, 1, place St-Vincent, ✆ 02 40 33 16 84. Speisen im gotischem Gewölbe einer ehemaligen Kapelle. Die Küche des Feinschmeckerlokals ist entsprechend göttlich: Kabeljaufilet auf Lauchfonds.

Crêperie La Baguette, 19, rue Paul Bellamy, ✆ 02 40 48 15 20. So geschl. Galettes und Crêpes. Die Bedienung trägt bretonische Kostüme, die Einrichtung ist Folklore-Kitsch, die Crêpes sind dennoch kein Nepp. Reizende Besitzer.

La Châtaignerie Chez Delphin, 156, route de Carquefou, 44 240 Sucé-sur-Erdre, ✆ 02 40 77 90 95. Der Feinschmeckertempel von Nantes: Froschschenkel mit Sauce Poulette, gegrillte Täubchen, Zander in heller Buttersauce. Der Name Delphin ist weit über Nantes legendär. Das Lustschlößchen des Meisterkochs liegt außerhalb direkt an der Erdre. Hocheleganter Rahmen. Ein fürstliches Plaisir.

Kathedrale St-Pierre, tgl. 9–19 Uhr. Gotisches Gotteshaus in bemerkenswert einheitlichem Stil. Im lichten Innern spätgotisches Grabmal für François II und Marguerite de Foix.

Château des Ducs de Bretagne, tgl. außer Di 10–12, 14–18, Juli/Aug. 10–19 Uhr. Mit bretonischem Volkskunde-Museum und Musée Salorges (See- und Wirtschaftsgeschichte von Nantes). Zugang zum Innenhof und dem Wehrgang auf den Mauern frei. François II hat den Stammsitz der bretonischen Herzöge gebaut.

Musée Jules Verne, 3, rue de l'Hermitage. Tgl. außer So morgens und Di 10–12, 14–17 Uhr. Erstausgaben, Familienerbstücke und Devotionalia zur Vita des Romanciers. Von der Statue der hl. Anna daneben schöner Blick auf die Loire und stillgelegte Werften.

Musée des Beaux-Arts, 10, rue Georges Clemenceau. Mo, Mi, Do 10–18, Fr 10–21, So 11–18 Uhr, Di geschl. So gratis. Herausragende Gemäldesammlung, die ihrem Wert nach direkt auf den Pariser Louvre folgen soll. »Der Traum des hl. Joseph« von Georges de la Tour, »Portrait de Madame de Senonnes« von Jean Baptiste Dominique Ingres und »Seerosen« von Claude Monet.

Musée Dobrée, 18, rue Voltaire. Tgl. außer Mo 10–12, 13.30–17.30 Uhr. So gratis. Bedeutende Privatsammlung des Reeders Thomas Dobrée in einem eigens dafür errichteten Palais im Stil italienischer Romanik. Themen-Schwerpunkte Mittelalter, Vendée-Kriege und die Französische Revolution.

Kreuzfahrt mit Dîner auf der Erdre: Ablegen im goldenen Abendlicht. Der Champagner perlt im Glas, das Piano klingt leise, vor den Panoramascheiben ziehen feudale Landhäuser und Schlösser vorbei.

Knapp zwei Stunden, drei Menügänge, 13 Schlösser und etliche Wasserreiher später wendet das Schiff im verträumten Flußdorf Sucé-sur-Erdre, um zum Café ins nächtlich illuminierte Nantes zurückzugleiten. Bâteaux nantais, Ostern-Sept., quai de la Motte Rouge/Place Waldeck-Rousseau. Tagsüber ohne Essen 50 FF, abends 285 FF. ✆ 02 40 14 51 14, Fax 02 40 14 51 00.

Flohmarkt, Sa morgens 9–13 Uhr, place Viarme. Trödel, Kitsch und Antiquitäten.
Marché Talensac, tgl. außer Mo 8–12.30 Uhr. Obst und Gemüse aus dem Anjou, Fisch und Meeresfrüchte aus der Bretagne, Frühkartoffeln und Austern aus der Vendée, ausgebreitet in und um die Hallen. Besonders prächtig So.
Confiserie Gauthier-Debotte, 9, rue de la Fosse, ✆ 02 40 48 23 19. Tgl. außer So 9–19.15 Uhr. Belle-Epoque-Chocolatier. *Muscadet nantais* (in Schokolade getauchte Trauben), *mascarons* (dunkle Schokoladentäfelchen mit Mandelsplittern).
In der **Rue Crébillon** Edelboutiquen für die Welt des schönen Scheins. Prêt-à-porter, Schmuck, Schuhe.

Café Le Commerce, place du Commerce, Traditionscafé der Belle Epoque. Alte Vertäfelungen, geschnitzte Decke. Treffpunkt von Nantes.
La Maison du Change, 2, rue des Carmes. Neueröffnete Restaurant-Bar der lokalen Kneipengröße Suzanne. In einem Fachwerkhaus des 15. Jh. Intellektuellen-Klientel und mittelalterliche Musik.
Le Menure, 2, rue Grétry. Inhaberin Madame Hélène ist eine Institution. Tagsüber still und leer, Rentner und kleine Angestellte. Nachts trendy und unglaublich voll, Studenten und Szenevolk.
Le Santeuil, 5, rue Santeuil. Skurrile, altgediente Bastion des Nachtlebens mit buntem Publikum. Die Einrichtung reicht vom Kuhfell über Nähmaschinen bis hin zu Rattan-Hockern.
Le Saint-Domingue, rue de St-Domingue. Sehr schräge Adresse im alten Werftgelände. Nach Mitternacht wird's voll. Regelmäßig Rock-Konzerte.
Le Tie-Break, 1, rue des Petites Ecuries. Alteingesessener Live-Musik-Club. Viele Jazz-Konzerte. Tischchen vor der Bühne. In der oberen Etage kleine Diskothek mit französischen Schlagern und 70er Jahre Hits.

Bahnhof, boulevard de Stalingrad. Tgl. mehrere TGV nach Paris, Dauer ca. 2 Std. Verbindungen Richtung Bordeaux, Lorient, Brest. Information, ✆ 08 36 35 35 35.

Bus und Straßenbahn, ✆ 02 40 29 39 39. Sehr gutes innerstädtisches Netz. Info-Kiosk an der place de Commerce.

Aéroport Nantes-Atlantique, ✆ 02 40 84 80 00. Tgl. mehrere Flüge nach Paris. Flüge nach München und Düsseldorf.

Ile d'Ouessant (29424)

Syndicat d'initiative, place de l'Eglise, ✆ 02 98 48 85 83.

Roch Ar Mor, F–FF, plage de Porsmeur, ✆ 02 98 48 80 19, Fax 02 98 61 91 26. Hoch über einer Klippe, schlicht. Mit Restaurant und Terrasse.
Hôtel Fromveur, F–FF, Lampaul, ✆ 02 98 48 85 97. Mitten im Ort. Einfache Zimmer, jüngst renoviert. Zum Teil WC und Dusche über den Flur.

Chambres d'hôte Mme Avril, F, Le Bourg, ✆ 02 98 48 85 65 bzw. 80 08. Fünf Zimmer in Strandnähe. Mit Dusche und Frühstück.

Camping Municipal, Zwei Sterne mit 120 Plätzen, außerhalb des Orts in Richtung Anleger. Gras und sonst nichts: ein ehemaliges Militärgelände. ✆ 02 98 48 84 65.

Restaurant Fromveur (s. Hotel). Seeaalterrine, Lammragoût, Salzlamm, mit Rum flambierte gefüllte Krabben zu vernünftigen Preisen.
L'Océan, Le Bourg, ✆ 02 98 48 80 03. Restaurant des gleichnamigen Hotels mit empfehlenswerter Küche: Meeresfrüchte und Fang vom Tage.

Ecomusée de l'Ile d'Ouessant. Zwei typische Insulanerhäuser mit kompletter Einrichtung im Weiler Niou-Uhella. Jan.–März und Okt.–Dez. tgl. außer Mo 14–16 Uhr. April, Mai tgl. außer Mo 14–18.30 Uhr. Juni–Sept. tgl. 10.30–18.30 Uhr.
Musée des Phares et Balises, Sammlung zu Leuchttürmen und Signalfeuern im Maschinensaal des Leuchtturms von Créac'h. Juni–Sept. tgl. 10.30–18.30 Uhr. Okt.–März tgl. außer Mo 14–17 Uhr. April, Mai tgl. außer Mo 13–18.30 Uhr.

15. Aug. Segnung des Meeres und **Pardon de Notre-Dame du Bon Voyage**.

Fähre nach Brest, Le Conquet und Molène. Société Maritime Penn Ar Bed, ✆ 02 98 80 24 68 oder Finist'Mer, ✆ 02 98 89 16 61.

Tgl. zwei Flüge ab Aéroport Brest-Guipavas. 15 Min. Finist'Air, ✆ 02 98 84 64 87.

Paimpol (22500)

Office de tourisme, rue St-Vincent, ✆ 02 96 20 83 16.

Le Repaire de Kerroc'h, FF–FFF, 29, quai Morand. Stilvolle Zimmer im 1793 gebauten, feudalen Landhaus eines Korsaren. Direkt am Jachthafen, mit schöner Terrasse und exzellentem Restaurant.
Chambres d'hôte Madame Lec'Hvien, F, Kerroc'h, route de Bréhat, ✆ 02 96 55 81 72. Nördlich von Paimpol Richtung Bréhat. Blick auf die Bucht, Garten und Zugang zum Meer.

Pension Bocher, Pors-Even, ✆ 02 96 55 84 16. In Richtung der Pointe de l'Arcouest. Bodenständige Adresse mit sehr gutem Fisch und Meeresfrüchten.

Musée de la Mer, rue Labenne, Ostern–Sep. tgl. 10–12, 15–19 Uhr. Alles über den Alltag der Islandfischer.
Le Mad Atao, quai Duguay Trouin, Juni–Aug. 15–19 Uhr. In den 30er Jahren gebauter Dundee-Segler im Original, schwimmendes Zeitdokument.
Abtei von Beauport, route de St-Brieuc, im südwestlichen Ortsteil Kérity. Klosterruine, Mitte Juni–Mitte Sept. tgl. 10–19, sonst tgl. außer Di 10–12, 14–17 Uhr.

Freiluftkonzerte (Klassik) in der Abtei von Beauport, Juli/Aug., ✆ 02 96 20 97 69.

Segeltörns auf dem »Vieux Copain«, einem denkmalgeschützten Thunfischkutter von 1940. Dauer: halbe Tage bis zu einer Woche. Juli/Aug. tgl., sonst Wochenende. Tag pro Person 250 FF, mit Verpflegung 380 FF. Le Vieux Copain, 49, rue de Goasplat, ✆ 02 96 20 59 30, Fax 02 96 22 07 33, Monsieur Le Joliff.

Bahnhof, avenue Général de Gaulle, ✆ 02 96 20 81 22. Zugverbindung nach Guingamp. Ein Ausflugstip: Bis Pontrieux folgen die Schienen dem rechten Ufer des Trieux. Unterwegs Schlösser und Naturidylle.

Paimpont (35380)

Syndicat d'initiative, in einer ehemaligen Scheune der Abtei, ✆ 02 99 07 84 23.

Chambres d'hôte La Corne de Cerf, FF, außerhalb Richtung Beignon, ✆ 02 99 07 84 14. Drei Zimmer in schmuckem Natursteinhaus mit liebevoll gepflegtem Blumengarten ringsherum.

Manoir du Tertre, FFF, außerhalb an der Straße nach Beignon, ✆ 02 99 97 81 02, Fax 02 99 07 85 45. Herrschaftliches Anwesen aus dem 17. Jh. Fuchs und Hase sagen sich vor den Sprossenfenstern Gute Nacht. Angeschlossen ist ein renommiertes Restaurant.

Château de Comper im Weiler Concoret nördlich von Paimpont. April–Sept. tgl. außer Di, Fr 10–19 Uhr. Juni–Aug. tgl. außer Di. Die Artus-Sage in Szenen und Bildern – die Burg soll Merlin für die Fee Viviane gebaut haben.

Penmarc'h (29760)

Office de tourisme de la Pointe Bigoudène, place du Maréchal Davou, ✆ 02 98 58 81 44.

Le Doris, Port de Kérity, ✆ 02 98 58 60 92. Unten stehen Seebären an der Theke, im ersten Stock werden Krabben geknackt. Erstklassige Fischküche. Schöner Saal mit Meerblick.

Perros-Guirec (22700)

Office de tourisme, 21, place de l'Hôtel de Ville, ✆ 02 96 23 21 15, Fax 02 96 23 04 72.

Printania, FFF, 12, rue des Bons-Enfants, ✆ 02 96 49 01 10, Fax 02 96 91 16 36. Blütenweiße 30er Jahre-Villa in Hanglage. Blick auf die Sept Iles und den Strand von Trestraou.
Ker Mor, FF–FFF, 38, rue du Maréchal Foch, ✆ 02 96 23 14 19, Fax 02 96 23 18 49. Belle-Epoque-Hotel im Dornröschenstil, oberhalb der Plage de Trestraou. Die Zimmer sind einfach, aber sie haben Meerblick.
Pierre & Vacances, FF, boulevard Thalassa, ✆ 02 96 91 17 91, Fax 02 96 91 23 76. Ferienanlage am Strand von Trestraou mit vielen Einrichtungen für Kinder sowie Zugang zum Thalassotherapie-Zentrum. Volleingerichtete Studios für vier Personen.
Hôtel des Rochers, FF, Port de Ploumanac'h, ✆ 02 96 91 44 49, Fax 02 96 91 43 64. Sehr schönes Hotel der Jahrhundertwende aus Granit mit Blick auf Hafen und Bucht. Die Küche von Madame Justin und Filius Arnaud hat Spitzenniveau: In Armagnac flambierter Hummer – die Preise im »Chez Justin« klettern entsprechend hoch.

La Bonne Auberge, F, place de la Chapelle, ✆ 02 96 91 46 05, Fax 02 96 91 62 88. Charmantes 8-Zimmer-Hotelchen, dessen rosa Granit unter Kletterpflanzen versinkt. Im Ortsteil La Clarté, somit nicht am Strand.

Camping Le Ranolien, Ploumanac'h, ✆ 02 96 91 43 58, Fax 02 96 91 41 90. Sehr großer Viersterne-Platz mit allen Schikanen (Aqualand mit Vierbahn-Wasserrutsche). Eingebettet in Felsen, auf dem Gelände von zwei bretonischen Gehöften. 100 m zum Strand.

Crêperie Hamon, rue de La Salle, ✆ 02 96 23 28 82. Institution in steil zum Jachthafen abfallender Straße. »Crêpes-in-die-Luft-Wirbeln« als akrobatische Einlage des Patrons.
Les Rochers, »Chez Justin« (s. Hotel). Michelin-Stern-prämierte Küche. Köstlicher, in der Pfanne gebratener Rochen. Ein Plaisir für den Gaumen – ein Schlag in die Urlaubskasse.

Réserve naturelle des Sept Iles, Vogelschutzgebiet auf dem vorgelagerten Archipel. Drei Bootsgesellschaften (Les 7 Iles en Vedettes, Les Vedettes des 7 Iles, Les Vedettes du Trégor) bieten vom Strand Le Trestraou aus Ausflüge mit Vogelbeobachtung an. Reservierung (für alle) in der Gare maritime, ✆ 02 96 91 10 00, Fax 02 96 91 04 78. Von Ploumanac'h aus ✆ 02 96 91 44 40.
Maison de la Réserve naturelle des Sept Iles, Dauerausstellung des Naturschutzparks auf der Ile Grande, Juni–Sept. tgl. außer Sa, So morgens 10–13, 14.30–19 Uhr. Sonst Sa, So 14–18 Uhr und Schulferien.

Pardon Notre Dame de la Clarté. Prozession mit Rahmenprogramm wie einem Boulewettbewerb. Maria Himmelfahrt (15. Aug.).

Piriac-sur-Mer (44420)

Office de tourisme, 7, rue des Cap-Horniers, ✆ 02 40 23 51 42.

Hôtel de la Pointe, F–FF, 1, quai de Verdun, ✆ 02 40 23 50 04. Hotel wie aus einem Eric-Rohmer-Film. Einfache Zimmer mit unschlagbarer Aussicht auf den Hafen.
La Poste, F–FF, 26, rue de la Plage, ✆ 02 40 23 50 90, Fax 02 40 23 68 96. Sommerfrische der beschaulichen Art.

Restaurant de la Pointe (s. Hotel). Ordentliche Küche, noch überzeugender ist die Terrasse.

Plélo (22170)

Office de tourisme, in Châteaulaudren, ✆ 02 96 74 12 02.

Chambres d'hôte Au Char à Bancs, FFF, Moulin de la Ville Geffroy, ✆ 02 96 74 13 63, Fax 02 96 74 13 03. 3 km außerhalb von Plélo. Nicht ganz billig für Übernachtung mit Frühstück, dafür aber in bukolischer Lage und liebevoll mit handverlesenem Mobiliar eingerichtet.

Au Char à Bancs. Einer der ersten Urlaubs-Bauernhöfe der Bretagne, mittlerweile weit und breit bekannt. *Galettes à l'ancienne* und Forellen. In alter Mühle am Flüßchen Leff. Saal mit viel altem Gebälk und dem unumgänglichen großen Kessel im Kamin. Park zum Spazierengehen, eintrittspflichtiges Bauernmuseum. **La Ville-Andon,** an der D 4 nach Plourhan, ✆ 02 96 74 21 77. Noch ein Bauernhof. Köstliche hausgemachte *andouille, coq au cidre* mit Äpfeln vom Hof, Ente mit Rübchen.

Pleumeur-Bodou (22560)

Information s. Trébeurden.

Musée des Télécommunications und Radôme, Juli/Aug. tgl. 10–19 Uhr, Mai–Juni tgl. 10–18 Uhr. April, Sept. tgl. außer Sa 10–18 Uhr, sonst tgl. außer Sa 13.30–17.30 Uhr.
Planétarium du Trégor, April–Juni und Sept. tgl. außer Mo morgen 10.45, 15, 16.30 Uhr. Feb., März, Okt.–Dez., tgl. außer Mi, Sa 10.45, 14.30, So 16 Uhr. Juli/Aug. tgl. außer Mo, Sa, So morgens 10.30, 11.45, 13.15, 14.30, 16, 17.30 Uhr.
Le Village Gaulois, April–Sept. tgl. außer Sa 14–18, Juli/Aug. tgl. 10–19 Uhr.

Ploërmel (56800)

Groupement d'Intérêt Touristique de Brocéliande à l'Océan, 5, rue du Val, ✆ 02 97 74 02 70.

Hôtel-Restaurant Le Cobh, F–FF, ✆ 02 97 74 00 49, Fax 02 97 74 07 36. Logis de France mit langer Tradition. Große Zimmer mit englischen Mobiliar. Familienfreundlicher separater Anbau im Garten für sechs Personen.

Plogoff (29770)

Relais de la Pointe du Van, FF–FFF, plage des Trépassés, ✆ 02 98 70 62 79, Fax 02 98 70 35 20. Ähnelt dem o. g. Hotel: Kein Wunder, die beiden Häuser stehen unter derselben Leitung. Etwas neuer.
Hôtel de la Baie des Trépassés, F–FFF, plage des Trépassés, ✆ 02 98 70 61 34, Fax 02 98 70 35 20. Der große Bau wahrt mit Schieferdach und weißen Wänden bretonische Bauweisen. Unvergleichliche Lage am Strand. Atemberaubender Meerblick und banal eingerichtete Zimmer mit Blümchentapeten!
Ker-Moor, F–FF, route d'Audierne, ✆ 02 98 70 62 06, Fax 02 98 70 32 69. Schmuckes Hotel mit 16 Zimmern an der Sandbucht Ans du Loc'h, 3 km östlich von Plogoff. Meerblick und zum Frühstück ins Wasser.
Chambres d'hôte Le Bars, F–FF, Kerguidy Izella, ✆ 02 98 70 35 60. Fünf komfortable Zimmer (drei Ähren im Gîtes-de-France) bei Annick und Jean-Noël. Zwischen Plogoff und Lescoff.

Le Relais de l'Ile de Sein, im Dorfkern, ✆ 02 98 70 60 67. Günstige, schmackhafte Menüs in maritimem Ambiente. Mit Veranda.

Plonévez-du-Faou (29530)

Syndicat d'initiative, Rathaus, ✆ 02 98 86 90 07.

Auberge du Coat Broez, F, Le Bourg, ✆ 02 98 73 71 37. Urbretonische Küche, Direktverkauf von lokalen Wildspezialitäten. Adrette Zimmer.

Fête du Beurre, 4. So im Sept. Butterschlagen nach alter Art.

Plonévez-Porzay (29550)

Manoir de Moellien, FFF, ✆ 02 98 92 50 40, Fax 02 98 92 55 21. Tief im Land, und dabei nah an der Küste verstecktes 350 Jahre altes Herrenhaus. Stimmiges Interieur zum Granitgemäuer.

Ploudalmézeau (29830)

Office de tourisme, place de l'Eglise, ✆ 02 98 48 12 88, Fax 02 98 48 11 88. Auch Informationen über das Pays des Abers.

Hôtel des Voyageurs, F, 1, rue Henri Provostic, ✆ 02 98 48 10 13, Fax 02 98 48 19 82. Neun Zimmer in typisch französischem Landhotel gegenüber der Kirche. Solide und einfach.

Camping des Abers, Dunes de Ste-Marguerite, 29879 Landéda, ✆ 02 98 04 93 35, Fax 02 98 04 84 35. Dreisterne-Platz am Meer östlich des Aber Benoît. Weißer Sandstrand und Dünen.

Hôtel des Voyageurs (s. Hotel). Meeresfrüchte und Fisch ohne modischen Schnickschnack, immer frisch und preiswert.
Crêperie du Château d'Eau, route de Brest, ✆ 02 98 48 03 67. Crêpes in 50 m Höhe: Man speist in einem ehemaligen Wasserturm. Zum Abtrainieren bieten sich 280 Stufen an. Aufzug vorhanden.
Crêperie de l'Aber Benoît, Pors Ar Vilin, 6 km östlich in St-Pabu, ✆ 02 98 89 86 26. Wunderschönes altes Haus am Ufer des Aber Benoît, ein Vergnügen für Augen und Gaumen.

Plouescat (29430)

Roc'h-ar-Mor, F. Im Ortsteil Pors-Meur, ✆ 02 98 69 63 01, Fax 02 98 61 91 26. Kleines Hotel, traumhaft gelegen: mitten in den Dünen. Ringsherum nur Sand und Meer. Schlichte Zimmer, raffiniertes Restaurant.

La Caravelle, 20, rue du Calvaire, ✆ 2 98 69 61 75. Kleines Restaurant, in dem Madame Pinon den Löffel schwingt. Entenbrust mit Äpfeln und Kohl, Languste mit Artischocken, Meeresfrüchte in Petersilienbutter gedünstet.
Crêperie Le Pressoir, 9, place de l'Europe, ✆ 02 98 69 60 46. Crêpes mit Meeresfrüchten, *moules à la crème.*

Strandsegeln, Surfen und **Katamaransegeln.** Kurse und Verleih im Centre nautique von Porsguen an der Bucht von Kernic, ✆ 02 98 69 63 25.

Plougastel-Daoulas (29470)

Office de tourisme, place du Calvaire, ✆ 02 98 40 34 98.

Kastel Roc'h, FF, von der N 165 kommend an der Ausfahrt Plougastel-Daoulas (D 33), ✆ 02 98 40 32 00, Fax 02 98 04 25 40. Komfortabel und mit Garten.

Le Chevalier de l'Auberlac'h, 5, rue Mathurin-Thomas, ✆ 02 98 40 54 56. Gehobene Küche, elegant-rustikaler Speisesaal. Nicht ganz preiswert, aber günstiges Mittagsmenü (außer So).

Plouguerneau (29232)

Office de tourisme, place de l'Europe, ✆ 02 98 04 70 93.

Ecomusée des Goémoniers, route de St-Michel, Ostern–Sept. tgl. 10–12, 14–18, sonst 13.30–16.30 Uhr. Alles über das Algensammeln an der Côte des Abers.

Plouvien (29860)

Le Moulin de Garéna, FF, Vallée des Moulins, ✆ 02 98 04 01 37. Herrschaftliches Mühlenanwesen, zu zwei Seiten von rauschenden Bächen umspült. Tennis, Terrassen, 4 ha großer Park und Schwimmbad.

Plozévet (29710)

Breiz-Armor, FF, plage de Penhors, ✆ und Fax 02 98 51 52 53. Beigefarbenes Neubauhotel, dessen blauer Neonschriftzug ins karge Land leuchtet. Blick auf Kieselstrand und den winzigen Hafen.
Hôtel des Voyageurs, F, 31, rue de Quimper, ✆ 02 98 91 30 39. Zimmer mit Gartenblick in einem Hotel mit gestrigem Charme.

Pointe de l'Arcouest (22620)

Information s. Paimpol.

Le Barbu, FFF, l'Arcouest, ✆ 02 96 55 86 98, Fax 02 96 55 73 87. Logis de France der gehobenen Kategorie am Anleger. Zimmer mit Aussicht auf die Ile de Bréhat, Garten, Sauna und Schwimmbad.

Camping Panorama du Rohou, ✆ 02 96 55 87 22. Unschlagbare Lage mit Blick auf die Ile de Bréhat, einfache Ausstattung.

Tgl. zwölf Überfahrten zur Ile de Bréhat. 6 Min. Dauer. April–Sept. 8.30–18.30 Uhr, ✆ 02 96 55 86 99. Außerhalb der Saison nur fünf Touren. Im Sommer ebenfalls Ausflugsfahrten landeinwärts den Trieux hoch. Ziel ist das Schloß La Roche-Jagu.

Pointe du Raz (29770)

Maison du Site. Auf Vorlage des Parkscheins erhält man ein Faltblatt über die Pointe du Raz.

Crêperie Le Grand Bleu, village commercial, ✆ 02 98 70 35 96. Ordentliche Crêpes, freundlicher Service. Terrasse.

Bus von der Maison du Site zur Pointe du Raz. Gratis.

Pointe St-Mathieu (29217)

Information s. Le Conquet.

Hostellerie de la Pointe St-Mathieu, FFF, pointe St-Mathieu, ✆ 02 98 89 00 19, ✆ 02 98 89 15 68. Schmuckes Hausteingemäuer mit Sprossenfenstern gegenüber der Abteiruine. Wollig wohnen und schlemmen am Ende der Welt. Küchenchef Philippe Carre zaubert Köstliches wie Hase mit Pflaumen oder Paloudes-Muscheln und Kalbsfüße mit frischen Pilzen auf den Tisch.

Pont-Aven (29930)

Office de tourisme, 5, place de l'Hôtel de Ville, ✆ 02 98 06 04 70.

Le Moulin de Rosmadec, FFF, Venelle de Rosmadec, ✆ 02 98 06 00 22, Fax 02 98 06 18 00. Das erste Haus am Platze. Am Ufer des Aven in malerischer Mühle. Bretonisches Interieur.
Les Ajoncs d'Or, FF, 1, place de l'Hôtel de Ville, ✆ 02 98 06 02 06, Fax 02 98 06 18 91. Klassisch und überzeugend. Ganz zentral, schmuck mit weiß-blau gehaltener Fassade.

Le Moulin de Rosmadec (s. Hotel). Gourmet-Adresse mit Michelin-Stern. Gegrillter Hummer »Rosmadec«, Petersfisch mit Artischokken. Teuer.
Le Talisman, 4, rue Paul Sérusier, ✆ 02 98 06 02 58. Abseits des Touristenstroms, mit Terrasse und vielen Blumen. Einfache Gerichte zu günstigen Preisen: Omelettes, Crêpes, Salate.

Musée de Pont-Aven, place de l'Hôtel de Ville. Ende März–Jan. tgl. 10–12.30, 14–19 Uhr. Im Sommer durchgehend geöffnet. Ausstellungen zur Ecole de Pont-Aven, aber leider kein einziger Gauguin in Museumsbesitz.

Fête des Fleus d'Anjoncs. Großes Folklorefest am ersten Augustsonntag.

Bootsrundfahrten auf dem Aven bis nach Port Manec'h und den Bélon. Les Vedettes Aven-Bélon, quai Théodore Botrel, ✆ 02 98 71 14 59.

Pont-Croix (29790)

Office de tourisme, place de l'Eglise, ✆ 02 98 70 46 88.

Ty-Eban, F–FF, 18, rue de Docteur Neis, ✆ 02 98 70 58 58. Familiäres Haus auf dem ruhigen Hauptplatz. Dörflicher Charme.

Lichterprozession an Maria Himmelfahrt (15. 8.).

Pont-l'Abbé (29120)

Office de tourisme, 3, rue du Château, ✆ 02 98 82 37 99.

Château de Kernuz, FFF, route de Penmarc'h, ✆ 02 98 87 01 59, Fax 02 98 66 02 36. Nobler Herrensitz in bukolischer Landschaft. Hoheitsvolles Residieren inklusive 15 ha Park, Taubenturm, Kapelle und alten Wällen.
Le Bretagne, FF–FFF, 24, place de la République, ✆ 02 98 87 17 22, Fax 02 98 82 39 31. Familiäres Haus am weiten Hauptplatz, zu erkennen an der Natursteinfassade.

Relais de Ty-Boutic, route de Plomeur, Ty Boutic, ✆ 02 98 87 03 63. 3 km südwestlich. Menüs in allen Preislagen. Küchenchef Pierre Courrot empfiehlt gegrilltes Täubchen in Honigsauce und Lammfilet. Terrasse.
Crêperie les Quatre Saisons, 2, rue Burdeau, ✆ 02 98 87 06 05. Das

schmucke Haus fällt ins Auge. Wenige Tische draußen. Breite Auswahl schmackhafter Crêpes.

Musée Bigouden, im Schloß. Tgl. außer So, Feb.–Mai 10–12, 14–16.15, Juni–Sept. 9–12, 14–18.30 Uhr. Von der Spitzenhaube bis zum Schiffsmodell alles über das Leben im Bigouden-Land.

Ecomusée La Maison du Pays Bigouden, Ferme de Kervazégan, route de Loctudy. Tgl. außer So, Juni–Sept. 10–12, 14–18 Uhr. Typischer Bigouden-Bauernhof mit Stallungen, Schuppen und Wohnhaus.

Château de Kérazan, an der D 2 nach Loctudy. Juni–Sept. tgl. außer Di 10–19 Uhr. Schloß (16–18. Jh.), Park und Gemäldesammlung.

Fête des Brodeuses, zweiter Sonntag im Juli. Großes Fest unter dem Motto »Sticken, was die Nadel hält«. Ausstellungen, Umzüge, Feuerwerk, Fest-Noz und haubentragende Bigouden-Damen.

Pardon des Carmes, dritter Sonntag im Juli. Prozession zur Karmeliterkirche. Weitere Gelegenheit, um haubentragende Bigouden-Damen zu sehen.

Busbahnhof, am Pont Neuf. Verbindungen nach Loctudy, Lesconil, Quimper, Fouesnant und Concarneau.

Porspoder (29840)

Syndicat d'initiative, Pen Ar Vur, ✆ 02 98 89 93 52.

Erntedankfest am 15. Aug.

Port-Louis (56290)

Office de tourisme du Pays de Port-Louis, 47, Grande Rue, ✆ 02 97 82 52 93.

Hôtel du Commerce, F–FF, 1, place du Marché, ✆ 02 97 82 46 05, Fax 02 97 82 11 02. Zentral am hübschen Marktplatz, dennoch ruhig. Zweisterne-Komfort und Logis-de-France-Zuverlässigkeit.

Camping des Remparts, rue des Recollets, ✆ 02 97 82 47 16 oder 80 85 85. Kleiner Platz im Schatten der Festungsmauern. Tennisplatz, Strand und Zitadelle in der Nähe.

Musée de la Compagnie des Indes, La Citadelle, Juni–Sept. tgl. außer Di 10–19 Uhr, sonst 10–12, 14–17 Uhr, Nov. geschl. Geschichte der Seehandelsgesellschaft: Waren und Exponate der königlichen Marine. Im beeindruckenden Rahmen der Zitadelle.

Fähren nach Lorient, Locmiquélic. Société Coopérative des Vedettes, ✆ 02 97 33 40 65. Nach Gâvres, ✆ 02 97 82 46 55. Regelmäßiger Dienst.

Port-Manec'h (29920)

Office de tourisme de Névez, 18, place de l'Eglise, ✆ 02 98 06 87 90.

Hôtel du Port, FF–FFF, rue de l'Aven, ✆ 02 98 06 82 17, Fax 02 98 06 62 70. Ordentliches Logis-de-France-Hotel mit Blick über die Mündung des Aven und des Bélon.

Camping St-Nicolas, ✆ 02 98 06 89 75, Fax 02 98 06 74 61. Dreisterne-Platz 200 m vom Strand. Rasen, wenig Schatten.

Centre Nautique, Mitglied der renommierten Ecole Française de Voile. Kanu, Segeln, Katamaran, Surfen: Kurse oder in Eigenregie, ✆ 02 98 06 79 92.

Le Pouldu (29360)

Office de tourisme, boulevard de la Plage, ✆ 02 98 39 93 42.

Ar men, FF–FFF, route de la Plage, ✆ 02 98 39 90 44, Fax 02 98 39 98 69. Stattliches altes Haus, dessen imposante Fassade Ehrfurcht einflößt. Oberhalb des Hafens. Gepflegte Zimmer. Nachteil: die Lage an der Durchgangsstraße.
Hôtel du Pouldu, F, Le Port, ✆ 02 98 39 90 66, Fax 02 98 39 99 64. Familienbetrieb in hübschem Altbau. Für die einfachen Zimmer entschädigen der niedrige Preis und die Lage am Kai.

Camping du Kerlou, plage du Kerlou, ✆ 02 98 39 92 57. 6 ha großes Terrain 200 m vom Strand. Mit Sauna, beheiztem Schwimmbad, Bar, Restaurant und Lebensmittelladen. Kinderfreundlich.

Questembert (56230)

Office de tourisme, 15, rue des Halles, ✆ 02 97 26 56 00, Fax 02 97 26 54 55.

L'Auberge Bretonne, F, 6, place du 8 Mai, ✆ 02 97 26 60 76. Schlichte und ordentliche Zimmer zu unschlagbaren Preisen.

Forteresse de Largoët, beim 15 km nordöstlich gelegenen Dorf Elven, März–Mai, Okt.–4. Nov. Sa, So und Schulferien 10.30–18.30 Uhr. Juni–Sept. tgl. Juli/Aug. Führungen 14–18 Uhr.

Le Bretagne, FFFF, 13, rue St-Michel, ✆ 02 97 26 11 12. Viersterne-Luxuszimmer, die eigentlich nur dazu dienen, weitangereisten Restaurantgästen ein Bett zu bieten. Das Restaurant von Georges Paineau hat landesweiten Ruf: Die kulinarische Hochburg wird mit Raffinessen wie Hummer im Kohlwickel verteidigt.

Quiberon (56170)

Office de tourisme, 14, rue Verdun, ✆ 02 97 50 07 84, Fax 02 97 30 58 22.

Sofitel Thalassa, FFFF–FFFFF, pointe de Goulvars, ✆ 02 97 50 20 00, Fax 02 97 30 47 63. Luxus in unverschämt schöner Lage fast am Ende der Halbinsel, allerdings ein Bau mit dem Monumentalcharme der 60er Jahre! Direkter Zugang zum Thalassotherapie-Zentrum.
Belle-Vue, FFF, rue de Tiviec, ✆ 02 97 50 16 28, Fax 02 97 30 44 34. Zwischen Casino und Goviro-Strand. Moderner Bau mit futuristischem Anflug. In guter Lage. Komfortable Zimmer, Garten und Schwimmbad im Patio.
Les Druides, FFF, 6, rue Hoche, ✆ 02 97 50 14 74, Fax 02 97 50 35 72. 31 Zimmer auf Dreisterne-Niveau (einige mit Loggia zum Meer) oberhalb vom Port Maria und der Grande Plage.

Hôtel de l'Océan, F–FF, 7, quai de l'Océan, ✆ 02 97 50 07 58. Altbau. Kleine, aber korrekte Zimmer. Wunderschöner Blick auf den Hafen und die Fähre nach Belle-Ile.
A'Parc Tehuen, F, 28, rue du Roch Priol, ✆ 02 97 50 10 26, Fax 02 97 64 53 70. Familienpension im Park mit großen Kiefern. Nah beim Zentrum, 300 m vom großen Strand.

Camping du Conguel, boulevard de la Teignouse, ✆ 02 97 50 19 11. Viersterne-Terrain in traumhafter Lage ganz am Ende der Halbinsel. 250 Plätze, z. T. unter Bäumen.
Camping Do Mi Si La Mi, St-Julien-Plage, ✆ 02 97 50 22 52. Auf der Ostseite der Halbinsel am Dorfrand von St-Julien. Adrettes Gelände in Nähe zum Strand, den leider eine Straße abtrennt.

Au Vieux Logis, St-Julien, ✆ 02 97 50 12 20. Hübsches bretonisches Haus mit Terrasse, bei der Dorfkapelle. Spezialität ist die *pierrade de poisson.*
A l'Ancienne Forge, 20, rue de Verdun, ✆ 02 97 50 18 64. Gemütliches, niveauvolles Restaurant gegenüber dem Rathaus. Küchenchef Alain schlägt natürlich Fisch vor.
Le Jules Verne, 1, boulevard d'Hoëdic, ✆ 02 97 30 55 55. Die Terrasse ist ein Schiff mit Blick auf die Mole von Port Maria. Statt der Masten knacken die Hummerbeine. Teuer.
La Chaumine, 36, place du Manémeur, ✆ 02 97 50 17 67. Zwischen den weißen Fischerhäusern des Dorfs Manémeur eine bodenständige Adresse, die für stets frische Krabben, Muscheln und Fische bürgt.
Le Vivier, Beg er Goalennec, ✆ 02 97 50 12 60. An der Côte Sauvage, bei den Lebendbecken für Meeresfrüchte. Letztere sind Spezialitäten des Restaurants auf den Klippen.

Conserverie Belle-Iloise, Zone d'Activités Plein Ouest (beim Friedhof), ✆ 02 97 50 08 77. Juli/Aug. tgl. außer So, stdl. Führungen 9–11, 14–18 Uhr. Wie kommt die Sardine in die Büchse? Hier sieht man's.

Markt Sa morgens, place Hoche.
Maison Riguidel, 38, rue du Port Maria. Bretonische Traditionsbäckerei: *kouign amann, far,* Galettes und die Spezialität *beurrée Riguidel* (Plätzchen).

Cercle nautique de Port Haliguen, Segelschule neben dem Porigo-Strand, ✆ 02 97 50 17 45.

Juli/Aug. Pendelzug von Plouharnel nach Quiberon.

Fähren nach Belle-Ile, Houat und Hoëdic. Compagnie Morbihannaise et Nantaise de Navigation, gare maritime, ✆ 02 97 50 06 90.

Quimper (29000)

Office de tourisme, place de la Résistance, ✆ 02 98 53 04 05, Fax 02 98 53 31 33.

Château de Kerambleiz, FFF, 29700 Plomelin, ✆ 02 98 94 23 42, Fax 02 98 95 31 01. Fürstliches Anwesen aus dem 19. Jh., das wie ein Loire-Schloß aussieht. Park und Wälder, am Ufer des Odet. 15 Automin. südlich von Quimper.
La Tour d'Auvergne, FFF, 13, rue des Réguaires, ✆ 02 98 95 08 70, Fax 02 98 95 17 31. Grundsolides Haus der

gehobenen Klasse, renoviert und zentral.
Le Gradlon, FFF, 30, rue de Brest, ✆ 02 98 95 04 39, Fax 02 98 95 61 25. Kleiner Garten, hübscher Salon und nette Patronne sind die Vorzüge des Hauses. Unweit des Bahnhofs.
Mascotte, FF, 6, rue Theodore Le Hars, ✆ 02 98 52 10 15, Fax 02 98 90 31 51. Für das moderne Haus mitten im Zentrum sprechen beste Lage, freundlicher Service und angenehme Zimmer mit Komfort wie TV und Minibar.

Camping de l'Orangerie du Château de Lanniron, Viersterne-Luxus-Platz an der ehemaligen Sommerresidenz der Bischöfe von Quimper. Odet-Ufer und 17 ha Park inklusive.

Folle Blanche, 39, boulevard de Kerguélen, ✆ 20 98 95 76 76. Strenges Art-déco-Gebäude am Odet-Ufer. Köstlich: Muschel-Cassolette mit Koriander. Innenhof mit Blick auf die Stadtmauern.
Créperie au Vieux Quimper, 20, rue du Verdelet, ✆ 02 98 95 31 34. Urgemütliches Restaurant mit viel Lokalkolorit und hervorragenden Crêpes.
Le Capucin Gourmand, 29, rue des Réguaires, ✆ 02 98 95 43 12. Quimpers Feinschmeckertempel. Flambiertes Hummerragout mit Pommeau (Apfelaperitif), mit Herzmuscheln gefüllte Ravioli in Ingwer. Hat seinen Preis.
L'Ambroisie, 49, rue Elie Fréron, ✆ 02 98 95 00 02. Nördlich der Kathedrale. Edel und gut: Lammfilet, Seelachs-Galette mit kleinem Gemüse. Aufsteigender Stern am kulinarischen Himmel.
Le Saint-Co, 20, rue du Frout, ✆ 02 98 95 11 47. Direkt hinter der Kathedrale. Service bis spät in die Nacht, handfeste Küche: viel Gegrilltes vom Steak bis zum Jakobsmuschelspieß. Junges Publikum.

Musée des Beaux-Arts, 40, place St-Corentin. Juli/Aug. tgl. 9–19 Uhr. Sonst tgl. außer Di 10–12, 14–18 Uhr. Bretonische Malerei, Max Jacob-Saal, Ecole de Pont-Aven.
Musée départemental breton, Jardin de l'Ancien Evêché, Juli/Aug. tgl. 10–19 Uhr. Sonst tgl. außer Mo 10–12, 14–17 Uhr. Geschichte, Archäologie und Volkskunde des Departements Finistère. Exponate von der Frühgeschichte bis zum Mobiliar des 19. Jh.
Musée de la Faïence, 14, rue Jean-Baptiste-Bousquet, im Ortsteil Locmaria. Juli/Aug. tgl. 10–18 Uhr, sonst Mo–Sa 9–12, 14–17 Uhr. In einer ehemaligen Fayence-Manufaktur: Fayencen und ihre Herstellung von 1690 bis heute.

Faïencerie H. B. Henriot. Die bis zu 300 Jahre alten, farbenfrohen Dekores aus Quimpers Traditionsbetrieb gibt es im Zweite-Wahl-Laden bis zu 50 % unter Listenpreis.

Festival de Cornouaille, letzte Juliwoche. Über 200 Veranstaltungen beim siebentägigen Folklorespektakel. Neben Bretonen viele irische Besucher und Gruppen. Feuerwerk und Fest-Noz. So großer Trachtenumzug.
Les Semaines Musicales, in den ersten drei Augustwochen Konzerte in der ganzen Stadt.

Café de l'Epée und **Grand Café de Bretagne,** beide rue du Parc. Zwei klassische Cafés am Odet-Ufer. Zum nächtlichen Tingeln etliche Bars in der rue Ste-Cathérine: **Jean-la-Crêpe, Le Café des Arts.**

Bootsfahrten auf dem Odet bis Bénodet (s. Bénodet).

Gare Routière am Bahnhof, ✆ 02 98 90 88 89. Verbindungen nach Bénodet, Concarneau, Pont Aven, Douarnenez, Audierne und Quimperlé.

Bahnhof, avenue de la Gare, ✆ 02 98 90 50 50. Tgl. TGV nach Paris, Rennes und Nantes. Linien nach Vannes, Redon, Auray und Lorient. Petit Train »Tire-Bouchon«: Der ›Korkenzieher‹-Zug verbindet im Sommer Quiberon und Plouharnel, um den Dauerstau auf der D 768 zu entschärfen.

Quimperlé (29300)

Office de tourisme, rue du Bourgneuf, ✆ 02 98 96 04 32.

Chambres d'hôte La Maison d'Hippolyte, FF, 2, quai Surcouf, ✆ 02 98 39 09 11. Sehr zentral, dabei lauschig am Ufer der Laïta. Kleiner Garten und Terrasse mit Blick auf die Oberstadt. Liebevoll eingerichtete Zimmer.
Le Brizeux, F–FF, 7, quai Brizeux, ✆ 02 98 96 19 25. Elegantes, alteingesessenes Haus ganz im Zentrum. Zimmer etwas angestaubt. Blick auf die Laïta.

Le Bistro de la Tour, 2, rue Dom Morice, ✆ 02 98 39 29 58. Speisen beim Trödler: zwischen Nippes und Antiquitäten exzellenter Fisch (bretonische Sardinen, mit Kabeljau gefüllte Paprika) und exquisite Weine. In heimeliger Gasse. Der beste Tisch weit und breit.

Markt Fr 9–16 Uhr, place St-Michel.

Les Mercredis Musicaux, jeden Mi im Juli/Aug. Open-Air-Konzerte auf der place St-Michel. Gratis.

Redon (35600)

Office de tourisme, place de la République, ✆ 02 99 71 06 04.

La France, F–FF, 30, rue du Guesclin, ✆ 02 99 71 06 11, Fax 02 99 72 17 92. Neubauhotel am Jachthafen. Zentral. Fahrradverleih gratis.

Jean Marc Chandouineau, 1, rue Thiers, ✆ 02 99 71 02 04. Die kulinarische Institution in Redon. In der Nähe des Bahnhofs.

Musée de la Batellerie, quai Jean Bart. Mitte Juni–Mitte Sept. tgl. 10–12, 15–18 Uhr. Sonst Mo, Mi, Sa, So 14–18 Uhr. Flußschiffahrt in der Bretagne.

Verleih von Flußbooten bei Bretagne Plaisance, quai Jean Bart, ✆ 02 99 72 15 80, oder Comptoir Nautique, quai Surcouf, ✆ 02 99 72 29 56, oder Locaboat Plaisance, Ludwigstr. 1, 79104 Freiburg, ✆ 0 761/2 07 37 37, Fax 0 761/2 07 37 73.

Bahnhof, place M. Macé. TGV nach Paris, Lorient und Brest. Information ✆ 06 36 35 35 35.

Rennes (35000)

Office de tourisme, pont de Nemours, tgl. außer So und Mo morgens, ✆ 02 99 79 01 98. Zweigstelle am Bahnhof, auch Wochenende, ✆ 02 99 53 23 23.

Germinal, FFF, 9, cours de la Vilaine, ✆ 02 99 83 11 01, Fax 02 99 83 45 16. Ehemalige Mühle auf einer Flußinsel, 6 km östl. von Rennes. Vor den Zimmern fließt die Vilaine, ringsherum viel Grün.
Lecoq Gadby, FFF, 156, rue d'Antrain, ✆ 02 99 38 05 55, Fax 02 99 38 53 40. Vornehmes Haus mit elf luxuriös bis gediegen eingerichteten Zimmern und zauberhaftem Garten. Etwas außerhalb im Nordosten der Altstadt.
Angélina, FF, 1, quai Lamennais, ✆ 02 99 79 29 66. Großer Bau an einer lauten Straße, mit den Vorteilen zentrale Lage, bequeme Zimmer und nette Besitzer.
Garden Hotel, FF, 3, rue Duhamel, ✆ 02 99 65 45 06, Fax 02 99 65 02 62. Schöner Art-déco-Bau zwischen Altstadt und Bahnhof mit recht banalen Zimmern, aber Patio.
Hôtel des Lices, FF, 7, place des Lices, ✆ 02 99 79 14 81, Fax 02 99 79 35 44. Moderner Kasten mit phantastischem Blick und Balkon auf einen der schönsten Plätze in der Stadt. Rundherum Caféterrassen.
M. S. Nemours, FF, 5, rue de Nemours, ✆ 02 99 78 26 26, Fax 02 99 78 25 40. Gepflegtes, kleines Haus in zentraler Lage, das von einem stadtbekanntem ehemaligem Marineoffizier geführt wird – Willkommen an Deck!
Au Rocher de Cancale, F, 10, rue St-Michel, ✆ 02 99 79 20 83. Gebücktes Fachwerkhaus mit vier gemütlichen Zimmern in der studentischen Ausgehmeile.
La Tour d'Auvergne, F, 20, boulevard de la Tour d'Auvergne, ✆ 02 99 30 84 16. Mehr Familienpension als Hotel, mit Brasserie im Erdgeschoß. Einfache, saubere Zimmer und herzliche Inhaberin. Zu Fuß 15 Min. bis zur Altstadt.

Crêperie Sainte-Anne, 5, place Ste-Anne, ✆ 02 99 79 22 72. Immer noch *die* Crêperie in der Altstadt. Rustikal in schönem Fachwerkhaus.
Au Marché des Lices, 3, place du Bas-des-Lices, ✆ 02 99 30 42 95. Für den kleinen Hunger zwischendurch preisgünstige Salate, Galettes und natürlich Cidre. Im Winter Kaminfeuer.
La Taverne de la Marine, 2, place de la Bretagne, ✆ 02 99 31 53 84. Brasserie der erfolgsgewohnten Mischung guter Service – gute Küche (Fisch!) – akzeptable Preise – lange Öffnungszeiten. Stammlokal der Rennaiser Bourgeoisie.
Auberge Saint-Sauveur, 6, rue St-Sauveur. Hinter dem Renaissance-Schnitzwerk der Fassade ein urgemütliches Interieur. Klassische französische Küche zu gehobenen Preisen.
L'Ouvrée, 18, place des Lices, ✆ 02 99 30 16 38. Nobles, dabei heimeliges Restaurant mit entsprechender Cuisine und gewichtigen Preisen. Sehr gute Adresse.
L'Escu de Runfao, 11, rue du Chapitre, ✆ 02 99 79 13 10. Einer der besten Tische von Rennes (Meeresfrüchte und Fisch) in einem Barock-Haus der Altstadt. Bukolische Atmosphäre vor rot getünchten Wänden, Terrasse.
Le Palais, 7, place du Parlement de Bretagne. Edelrestaurant mit Michelin-Stern am elegantesten Platz der Stadt. Teuer, dafür aber ein kulinarisches Ereignis.

Musée des Beaux-Arts, 20, quai Emile-Zola. Kunstmuseum 14.–20. Jh. (Malerei, Zeichnungen, Stiche, Skulpturen), dessen Bestände weitgehend auf die Beschlagnahmungen während der Revolution zurückgehen. Tgl. außer Di und Feiertage 10–12, 14–18 Uhr.

Musée de Bretagne, im selben Gebäude. Archäologische Sammlung und bretonische Maler. Öffnungszeiten wie Musée des Beaux-Arts.
Ecomusée du Pays de Rennes, La Bintinais, route de Châtillon-sur-Seiche. Volkskundliches Museum auf typischem Gehöft, 4 km außerhalb. Tgl. außer Di, Sa morgens und Feiertagen 9–12, 14–18 Uhr.
Hôtel de Ville (Rathaus), place de la Mairie, Mo–Fr 8.30–17.30, Sa 9.30–12 Uhr.

Les Tombées de la Nuit, einwöchiges Open-air-Festival (Tanz, Gesang, Theater, Kino...) Anfang Juli. Information und Reservierung, 8, place du Maréchal Juin, ✆ 02 99 79 70 71.
Les Transmusicales, dreitägiges Rock- und Popfestival mit französischen und internationalen Hitgrößen in der ersten Dezemberwoche. Information, ✆ 02 99 31 12 00.

Place des Lices, Sa morgen. Einer der größten Märkte der Bretagne in und um zwei Hallen.
Place de la Halle Centrale, tgl. Markt in den Zentralhallen auf dem Südufer der Vilaine.

Hauptausgehmeilen rund um die place St-Michel (vor allem rue des Innocents, rue St-Michel, place Ste-Anne). Die In-Adressen wechseln häufig den Namen, bleiben jedoch in denselben Straßenzügen. Beliebt ist das **Bistro de la Cité** in der rue St-Louis 5 wegen seines Hauchs Underground, der **Déjazey Jazz Club** in der rue St-Malo 54 wegen der Cocktails und Jazz-Konzerte, das **Ubu** in der rue St-Hélier als trendige Hochburg des Rock, das **Chatham** in der rue de Montfort 5 wegen seiner Schiffsdekoration, aber auch das **Piccadilly** auf der place de la Mairie als Inbegriff des Grand Café-Brasserie für jedermann.

Place de la Gare, ✆ 02 99 53 23 23. Verbindungen nach Quimper, Paris, Brest, St-Brieuc, Lorient und Vannes.

Boulevard Magenta, ✆ 02 99 30 87 80. Verbindungen u. a. nach Brest, Vannes, La Baule, St-Malo und Dinard.

Aéroport Rennes St-Jacques, 7 km südwestlich über D 177, ✆ 08 36 35 35 35.

La Roche-Bernard (56130)

Office de tourisme, place du Pilori, ✆ 02 99 90 67 98.

Auberge des Deux Magots, FF, 3, place du Bouffay, ✆ 02 99 90 87 87. Am schmucken Hauptplatz. Gepflegte Traditionsherberge mit sehr französischem Charme.

Auberge des Deux Magots (s. Hotel). Sehr anständige, gutbürgerliche Küche, guter Service. Attraktives Mittagsmenü. Abends gehobene Preise. Fisch und Fleisch. Empfehlenswert: Kalbsbries mit Morcheln.
L'Auberge Bretonne, place du Guesclin, ✆ 02 99 90 60 28. Zwei Michelin-Sterne! Kulinarische Bastion erster Güte, hohe Preise! Ausgesprochen schönes Interieur. Gerösteter Hummer mit Zitrone und grünem Pfeffer, Apfelsoufflé mit Aprikosensauce.

Roscoff (29681)

Office municipal de tourisme, 46, rue Gambetta, ✆ 02 98 61 12 13, Fax 02 98 69 75 75.

Le Brittany, FFF–FFFF, boulevard Ste-Barbe, ✆ 02 98 69 70 78, Fax 02 98 61 13 29. Zauberhaftes Schloßhotel direkt am Meer, die eleganteste Adresse vor Ort.
Best Western Grand Hôtel Talabardon, FFF, 27, place Lacaze Duthiers, ✆ 02 98 61 24 95, Fax 02 98 61 10 54. Typisches Korsarendomizil in Granit, seit 1890 in Familienbesitz. Renovierte Zimmer, z. T. mit Blick aufs Meer.
Thalasstonic, FFF, avenue Victor Hugo, ✆ 02 98 29 20 20, Fax 02 98 29 20 19. Neues Haus in ruhiger Lage am Meer. Direkt verbunden mit dem Thalassotherapie-Zentrum.
Hôtel des Arcades, F–FF, 15, rue Amiral Réveillère, ✆ 02 98 69 70 45, Fax 02 98 61 12 34. Auf den Felsen am Meer gebaut, dabei in der Ortsmitte. Blick auf Hafen und die Ile de Batz.
Hôtel d'Angleterre, F, 28, rue Albert de Mun, ✆ 02 98 69 70 42, Fax 02 98 69 75 16. Mitten im Zentrum. Hinter der Ritterburgfassade einfache Zimmer. Bibliothek und Garten.

Camping de Kerestat Peoc'h, Manoir de Kerestat, ✆ und Fax 02 98 69 71 92. 30 Plätze auf verwunschenem Terrain zu Füßen eines Herrenhauses. Viel Grün, nur Juli/Aug.

L'Ecume des Jours, quai d'Auxerre, ✆ 02 98 61 22 83. Jakobsmuscheln mit rosa Zwiebeln, Fischsuppe und stets frisches Gemüse zu akzeptablen Preisen.
Le Temps de Vivre, place de l'Eglise, ✆ 02 98 61 27 28. Jean-Yves Crenn gilt als bester Koch von Roscoff. Krabbenscheren mit Zwiebelravioli aus dunklem Weizenteig. Interieur in Pastell.

Aquarium, place Georges-Teissier. 40 Becken mit allem, was im Atlantik kriecht und schwimmt. April–Sept. tgl. 10–12, 13–19 Uhr.
Musée des Johnnies, Chapelle Ste-Anne. Alles über die 150jährige Geschichte der Männer, die von Roscoff nach England übersetzten, um dort Gemüse zu verkaufen, tgl. 10–17 Uhr.

Thalado. Filme und Ausstellung über den Algenreichtum des nördlichen Finistère, Verkauf von Algenprodukten. 2, avenue Victor Hugo.

Linien nach St-Pol-de-Léon, Morlaix und Carantec. Les Cars du Kreisker, St-Pol-de-Léon, 2, rue Albert de Mun, ✆ 02 98 69 00 93.

Fähren zur Ile de Batz, Compagnie Armein, ✆ 02 98 61 77 75, und CFATM, ✆ 02 98 61 79 66. Fähren nach Plymouth (GB) und Cork (Irl.), 6 Std. ab Port de Bloscan mit Brittany Ferries, ✆ 02 98 29 28 28. Fähre nach Cork und Rosslare (Irl.) mit Irish Ferries, Port du Bloscan, ✆ 02 98 61 17 17.

Sables-d'Or-les-Pins (22240)

Syndicat d'Initiative, Mitte Juni–Mitte Sept. an der Grande Place, ✆ 02 96 41 51 97.

Manoir Saint-Michel, FF–FFF, La Carquois, ✆ 02 96 41 48 87, Fax 02 96 41 41 55. Bretonisches Herrenhaus. Zimmer *à la vieille France.*

St-Brieuc (22008)

Office de tourisme, 7, rue St-Gouéno, ✆ 02 96 33 32 50, Fax 02 96 61 42 16.

De Clisson, FF–FFF, 36, rue de Gouet, ✆ 02 96 62 19 29, Fax 02 96 61 06 95. Das erste Haus am Platze in ruhiger Straße. Kein Restaurant. Whirlpool und Garten.
Hôtel du Champs de Mars, FF, 13, rue du Général Leclerc, ✆ 02 96 33 60 99, Fax 02 96 33 60 05. Nichts Besonderes, außer der zentralen Lage und dem gutem Preis-Leistungsverhältnis.
Ker Izel, FF, 20, rue de Gouet, ✆ 02 96 33 46 29, Fax 02 96 61 86 12. Gepflegter Altbau in schöner Altstadtstraße.

Crêperie Le Ribeault, rue Fardel, ✆ 02 96 33 44 79. Schmackhafte Crêpes und Kartoffeln *à l'ancienne.* Gemütlicher Saal in altersgebücktem Haus.
Amadeus, rue de Gouet, ✆ 02 96 33 92 44. Schmucke Fachwerkfassade, hinter der Austernravioli und in der Pfanne leicht angebratene Stopfleber serviert werden.
Aux Pesked, 59, rue du Légué, ✆ 02 96 33 34 65. Die Feinschmeckeradresse von St-Brieuc. Modernes Interieur, Blick über das tiefe Léguer-Tal. Sachlich-raffinierte Küche. Teuer.

Musée d'Histoire des Côtes d'Armor, rue des Lycéens-Martyrs, tgl. außer Mo und So morgens 9.30–11.45, 13.30–17.45 Uhr. Die Geschichte des Departements seit der Revolution.

Markt Mi und Sa um die Kathedrale.

Bahnhof, boulevard Charner, TGV nach Paris (3 Std.) sowie Brest. ✆ 08 36 35 35 35.

Gare routière, Ecke rue Combat/boulevard Waldeck-Rousseau. Verbindungen nach Lamballe, Paimpol, Le Val-André, Erguy, Cap Fréhel, ✆ 02 96 33 49 49.

St-Cast-le-Guildo (22380)

Office de tourisme, place Charles de Gaulle, ✆ 02 96 41 81 52, Fax 02 96 41 76 19.

Les Dunes, FFF, rue Primauguet, ✆ 02 96 41 80 31, Fax 02 96 41 85 34. Gutbürgerliche Adresse mitten im Ort, und ganze 100 m zum Strand. Kleiner Garten, Tennisplatz.
Les Arcades, FFF, 15, rue du Duc d'Aiguillon, ✆ 02 96 41 80 50, Fax 02 96 41 77 34. 32-Zimmer-Hotel der gehobenen Kategorie. Terrasse.
Château du Val d'Arguénon, FFF, an der Straße von Notre-Dame-du-Guildo nach St-Jacut, ✆ 02 96 41 07 03, Fax 02 96 41 02 67. Hohe Mauern umschließen das herrschaftliche Anwesen aus dem 16. Jh. Palmenallee (!), Park zum Meer, kleiner Strand dahinter. Außer fünf Zimmern auch drei Ferienhäuser im Park.

Camping Le Châtelet, rue des Novettes, ✆ 02 96 41 96 33, Fax 02 96 41 97 99. 150 m von der Plage de la Pissotte auf der Halbinsel L'Isle St-Cast. Viersterne-Luxus.

Le Biniou, 1,5 km südlich in Pen-Guen, ✆ 02 96 41 94 53. Die Adresse der Einheimischen, fernab vom Strandnepp. Aussicht aufs Wasser.

St-Gildas-de-Rhuys (56730)

Point information, Juni–Sept., place de l'Eglise, ✆ 02 97 45 31 45

Camping du Menhir, nördlich des Dorfes, auf Höhe des Strands von Kervert. ✆ 02 97 45 22 88. Viersterne-Luxusplatz mit viel Schatten und Schwimmbad.

Le Mor Braz, Le Kervert, ✆ 02 97 45 21 47. Konkurrenzlos am Strand von Kervert, ohne das gute Preis-Leistungsverhältnis auszunutzen.

St-Guénolé (29760)

Information s. Penmarc'h.

Camping de la Joie, in Meeresnähe, auf Höhe der Chapelle de la Joie, ✆ 02 98 58 63 24. Durchschnittlicher Zweisterne-Platz, mangels Alternative zu empfehlen.

Musée préhistorique du Finistère, am nördlichen Ortsrand, Juni–Sept. tgl. außer Di 10–12, 14–18 Uhr. Menhire, Dolmen und Grabfunde.

St-Malo (35400)

Office de tourisme, esplanade St-Vincent, ✆ 02 99 56 64 48, Fax 02 99 40 93 13.

Maison du Sport, place du Prieuré, ✆ 02 99 56 18 88, Fax 02 99 40 28 66, April–Sept. Zweigstelle am Office de Tourisme. Alles über Segeln, Surfen ...

Le Beaufort, FFF–FFFF, 25, chaussée du Sillon, ✆ 02 99 40 99 99, Fax 02 99 40 99 62. Renoviertes Hotel der Jahrhundertwende am großen Strand von Sillon. Bei Flut peitscht die Gischt bis zum Frühstückssalon.

Grand Hôtel des Thermes, FFF–FFFF, 100, boulevard Hébert, ✆ 02 99 40 75 75, Fax 02 99 40 76 00. Blütenweißer Hotelpalast der Belle Epoque, der nach Totalsanierung glanzvoll wiederauferstanden ist. Mit Thalassotherapie-Zentrum. Am Strand von Sillon.

Brocéliande, FFF, 43, chaussée du Sillon, ✆ 02 99 20 62 62, Fax 02 99 40 42 47. 9 Zimmer in alter Strandvilla, eine der schönsten von St-Malo.

France Chateaubriand, FFF, place Chateaubriand, ✆ 02 99 56 66 52, Fax 02 99 40 10 04. Zuckerbäckriger Belle Epoque-Bau am stimmungsvollsten Platz *intra muros,* der im Krieg verschont blieb.

Les Chiens du Guet, F, 4, place du Guet, ✆ 02 99 40 87 29, Fax 02 99 56 08 75. Elf schlichte, kleine Zimmer in altem Hotelchen, das sich an die Stadtmauern lehnt. Hübsche Terrasse.

La Cité d'Aleth, auf der Halbinsel westlich von St-Malo, ✆ 02 99 81 60 91. Großer Platz ohne Schatten im Bereich einer alten Festung über dem Wasser. Umwerfender Blick auf *intra muros.*

Les Nielles, avenue John Kennedy, östlich im Ortsteil Paramé, ✆ 02 99 40 26 35. Am Strand von Minihic, bei Ebbe geht's immer zu Fuß über den Sand nach *intra muros.*

Crêperie La Brigantine, 13, rue de Dinan, ✆ 02 99 56 82 82. Erschwingliche Adresse *intra muros* mit Spezialitäten wie der *briochine du pêcheur* oder Apfelcrêpes.
Le Borgnefesse, 10, rue du Puits aux Braies, ✆ 02 99 40 05 05. Populäres Restaurant mitten in der Altstadt. Sehr herzlicher Empfang, alter Saal, Küche mit Pfiff zu sehr korrekten Preisen.
A la Duchesse Anne, place Guy de la Chambre, ✆ 02 99 40 85 33. Art-déco-Restaurant an der inneren Stadtmauer, seit Jahren die Institution für Fisch und Meeresfrüchte. Teuer.
Le Chalut, 8, rue de la Corne de Cerf, ✆ 02 99 56 71 58. Vornehme Adresse *intra muros*. Blaulackiertes Holz zur Straße, auf der Karte fangfrischer Fisch in raffinierter Zubereitung.

Musée de la Ville de St-Malo und **Musée du Pays malouin,** im Château, tgl. außer Mo 10–12, 14–18 Uhr.
Musée de Cire, Wachsfigurenkabinett zur Lokalgeschichte, im Quic-en-Groigne-Turm, Juni–Sept. tgl. 9.30–11.50, 14–17.50 Uhr.
Musée International du Long Cours Cap Hornier. Alles über die Kap Horn-Umsegler. Ortsteil St-Servan im Tour Solidor. Tgl. 10–12, 14–18 Uhr. Im Winter Mo geschl.
Le Grand Aquarium, avenue du Général Patton, Richtung St-Servan in La Ville-Jouan an der N 137. Die Weltmeere hinter Panzerglas. Mitte Juni–Sept. tgl. 9.30–21 Uhr. Übrige Zeit nur bis 18 Uhr.

Fort National, auf Inselchen vor dem Château, bei Ebbe zu Fuß zu erreichen, nur dann geöffnet. Ostern–Allerheiligen.

Hôtel d'Asfeld, einer der erhaltenen Reederpaläste des 18. Jh., 1. März-15. Nov. tgl. 10-12, 14-18.30 Uhr.
Manoir Jacques Cartier, Prototyp eines Reederkorsaren-Palais in Rothéneuf, rue David Macdonald Stewart, Juni–Sept. 10–11.30, 14.30–18 Uhr. Sonst Führungen 10 und 15 Uhr. Tgl. Juli/Aug., sonst Sa, So geschl.

Festival de Musique Sacrée, Kirchenmusik in der Kathedrale. Mitte Juli–Mitte Aug.
Alle vier Jahre im Nov. großes Windjammerfest zum Start der Weltumsegler-Regatta »La Route du Rhum«. Nächstes Datum 1998.

Bar de l'Univers, place Chateaubriand. Thekenlegende mit rauchgebeiztem Gebälk, Seefahrtsdevotionalien und Fotos an den Wänden, perfekter Service.

Surf School, 2, av. de la Hoguette, ✆ 02 99 40 07 47, Fax 02 99 56 44 96. Kurse im Strandsegeln und Surfen.

Bahnhof, square Jean Coquelin, ✆ 02 99 40 70 11. Mehrmals tgl. nach Rennes.

Gare Routière, am Stadttor St-Vincent. Busse nach Dinard, Rennes mit Tourisme Verney, ✆ 02 99 40 82 67, nach Cancale, Mont-St-Michel mit Courriers Bretons, ✆ 02 99 56 79 09.

Fähre zur unbewohnten Ile de Cézembre (Strände!), Juli/Aug. ab Cale de Dinan, Emeraude Lines, ✆ 02 99 40 48 40.
Pendelfähre nach Dinan, im Sommer bis tief in die Nacht. Abfahrt an der Cale

de Dinan auf der *intra-muros*-Westseite, ✆ 02 99 40 48 40.
Riesenkatamaran nach Jersey, 1 Std. Fahrt, tgl. Condor Ferries, Gare maritime de la Bourse, ✆ 02 99 20 03 00. Fährschiffe nach Jersey, Guernsey, Sark, Emeraude Lines, Terminal Ferry du Naye, ✆ 02 99 40 48 43.

St-Marc (44600)

Syndicat d'Initiative, place J. Tati, ✆ 02 40 91 76 84. Juni–Sept.

Hôtel de la Plage, FF 37, rue du Commandant Charcot, ✆ 02 40 91 99 01, Fax 02 40 91 92 00. Das Hotel, in der Monsieur Hulot seinerzeit die Ferien verbrachte. Gut bürgerliches Logis-de-France-Haus am Strand.

St-Nazaire (44600)

Office de Tourisme, place François Blancho, ✆ 02 40 22 40 65.

Korali Hôtel, FF, place de la Gare, ✆ 02 40 01 89 89, Fax 02 40 66 47 96. Modernes Haus am Kopfende der Rue de la République, der Hauptstraße von St-Nazaire. Komfortable Zimmer, günstige Lage, da nah am Bahnhof.

Le Moderne, 46 rue d'Anjou, ✆ 02 40 22 55 88. Bestes Restaurant der Stadt mit erstaunlich attraktiven Menüs. Gourmets überzeugen die Jakobsmuscheln mit Morcheln.

Ecomusée, Juni–Sept. tgl. 9.30–18.30, sonst tgl. außer Di 10–12, 14–18 Uhr. Im Hafen. Museum zur See- und Wirtschaftsgeschichte der Stadt, mit U-Boot »L'Espadon«.

Bahnhof, boulevard Moulin de la Butte. Züge nach La Baule, Nantes. TGV nach Paris via Nantes. Information ✆ 0 08 36 35 35 35.

St-Nic (29550)

Hôtel de la Mer, F, 1, route de la Mer, plage de Pentrez, ✆ 02 98 26 50 55. Nomen est omen: Liegt am Meer. Zehn einfache Zimmer.

Camping Ker-Ys, plage de Pentrez, ✆ 02 98 26 53 95. 190 Plätze auf ummauertem Platz am Strand. Drei Sterne.

Auberge Ti Glaz, Le Bourg, ✆ 02 98 26 50 45. Die Tische biegen sich im Saal gegenüber der Kirche. Das Menu mit Lachsterrine und Spanferkel beinhaltet auch Wein und Café!

St-Pierre-de-Quiberon (56510)

Information s. Quiberon.

Hôtel des Deux Mers, FF, plage de Penthièvre, ✆ 02 97 52 33 75, Fax 02 97 52 43 29. Grandioser Jahrhundertwendebau 50 m vom Strand. Ringsherum Pinien. Einfache Zimmer.
Hôtel de Bretagne, F–FF, rue du Général de Gaulle, ✆ 02 97 30 91 47, Fax 02 97 30 89 78. Robuster Granitsteinbau 50 m vom Strand. Helle Zimmer, z. T. Dusche über den Flur.

Base de Char à Voile UCPA, place de Penthièvre, ✆ 02 97 52 39 90. Strandsegelschule.

St-Pol-de-Léon (29250)

Office de Tourisme, place de l'Evêché, ✆ 02 98 69 05 69, Fax 02 98 69 01 20.

Hôtel de France, FF, rue des Minimes, ✆ 02 98 29 14 14, Fax 02 98 29 10 57. Gediegenes Gemäuer mitten in der Stadt. Gepflegte Atmosphäre. Zimmer zum Garten verlangen!

Le Kreiz-Kastell, 12, rue aux Eaux, ✆ 02 98 69 15 83. Der Teig für Galettes und Crêpes ist hausgemacht, und der Cidre mundet auch zu den Coquilles St-Jacques.
Auberge de la Pomme d'Api, 49, rue Verderel, ✆ 02 98 69 04 36. Zwei Speisesäle hinter einer Renaissance-Fassade, typisches Herrenhaus des Léon. Hat einen guten Ruf für die regionale Küche.
Auberge de Pen Ar Prat, Pen Ar Prat, ✆ 02 98 29 07 33. Spezialität des Hauses ist Spanferkel vom offenen Grill.

Markt Di den ganzen Tag, im Zentrum.

Fête folklorique du Léon am 20. Juli.

Linien nach Roscoff, Morlaix, Carantec. Les Cars du Kreisker, 2, rue Albert de Mun, ✆ 02 98 69 00 93.

St-Quay-Portrieux (22410)

Office de tourisme, 17 bis, rue Jeanne d'Arc, ✆ 02 96 70 40 64.

Le Gerbot d'Avoine, FF, 2, boulevard du Littoral, ✆ 02 96 70 40 09. Die Natursteinfassade des typisch französischen Familienhotels erhebt sich vis-à-vis vom Hauptstrand. Ein Logis de France bewährter Art. Zimmer sehr unterschiedlich, die schönsten mit Bad, Balkon und Meerblick.
Ker Mor, FFF, 13, rue du Président Le Sénécal, ✆ 02 96 70 52 22, Fax 02 96 70 50 49. Bengalisch-maurischer Palast, den sich ein betuchter Bretone Ende des 19. Jh. gegenüber der Ile de la Comtesse auf den Küstenhang setzen ließ. Mit Zwiebeldach und Balkon zum Meer. Zimmer 1990 modernisiert.

Fähren zur Ile de Bréhat von Juni–Aug., Dauer 1 Std., Tagestouren zu den englischen Kanalinseln. Information und Reservierung über Office de tourisme.

St-Rivoal (29190)

Crêperie du Menez, place de la Mairie, ✆ 02 98 81 45 63. Urbretonisches Gemäuer mit ebenso originalen Crêpes.

Maison Cornec, Ecomusée des Monts d'Arrée, Juni–Sept. tgl. 13–18, Juli/Aug. bis 19 Uhr. Werkzeug und Architektur seit dem 17. Jh.

St-Thégonnec (29410)

Point d'information touristique, Juli/Aug. gegenüber dem Pfarrbezirk *(enclos)*, sonst im Rathaus, ✆ 02 98 79 61 06.

Auberge St-Thégonnec, FF, 6, place de la Mairie, ✆ 02 98 79 61 18, Fax 02 98 62 71 10. Natursteinfassade, direkt gegenüber vom Pfarrbezirk. Gehobenes Logis-de-France-Haus. Die beste Adresse weit und breit.

Auberge St-Thégonnec (s. Hotel). Überraschend eleganter Rahmen, der zu Alain le Coz' ehrgeiziger Küche paßt. Gegrillte Ente in Blätterteig mit roten Beeren!
Crêperie Sterendenn, 6, rue de la Gare, ✆ 02 98 79 43 34. Deftige Crêpes aus dunklem Mehl: *crêpes à la crème de poireaux* oder *aux oignons.* Sehr günstige Menüs und nette Atmosphäre. Im Winter mit Kaminfeuer.

Ste-Anne d'Auray (56400)

Bureau de tourisme im Rathaus, ✆ 02 97 57 69 16. Service des Pélerinages (Pilgerauskunft), an der Basilika, ✆ 02 97 57 68 90.

La Croix Blanche, FF–FFF, 25, rue de Vannes, ✆ 02 97 57 64 44, Fax 02 97 57 50 60. Biedere Zimmer, bürgerliches Ambiente. Die schönsten Zimmer gehen zur Gartenterrasse.
Le Moderne, F–FF, 8, rue de Vannes, ✆ 02 97 57 66 55, Fax 02 97 57 67 94. In Pastellgelb aufgefrischte Fassade, renovierte Zimmer mit Blick auf die Basilika.
La Boule d'Or, F, 14, rue de Vannes, ✆ 02 97 57 62 80. Weißer 30er Jahre-Bau mit properen Zimmern.

Camping du Motten, allée des Pins, ✆ 02 97 57 60 27. 3 ha mit viel Schatten. Tennisplatz nebenan.

L'Auberge, 56, rue de Vannes, ✆ 02 97 57 61 55. Nobelster Tisch weit und breit, für gehobene Pilgeransprüche und den großen Klingelbeutel.
La Croix Blanche (s. Hotel). Gartenterrasse und anständige Küche in etwas gewollt schickem Rahmen.
L'Auberge de Toul Bahadou, champ des Martyrs, Brech, ✆ 02 97 56 65 78. Beim östlichen Nachbardorf Brech. Bekannt und bewährt für Meeresfrüchte.

L'Historial, 6, rue de Vannes. Schauerlich-kitschiges Wachsfigurenkabinett über Irrungen und Wirrungen der hl. Anna. März–Okt. 8–19 Uhr, sonst auf Nachfrage.
Basilika, Sommer tgl. 7–21, sonst 8–19 Uhr. Messen Mo–Fr 7.15, 9, 11, 18 Uhr, Sa 18.30, So 9.30, 11, 12.15 Uhr. Um 11 Uhr jeweils Pilgermesse.

Grand Pardon Ste-Anne, größte Prozession der Bretagne 25.–26. Juli.
Lichterprozession am 14. August.

Ste-Anne-la-Palud (29550)

Hôtel de la Plage, FFFF, ✆ 02 98 92 50 12, Fax 02 98 92 56 54. Seit den 20er Jahren bettet man sich nobel im weißen Hotel der Familie Le Coz. Ringsherum Natur.

Crêperie La Palud, ✆ 02 98 92 51 96. In einer ehemaligen Scheune servieren Danièle und Marie die traditionelle *mamm goz,* bei der Apfelstückchen unter den Teig gemischt werden.

Ste-Marine (29950)

Restaurant de Sainte-Marine, Le Port, ✆ 02 98 56 34 79. Schlemmen mit Blick über die Odet-Mündung und Bénodet. Günstiges Mittagsmenü, ansonsten gehobene Preise bei entsprechender Qualität. Jakobsmuschel-Tartar mit Ingwer, Scholle mit Auberginenkaviar.

Fähre nach Bénodet, Juli/Aug. im Viertelstundentakt 9–21 Uhr.

Sarzeau (56370)

Office de tourisme, rue Général de Gaulle, ✆ 02 97 41 82 37.

La Chaumière de la Mer, FF–FFF, Penvins, ✆ 02 97 67 35 75, Fax 02 97 67 38 17. 8 km südöstlich. Respektables altes Hotel in bretonischem Stil. Im Dorf. Ruhig.

Le Mur du Roy, FF–FFF, Penvins, ✆ 02 97 67 34 08, Fax 02 97 67 36 23. 8 km südöstlich. Zwischen Terrasse und Strand liegt nur der hauseigene Rasen. Schiefergedecktes Hotel mit ganzen zehn Zimmern in Traumlage.

Lesage, F–FF, 3, place de la Duchesse Anne, ✆ 02 97 41 85 85. Verträumte Laubenterrasse hinter der Kirche mit vertrauenswürdigem Restaurant.

Le Connétable, F, 3, place Richemont, ✆ 02 97 41 85 48, Fax 02 97 48 06 22. Am Hauptplatz neben dem Rathaus. Bewährt und ordentlich.

Le Mur du Roy (s. Hotel). Fisch und Meeresfrüchte. Gepflegte Küche, die auf der herrlichen Terrasse serviert wird.

Auberge de Kerstephanie, route du Roaliguen, ✆ 02 97 41 72 41. Catherine und Jean-Paul Jego haben dank viel Charme und *savoir faire* ein elegantes Restaurant mit raffinierter Karte geschaffen. Überzeugend: die Brioche mit Meeresfrüchten.

Le Tournepierre, St-Colombier, ✆ 02 97 26 42 19. Nobler Tisch im herausgeputzten Dorf 6 km nordöstlich. Der Saal ist nüchtern-elegant, die Karte anspruchsvoll und nicht billig.

Musée Régional des Métiers et des Commerces, route de Suscinio. Auf dem Manoir de Kerguet. Läden und Handwerkerstuben sowie ein nostalgisches Café. Juli/Aug. tgl. 9–19 Uhr. Juni, Sept. 9–12, 14–18 Uhr. Sonst je nach Anfrage beim Office de tourisme.

Château de Suscinio, Jagdschloß der bretonischen Herzöge aus dem 14. Jh., April–Sept. tgl. 10–12, 14–19 Uhr, Juli/Aug. 10–19 Uhr. Sonst Do, Sa, So 10–17, Di, Mi, Fr nur nachmittags.

Château de Kerlévenan (18. Jh.), nordöstlich an der Golfseite. Sammlung mit Werken von Tintoretto, Rubens und Poussin. Park mit Liebestempel und Chinapavillon in Rokokomanier. Auf Anfrage beim Marquis de Gouvello, Juli–Mitte Sept. 14–18 Uhr, ✆ 02 97 26 41 10 bzw. 48 16.

Ile de Sein (29990)

Les Trois Dauphins, F–FF, quai des Paimpolais, ✆ 02 98 70 92 09. Sieben Zimmer im einzigen Inselhotel. Direkt am Wasser.

Chez Annick, 4, quai des Francais Libres, ✆ 02 98 70 90 79. Blaue Fensterläden, Terrasse am Hafen. Fisch und Meeresfrüchte.

Zwei Schiffslinien ab Audierne bieten eine einstündige Fahrt vorbei am Cap Sizun an: Compagnie Maritime Penn Ar Bed, quai Jean Jaurès, Audierne,
✆ 02 98 70 02 37/38. Eine Überfahrt tgl. außer Mi, Juli–August 3mal tgl.
Vedette Biniou, 8, rue Racine, Audierne,
✆ 02 98 70 13 78 oder 02 98 70 10 70. Juni und Sept. tgl. eine Überfahrt, Juli/Aug. 3mal tgl.

Sizun (29450)

Office du Tourisme des Monts d'Arrée, 3, rue de l'Argoat, ✆ 02 98 68 88 40,
Fax 02 98 68 86 56, Mitte Juni–Sept. Sonst im Rathaus, ✆ 02 98 68 80 13. Führungen durch den Pfarrbezirk auf Verabredung, M. Olier,
✆ 02 98 68 87 60.

Hôtel des Voyageurs, F–FF, 2, rue de l'Argoat, ✆ 02 98 68 80 35, Fax 02 98 24 11 49. Provinzhotel direkt neben dem Pfarrbezirk, eine Spur schikker als das Clos des 4 Saisons.
Le Clos des 4 Saisons, F 2, rue de la Paix, ✆ 02 98 68 80 19,
Fax 02 98 24 11 93. Familiärer Betrieb, in dem der Patron Monsieur Gillette schaltet und waltet. Einfache Zimmer.

Camping du Gollen, rue de St-Cadou, ✆ 02 98 68 80 13 (Mairie). 30 Wiesenplätze am Elorn-Fluß, in der Nähe Schwimmbad und Tennis.

Hôtel des Voyageurs (s. Hotels). Ordentliche Menüs zu sehr akzeptablen Preisen. Vielgerühmt: die Patisserien zum Dessert.

Musée d'Art et Traditions Populaires, Mai–Sept. tgl. 9–19.30 Uhr, im Beinhaus des Pfarrbezirks *(enclos)*. Kleine volkskundliche Sammlung: Schrankbetten, Standuhren, Trachten und Stickereien.

Trébeurden (22560)

Office de Tourisme, place de Crech-Héry, ✆ 02 96 23 51 64, Fax 02 96 47 44 87.

Ti Al-Lannec, FFFFF, allée de Mézo-Guen, ✆ 02 96 23 57 26, Fax 02 96 23 62 14. Bretonisches Anwesen mit zauberhaftem Garten und traumhaftem Blick auf Hafen und Inseln. Strandzugang durch den Park. Luxuriöse Zimmer.
Manoir de Lan-Kerrellec, FFFF, allée Centrale, ✆ 02 96 23 50 09,
Fax 02 96 23 66 88. Trutzburgartiges Anwesen zwischen Kiefern, durch die es zu den rosa Felsen am Wasser geht. Jedes Zimmer mit Meerblick. Feinschmeckerrestaurant.
Hôtel de la Plage, F, plage de Goaz-Trez, ✆ 02 96 23 55 96. Dusche/WC über den Flur, dafür der schönste Strandblick am Ort und ein freundlicher Patron.

Trégastel (22730)

Office de Tourisme, place Ste-Anne, ✆ 02 96 23 88 67,
Fax 02 96 23 85 97.

Armoric, FFF, plage du Coz-Pors, ✆ 02 96 23 88 16. Zweiflügeliger Bau der Jahrhundertwende am Hauptstrand, z. T. mit kleinen Balkonen.
Beauséjour, FF, plage du Coz-Pors, ✆ 02 96 23 88 02, Fax 02 96 23 49 73.

Hübsches Logis-de-France-Haus, im Erdgeschoß mit Eiscafé und Restaurantterrasse. Zimmer mit Blick zum Meer und nach hinten auf den Felsen des Aquarium.
Hôtel de la Mer, FF, plage du Coz-Pors, ✆ 02 96 23 88 03. Der Name verpflichtet: Meerblick und zum Strand sind es keine drei Schritte.

Camping Le Goulven, route de la Corniche, ✆ 02 96 23 87 77. 1 km außerhalb Richtung Trébeurden. Kahler Platz über der Kerlavos-Bucht, in der Nähe zu Dolmen und einer Allée couverte.

Auberge de la Vieille Eglise, place de l'Eglise, ✆ 02 96 23 88 31. Direkt an der Kirche im Ortsteil Le Bourg. Familiäres Restaurant, für seine Meeresfrüchte bekannt.
Le Triagoz, plage du Coz-Pors, ✆ 02 96 15 34 10. Im neuen Forum. Mit schöner Terrasse und viel Mahagoni innen. Kleine Gerichte oder nur ein Café für zwischendurch.

L'Aquarium marin, boulevard du Coz-Pors, April–Okt. tgl., sonst nur Wochenende und Feiertage. 28 direkt in den rosafarbenen Granit geschlagene Hochseebecken.

Segeltörns an Bord des Zweimasters »St C'Hireg«. Auf einen alten Langustenboot zu den Sept Iles. Picknick an Bord. Office de tourisme oder Denis Le Bras, ✆ 02 96 23 32 32.

Tréguier (22220)

Syndicat d'initiative, Hôtel de Ville, place du Général Leclerc, ✆ 02 96 92 30 19.

Le Manoir de Kergrec'h, FFF–FFFF, 7 km nördlich in Plougrescant, ✆ 02 96 92 56 06, Fax 02 96 92 51 27. Komfortable Zimmer und Suiten beim Schloßherrn. Fürstliches Anwesen des 17. Jh. mit Kapelle. Park bis zum Meer.
Aigue Marine, FFF, port de Plaisance, ✆ 02 96 92 97 00, Fax 02 96 92 44 48. Modernes Hotel ohne besonderen Charme, dafür komfortabel. Am Ortseingang gegenüber dem Jachthafen am Jaudy.
Kastell Dinec'h, FFF, route de Lannion, ✆ 02 96 92 49 39, Fax 02 96 92 34 03. Luxuriös renoviertes bretonisches Herrenhaus, südwestlich der Stadt an der Straße nach Lannion. Sehr ruhig mit viel Grün, Garten und Schwimmbad.

L'Estuaire, place Général de Gaulle, ✆ 02 96 92 30 25. Einfaches Restaurant im ersten Stock eines alten Natursteinhauses. Zum Jakobsmuschelspieß Blick auf den Jaudy.
La Poissonnerie du Trégor, 2, rue Renan, ✆ 02 96 92 30 27. Im ersten Stock des Fischgeschäfts bietet Pierre Moulinet von Juni–Okt. preisgünstig Meeresfrüchte zum Direktverzehr an. Die Mayonnaise zu Krabben und Krebsen ist hausgemacht.

Kathedrale, tgl. 9–18 Uhr. Kirchenschatz und Kloster, tgl. 10–12, 14–18 Uhr.
Maison natale d'Ernest Renan, 20, rue Ernest-Renan. Geburtshaus des Philosophen und Historikers, tgl. außer Di und Mi 10–12, 14–18 Uhr.

Le Grand Pardon de St-Yves, große Prozession zu Ehren des hl. Yves, dessen Schädelreliquie durch den Ort getragen wird. Teilnehmer sind

Juristen aus ganz Frankreich, deren Schutzpatron Yves ist. Am Sonntag, der dem 19. Mai am nächsten liegt.

La Trinité-sur-Mer (56470)

Office de tourisme, Môle Loic Caradec, ✆ 02 97 55 72 21, Fax 02 97 55 78 07.

Le Petit Hôtel des Hortensias, FFFF, place de la Mairie, ✆ 02 97 30 10 30, Fax 02 97 30 14 54. Hinreißender Altbau, der mit Treppengiebel und Granit Gotik vorgibt. Fünf luxuriöse Zimmer, Blick auf den Hafen.
Le Rouzic, FF–FFF, 17, cours des Quais, ✆ 02 97 55 72 06, Fax 02 97 55 82 25. Traditionshaus am Jachthafen. Geräumige Zimmer, Meerblick und bewährter Service.

Le Camping de la Plage, plage de Kervillen, ✆ 02 97 55 73 28, Fax 02 97 55 88 31. Viersterne-Luxusplatz direkt am Sandstrand.

La Crêperie du Vieux-Puits, 7, place du Vieux-Puits, ✆ 02 97 30 10 66. Die Menükarte hängt am Brunnen vor dem ausgesprochen hübschen Haus an der Kirche. Neben Crêpes auch Omelettes und Salate.
L'Ostréa, cours des Quais, ✆ 02 97 55 08 21. Fisch und Meeresfrüchte. Terrasse mit Blick auf den Hafen.
L'Auberge Azimut, 1, rue du Men-Dû, ✆ 02 97 55 71 88. Edelrestaurant außerhalb des Orts im Stadtteil Men-Dû (Richtung Carnac). Ein Michelin-Stern für die Taschenkrebsterrine mit Koriander und Rotbarbe in Sellerie. Teuer.

Fischhalle, cours des Quais, Sommer tgl. morgens, sonst Mo geschl.

Fête des Vieux Gréments am 15. August. Regatta und Schau alter Segelschiffe.

Linie nach Lorient und Hennebont, Cars Etellois, ✆ 02 97 55 32 03,
Linie nach Auray, Vannes, Quiberon, Cariane, ✆ 02 97 47 29 64.

Juli/Aug. Rundfahrten in den Golfe de Morbihan, Fähren nach Belle-Ile und Houat. Navix, cours des Quais, ✆ 02 97 55 81 00.

La Turballe (44420)

Office de tourisme, place Charles de Gaulle, ✆ 02 40 23 32 01.

Le Terminus, 18, quai St-Paul, ✆ 02 40 23 30 29. Gediegene Adresse mit Blick auf den Fischereihafen. Meeresfrüchte aus dem Lebendbecken. Hervorragende Fischgerichte, etwas frostiger Empfang.
L'Horizon, 8, quai St-Paul, ✆ 02 40 23 32 59. Reges Treiben vor dem Fenster mit Blick auf den Fischhafen, dahinter nichts als der Horizont. Restaurant mit Feinschmeckernote, natürlich Fisch und Meeresfrüchte.

Ausflugsboote nach Belle-Ile, Houat, Hoëdic, Juli–Sept. Les Vedettes Garcie-Ferrande, ✆ 02 40 23 34 10.

Vannes (56000)

Office du Tourisme du Pays de Vannes, 1, rue Thiers, ✆ 02 97 47 24 34, Fax 02 97 47 29 49.

Le Roof, FFF–FFFF, Conleau, ✆ 02 97 63 47 47, Fax 02 97 63 48 10. Vornehmes Haus auf der Halbinsel Conleau, mit Blick auf den Anleger zur Ile d'Arz.
Manche-Océan, FF–FFF, 31, rue du Lieutenant-Colonel Maury, ✆ 02 97 47 26 46, Fax 02 97 47 30 86. Unweit der Stadtmauern. Komfortabel, mit etwas abgestanden wirkender Einrichtung.
La Marébaudière, FF–FFF, 4, rue Aristide Briand, ✆ 02 97 47 34 29, Fax 02 97 54 14 11. Ländlich wirkendes Anwesen in stiller Lage oberhalb des Garenne-Parks. Zimmer pastellig-plüschig. Still.
Le Marina, F–FF, place Gambetta, ✆ 02 97 47 22 81, Fax 02 97 47 00 34. An lärmendem Platz, aber mit wunderbarem Blick auf Hafen und Caféterrassen.
Le Bretagne, F–FF, 36, rue du Méné, ✆ 02 97 54 22 57, Fax 02 97 42 69 10. An der Altstadtmauer. Gemütliche, einfache Bleibe.

Camping Municipal de Conleau, Conleau, ✆ 02 97 63 13 88. 3-Sterne-Platz am Anfang der Halbinsel.

Le Pavé des Halles, 17, rue des Halles, ✆ 02 97 47 15 96. In mittelalterlicher Gasse, schmale Terrasse vor anheimelndem Fachwerk. Innen ausgesprochen gemütlich. Unprätentiöse, exzellente Küche.
La Cave St-Gwenael, 23, rue St-Gwenael, ✆ 02 97 47 47 94. Crêperie neben der Kathedrale. Bio-Crêpes in wunderschönem alten Kellergewölbe.
La Varende, 22, rue de la Fontaine, ✆ 02 97 47 57 52. Elegantes Restaurant, das mittags günstiges Menü anbietet. Abends perlt zu Austern und Seewolfsfilet klassische Musik aus dem Lautsprecher.
Restaurant Régis Mahé, place de la Gare, ✆ 02 97 42 61 41. Vannes' kulinarisches Aushängeschild. Ein Michelin-Stern für Rotbarbenfilet *à l'orientale* und warmen Schokoladenkuchen.

Schatzkammer (Trésor) der Kathedrale, Mitte Juni–Mitte Sept. 10–12, 14–17 Uhr.
La Cohue (Musée des Beaux-Arts, du Golfe et de la Mer), place St-Pierre, Juni–Sept. tgl. 10–12, 14–18 Uhr. Sonst Di und So morgens geschl. Gemäldesammlung und Volkskundeabteilung zum Golf von Morbihan.
Musée d'Archéologie du Morbihan, Château Gaillard, 2, rue Noë. Juni–Sept. tgl. außer So 9.30–12, 14–18 Uhr. Sonst 14–18 Uhr. Archäologische Funde von der Prähistorie bis ins Mittelalter.
L'Aquarium océanographique, Parc du Golfe, tgl. 9–12, 13.30–18.30 Uhr. Fische aus allen Weltmeeren in 50 Becken.

Markt Sa, place du Poids Public, place des Lices, place Laroche.

Das meiste spielt sich auf den breiten Caféterrassen rund um die place Gambetta ab. Als Jazz- und Rock-Club hat sich das **Contretemps,** 22, rue Hoche, durchgesetzt – die Patronne ist eine ehemalige Größe des Pariser Nachtlebens.

Bahnhof, boulevard du Général M. Guillaudot. TGV Paris-Brest. Linien nach Redon, Quimper, Quimperlé, Lorient. ✆ 08 36 35 35 35.

Busbahnhof, am Bahnhof. Linien nach Auray, Locmariaquer, Quiberon (Sommer). Etliche Ziele am Golf von Morbihan sowie nach Nantes, Josselin, Malestroit. Tourisme Verney CTM, ✆ 02 97 01 22 01.

Touren in den Golf von Morbihan, Fähren nach Belle-Ile und Houat. Navix, Gare maritime, Parc du Golfe, ✆ 02 97 46 60 00.

Vitré (35506)

Office de Tourisme, place St-Yves, ✆ 02 99 75 04 46.

Le Minotel, FF, 47, rue de la Poterie, ✆ 02 99 75 11 11, Fax 02 99 75 81 26. Modernes Haus innerhalb der Mauern.
Hôtel du Château, F, 5, rue Rallon, ✆ 02 99 74 58 59, Fax 02 99 75 35 45. Außerhalb der Mauern, aber direkt unter dem Schloß.

Camping Municipal St-Etienne, 2 km südöstlich Richtung Les Rochers-Sévigné (D 88). 50 Plätze auf einer Wiese, mit viel Natur und Bushaltestelle zur Stadt.

Le Pichet, 17, boulevard de Laval, ✆ 02 99 75 24 09. Etwas außerhalb Richtung Laval. Im Garten speisen: Geflügel und Fisch.
Le Petit Billot, 5, place du Général Leclerc, ✆ 02 99 74 68 88. Unterhalb der Altstadt. Traditionelle Küche mit exzellentem Preis-Leistungs-Verhältnis.
L'Auberge St-Louis, 31, rue Notre-Dame, ✆ 02 99 75 28 28. Hinter den bordeauxroten Fenstern des 500 Jahre alten Hauses verbirgt sich die beste Adresse der Stadt. *Foie gras*, Meeresfrüchte, *confits* zu günstigen Preisen.
La Taverne de L'Ecu, 12, rue Baudrairie, ✆ 02 99 75 11 09. Fisch und Gegrilltes vom Holzkohlenfeuer in wunderschönem mittelalterlichen Haus. Nobel, mit Kamin.

Achtung: Günstiges Kombi-Ticket für alle Museen.
Château (und **Museum** in einem Turm), Juli–Sept. tgl. 10–12.30, 14–18.15 Uhr. Sonst 10–12, 14–17.30 Uhr. Okt.–März Di ganztägig und Sa, So, Mo morgens geschl.
Chapelle-Musée St-Nicolas (Sakralkunst), Öffnungszeiten s. Château.
Château des Rochers-Sévigné (Landsitz der Madame de Sévigné), 6 km südöstlich von Vitré, Öffnungszeiten s. Château.

Markt, rue Notre Dame, Mo morgen; rue Poterie, Sa morgen.

Bahnhof, place Général de Gaulle, zwei Züge tgl. nach Rennes. ✆ 02 99 29 11 94.

Le Vivier-sur-Mer (35960)

Centre d'Animation de la Baie du Mont St-Michel, Gare maritime, ✆ 02 99 48 84 38, Fax 02 99 48 80 93. 4–5stündige Führungen bei Ebbe zu den Muschelzuchten und Austernbänken. Vogel- und Robbenbeobachtungen. Exkursionen in die Poldersümpfe.

Kurse für Strandsurfer im östlichen Nachbardorf Cherrueix. Noroît Club, Grève de Cherrveix, rue de la Plage, ✆ 02 99 48 83 01.

Reiseinformationen von A bis Z

Anreise

... mit dem Flugzeug

Als einziger Flughafen der Bretagne wird Nantes von Deutschland aus angeflogen (Air Régional, tgl. Düsseldorf-Nantes). Alle anderen Flugreisen führen über Paris, wo man umsteigen muß. Die innerfranzösische Fluggesellschaft Air Inter fliegt von Paris in fünf bretonische Städte (genauere Information s. Verkehrsmittel).

... mit der Bahn

Alle Wege führen über Paris. Zugreisende aus Hamburg, Berlin und Köln kommen an der Gare du Nord, aus München und Frankfurt an der Gare de l'Est an. Genügend Zeit zum Umsteigen in Paris kalkulieren, da man ca. 40 Min. mit der Metro-Linie 4 zum Bahnhof Montparnasse benötigt. Mit dem Hochgeschwindigkeitszug TGV gelangt man in gut 2 Std. bis Rennes, in 4 Std. bis Brest via St-Brieuc, Morlaix, in 2,5 Std. bis Nantes. Täglich stehen etliche Verbindungen zur Auswahl. Für den TGV sind Reservierung und Zuschlag erforderlich. Daneben verläßt eine ganze Reihe von Schnellzügen Paris in Richtung Bretagne. Die Fahrtzeiten verdoppeln sich im Vergleich zum TGV. Wer sein Fahrrad mitnehmen will, sollte eine Versicherung abschließen. Die staatlichen französischen Eisenbahnen SNCF verlangen für den Transport eine Pauschalgebühr, die nur bei Gepäckversendung gilt. Wer das Rad direkt im Zug mitnehmen möchte, zahlt eine weitaus höhere Summe. Versandkartons erhält man im Fahrradladen, aber auch auf jedem französischen Bahnhof. An vielen Bahnhöfen verleiht die SNCF Fahrräder im »train + vélo«-Service.

Ein Autoreisezug bedient von Juni bis Okt. die Strecke Hamburg, Hannover, Düsseldorf nach Nantes. Informationen in Deutschland unter ✆ 01 41 25 29.

Informationen über Ermäßigungen der französischen Eisenbahnen bei der Generalvertretung der SNCF, Lindenstr. 5, 60325 Frankfurt, ✆ 0 69/97 58 60.

... mit dem Bus

Es bestehen keine Fernbuslinien in die Bretagne. Busreisen werden nur im Rahmen von Pauschalarrangements angeboten.

... mit dem Pkw

Alle Autobahnen führen über das Nadelöhr Paris. Über die Autoroute 11 »L'Océane« und das Anschlußstück A 81 gelangt man in gut 4 Std. bis Rennes, wo die Autobahn endet. Eine nicht minder gut ausgebaute vierspurige Schnellstraße schließt ab Vitré an und führt über Josselin bis Lorient. Von Lorient bis Brest ist die Strecke ebenfalls vierspurig ausgebaut (N 165). Längs der Nordküste gelangt man von Rennes kommend via St-Brieuc und Morlaix auch über eine vierspurige Trasse nach Brest (N 12). Wer in den Süden will, hält sich ab Le Mans weiter auf der A 11 in Richtung Nantes. Zu Verkehrsstaus kommt es auf französischen Autobahnen höchstens zu den Wechseltagen von Juli- und Augusturlaubern (15. Juli, 15. und 31. Aug.).

Apotheken

Apotheken *(pharmacie)* erkennt man am grünblinkenden Neonkreuz. Sie unterhalten Notdienste, deren Zeiten per Aushang oder in der Lokalpresse sowie manchmal im Syndicat d'initiative bzw. dem Office de tourisme zu erfahren sind. Medikamente sind in der Regel günstiger als in Deutschland. Viele sind zudem rezeptfrei. Kondome heißen *préservatifs.* Außer in Apotheken erhält man sie in Drogerien sowie in Cafés und Restaurants am Automat.

Ärztliche Versorgung

Als Urlauber zahlt man wie Franzosen auch die Behandlungskosten direkt und läßt sich die Summe von der heimischen Krankenkasse gegen Vorlage der Arztrechnung erstatten. Deutsche und österreichische Krankenversicherer halten Vordrucke bereit, die der französische Arzt ausfüllt. Es empfiehlt sich eine zusätzliche Reisekrankenversicherung, um sich gegen eventuell nicht gedeckte Kosten abzusichern. Zwischen der Schweiz und Frankreich besteht kein Sozialversicherungsabkommen. Schweizer sollten daher unbedingt eine Auslandskrankenversicherung abschließen.

Auskunft

Französische Fremdenverkehrsämter
... in Deutschland
Maison de la France, Westendstraße 47, 60325 Frankfurt/Main, ✆ 01 90/57 00 25, Fax 0 69/59 90 61, oder Keithstraße 2–4, 10787 Berlin, ✆ identisch.
... in Österreich
Hilton Center, Landstrasser Hauptstraße 2 a, 1033 Wien, ✆ 15 03 28 90, Fax 13 03 28 71.
... in der Schweiz
Löwengasse 59, 8022 Zürich, ✆ 12 11 30 85.

Informationsstellen in der Bretagne für die gesamte Bretagne:
Comité régional du tourisme de Bretagne, 1, rue Raoul Ponchon, 35069 Rennes, ✆ 02 99 28 44 30, Fax 02 99 28 44 40.
... für die einzelnen Departements:
Comité départemental du tourisme d'Ille-et-Vilaine, 4, rue Jean Jaurès, 35060 Rennes, ✆ 02 99 78 47 47, Fax 02 99 78 33 24.
Comité départemental du tourisme Côtes d'Armor, 29, rue des Promenades, 22046 St-Brieuc Cedex 2, ✆ 02 96 62 72 00, Fax 02 96 33 59 10.
Comité départemental du tourisme du Finistère, 11, rue Théodore Le Hars, 29104 Quimper, ✆ 02 98 76 20 70, Fax 02 98 52 19 19.
Comité départemental du tourisme du Morbihan, Hôtel du Département, B. P. 400, 56009 Vannes, ✆ 02 97 54 06 56, Fax 02 97 42 71 02.
Comité départemental du tourisme de Loire-Atlantique, 2, allée Baco, 44000 Nantes, ✆ 02 40 20 44 54, Fax 02 40 20 44 54.
Fast jeder Ferienort hat ein Office de tourisme (OT) oder Syndicat d'initiative. Es befindet sich meist am Hauptplatz

oder im Rathaus *(mairie)*. Bei Badeorten wird zur Saison oft eine Zweigstelle am Strand bzw. Hafen eröffnet.

Autofahren

Allgemeines

Vor Antritt der Reise sollte man sich einen Auslandsschutzbrief besorgen, damit Risiken wie Unfall, Krankheit und Diebstahl abgedeckt sind. Für Deutsche empfiehlt sich die grüne Versicherungskarte. Autobahnen sind gebührenpflichtig. Gezahlt wird vor der Ausfahrt an der *péage* – für geringfügige Summen Kleingeld bereithalten! Ansonsten kann man auch per Karte zahlen. Für Landpartien eignen sich die *routes départementales* (D) oder *cantonales* (C).

Auskünfte

Über in Frankreich gültige Verkehrsvorschriften sowie die aktuelle Verkehrslage informieren die Automobilclubs: Deutschland: ADAC, in allen Geschäftsstellen. AvD, Lyoner Str. 16, D-60528 Frankfurt-Niederrad. Österreich: ÖAMTC, Schubertring 1–3, A-1010 Wien. Schweiz: TCS, 9, rue Pierre-Fatio, CH-1211 Genève. Der Automobile Club de France (ACF) hat seinen Sitz in 6, place de la Concorde, F-75008 Paris.

Pannenhilfe

Auf Autobahnen kann Pannenhilfe über die Notrufsäulen angefordert werden, auf Landstraßen und in Ortschaften über den Polizeinotruf, ✆ 17. Pannenhilfe kann auch unter ✆ 05 08 92 22 der AIT-FIPA Assistance mit Ausnahme der Autobahnen überall rund um die Uhr in deutscher Sprache herbeigerufen werden. Der ADAC unterhält einen deutschsprachigen Notrufdienst in Paris, ✆ 01 45 00 42 95.

Verkehrsregeln, Tanken und Parken

Benzin *(essence)* und Diesel *(gazole)* sind teurer als in Deutschland. Bleifrei tanken *(sans plomb)* kann man an nahezu jeder Tankstelle. Innerhalb geschlossener Ortschaften gilt 45 oder 60, auf Landstraßen 90, Schnellstraßen 110, Autobahnen 130 km/h Höchstgeschwindigkeit. Im Kreisverkehr hat man Vorfahrt. Die Alkoholgrenze liegt bei 0,5 Promille. Anschnallen ist Pflicht. Die Geldbußen für Verkehrssünder sind drastisch, der Führerschein ist bei extremem Rasen und Alkoholkonsum sofort weg. Das Schild »Toutes directions« bedeutet in alle Richtungen und weist die Streckenführung für Durchreisende aus. In den Städten muß für die meisten Parkplätze ein Ticket gezogen werden, das man hinter die Windschutzscheibe legt.

Behinderte

Die Behindertenorganisation Association des Paralysés de France verschickt gegen Gebühr einen Hotel- und Restaurantführer: A.P.F., Délégation Paris, 22, rue du Père Guérin, F-75013 Paris, ✆ 01 40 78 69 00. Knapp 100 französische Städte werden bezüglich ihrer behindertengerechten Einrichtungen vom Französischen Verband für die Rehabilitation von Behinderten in der Broschüre »Tourisme quand même« vorgestellt: C.N.F.L.R.H., 38, boulevard Raspail, 75007 Paris, ✆ 01 45 48 90 13. Versand gegen französisches Rückporto.

Diebstahl

Die Bretagne ist ein ausgesprochen sicheres Reiseziel, doch wo sich viele Touristen aufhalten, ist die Gefahr, bestohlen zu werden, entsprechend höher. Es gelten die bekannten Regeln: vor allem an einsamen Stränden nichts im Wagen zurücklassen. Kameras und Wertsachen gehören nicht auf den Beifahrersitz oder unbeaufsichtigt an die Lehne des Caféstuhls. Vorsicht vor Taschendieben im sommerlichen Gewühl von Strandboulevards und Altstadtgassen. Der Leihwagen sollte nicht an einsamen, unbewachten Orten abgestellt werden.

Diplomatische Vertretungen

Botschaft der Bundesrepublik Deutschland, 13, avenue Franklin D. Roosevelt, 75008 Paris, ✆ 01 42 99 78 00, Fax 01 43 59 74 18.
Konsulat der Bundesrepublik Deutschland, square du Commandant L'Herminier, 29200 Brest, ✆ 02 98 44 35 59.
Botschaft der Republik Österreich, 6, rue Fabert, 75007 Paris, ✆ 01 45 55 95 66.
Botschaft der Schweiz, 142, rue de Grenelle, 75007 Paris, ✆ 01 25 55 67 00, Fax 01 45 51 34 77.

Einreise- und Zollbestimmungen

Für EU-Bürger reicht der Personalausweis. Schweizer benötigen bei Ein- und Ausreise einen gültigen Reisepaß. Kinder unter 16 Jahren ohne eigenen Ausweis müssen im Reisedokument der Eltern eingetragen sein. Zollkontrollen entfallen seit der Einführung des EU-Binnenmarkts. Es gibt also keine Mengenbeschränkungen bei Wein oder Zigaretten mehr, doch dürfen die Mengen nicht den privaten Rahmen (800 Zigaretten, 10 l Spirituosen) sprengen. Bei Handelsverdacht kassiert der Zoll Steuern. Österreicher und Schweizer dürfen 200 Zigaretten oder 100 Zigarillos oder 50 Zigarren oder 250 g Tabak, 1 l Spirituosen oder 2 l Likör und 2 l Wein, 50 g Parfüm oder 0,25 l Eau de Toilette ausführen.
Achtung: Wer mit gefälschten Markenartikeln am Leib erwischt wird, zahlt seit 1995 den doppelten Preis des Originals.

Elektrizität

Sicherheitsstecker passen in der Regel nicht in die bis auf seltene Ausnahmen übliche 220 V-Steckdose. Ein Zwischenstecker leistet Abhilfe. Bei 110 V-Netzspannung ist ein Adapter nötig.

Essen und Trinken

Eßgewohnheiten
Neben dem Hafencafé, dem Bistro oder der kleinen Bar, wo man günstig und bodenständig verköstigt wird, locken renommierte Restaurants und kulinarische Tempel, für deren Künste tief ins Portemonnaie gegriffen werden muß. Die im Preis-Leistungs-Verhältnis teuerste Mahlzeit ist das Frühstück. Wenn es nicht im Hotelpreis inbegriffen ist, kann man zu Café au lait samt Croissant ins Café um die Ecke ausweichen. A propos: Café oder Bar bedeutet soviel wie Kneipe. Für den Hunger zwischendurch

gibt es hier Sandwich oder Croque-Monsieur. Wer Kaffee und Kuchen essen möchte, geht dagegen in einen Salon de thé. Mittags bieten viele Bars und Cafés ein preiswertes Menü oder Tagesgericht *(menu* bzw. *plat du jour)* an. Auch gehobenere Restaurants locken mittags mit einem günstigen Menü.

Abends bleibt in Cafés und Bars die Küche kalt: Nach dem Apéritif für die werktätige Bevölkerung schließen etliche dieser Etablissements gegen 19 Uhr. Jetzt schlägt die Stunde des Restaurants, wo ab etwa 19.30 Uhr die ersten Bestellungen entgegengenommen werden. Entweder wählt man zwischen den regulären Menüs oder – etwas teurer – à la carte. Crêperien sind eine kostengünstige und landestypische Alternative zum Restaurant, eine Flasche Cidre ist entschieden erschwinglicher als Wein. Gegen 22 Uhr macht die Küche dicht: Gute Gerichte wollen lange vorbereitet sein. Ausnahme sind die Sommermonate, wenn in den touristischen Orten bis spät in die laue Nacht gespeist wird. Falls der Magen sich an die Tischzeiten der Restaurants nicht gewöhnen kann, bleibt der Gang in die Brasserie, wo durchgehend warme Küche angeboten wird, auch zu später Stunde. Samstagabend und Sonntagmittag sind in Frankreich die klassischen Termine für ein Essen außer Haus – man läßt besser reservieren. Viele Restaurants legen Sonntagabend und Montag ihren Ruhetag ein.

Damit die Speisekarte kein Buch mit sieben Siegeln bleibt, empfiehlt sich der Eßdolmetscher Frankreich (herausgegeben von der Zeitschrift essen & trinken, Orbis Verlag, München).

Restaurant-Knigge

Reservieren ist in der Hochsaison unerläßlich, will man nicht von Restaurant zu Restaurant pilgern. Auch mit Reservierung setzt man sich nicht sofort, sondern überläßt es dem Kellner, einen Tisch vorzuschlagen – den man natürlich höflich ablehnen und um einen anderen Platz bitten kann. Nachdem die Speisekarten verteilt sind, fragt der Kellner, ob man einen Apéritif wünscht. Die Getränkekarte erhält bei gemischten Paaren immer der Mann, dem später auch die Probe des bestellten Weins vom Kellner angetragen wird. Hat man gewählt, gibt man der Bedienung, die mit »Monsieur!« oder »Madame!« angeredet wird, ein Zeichen. Zwar lockern sich die Restaurantregeln, doch vor allem abends nur einen Salat oder eine Vorspeise zu bestellen, ist ein Unding: Möglicherweise folgt der Gegenvorschlag, ein anderes Restaurant aufzusuchen. Für das Menü sollte man Zeit mitbringen. Eine kostenlose Karaffe Leitungswasser *(une carafe d'eau)* zum Wein zu bestellen, ist völlig üblich. Wer bei der Wahl des Weins unsicher ist, darf auf die Empfehlung des Kellners vertrauen. Günstig ist in der Regel die Hausmarke *(la réserve du patron),* noch günstiger ein offener Wein *(vin en carafe* oder *vin au pichet).* Die rituelle Abfolge von Vorspeise, Hauptgang, Dessert und Café erfordert in der Regel etwa 2 Std. Die Rechnung wird am Schluß nur auf Aufforderung gebracht. Sie umfaßt immer den Gesamtbetrag und sollte von einer Person beglichen werden – getrennt zu bezahlen, käme keinem Franzosen in den Sinn. Trinkgeld ist in der Regel enthalten, doch dem Betrag 5–10 % für den Service hinzuzufügen, ist nach wie vor üblich.

Feiertage

Offizielle Feiertage sind: Neujahr, Ostermontag, 1. Mai (Tag der Arbeit), 8. Mai (deutsche Kapitulation 1945), Pfingstsonntag, 14. Juli (Nationalfeiertag), 15. August (Mariä Himmelfahrt), 1. November (Allerheiligen), 11. November (Waffenstillstand 1918), 25. Dezember (Weihnachten). Die meisten Geschäfte bleiben geschlossen, Museen und Behörden ebenso.

Feste und Festivals

Der bretonische Festkalender ist lang. 7777 Heilige und Schutzpatrone helfen über Zahnschmerzen oder Schiffsuntergang hinweg – ebensoviele Anlässe, um sich einmal pro Jahr im folkloristischen Sonntagsstaat zur Wallfahrt aufzumachen. Fürs leibliche Wohl ist gesorgt: Kein *pardon,* wie die Prozessionen in der Bretagne heißen, und erst recht kein Volksfest oder nächtliches Folkloretanzfest *(festnoz)* ohne Cidre und Kaldaunenwürste. Hinweise auf die Veranstaltungen sind im Ortsregister zu finden. Die wichtigsten Daten sind:

Mai

Tréguier: Pardon de St-Yves zu Ehren des Schutzpatrons der Juristen, am dritten Sonntag. **St-Brieuc:** Pardon de Notre-Dame-d'Espérance mit nächtlichem Fackelzug am 31. Mai.

Juni

Etal: Pardon des Thoniers (Thunfischfänger), Anfang Juni. **Plougastel-Daoulas:** Erdbeerfest am dritten So. **Überall:** Festnoz in der Nacht des 24. mit Sonnenwendfeuern.

Juli

Locronan: Pardon de la Petite Troménie. Alle sechs Jahre prachtvolle Grande Troménie, das nächste Mal 2001 am zweiten So. **Rennes:** Les Tombées de la Nuit, allabendliche Theater- und Musikaufführungen unter freiem Himmel in der ersten Woche. **Paimpol:** Fest der Islandfischer, letzter So. **Quimper:** Festival de Cornouaille, großes Folklorevolksfest mit bretonischer Musik, Kostümierung und Verköstigung in der Woche vom 17.–23. **Ste-Anne-d'Auray:** größter Pardon der Bretagne, am 25. abends Lichterprozession, tags darauf große Ste-Anne-Prozession. **Fouesnant:** Apfelbaumfest am dritten So. **Gourin:** Fête de la Crêpe am 15. und 16. **Quistinic (Morbihan):** Pardon der Pferde. **Roscoff:** Pardon de Ste-Barbe. **Vannes:** Fêtes historiques, Historienspiele mit 800 Freiwilligen, erste Monatshälfte. **Brest:** Les Jeudis du Port, Konzerte und Straßentheater jeden So im Hafen.

August

Ménez-Hom: Folklorefestival auf dem höchsten Punkt der Montagnes Noires am 15. **Perros-Guirec:** Pardon de Notre-Dame-la-Clarté am 15. **Ste-Anne-la-Palud:** Pardon mit nächtlichem Fackelzug am letzten Wochenende. **Concarneau:** Fest der blauen Fischernetze, traditionelles Volksfest vom 16.–20. **Guingamp:** St-Loup-Folkloretanzfestspiele vom 13.–20. **Douarnenez:** Segnung des Meeres am ersten So. **Lannilis:** Muschelfest mit Muscheln von roh bis fritiert am ersten Sa. **Coray:** großes Erntedankfest mit Festnoz und altertümlichen Erntemaschinen am 15. **Lorient:** Festival Interceltique, Fest der Superlative im Zeichen der keltischen Musik vom 4.–13. **Dinan:** Fête des Remparts, Historienspektakel an der Stadtmauer am Ende des Monats.

September

Josselin: Pardon de Notre-Dame-du-Roncier am 8. **Camaret:** Pardon de Notre-Dame-du-Rocamadour am ersten

So. **Landerneau-Ploudiry:** Versteigerung von Kaldaunenwürsten aus Hausmacherherstellung zur Erhaltung der Chapelle St-Antoine am ersten So. **Le Folgoët:** Grand Pardon de Notre-Dame am 4. **Nantes:** Rendezvous sur l'Erdre, Jazzfestival.

Oktober

St-Malo: Festival de la Bande Dessinée, Comic- und Zeichentrickfestival.

Dezember

Rennes: Les Transmusicales, Rock- und Pop-Festival.

Fotografieren

Filmmaterial ist in Frankreich teuer, sich vor der Reise einzudecken, lohnt deshalb. Soweit das Fotografieren in Schlössern und Museen erlaubt ist, sollte man niemals blitzen oder das Stativ aufbauen. Manchmal ist eine Gebühr für die Fotoerlaubnis fällig.

Geld und Banken

Landeswährung ist der Franc (FF), der in 100 Centimes unterteilt wird. Münzen gibt es zu 5, 10, 20 Centimes sowie zu $^1/_2$, 1, 2, 10 und 20 Francs; Scheine im Wert von 20, 50, 100, 200, 500 Francs. Der Umtausch in Frankreich ist etwas günstiger als daheim, allerdings schmälern die von Bank zu Wechselstube variierenden Bearbeitungsgebühren den Gewinn. Keine Gebühr entfällt beim Postsparbuch, das in allen Postämtern mit dem Hinweis *change* oder dem deutschen Posthornsymbol zur Barabhebung akzeptiert wird (max. 1000 FF pro Tag oder 2000 DM im Monat, Ausweis nötig). Kreditkarten haben sich als Zahlungsmittel Nummer 1 überall durchgesetzt. Am stärksten verbreitet sind Visa und Eurocard.
Bei Eurocheques (Maximalwert 1400 FF) erheben viele Hotels etc. eine Gebühr um die 50 Francs. Mit der Eurocheque-Karte kann an zahlreichen EC-International-Automaten Geld gezogen werden.

Karten

Als Straßenkarte empfiehlt sich die Michelin-Karte Nr. 230, »Bretagne« 1 : 200 000. Kleinere Blätter des Verlags decken Teilbereiche der Bretagne ab. Aus demselben Haus stammt der Straßenatlas Frankreich 1 : 200 000, mit dem die Anreise nicht mehr schiefgehen kann. Das Institut Géographique National (IGN) gibt verschiedene Kartenreihen heraus, die sich besonders zu bestimmten Ausschnitten eignen: Grüne Serie im Maßstab 1 : 100 000, Blaue Serie 1 : 25 000, die sich auch für Radler und Wanderer eignet. IGN-Themenkarten sind auf spezielle Klientel – Golfer, Kanufahrer, Wanderer – zugeschnitten.

Kinder

Kinder werden in Frankreich nirgends als störend empfunden, weder im Schloß noch im Restaurant. Das Angebot für die Kleinen beschränkt sich nicht auf ein Kindermenü und ermäßigte Eintritte. Campingplätze und Ferienclubs bieten Kinderanimation an, und ein dazugestelltes Bett zählt zum Service vieler Hotels. Als klassisches Familienreiseziel weisen die Bretagne Sand und Meer aus: Am Strand sind die Kleinen vollauf beschäftigt.

Lesetips

Zwei historische Romane aus dem vergangenen Jahrhundert vermitteln Einblicke in die Bretagne am Abend der Französischen Revolution. François René de Chateaubriands »Erinnerungen von jenseits des Grabes« sind die schwermütigen Betrachtungen eines Korsaren- und Sklavenhändlersohnes. Der Mann, dessen Grab an prominenter Stelle auf einem Inselchen vor St-Malo liegt, läßt in seinem spätromantischen Hauptwerk Jugendjahre auf Schloß Combourg aufleben (Ars Vita, Neuwied 1994). Aus Victor Hugos »Dreiundneunzig« sprüht das Feuer des Aufstands: Fougères 1793 – die Chouans, royalistische Gegner der Grande Révolution, nehmen die Festungsstadt ein und liefern den Stoff für den Politroman. Hugo zeichnet als Hintergrund der Revolte ein Bild von Fougères vor 200 Jahren (Rowohlt Jahrhundertreihe, Hamburg 1992). In die Gegenwart führt Benoîte Groult mit ihrem Roman »Salz auf unserer Haut«: Die unmögliche Folie à deux zwischen der Pariser Intellektuellen George und dem bretonischen Fischer Gauvain entwickelt sich zum Bund fürs Leben (Knaur, München 1994). Über die Mythen der Bretagne denkt Norma L. Goodrich in »Die Ritter von Camelot. König Artus, der Gral und die Entschlüsselung der Legende« ernsthaft nach (Beck, München 1994), während Marion Zimmer Bradley die Artus-Sage in »Die Nebel von Avalon« taucht. Für groß und klein eignen sich die Abenteuer von Asterix und Obelix zur Einstimmung aufs bunte Keltentum. Appetit machen die »Kulinarischen Reiseskizzen Bretagne«, Rezepte inklusive (Hädecke, Weil der Stadt 1994).

Leuchttürme

Einige stehen zur Besichtigung frei, Anmeldung beim Wärter *(gardien)*, solange es ihn noch gibt. Von Nord nach Süd: Der Phare am Cap Fréhel leuchtet von den 85 m hohen Klippen mit 3000 Watt bis zu 110 km aufs Meer hinaus. Besichtigung Juni–Sept., ✆ 02 96 41 40 03. Der Phare de Roscoff steht am alten Hafen, mißt 25 m Höhe, ✆ 02 98 69 70 70. Auf der Ile de Batz erlaubt ein Leuchtturm seit 1852 den Blick aus 41 m Höhe auf die Côte du Léon, ✆ 02 98 61 75 37. Der Phare auf der Ile aux Moines ist 57 m hoch und steht in einem Vogelschutzgebiet: Besichtigung deshalb von Juni–Sept. im Rahmen einer Exkursion zum Sept Iles-Archipel, ✆ 02 96 23 22 47. Die Ile d'Ouessant ist eine wahre Hochburg für Leuchttürme. Auf den Phare du Stiff führen 104 Stufen hoch. Vom 1685 gebauten Turm leuchten 6000 Watt 50 km weit, ✆ 02 98 48 80 93. Der Phare du Créac'h steht ebenfalls auf Ouessant. Er ist einer der weltweit stärksten mit einer Reichweite von 200 km zur Sicherung der Einfahrt in den Ärmelkanal. Von oben reicht der Blick zu zwei weiteren Leuchttürmen, den Phare de la Jument und den Phare Kéréon, die beide einsam im Atlantik auf einem Fels fußen. Im Turm des Phare de Créac'h lohnt das Leuchtturm- und Bojenmuseum einen Besuch. Der Phare auf der Ile Vierge, einer winzigen Insel an der Nordküste, behauptet sich mit 77 m und 392 Stufen als der höchste Europas. Sommertags werden Überfahrten ab Lilia angeboten, 11–12 und 15.30–18 Uhr, ✆ 02 98 04 78 01. 182 Stufen am westlichsten Punkt Frankreichs mit Blick auf die Iles de Molène machen zusammen den Phare de Trézien aus. Tgl. Führung außer So und Mo, ✆ 02 98 89 60 16. Der

Phare Kermorvan fällt mit 17 m über Bucht und Hafen von Le Conquet bescheiden aus, ✆ 02 98 89 01 68. Berühmt ist der Phare St-Mathieu nicht wegen der 163 Stufen und 60 km Reichweite, sondern wegen der Abteiruine gleich daneben, ✆ 02 98 89 00 17. Phare de Petit-Minou klingt putzig, ist es aber nicht: Auf die Spitze geht es 116 Stufen hoch, der Lohn ist ein Blick über die Meerenge des Goulet de Brest, ✆ 02 98 48 40 46. Der Phare St-Corentin, 47 m hoch, verspricht einen Rundblick über die Ile de Sein, ✆ 02 98 70 90 10. Als besonders elegant fällt der Phare d'Eckmühl ins Auge: Aus 65 m Höhe geht der Blick bis zur Pointe du Raz. Errichtet wurde er dank einer Schenkung der Marquise de Blocqueville, Tochter des Fürsten von Eckmühl, ✆ 02 98 58 61 17. Schließlich der Grand Phare von Belle-Ile: Frankreichs stärkster Leuchtturm, trotz ganzer 47 m Höhe. Er wurde 1835 teils aus Menhiren gebaut. Von oben schweift der Blick von Lorient bis Le Croisic, Ostern–Sept., ✆ 02 97 31 82 08.

Naturparks, Wanderungen, Vogelbeobachtung

In fast allen 300 Naturschutzgebieten, die 17 % der Küste ausmachen, vermitteln Fremdenverkehrsämter oder Naturschutzorganisationen Führungen durch das Tier- und Pflanzenreich (Informationen: Comité régional du tourisme de Bretagne, s. S. 308).

Die beiden großen Regionalparks könnten unterschiedlicher nicht sein. Der **Parc Naturel Régional d'Armorique** hat in der Domaine du Ménez-Meur seinen Hauptsitz. Das 75 000 ha große Areal reicht von den Monts d'Arrée bis zu den »Inseln am Ende der Welt«, gemeint sind Ouessant, Molène und Sein. Hinzu kommen die gesamte Halbinsel von Crozon sowie der Unterlauf der Aulne. 20 Außenstellen, von denen viele ein Museum unterhalten, vertreten das Anliegen des 1969 gegründeten Parks.

Der **Parc Naturel Régional de Brière** entführt in Frankreichs zweitgrößtes Sumpfgebiet nach der Camargue. Ein Mosaik von Kanälen, Teichen, Schilfflächen, Feuchtwiesen und Auwäldern bedeckt 40 000 ha. Besonders wenn im Herbst Nebel die Übergänge von Wasser und Land verschleiert, liegt eine melancholische Stimmung über der Brière. Die Vielzahl an Süßwasserfischen, Zugvogelarten und gefiederten Dauerbewohnern ist spektakulär. Im Sommer quaken Heerscharen von Fröschen in den abendlichen Himmel.

Hinzu kommen viele kleinere Naturschutzgebiete: Am Golf von Morbihan organisiert die Réserve biologique von Falguérec Vogelbeobachtungen in den 220 ha großen Salzsümpfen des Naturschutzgebiets. 48 Zugvogelarten fliegen hier ein, darunter so rare Spezies wie die zebragestreifte Avocette oder der Gambette-Strandläufer (beste Zeiten zur Vogelbeobachtung zwischen 10–11.30 sowie 17–18 Uhr. Führungen während der Saison, ✆ 02 97 66 92 76 oder 02 9740 92 95). Vor der Küste von Perros-Guirec gilt die Réserve naturelle des Sept Iles als Frankreichs wichtigstes Refugium für Zugvögel. Kommentierte Bootsfahrten (französisch) um die 3 ha große Réserve auf der Ile Rouzic bietet die Vogelschutzliga an. Unterhalb der im Frühjahr von 16 000 brütenden Basstölpeln, Trottellummen und Papageientauchern bedeckten Felsen dösen Graurobben (Station ornithologique de l'Ile Grande, ✆ 02 96 91 91 40). Von April–Sept. schippern zudem Ausflugs-

boote um den Archipel (beste Zeit zur Vogelbeobachtung April/Mai). In den Monts d'Arrée schließt die Réserve des Landes de Cranou 70 ha auf den Höhen des Hügelkamms um Le Cloître-St-Thégonnec (Wolfsmuseum), Scrignac und Plougonven ein. Geführte Wanderungen werden organisiert. Am Cap Sizun ist die Réserve de Goulien wegen der Seevogelkolonien in den 70 m hohen Klippen unter Ornithologen ein Begriff. Beste Zeit ist von Mitte April bis Mitte Juni. Juli/Aug. gibt es geführte Wanderungen. Bei Sables d'Or-les-Pins und dem Cap Fréhel weist die fast 2 km lange Dünenzunge eine seltene maritime Flora auf. Hier wächst der kohlähnliche *chou marin.* Am Cap gibt der Küstenweg den Blick auf die Vogelbrutfelsen der Réserve naturelle frei.
Informationen erteilt das Syndicat d'initiative, ✆ 02 96 41 53 81. Die Falaises de Plouha sind mit 104 m die höchsten Klippen der Bretagne. Sie beherbergen Brutkolonien von Seevögeln, zu denen das Syndicat d'initiative de Plouha, ✆ 02 96 20 24 73, Führungen anbietet. Die Dünen von Keremma bilden die größte Dünenlandschaft der Nordküste mit ornithologischem Schutzgebiet an der Baie de Goulven. Die Bucht ist das Winterquartier zahlreicher Zugvögel. Informationen erteilt Maison des Dunes, ✆ 02 98 61 68 31. Tief im Innern der Bretagne ist das untere Vallée de l'Oust ein riesiges Feuchtbiotop, in dem die Steilufer des Oust an der Ile aux Pies einer typischen Sumpffauna und -flora Schutz bieten.
Das Pays Touristique de Vilaine, ✆ 02 99 72 72 11 erklärt, wie man sich dem Gebiet nähern kann, ohne Mauersegler und Bisamratte zu verscheuchen.

Notfälle

Landesweit ist der Notruf für Polizei 17, Feuerwehr 18, Pannenhilfe (AIT-FIPA Assistance) 05 10 61 06, Krankenwagen und Notarzt (S.A.M.U.) im örtlichen Telefonbuch nachschlagen.

Öffnungszeiten

Es gibt kein striktes Ladenschlußgesetz. Heilig ist in Frankreich allein die Mittagszeit von etwa 12.30–14.30 Uhr. Dann hängt oft ein Schild mit der Aufschrift *fermé* in der Tür. Kernöffnungszeiten sind 9–12 und 14–19 Uhr. Morgens öffnen Bäckereien *(boulangerie)* und Lebensmittelläden *(épicerie)* zwischen 7 und 8 Uhr. Supermärkte in Städten haben auch über Mittag geöffnet, ihre großen Filialen vor den Stadttoren an einigen Abenden Nachtöffnungszeiten *(nocturne)* bis 21 oder 22 Uhr. Samstags bleiben alle Geschäfte nachmittags offen. Sonntagvormittags wird in vielen Städten Markt gehalten, viele Lebensmittelläden haben dann ebenfalls auf, Bäckereien immer. Montag ist zumindest auf dem Land Ruhetag.

Behörden sind von Mo–Fr von 9–12 und 14–17 Uhr geöffnet, Banken nur bis 16 Uhr. Postämter sind von Mo–Fr in der Stadt von 9–19, auf dem Land von 8–12 und 14–18.30 sowie Sa bis 12 Uhr geöffnet. Staatliche Museen schließen in der Regel am Dienstag.

Polizei

Polizeinotruf: ✆ 17 (Police Secours)

Post

Briefmarken *(timbres)* und Telefonkarten *(télécartes* zu 40 oder 120 Einheiten) gibt es im Zigarettenladen *(bureau de tabac)*, in Bars mit Zigarettenverkauf *(bar-tabac)* und auf der Post. Postkarte und Brief müssen nach Deutschland, Österreich und in die Schweiz bis 20 g mit 3 FF frankiert werden.

Reisezeit und Kleidung

Die Lage zwischen Ärmelkanal und Atlantik bedeutet für die Bretagne ozeanisches Klima. Auf einen Schauer folgt schnell die Sonne, Dauerregen ist selten. Dazu herrschen dank Golfstrom gemäßigte Temperaturen. An der Nordküste werden weniger als 15 Frosttage im Jahr gezählt. Der Wind pfeift kräftig aus Nordwest. Mikroklimazonen sorgen für Überraschungen: In windgeschützten Ecken wie der Ile de Bréhat regnet es weniger als im südfranzösischen Toulouse. An der Südküste scheint die Sonne häufig: in Carnac 2055 Std. im Jahr. Es ist wärmer als im Norden – die sommerlichen Durchschnittstemperaturen liegen im Departement Morbihan bei 18° C.

In den Monaten Juli und Aug. wird es an der Küste voll. Halb England und ganz Frankreich scheinen sich am Strand zu tummeln. Angenehm leer dagegen ist es in Frühjahr (Mai/Juni) und Herbst (Sept./Okt.), die meist milde ausfallen: optimale Reisebedingungen. Im Winter fegen schwere Stürme über die Bretagne, deren rauhe Schönheit dann mit nur wenigen Liebhabern geteilt werden muß.

Wetterfeste Kleidung, vor allem Regenschutz, ist das ganze Jahr über erforderlich. Ein Pullover für kühle Abende sollte selbst im Sommer im Koffer liegen. Bis auf einige Restaurants geht es leger zu. Funktionale Kleidung wie Turnschuhe, Sweatshirt und Bermudas bestimmen das Bild. Für Strand und Riffs sind Plastiksandalen ratsam, um sich vor spitzen Steinen und Muschelsplittern zu schützen. Auch bei frischen Temperaturen kann die Sonne an der See zusetzen: Eine Kopfbedeckung schützt vor zuviel Strahlen.

Souvenirs

Beim Einkauf typisch französischer Luxusartikel wie Parfüm oder Mode in einer Boutique oder Parfümerie geht es sicherlich stilvoller zu als daheim im Kaufhaus. Auch Auswahl und Ausgefallenheit bestechen. Billiger wird es in Frankreich wegen der hohen Luxussteuern dagegen nicht. Neben Parfüms, Lederwaren und Mode verführen Angebote direkt aus der Region, die günstiger als hierzulande sind, allem voran Wein und Kulinarisches. Nach ausgefallenen Altertümchen und Trödel *(brocante)* und erlesenen Antiquitäten *(antiquités)* stöbert man entweder in Depots an den Landstraßen oder in den feineren Stadtgeschäften. Französische Antiquitäten werden günstiger und in viel größerer Auswahl als im Ausland gehandelt. Von Frühjahr bis Herbst kommen Trödelmärkte *(foire à la brocante)* hinzu, auf denen noch immer Schnäppchen zu machen sind. Typisch bretonische Mitbringsel sind die bunten Fayencen aus Quimper und Spitzendekken und -hauben aus dem Bigouden-Land. Einfach zu transportieren sind Cidre- und Calvadosflaschen sowie ein Muscadet oder Gros Plant von der Loire-Mündung. Auch bretonische Kuchen wie der *kouign amann* halten sich gut, ebenso Artischocken, während man für Käse, Würste und vorgekochte Meeresfrüchte eine Kühlbox dabei haben sollte.

Strände

Die bretonischen Küsten bieten Bademöglichkeiten ohne Ende, allerdings nicht ohne Gefahren. Den Strömungen bei einsetzender Ebbe oder Flut sind selbst geübte Schwimmer nicht gewachsen. Vorsicht also beim Muschelsuchen und Sonnenbaden auf vorgelagerten Sandbänken. Die lokalen Tourismusbüros halten Zeittafeln für den Gezeitenwechsel bereit. Viele Strände sind nur im Hochsommer bewacht. Ziehen die Rettungsschwimmer die rote Flagge hoch, bedeutet dies striktes Badeverbot. Bei Gelb heißt es bereits Vorsicht. Prinzipiell gilt: Die Strände an der Südküste sind familienfreundlicher, weil breiter und flacher, die im Norden leerer und unzugänglicher. Oben ohne ist üblich, sollte jedoch am Dorfstrand nicht zum Dogma erhoben werden. Nackt baden darf man nur an für *naturisme* ausgewiesenen FKK-Stränden.

An der Côte d'Emeraude sind die Unterschiede von Ebbe und Flut am ausgeprägtesten. Die goldgelben breiten Sandstrände östlich von St-Malo – Plage de Rochebonne, Plage du Minihic, Plage du Verger – verschwinden mit schöner Regelmäßigkeit vollständig im Wasser. In Dinard schrumpft die elegante Plage de l'Ecluse bei steigendem Naß ebenfalls von 300 auf 50 m Breite. Etwas mehr Platz bleibt am fast 2 km langen, von Pinienwäldern gerahmten Strand von Sables-d'Or-les-Pins. Eng wird es bei Flut auch auf dem Sand in St-Quay-Portrieux. An der Côte de Granit Rose verstecken sich zwischen den roten Felsen Dutzende von Sand- und Kieselstränden, die wiederum regelmäßig unter Wasser stehen: die Plage de Goas-Trez nördlich von Trébeurden, die südgewandte Plage de la Gréve Blanche bei Trégastel, die Plage de Trestignel in Perros-Guirec. Zu einigen muß man runterkraxeln, wie an der großen Plage de Bonaparte in den hochragenden Falaises de Plouha, wo die Flut nur eine schmale Kieselbank übrigläßt.

Wattgebiete schmälern an der Côte des Abers et du Léon das Badevergnügen: Gleichwohl locken in der Bucht von Goulven 8 km Strand mit imposanten Dünen (Dunes de Keremma). Es bleiben darüber hinaus Le Conquet mit der Grande Plage, Brignogan-Plages mit der Plage du Phare samt Dünen, Roscoff mit ungefährlichen flachen Sandstränden um die Plage Roc'h Kroum. Große Sandstrände säumen die Côte Sud du Finistère et de Cornouaille, vor allem auf der Crozon-Halbinsel: In Camaret beginnt der Sandstrand direkt hinter der Hafenmole, in Morgat lockt 1 km Sandstrand. Zwischen der Pointe du Raz und der Pointe du Van wechseln Kies- und Sandstrände mit wildem Küstenpanorama. Sanft dagegen wellen sich bei Audierne an der Plage de Kersiny die Dünen hinter dem Strand. Der südliche Abschnitt der Audierne-Bucht ist auf Kilometer unbebaut: Sand und Dünen ohne Ende. Bei Loctudy unterbrechen Riffe den Sandstrand. An der Baie de la Forêt reiht sich auf 4 km zwischen Concarneau und La Forêt-Fouesnant Strand an Strand. An der Côte des Mégalithes et du Morbihan bieten zwei Halbinseln die besten Bademöglichkeiten: Bei Quiberon zieht sich über die gesamte Ostseite ein feiner Sandstrand, auf der Halbinsel Rhuys erheben sich bei La Trinité-sur-Mer Dünen im Hintergrund, ebenso bei St-Gildas-de-Rhuys, wo sich an der Anse de Cornault ein paar Kilometer Dünenlandschaft erstrecken.

Königlich nehmen sich die endlosen Sandstrände der Côte d'Amour aus, allen voran die 8 km Sand von La Baule. Auch La Turballe erfreut sich ausgedehnter Dünen und Kiefernwälder hinter dem breiten Sandstrand.

Telefonieren

Kleingeld zwecklos: ohne Telefonkarte *(télécarte* zu 50 oder 120 Einheiten, s. Post) läuft am öffentlichen Fernsprecher fast nichts mehr. Auf der Post stehen Kabinen bereit, bei denen man erst nach dem Gespräch am Schalter bezahlt. Innerhalb Frankreichs muß einfach die zehnstellige Nummer gewählt werden. Bei Gesprächen aus dem Ausland entfällt die 0.

Auslandsvorwahlen: Frankreich 00 33, Deutschland 00 49, Österreich 00 43, Schweiz 00 41.
Der Billigtarif für Ferngespräche gilt von 21.30–8.00, Sa ab 14 Uhr, So ganztägig.

Trinkgeld

Trotz des Zusatzes auf der Rechnung *Service inclus* erwartet der Restaurantkellner ungefähr 5–10 % Trinkgeld, bei hohen Rechnungen entsprechend weniger. Im übrigen Servicebereich (Hotel, Fremdenführung, Taxi) gelten 5–10 %, die man nach Begleichen der Rechnung gibt.

Unterkunft

Das Angebot reicht vom luxuriösen Hotelpalast der Belle Epoque bis zum einfachen Campingplatz mit kalter Dusche. In der Bretagne findet sich für jeden Geldbeutel die passende Unterkunft. Als Faustregel gilt: je näher das Bett am Meer steht, desto teurer. An der Küste gehen zur Nebensaison die Preise runter, in der Wintersaison manchmal sogar kräftig – vorausgesetzt, das Hotel schließt dann nicht für ein paar Monate.

Kostenlose Hotelverzeichnisse erhält man über das Französische Fremdenverkehrsamt oder an Ort und Stelle beim lokalen Syndicat d'initiative bzw. Office de tourisme sowie dem Comité régional du tourisme de Bretagne.

Französische Hotels werden nach Sternen in fünf amtliche Kategorien (* bis **** und L) eingeteilt und unterliegen der Kontrolle durch die Direction du tourisme. Rechtzeitige Buchung empfiehlt sich vor allem in der Hauptsaison und an Feiertagen. Frühstück *(petit déjeuner)* ist im Zimmerpreis oft nicht inbegriffen. Zu den meisten Hotels gehört ein Restaurant mit attraktivem Halb- oder Vollpensionsangebot. Je landestypischer und einfacher die Unterkunft, desto eher fällt die erste Mahlzeit traditionell französisch aus: Zum Kaffee oder Tee werden Baguette, Croissant mit Butter und Marmelade serviert. In den Filialen der Hotelketten dagegen hat man sich auf die internationale Klientel eingestellt. Diese oftmals modernen Hotelbauten findet man in jeder Preislage und in jeder größeren Stadt.

Übernachtung auf dem Schloß oder im Herrenhaus

Immer mehr Schloßbesitzer öffnen ihre Anwesen für zahlende Gäste. Die Preislagen variieren von einem Stern bis hinauf zum Luxusniveau. Die Listen verschiedener Vereinigungen wie »Bienvenue au Château«, »Relais & Châteaux« oder »Château Accueil« verschicken das Französische Fremdenverkehrsamt sowie das regionale Fremdenverkehrsamt.

Logis de France
Gepflegte Traditionshäuser erkennt man am gelbgrünen Kaminsymbol der Vereinigung »Logis de France«. Es handelt sich hauptsächlich um Familienbetriebe mit soliden Preisen und persönlicher Note. Der Jahreskatalog ist im Reisebuchhandel erhältlich oder kann gegen Gebühr direkt bezogen werden: Association nationale des Logis de France, 83, avenue d'Italie, 75013 Paris, ✆ 01 45 84 70 00, Fax 01 45 83 59 66.

Relais du Silence
Häuser, die in den Verband exklusiver Hotels in ländlicher Lage aufgenommen werden, garantieren himmlische Ruhe und hohe gastronomische Leistungen. Relais du Silence, 2, passage du Guesclin, 75015 Paris, ✆ 01 45 66 77 77, Fax 01 40 65 90 09.

Formule 1
Bei den Hotels der Niedrigpreiskette überzeugt in erster Linie der Preis. Die immer identisch mit einem Doppelbett, einem Einzelbett, Waschbecken und TV ausgestatteten Zimmer liegen an Autobahnen, Durchgangssträßchen oder in Industriegebieten. WC und Dusche auf der Etage. Formule 1, Immeuble Le Descartes, 29, promenade Michel Simon, BP 159, 93163 Noisy-le-Grand Cedex, ✆ 01 43 04 01 00, Fax 01 43 05 31 51.

Pierre & Vacances
Beim größten französischen Freizeitimmobilienanbieter hat man die Wahl zwischen Feriendörfern, Residenzen, Hotels und Villen. In der Bretagne gibt es Anlagen in Perros-Guirec, Bénodet, Port du Crouesty, La Baule. Der Frankreichspezialist mit Objekten in garantiert bevorzugter Lage ist in Deutschland mit einer Reservierungsfiliale vertreten, die Kataloge verschickt. Pierre & Vacances, Kurfürstenstr. 10, 76137 Karlsruhe, ✆ 07 21/93 19 50, Fax 07 21/31 95 10.

Ferienhäuser
Wer einen festen Standpunkt sucht, ist mit einem Ferienhaus gut bedient. Bei den staatlich kontrollierten Gîtes de France sind die Besitzer Leute aus der Gegend. Je nach Lage und Ausstattung werden die Ferienhäuser mit 1–3 Kornähren klassifiziert. Beim Service »Gîte plus« stellt der Vermieter Bett- und Hauswäsche gratis. Katalog über Gîtes de France, 35, rue Godot de Mauroy, 75009 Paris, ✆ 01 49 70 75 75.
Weitere Ferienhausanbieter:
Voyages Sud-Soleil, Günterstalstr. 7, 79021 Freiburg, ✆ 07 61/7 08 70 28, Fax 07 61/7 08 70 26.
Inter Châlet, Pf. 5420, 79021 Freiburg, ✆ 07 61/21 00 77.
Cherdo Armoric, Oststr. 22, 40211 Düsseldorf, ✆ 02 11/1 64 90 51.

Chambres d'hôte
Die französische Variante des Bed & Breakfast erfreut sich immer größerer Beliebtheit und Anbieterzahl. Ein Zimmer bei Privatleuten ermöglicht Kontakte mit Dorfbewohnern oder Bauern. Ländlich wird es in der *chambre d'hôte à la ferme* (Zimmer auf dem Bauernhof), wo manchmal auch eine *table d'hôte* (preiswerte Mahlzeit mit Zutaten vom Hof) geboten wird. Die Ausstat-

tung entspricht mindestens der eines Gasthofs. Adressenlisten bei den lokalen Verkehrsvereinen.

Camping

Vom luxuriösen Viersterneplatz mit Schwimmbad, Tennisplatz und Meerblick bis zum *camping à la ferme* (Campen auf dem Bauernhof) mit schlichter Dusche und Hahnenschrei findet jeder einen Platz nach seinem Geschmack. Frühzeitige Reservierung empfiehlt sich in der Hauptreisezeit. Eine Campingplatzliste ist beim regionalen Fremdenverkehrsamt erhältlich.

Jugendherberge

Preiswerter als in einer *auberge de jeunesse* läßt sich die Bretagne nicht bereisen. Die Auswahl ist allerdings beschränkt. Zwei Verbände führen eigene Verzeichnisse. Erforderlich ist ein internationaler Jugendherbergsausweis. FUAJ (Fédération Unie des Auberges de Jeunesse), 27, rue Pajol, 75018 Paris, ✆ 01 46 07 00 01,
Fax 01 46 07 93 10, und Ligue Française pour les Auberges de Jeunesse,
38, boulevard Raspail, 75007 Paris,
✆ 01 45 48 69 84, Fax 01 45 44 57 47.

Urlaubsaktivitäten

Auf hoher See mit der Angelrute oder mit beiden Beinen im Bachlauf stehen? Die Bretagne bietet sowohl vor der Küste als auch im Hinterland reiche Fischgründe.

Hochseefischen

Einblicke in die Hochseefischerei vermitteln Törns auf klassischen Fischerbooten, die als Pauschalarrangement gebucht werden können. Ein paar Beispiele: Stolze 29 m mißt »Le Vieux Copain«. Der alte Thunfischkutter im Hafen von Paimpol steht samt Takelage unter Denkmalschutz und läuft regelmäßig mit 15–30 Personen an Bord in Richtung Ile de Bréhat aus. Ölzeug und Stiefel nicht vergessen! Monsieur Le Joliff, 5, Chemin de Goasmeur, 22500 Paimpol, ✆ 02 96 20 59 30.

Auslaufen in St-Malo im Morgengrauen, je nach Wind und Gezeiten Ankern bei den Iles Chausey oder am Cap Fréhel, wo der Kapitän die Fischgründe kennt, und Angelruten raus. Dazu gibt es gegen 9 Uhr eine zünftige Fischersmahlzeit an Bord des Kutters. Korb für den Fang mitbringen! Office de tourisme, 35400 St-Malo, Port des Yachts, ✆ 02 99 56 64 48.

Die Bucht von St-Brieuc kann man an Bord der »Pauline« erkunden. Netze auswerfen, Segelsetzen und ein paar Knoten gehören zum Programm. Office de tourisme, 22370 Pléneuf-Val André, cours Winston Churchill,
✆ 02 96 72 20 55.

Informationen zu Pauschalarrangements über Formule Bretagne, Centre Commercial Maine Montparnasse,
17, rue de l'Arrivée, 75737 Paris,
✆ 01 42 79 07 07, Fax 01 43 20 45 07.

Angeln

Von Aal bis Zander tummelt sich eine Vielzahl von Süßwasserfischen in den Flüssen und Seen der Bretagne. Angeln ist französischer Nationalsport, zu dessen Teilnahme ein Angelschein *(permis de pêche)* vom Anglerverein des jeweiligen Departements nötig ist: erhältlich bei den lokalen Fremdenverkehrsämtern.

Bootsurlaub auf Flüssen

Angst vor der rauhen See? Eingeschworene Landratten können sich auf bretonischen Flüssen und Kanälen als

Hausbootkapitän versuchen. 660 km Innenansichten der Bretagne mit ihren tief in den Fels gegrabenen Flußläufen, beschaulichen Schleusen und trutzigen Burgen stehen zur Auswahl. Doch Achtung, denn in Küstennähe bestimmt der Atlantik mit Ebbe und Flut den Pegel der Binnengewässer. Wichtigste Wasserstraße für Freizeitkapitäne ist der Kanal Nantes-Brest mit Bootsanbietern in Rohan, Josselin und Redon. An der Erdre kann man in Sucé-sur-Erdre sein schwimmendes Heim leihen, auf der Rance in Lyvet bei Dinan, auf der Vilaine in Messac. Ein Führerschein ist nicht erforderlich. In Wendemanöver und Knotentechnik weist der Verleiher ein. Informationen zu Pauschalarrangements über Formule Bretagne und Formule Atlantique, Adresse s. Hochseefischen.

Der Verleiher Locaboat Plaisance ist in Deutschland präsent: Ludwigstr. 1, 79104 Freiburg, ✆ 07 61/2 07 37 37, Fax 07 61/2 07 37 73. Eine Basis ist in Redon, mit der Möglichkeit, in vier Himmelsrichtungen aufzubrechen. Zweite Basis in Lyvet bei Dinan, von wo aus man über die Vilaine nach Rennes fahren kann. Saison von Ende März–Mitte Okt.

Golf

Das bretonische Klima ist ausgesprochen rasenfreundlich, die Anzahl der Plätze entsprechend groß. Der Golfclub von Dinard ist der älteste Frankreichs. Die Ligue de Golfe de Bretagne vertritt 30 Plätze aller Schwierigkeitsgrade. Die meisten liegen an der Küste, viele zu Füßen eines stattlichen Herrenhauses. Informationen über die Ligue de Golfe de Bretagne, Parc des Loisirs de Lann-Rohou, St-Urbain, 29800 Landerneau, ✆ 02 98 85 20 30, Fax 02 98 85 19 39.

Kanu und Kajak

Die geschützten Gewässer im Golf von Morbihan, bei Paimpol und um Bréhat eignen sich besonders für einen Kajakausflug aufs offene Meer. Daneben gibt es eine ganze Reihe von Centres nautiques rund um die Küste, die Kajaks und Kanus verleihen. Unter den Binnengewässern bieten sich das Oust-Tal und der untere Odet zum Kanuwandern an. Pauschalarrangements organisiert Formule Bretagne, Adresse s. Hochseefischen.

Radfahren

Radfahren zählt zu den französischen Nationalsportarten – die Tour de France verpflichtet. Obwohl der höchste Punkt der Bretagne keine 400 m erreicht, sollte man Hügel und Talmulden nicht unterschätzen. Radwanderer finden immer ein entlegenes Sträßchen, wo der motorisierte Verkehr nicht stört. Ruhe vor Autos hat man auf einigen autofreien Inseln. Fahrräder kann man an vielen Bahnhöfen ausleihen (Radtransport s. Anreise). Pauschalarrangements hält Formule Bretagne, Adresse s. Hochseefischen, bereit.

Reiten

2000 km markierte Reitwege durchziehen die Bretagne. Auf dem *Equibreizh*-Wegnetz sind die einzelnen Etappen 25–30 km lang. Je nach Anspruch bieten B & B, Komforthotel oder Campingplatz ein Bett für den Reiter und einen Stall für das Pferd. 64 Reiterzentren empfangen zudem den Urlauber hoch zu Roß. Informationen über die Association Régionale de Tourisme Equestre de Bretagne (ARTEB), 33, rue Laennec, 29710 Ploneis, ✆ 02 98 91 02 02, Fax 02 98 91 16 56. Dort gibt es auch den Topo-Guide zum *Equibreizh*-Wegnetz mit IGN-Karte im Maßstab 1 : 50 000.

Pauschalarrangements bei Formule Bretagne, Adresse s. Hochseefischen.

Segeln
Leinen los, von St-Malo bis an den Golf von Vannes: Kräftige Winde, schleusengeschützte Häfen und 140 Segelschulen machen die Bretagne zum Paradies für Katamaran, Jolle und Jacht. Die Reede von Brest und die Bucht von Douarnenez erfüllen ideale Bedingungen für Anfänger. Kundige Segler zieht es an die wildere Nordküste. Die ruhige Südküste eignet sich dagegen für gemütliche Törns. Das Comité régional du tourisme de Bretagne gibt eine umfangreiche Liste aller Segelschulen und Anlegeplätze heraus. Aus der Vielzahl eine kleine Auswahl:

In Roscoff organisiert das Centre nautique einwöchige Segeltörns für erfahrene Segler nach St-Malo oder zu den britischen Kanalinseln (Office de tourisme, s. Adressen und Tips von Ort zu Ort). Auf der Crozon-Halbinsel veranstaltet der Club Léo Lagrange einwöchige Segeltörns auf der 8,60 m langen »Sauvignon« zu den Inseln Sein, Molène, Ouessant und Batz oder längs der Côte des Abers. 29570 Camaret, quai Téphany, ✆ 02 98 27 92 20.

Das Centre nautique de Tréboul bietet in der Bucht von Douarnenez zweiwöchige Anfängerkurse auf dem Katamaran an. 29175 Douarnenez, rue Abbé Le Gall, 29100 Tréboul, ✆ 02 98 74 13 79.

Der Archipel des Glénans ist in erster Linie für seine Segelschule berühmt. Übernachtung auf der Ile Cigogne. Die Betten im 200 Jahre alten Fort sind spartanisch, die Segelmöglichkeiten neun Meilen vor der Küste phantastisch. Centre nautique des Glénans, 29185 Concarneau, 2, rue Le Ray, ✆ 02 98 97 14 84.

Einen Törn à la carte mit Start in Lorient in Richtung Quiberon, Ile de Groix oder Belle-Ile auf einer 11-m-Jacht arbeitet Loisirs Accueil Morbihan aus. 56009 Vannes, Hôtel du Département, BP 400, ✆ 02 97 42 61 60.

Strandsegeln (Char à voile)
Ebbe und Wind sind zwingend notwendig, Sonne und warmes Wetter eher hinderlich – dann müssen die höllisch schnellen Strandsegler ihre Fahrten nämlich auf die dafür ausgeschriebenen Strandpisten beschränken. Gute Pisten dank breiter und langer Strände, dazu Ausleiher für Gefährt und Sturzhelm findet man in Cherrueix an der Bucht des Mont St-Michel und in St-Malo an der Grande Plage du Sillon. Endlose Pisten für die dreirädrigen Segler warten auf der Halbinsel von Quiberon in Penthièvre. Das Char à voile-Mekka aber liegt an der Bucht von Goulven. Comité départemental de Char à voile du Finistère, Plounéour-Trez, Office de tourisme in Brignogan-Plages, ✆ 02 98 83 41 08.

Surfen (Planche à voile)
Hohe Wellen, steife Brise – die Voraussetzungen sind denkbar günstig, solange die Kleidung warm genug ist. Hochburgen für Surfer sind St-Malo, die Bucht von Audierne (Funboard-Festival an der Pointe de la Torche), St-Colomban, Carnac, die Halbinsel von Quiberon und La Baule. Bretter und Schutzanzug verleihen die Centres nautiques, wo man ebenfalls Kurse belegen kann. Eine Liste hält das Comité régional du tourisme de Bretagne bereit. **Vorsicht bei Gezeiten und Strömungen!**

Thalassotherapie

Bei den alten Griechen hieß das Meer *thalassa.* Athens müde Krieger wußten um die heilenden Kräfte der salzigen Fluten. 2500 Jahre später baut man in der Bretagne ebenfalls auf die regenerativen Qualitäten des Meeres: Thalassotherapie heißt die Formel, mit der Zivilisationskranke – Stichwort Stress – wieder fit gemacht werden. Algenpakkungen, Hydromassagen, Sprudelbäder, Starkstrahlduschen und Gymnastik im Meerwasserpool müssen binnen 24 Std. nach der Entnahme des Wassers verabreicht werden. Kein Zentrum der Thalassotherapie liegt deshalb mehr als ein paar Schritte von der Küste entfernt. In Quiberon entstand auf der 14 km ins Meer ragenden Halbinsel Anfang der 60er Jahre das erste, luxuriöse Institut der Thalassotherapie. Weitere gibt es in Carnac, Douarnenez, Perros-Guirec, Roscoff, St-Malo, La Baule, Port-Navalo und auf Belle-Ile.

In Deutschland vertritt Thalasso Reisen einige bretonische Zentren. Information unter Postfach 867, 79008 Freiburg, ✆ 07 61/20 74 10, Fax 07 61/2 07 41 83.

Tauchen

Taucher finden rund um die Küste eine abwechslungsreiche Flora und Fauna vor. Auch Tauchschulen und Verleiher von Ausrüstungen gibt es viele. Auskünfte erteilt das regionale Fremdenverkehrsamt. Einige besonders attraktive Tauchgründe liegen zwischen der Ile de Groix und der Bucht von Lorient. Im Zweiten Weltkrieg versenkte Schlachtschiffe, außerdem Grotten und Riffe können mit unterwasserkundiger Führung durch die Base nautique an der Anse de Kerguelen erkundet werden. Centre nautique de Kerguelen, 56260 Larmor-Plage, BP 4, Anse de Kerguelen, ✆ 02 97 33 77 78. Für die Erkundung von Unterwasserfauna und -flora empfiehlt sich ebenfalls die Crozon-Halbinsel, wo alles für den Taucher bereitsteht. Centre de plongée, 29160 Crozon Morgat, BP 5, Port de Plaisance, ✆ 02 98 27 05 00.

Noch mehr Schiffswracks zu erkunden gibt es in St-Malo. Club subaquatique de la Côte d'Emeraude, ✆ 02 99 40 40 99.

Wandern

Am *sentier des douaniers* führt kein Wanderweg vorbei. Der ehemalige Küstenzollpfad entspricht dem Fernwanderweg GR 34. Er umrundet die gesamte Küste. Eine Kostprobe bietet die zweistündige bequeme Wanderung von Perros-Guirec nach Ploumanac'h. Sie beginnt am Strand von Trestraou. Besonders schön bei Flut, wenn die Gischt gegen die roten Felsen schäumt. Insgesamt ist die Nordküste das attraktivste Stück: Gut ausgeschildert folgt der GR 34 der Küste über 200 km lang von der Bucht des Mont St-Michel bis zur Bucht von Lannion. Die schönsten Etappen liegen am Cap Fréhel und an der Côte de Granit Rose. Doch auch im Süden lohnt der GR 34 jede Mühe. Versteckte Sandstrände und ockerfarbene Klippen, dazu der tiefblaue Atlantik sind die Begleiter auf den einsamen Wanderwegen über die Crozon-Halbinsel. Im Morbihan sind allein 280 km Küste für eine Erkundung per pedes ausgeschildert. Vor allem die Wege auf der Ile de Groix und Belle-Ile sowie die in La Trinité-sur-Mer, Guidel, Quiberon, Carnac und Arzon zeichnen sich durch ihre landschaftliche Schönheit aus. Was für die Küste der *sentier des douaniers* ist, sind die *chemins du Tro Breiz* für das Inland. Sie entsprechen den mittelalterlichen Pilgerwegen zu den sieben Heiligen der

Bretagne und führen in die unberührtesten Winkel der Region. Es geht auf die Höhen der Monts d'Arrée und in die Wälder der Forêt de Brocéliande. Immer am Wasser lang verläuft der Abschnitt über den Treidelpfad am Canal Nantes-Brest, etwa von Malestroit nach Châteaulin, oder der durch das Blavet-Tal. Insgesamt verfügt die Bretagne über 5000 km Wanderwege. Sogenannte Gîtes d'étape bieten schlichte und günstige Übernachtungsmöglichkeiten. Die Fernwanderwege *sentiers de Grande Randonnée* (GR) sind weißrot, die kürzeren, thematischen *sentiers de Pays* (GRP) gelb-rot markiert. Hinzu kommen unzählige Kurzrouten.

Verhalten als Tourist

Ein paar höfliche Floskeln erleichtern den Alltag: Fragt man nach dem Weg, erhöht ein vorangestelltes *S'il-vous-plaît* oder *Excusez-moi* die Auskunftswilligkeit enorm. Desgleichen gilt beim Einkauf oder im Lokal: Wer der Bestellung ein *S'il-vous-plaît* folgen läßt, wird selbst bei Hochbetrieb auf korrekten Service hoffen dürfen. Sich für Auskunft und Service zu bedanken, ist üblich: *merci* oder auch *merci beaucoup.* Betritt man einen Laden, eine Bar oder das Hotel, zählt es zu den französischen Gepflogenheiten, mit einem *Bonjour Monsieur/Madame* zu grüßen. Kennt man sich näher, folgt danach ein familiäres *Ça va?* (Wie geht's?), auf das als Antwort fast immer *Ça va bien* (Es geht gut) erwidert wird.

Fremdsprachenkenntnisse darf man in Frankreich im Hotel oder Restaurant nicht voraussetzen – Deutsch schon gar nicht. Ein paar Brocken Französisch helfen über die Hürden von Speisekarten und Straßenschildern hinweg und steigern die Geduld des Gegenübers. Lauthalses Bestehen auf der eigenen Landessprache gilt als Fauxpas und führt zu nichts – außer, daß die kalte Schulter gezeigt wird. A propos: Der Gang zu Tisch ist in Frankreich heilig. Unverhofft vorbeischauen sollte man deshalb nicht mittags zwischen 12–14.30 sowie ab 19 Uhr abends. Häufiger ist die Einladung zum Apéritif etwa eine halbe Stunde vor dem Essen. Man trinkt ein Glas zusammen und achte tunlichst darauf, sich rechtzeitig wieder zu verabschieden – schließlich wollen die Gastgeber noch zu Tisch.

Bikini oder Badehose gehören nur an den Strand und ans Schwimmbad, keinesfalls in die Hotellobby oder ins Straßencafé. »Oben ohne« schockiert am Strand niemanden mehr, nackt zu baden gehört sich jedoch nur an einer *plage naturiste* (FKK-Strand). Shorts sind für den Herrn im Strandrestaurant zulässig. In guten Restaurants werden dagegen lange Hosen erwartet. Im Spielcasino, bei offiziellen Anlässen und Feierlichkeiten: Krawatte. Auch viele Diskotheken schreiben *tenue correcte* vor – Jeans und Turnschuhe scheitern oftmals am Türsteher. Wird man zum Essen im Privatkreis eingeladen, entscheidet der Anlaß über die Garderobe – sich herauszuputzen ehrt allemal die Gastgeber.

Verkehrsmittel

Flugverbindungen

Die innerfranzösische Fluggesellschaft Air Inter verbindet Nantes mit Paris, Lyon, Marseille, Nizza; Brest mit Paris, Marseille, Nizza; Lorient, Quimper und Rennes mit Paris. Mehrere vergünstigte Tarife. Informationen in Brest, Nantes,

Quimper, ✆ 08 02 80 28 02, in Lorient und Brest, ✆ 08 03 80 98 09, Anrufe gebührenpflichtig. Brit Air fliegt von Morlaix nach London und Brüssel, ✆ 02 98 62 10 22. Auf die Inseln Belle-Ile und Ouessant fliegt Finistair von Lorient, ✆ 02 97 31 41 14, bzw. Brest, ✆ 02 98 84 64 87.

Mietwagen

In allen Hauptorten bieten die gängigen Mietwagenverleiher ihre Flotte an. Etliche Filialen befinden sich am oder im Bahnhof. Als Mieter muß man mindestens 21 Jahre alt und seit mindestens einem Jahr den Führerschein haben. Bei Vorausbuchung in Deutschland werden günstige Ferientarife angeboten, die unter denen in Frankreich liegen. Die staatliche Eisenbahngesellschaft SNCF arrangiert unter dem Angebot »rail-and-drive« zusammen mit Avis die Entgegennahme des Wagens bei der Zugankunft.

Züge

Alle Küstenstädte sind mit der Bahn erreichbar und untereinander verbunden. Schwierig wird es fernab der Küste in ländlichen Regionen, wo durch Streckenstillegungen die Bahnhöfe verwaist sind. 100 km Zugfahrt kosten ohne Zuschlag ca. 30 DM.

Busse

Einen Busbahnhof *(gare routière)* findet man in allen größeren Orten. Von Stadt zu Stadt ist die Verbindung gut. Ins Umland ist der Fahrplan dagegen mager. Busse bringen Reisende zwar in die umliegenden Dörfer, verkehren jedoch nur morgens und abends. Auf Hauptstrecken sind auch werktags mehrere Verbindungen tgl. üblich, am Wochenende dagegen nicht. Genauere Informationen s. Adressen und Tips von Ort zu Ort. 100 km im Bus kosten ca. 26 DM.

Taxi

Neben der Grundgebühr von 13 FF berechnet sich der Preis pro km. Km-Pauschale von 7–19 Uhr 3,36, sonst 5,45 FF, So und Feiertage wird immer der höhere Tarif berechnet. Für Gepäckstücke ab 5 kg sind 6 FF Aufpreis fällig.

Fähren

St-Malo ist der größte Passagierhafen der Bretagne. Hier laufen die Schiffe aus Plymouth und Portsmouth ein. Roscoff ist der zweite Hafen für die Kanalüberquerung mit den Zielhäfen Plymouth und Cork. Auf die britischen Kanalinseln fahren Schiffe aus Perros-Guirec und St-Malo. Fast alle bretonischen Inseln werden tgl. von Fähren angelaufen, im Sommer mehrmals. Während der Saison verkehren auch Fähren zwischen einigen Inseln. Wer sein Auto mitnehmen will, sollte rechtzeitig reservieren. Genauere Informationen s. Adressen und Tips von Ort zu Ort.

Zeitungen und Zeitschriften

Deutsche Presse bekommt man während der Hochsaison in allen touristischen Orten. Überregionale und lokale französische Presse ist immer erhältlich.

Kleines Lexikon der Megalithkultur

Allée couverte
Langgrab aus aufgestellten Megalithen mit Deckplatten

Alignement
Steinreihe. Meistens laufen die zu Reihen aufgestellten Menhire in parallelen Alleen

Cairn
Aus Steinen und Erdreich aufgeschüttetes Hügelgrab, dessen Kern eine oder mehrere Grabkammern birgt.

Coffre
Steingrab in Form einer Kiste.

Cromlec'h
Kreis oder Halbkreis von Menhiren.

Dolmen
Ganggrab mit Stützsteinen und Deckplatte. Man spricht auch von Tisch (*table*).

Lec'h
Behauener Stein in Form einer Stele.

Megalith
Großer Stein, von altgriechisch *mega* (groß) und *lithos* (Stein).

Menhir
Aufrecht stehender, hoher Stein (›Hinkelstein‹).

Tumulus
Erdhügel über einem Dolmen.

Sprachführer

Am Anfang

Bonjour/bonsoir Monsieur/ Madame, j'ai réservé une chambre au nom de...	Guten Tag/Guten Abend, ich habe ein Zimmer auf den Namen... reserviert.
Je ne parle pas français.	Ich spreche kein französisch.
Parlez-vous allemand/anglais?	Sprechen Sie deutsch/englisch?
Excusez-moi, connaissez-vous l'hôtel/ le chemin pour aller à...?	Entschuldigung, kennen Sie das Hotel/den Weg nach...?
C'est loin?	Ist es weit?
Merci, c'est très gentil.	Danke, das ist sehr freundlich.

Im Hotel

Il vous reste encore une chambre libre?	Haben Sie noch ein Zimmer frei?
... avec salle de bain	... mit Bad
... avec un lit supplémentaire	... mit Zusatzbett (für Kinder)
... avec deux lits séparés	... mit zwei getrennten Betten
... avec un grand lit	... mit französischem Bett
... avec vue sur mer	... mit Meerblick
Puis-je la voir?	Kann ich es anschauen?
La chambre est à combien?	– Wie teuer ist das Zimmer?
Le petit déjeuner est inclus au prix de la chambre?	Ist das Frühstück im Zimmerpreis inbegriffen?
Est-ce que vous faites demi-pension?	Bieten Sie Halbpension an?

Erste Orientierung

Oú est l'ascenseur, s'il-vous-plaît?	Wo bitte ist der Aufzug?
... le restaurant	... das Restaurant
... le garage	... die Garage
... la mairie	... das Rathaus
... la plage	... der Strand
... la piscine	... das Schwimmbad
... la pharmacie	... die Apotheke
... l'office de tourisme/le syndicat d'initiative	... das Fremdenverkehrsamt
... la gare (-routière)	... (Bus-)bahnhof
... le port	... der Hafen

Am Strand

C'est une plage de sable/de galets?	Ist es ein Sand-/ Kiesstrand?
... une plage surveillée?	... überwachter Strand?
J'ai besoin d'un parasol.	Ich brauche einen Sonnenschirm.
Je voudrais louer un transat.	Ich möchte einen Liegestuhl mieten.
Il y a de l'ombre sur la plage?	Gibt es Schatten am Strand?

Im Notfall

J'ai attrappé un coup de soleil.	Ich habe einen Sonnenbrand.
J'ai le vertige.	Mir ist schwindelig.
J'ai la fièvre.	Ich habe Fieber.
J'ai mal à l'estomac.	Ich habe Magenschmerzen.
... à la tête	... Kopfschmerzen
... aux dents	... Zahnschmerzen
Une abeille/guêpe m'a piqué.	Ich bin von einer Biene/Wespe gestochen worden.
Je voudrais acheter des sparadraps.	Ich möchte gerne Pflaster kaufen.
... un produit solaire	... ein Sonnenschutzmittel
... des comprimés contre la diarrhée	... Durchfalltabletten

Im Restaurant

J'aimerais retenir une table pour deux personnes ce soir à vingt heures.	Ich möchte einen Tisch für 2 Personen für heute abend um 20 Uhr reservieren.
Il vous reste une table pour deux personnes?	Haben Sie noch einen Tisch für zwei Personen?
On peut manger sur la terrasse?	Können wir auf der Terrasse essen?
Est-ce que vous pouvez nous recommander quelquechose?	Können Sie uns etwas empfehlen?
Vous avez déjà fait votre choix?	Haben Sie schon gewählt?
Quel vin (de la région) irait avec notre menu?	Welcher Wein (aus der Region) paßt zu unserem Essen?
Qu'est-ce qu'il y a comme desserts?	Was haben Sie an Nachtisch?
L'addition s'il-vous-plaît.	Die Rechnung bitte.
C'etait délicieux.	Es war köstlich.

Im Museum

Vous fermez à quelle heure?	Wann schließen Sie?
C'est ouvert tous les jours?	Haben Sie täglich geöffnet?
Combien coûte l'entrée, s'il vous-plaît?	Wie teuer ist der Eintritt bitte?
J'ai une carte d'étudiant.	Ich habe einen Studentenausweis.

Auf der Post

J'aimerais bien téléphoner.	Ich möchte gern telefonieren.
Vous vendez des timbres/télécartes?	Verkaufen Sie Briefmarken/Telefonkarten?
Vous pouvez me donner le numéro pour l'Allemagne/l'Autriche/la Suisse?	Können Sie mir die Vorwahl von Deutschland/Österreich/der Schweiz geben?

An der Tankstelle

J'ai besoin d'essence.	Ich muß tanken.
Le plein, s'il-vous-plaît.	Bitte volltanken.
Je suis tombé en panne.	Ich habe eine Panne.
Ma voiture ne démarre pas.	Mein Auto springt nicht an.

Kulinarischer Sprachführer

Agneau présalé	Salzlamm
Andouilles	Kuttelwürste
Araignée	Seespinne
Artichaut	Artischocke
Bar	Seebarsch
Belon	flache Auster
Bigorneaux	Strandschnecken
Boudin	Blutwurst
Bulots	Seeschnecken
Cabillaud	Kabeljau
Canard	Ente
Carrelet	Scholle
Coquillages	Schalentiere
Coquille St-Jacques	Jakobsmuschel
Crabe	Krabbe
Crevettes	Garnelen
Crêpe	feiner Weizenpfannkuchen mit süßer oder herzhafter Füllung
Cuisses de grenouille	Froschschenkel
Daurade en croûte de gros sel	Dorade im Salzmantel
Escargots	Schnecken
Etrille	kleiner Taschenkrebs
Far aux pruneaux/Far Breton	eine Art Flan mit Dörrpflaumen
Fraises à la crème Chantilly	Erdbeeren mit Sahne
Galette	hauchdünner Buchweizenpfannkuchen mit süßer oder herzhafter Füllung
Gâteau breton	Kuchen mit Rumrosinen und Orangenschale, Apfelschnitzeln, viel Butter, ofenfrisch serviert
Gigot d'agneau	Lammkeule
Homard breton (à l'armoricaine)	tiefblau schimmernder bretonischer Hummer (in scharfer Tomaten-Wein-Sauce)
Huîtres	Austern
Jarret	Schweinshaxe
Kig ha farz	Eintopf mit Ochsenschwanz, Rindfleisch, Schweinebauch, Wirsing, Porree, Karotten, Zwiebeln, Eier und Salzbutter
Kouign Amann	Hefekuchen mit viel Butter
Langouste	Languste
Lotte de mer	Seeteufel
Loup de mer au fenouil	Wolfsbarsch mit Fenchel
Morue	getrockneter und gesalzener Kabeljau
Moules	Miesmuscheln
Palourdes	Venusmuscheln
Pavé de saumon	Lachsschnitzel
Plateau de fruit de mer	Meeresfrüchteplatte
Praires	Herzmuscheln
Raie au câpres	Rochen in Kapernsauce
Sardines grillées	gegrillte Sardinen
Saumon	Lachs
Sole	Seezunge
Tourteau	großer Taschenkrebs
Tripes au cidre	Kutteln in Cidre
Truite	Forelle
Turbot	Steinbutt

Abbildungsnachweis

Alle nicht eigens aufgeführten Abbildungen sind Aufnahmen von **Manfred Linke** / laif, Köln.

Archiv für Kunst und Geschichte, Berlin S. 174, 213, 237.

Kartographie: Elsner & Schichor, Karlsruhe, © DuMont Buchverlag.

Danksagung

Für die freundliche Unterstützung sei der Maison de la France in Frankfurt, dem CRT Bretagne in Rennes, dem CRT Pays de la Loire in Nantes sowie den CDT Ille-et-Vilaine, Côtes d'Armor, Finistère, Morbihan und Loire-Atlantique herzlich gedankt.

Ein besonderer Dank gilt meinen Freunden Eric Le Coz für den sturmfesten Haarschnitt, Anne Orain und Theresia Boes für den Fisch in Salzkruste, Fabienne und Laurent Favreau für das ausgeliehene Rennrad, Martin Wundsam für tapfer ertragene Regentage, Regine Kleinert für den stets beherzten Gang zu Tisch sowie Ullrich Bethe für das Surfen im Internet.

Register

Personen

Orte

DUMONT

Richtig Reisen

»Den äußerst attraktiven Mittelweg zwischen kunsthistorisch orientiertem Sightseeing und touristischem Freilauf geht die inzwischen sehr umfangreich gewordene, blendend bebilderte Reihe ›Richtig Reisen‹. Die Bücher haben fast schon Bildbandqualität, sind nicht nur zum Nachschlagen, sondern auch zum Durchlesen konzipiert. Meist vorbildlich der Versuch, auch jenseits der ›Drei-Sterne-Attraktionen‹ auf versteckte Sehenswürdigkeiten hinzuweisen, die zum eigenständigen Entdecken abseits der ausgetrampelten Touristenpfade anregen.«

Abendzeitung, München

»Zum einen bieten die Bände der Reihe ›Richtig Reisen‹. dem Leser eine vorzügliche Einstimmung, zum anderen eignen sie sich in hohem Maß als Wegweiser, die den Touristen auf der Reise selbst begleiten.«

Neue Zürcher Zeitung

Weitere Informationen über die Titel der Reihe DUMONT Richtig Reisen erhalten Sie bei Ihrem Buchhändler oder beim DUMONT Buchverlag • Postfach 10 10 45 • 50450 Köln • http://www.dumontverlag.de

Titelbild: Strand und Leuchtturm an der Pointe du Pontusval
Umschlaginnenklappe: Die Pointe du Raz
Umschlagrückseite: Bei einem Volksfest in Roscoff

Über den Autor: Klaus Simon, geboren 1958, hat in Münster, Berlin, Nantes und Paris Romanistik und Geschichte studiert. Die erste Reise in die Bretagne fiel in den Hitzerekordsommer 1976. 1981 verschlug es ihn als Fremdsprachenassistent für ein Jahr nach Nantes. Nach Umwegen über Paris kam er zurück nach Deutschland, wo er Bücher und Reportagen schreibt. Im DuMont Buchverlag erschienen von ihm »Richtig Reisen Provence – Côte d'Azur« und »EXTRA Côte d'Azur«.

Die Deutsche Bibliothek – CIP-Einheitsaufnahme

Simon, Klaus
Bretagne / Klaus Simon. – Köln : DuMont, 1998
(Richtig reisen)
ISBN 3-7701-4255-1

Satz und Druck: Rasch, Bramsche
Buchbinderische Verarbeitung: Bramscher Buchbinder Betriebe

Printed in Germany ISBN 3-7701-4255-1